QU'EST-CE QUE
la philosophie?
À LA DÉCOUVERTE DE LA RATIONALITÉ

MICHEL MÉTAYER

ÉDITIONS DU RENOUVEAU PÉDAGOGIQUE INC.

5757, RUE CYPIHOT, SAINT-LAURENT (QUÉBEC) H4S 1R6
TÉLÉPHONE: (514) 334-2690   TÉLÉCOPIEUR: (514) 334-4720
erpidlm@erpi.com   www.erpi.com

DÉVELOPPEMENT DE PRODUITS
ISABELLE DE LA BARRIÈRE

SUPERVISION ÉDITORIALE
SYLVAIN BOURNIVAL

RÉVISION LINGUISTIQUE
JEAN ROY

CORRECTION DES ÉPREUVES
MARIE-CLAUDE ROCHON

RECHERCHE ICONOGRAPHIQUE
NATHALIE BOUCHARD

INDEX
MONIQUE DUMONT

DIRECTION ARTISTIQUE
HÉLÈNE COUSINEAU

SUPERVISION DE LA PRODUCTION
MURIEL NORMAND

CONCEPTION GRAPHIQUE DE L'INTÉRIEUR ET DE LA COUVERTURE
MARTIN TREMBLAY

ÉDITION ÉLECTRONIQUE
INFOSCAN COLLETTE

Dépôt légal – Bibliothèque et Archives nationales du Québec, 2007
Dépôt légal – Bibliothèque et Archives Canada, 2007
Imprimé au Canada

34567890   II   14 13 12 11
20387   ABCD   SM9

ISBN 978-2-7613-1937-9

AVANT-
PROPOS

Cet ouvrage est un manuel d'initiation à la philosophie destiné aux élèves du cégep. Il est l'aboutissement d'un long processus d'expérimentation visant à trouver des solutions aux défis posés par le devis du cours de philosophie du programme collégial intitulé «Philosophie et rationalité». Deux objectifs principaux ont guidé mon travail: 1) rendre attrayante et signifiante pour les élèves une matière qui leur est trop souvent présentée sous un jour rébarbatif; 2) donner un maximum d'unité aux grands objectifs du cours ainsi qu'à son contenu théorique, en évitant qu'il apparaisse comme une accumulation de connaissances disparates et sans utilité apparente.

UN CONTENU VIVANT ET STIMULANT

Ce manuel met l'accent sur l'apprentissage de la «manière de penser» propre aux philosophes. Il témoigne de la diversité et de la richesse des problématiques qui les intéressent et il donne un aperçu du type de discussions auxquelles elles donnent lieu. J'ai voulu présenter la philosophie comme une discipline exigeante, mais vivante et intellectuellement stimulante. Pour parvenir à ce résultat, j'ai limité l'appareil conceptuel et l'apprentissage de termes techniques, pour privilégier l'étude de problématiques signifiantes qui incitent à la réflexion et à la discussion. J'ai aussi mis l'accent sur les domaines de la philosophie les plus ancrés dans l'expérience concrète, tels que l'éthique, l'anthropologie philosophique et la politique, sans pour autant empiéter substantiellement sur le contenu des deux autres cours du programme collégial. L'idée d'initier des jeunes à la philosophie par l'étude de ses domaines les plus abstraits comme la logique, l'épistémologie ou la métaphysique m'est toujours apparue saugrenue. Ces domaines ne sont pas ignorés, mais ils occupent une place secondaire dans le manuel.

LES FILS CONDUCTEURS

J'ai aussi cherché à donner le maximum d'unité à ce parcours d'initiation. Cette unité tient essentiellement à la présence de fils conducteurs et à la multiplication des recoupements entre les principaux éléments de contenu. Le fil conducteur le plus important est la notion de rationalité, qui parcourt l'ouvrage entier. L'histoire de la naissance de la philosophie est aussi celle de la rationalité. La pensée rationnelle est l'outil de prédilection du philosophe. La question des pouvoirs et des limites de la raison humaine est centrale dans les débats philosophiques. La notion de rationalité est donc exploitée de façon constante tout au long de l'ouvrage. Elle sert à différencier la philosophie de la religion et des sciences. Elle est au cœur des problématiques relatives à la théorie de l'action dans le chapitre sur Socrate. Elle est une pièce fondamentale de la théorie de l'âme de Platon. Elle intervient également dans sa théorie politique. Elle joue aussi un rôle important dans les arts de vivre épicurien et stoïcien. Un des traits qui distinguent sans doute le plus clairement mon approche est l'importance que j'accorde à la dimension *pratique* de la rationalité et à la théorie de l'action, au lieu de l'appréhender essentiellement, comme on le fait souvent, dans la dimension théorique de la connaissance. La détermination des caractéristiques de l'action rationnelle et de l'action irrationnelle est un sujet complexe, intrigant, qui suscite beaucoup d'intérêt chez les élèves.

Mais les fils conducteurs ne se limitent pas à la notion de rationalité. Plusieurs autres concepts apparaissent de façon récurrente. La notion de paradoxe se présente à plusieurs occasions : à propos de la science moderne, dans l'étude de la pensée éthique de Socrate, dans la discussion des fondements de la démocratie représentative, etc. La distinction entre raisonnements déductifs et non déductifs est exploitée pour caractériser la différence entre la science moderne et la science ancienne et pour expliquer la méthode expérimentale. Elle est utilisée plus loin dans l'analyse de la problématique de la faiblesse de la volonté. La question de la nature du bonheur, d'abord abordée chez Socrate, est ensuite reprise dans l'étude des éthiques de vie épicurienne, cynique et stoïcienne. Les positions éthiques de Socrate sont comparées à celles de Platon. La confrontation entre nominalisme et réalisme, introduite lors de l'étude de Platon, est reprise à l'occasion de la discussion des fondements de la démocratie représentative. L'élève a ainsi la chance de se réapproprier les concepts en les appliquant à plusieurs problématiques. Il peut du même coup faire l'expérience de leur utilité et de leur pertinence.

L'actualisation de la matière

Ce manuel met au premier plan les penseurs anciens qui ont été les fondateurs de la philosophie, tout en s'efforçant de présenter leur pensée de façon stimulante. Ce souci se reflète d'abord dans le choix de théories étonnantes ou provocantes (critiques philosophiques de la religion, paradoxes socratiques, cité idéale de Platon, arts de vivre cynique, épicurien et stoïcien, critiques de la démocratie, etc.). Il se manifeste également par un effort constant d'actualisation de la matière. Actualiser la pensée des philosophes anciens permet de soutenir l'intérêt de l'élève, de lui faire apparaître les problématiques comme signifiantes en les rattachant à la réalité moderne et à l'état actuel de la recherche philosophique et scientifique. Des procédés variés sont employés à cet effet : exemples concrets tirés de la vie moderne, aperçu de l'évolution historique des débats sur une question ou d'un concept philosophique, présentation de la pensée de quelques penseurs modernes ou contemporains sur les problématiques discutées, informations sur l'état actuel de certains débats philosophiques et sur certains courants de pensée contemporains. Ainsi, l'accent mis sur l'histoire de la naissance de la philosophie dans l'Antiquité n'empêche pas l'élève de percevoir la philosophie comme une discipline vivante et dynamique, et non comme le vestige d'un lointain passé. La présentation matérielle du livre va d'ailleurs en ce sens, avec la présence de nombreux documents visuels et l'utilisation de la couleur.

Structure de l'ouvrage : cohérence et flexibilité

La structure de l'ouvrage et l'enchaînement des chapitres reflètent les préoccupations théoriques et pédagogiques dont nous venons de faire état. La présentation du contenu théorique suit un ordre de progression strictement contrôlé dans les premiers chapitres, puisque les premiers concepts présentés sont destinés à être repris dans les chapitres ultérieurs. La structure vise également à éviter la monotonie. Chaque chapitre possède, à ce titre, un caractère distinctif, tant sur le plan du contenu théorique que sur celui des activités d'apprentissage. Enfin, les chapitres s'enchaînent selon une ligne de développement ordonné du contenu théorique.

- **L'introduction** vise simplement à donner une définition préliminaire de la philosophie et à la dépeindre sous un jour concret et attrayant. Mais elle introduit déjà le thème de la rationalité.

- Le **chapitre 1** porte sur la rationalité. Il est axé sur l'étude de concepts clés et sur des exercices pratiques d'application mettant de l'avant des exigences élémentaires de rigueur intellectuelle.

- Le **chapitre 2**, fort différent, est moins exigeant sur le plan des apprentissages. Il traite des rapports entre religion, philosophie et sciences dans une perspective historique en appliquant les concepts introduits dans le premier chapitre. Il se clôt sur une définition plus achevée de la philosophie et sur un survol de ses domaines spécialisés.

- Le **chapitre 3** initie l'élève à la pensée d'un philosophe qui avait foi dans les pouvoirs de la raison humaine et qui est aussi un personnage énigmatique et fascinant, Socrate. Il le plonge dans la discussion de problématiques substantielles à travers l'étude de la pensée éthique de Socrate. Les travaux pratiques sont ici centrés sur l'analyse de dialogues (le *Ménon* et le *Criton*).

- Le **chapitre 4** porte sur Platon et initie d'abord l'élève à des domaines plus abstraits (l'épistémologie et la métaphysique), avant d'aborder des sujets plus accessibles comme la théorie de l'âme et le projet de cité idéale de Platon. La pensée éthique et politique de Platon est comparée à celle de Socrate. Des exercices légers, stimulants et variés viennent ici compenser le côté plus ardu de la matière.

- Les **chapitres 5 et 6** portent chacun sur un domaine spécifique de la philosophie, la politique et l'éthique, et sont l'occasion d'une étude approfondie d'une problématique importante: la démocratie et l'art de vivre. Les exercices combinent ici exercices pratiques et analyses de textes.

- Dans l'**appendice**, l'élève est invité à produire des textes argumentatifs sur les problèmes qui sont abordés dans le manuel, à partir de modèles de dissertation prédéterminés ou en empruntant la formule du dialogue socratique à laquelle il aura été initié par les analyses de textes de Platon.

Le contenu du manuel est abondant et excède les limites d'un cours de 60 périodes. Certains concepts qui servent de fils conducteurs sont incontournables. Mais, pour le reste, le professeur dispose d'une liberté de choix dans la sélection des thèmes ou des exercices, liberté qui s'accroît au fil des chapitres, surtout à partir du troisième. Le professeur peut ainsi laisser tomber certaines sections du chapitre sur Platon sans problème. Mais la décision la plus importante en cette matière concerne les deux derniers chapitres consacrés à l'éthique et à la politique. Le professeur devra sans doute choisir entre les deux ou encore opter pour une étude partielle de chacun d'eux.

Remerciements

Je remercie l'équipe des Éditions du Renouveau Pédagogique, qui m'a soutenu et encouragé dans la rédaction de ce manuel, tout particulièrement Isabelle de la Barrière, Jean Roy et Sylvain Bournival. Je remercie également Francis Careau du Collège de Rosemont, Patrick Daneau du Collège François-Xavier Garneau, Damien Plaisance du Cégep Limoilou et Richard Lemire du Cégep de Saint-Hyacinthe, qui ont lu le manuscrit et m'ont fait profiter de leurs remarques et de leurs conseils judicieux.

Michel Métayer

UN MANUEL VIVANT ET ATTRAYANT

Le sommaire présente les grandes sections du chapitre.

Le texte d'introduction expose les principales problématiques abordées dans le chapitre et les met en perspective de manière à faire ressortir les fils conducteurs.

Régulièrement, au début des sections ou des sous-sections, figurent en épigraphe des citations choisies pour leur pertinence.

1.3

LES PARADOXES

Il arrive parfois quelque chose d'étrange et d'inquiétant lorsque l'on se met à approfondir une idée philosophique: c'est de voir cette idée, qui semblait pleine de sens au départ, nous mener à une impasse intellectuelle: un non-sens, une contradiction ou une absurdité. On appelle ces bizarreries de la pensée des « paradoxes ». Les paradoxes comptent parmi les objets de réflexion préférés des philosophes. Ce sont de puissants instruments de problématisation en même temps que des défis excitants pour la pensée. Plusieurs des problématiques philosophiques que nous étudierons dans les chapitres ultérieurs prennent leur source dans des paradoxes. Cette section est une petite initiation au monde troublant des paradoxes.

> Mais il ne faut pas penser de mal du paradoxe, cette passion de la pensée, et les penseurs qui en manquent sont comme des amants sans passion, c'est-à-dire de piètres partenaires.
>
> **Søren Kierkegaard[5]**

Les images, choisies pour leur
attrait et leur intérêt, contribuent
à l'actualisation de la matière
et sont accompagnées d'un texte
qui souvent vient prolonger
ou compléter l'exposé principal.

Tête de femme : l'Aphrodite de Cnide (IIe siècle
av. J.-C.).

La condition des femmes dans la Grèce classique
et particulièrement à Athènes était peu reluisante. Exclues de la citoyenneté, elles ne participaient pas à la vie sociale, sauf pour les
cérémonies religieuses ou les funérailles. On les
mariait dès l'âge de quatorze ou quinze ans et
elles se consacraient essentiellement aux tâches
domestiques. Étant donné ce contexte, on peut
affirmer sans se tromper que les propositions
de Platon qui se disait prêt à les admettre dans
la classe dominante des guerriers et des gardiens
étaient véritablement révolutionnaires !

Portrait de l'écrivain Walter Mehring,
tableau (1925) de George Grosz (1893-1959).

Personne n'aurait pensé en 1925 que fumer
pouvait être un acte irrationnel. Mais beaucoup le croient aujourd'hui.

L'intelligence du corbeau est si étonnante
qu'on lui a donné le surnom de «Einstein à
plumes». Certains pensent qu'il est encore
plus intelligent que les singes supérieurs.
De nombreuses expériences et observations
attestent l'habileté du corbeau à trouver une
solution à des problèmes difficiles et inédits.
Un exemple des plus étonnants, observé
au Japon, est celui d'un corbeau qui place
délibérément des noix sur la chaussée à une
intersection et qui attend que des voitures
roulent dessus et les cassent pour ensuite se
régaler de leur contenu. Mieux encore, il
semble avoir compris qu'il peut les cueillir
sans danger lorsque les feux de circulation
sont au rouge.

La découverte de cygnes noirs en Australie a
carrément enlevé toute valeur à l'induction qui
concluait que tous les cygnes étaient blancs. Dans
une déduction, on peut se demander si le raisonnement est valide, même si les prémisses sont
fausses. Il en va tout autrement dans un raisonnement non déductif : si les prémisses sont fausses,
le raisonnement s'écroule complètement.

Logique formelle et logique informelle

La beauté et la solidité de l'édifice des lois de la logique ont toujours fasciné les philosophes. Cela explique que la déduction ait constitué dans le passé l'objet d'étude privilégié de la logique, qui est la science des lois du raisonnement. C'est seulement à l'époque moderne que le raisonnement non déductif a pris une place de choix dans l'étude de la logique. Mais il demeure moins net et transparent que la déduction, et l'on peut dire qu'il nous reste encore beaucoup de choses à apprendre à son sujet.

Aristote a été le pionnier de la logique. La théorie de la logique d'Aristote, qui date de presque deux millénaires et demi, est restée à peu près inchangée jusqu'au XIXe siècle, ayant été considérée par presque tous les philosophes comme un savoir définitif. Ce sont les avancées dans les mathématiques qui ont conduit à sa remise en question. Par la suite et jusqu'au milieu du XXe siècle environ, la logique a pour ainsi dire été absorbée par les mathématiques. Il en a résulté un accent encore plus prononcé sur le « formalisme » et la réduction du raisonnement à la seule déduction logique. À partir des années 1960, un nouveau courant, appelé « logique informelle », est apparu. L'idée de base de ce courant est que les raisonnements et les argumentations que nous pratiquons dans la vie ordinaire ont peu de chose à voir avec la logique formelle et ses lois d'airain. Ce courant a également trouvé des appuis dans de nombreuses recherches sur le raisonnement effectuées en psychologie et en linguistique. Le domaine de la logique informelle est en effervescence aujourd'hui et doit faire face à des défis de taille, car il n'est pas facile de trouver des structures et des règles claires dans les raisonnements informels de la vie de tous les jours. Très concrètement, les inspirateurs de ce courant de pensée qui cherche à rapprocher la philosophie logique du monde ordinaire ont été les élèves des universités nord-américaines des années 1960 et 1970 (canadiennes anglaises en particulier), qui se plaignaient que leurs cours de logique ne leur apprenaient rien d'utile et qui s'en plaignaient auprès de leurs professeurs ! Un des objets d'étude intéressants de la logique informelle est celui des erreurs de raisonnement courantes que l'on appelle « sophismes ». Nous les étudierons dans la dernière section de ce chapitre sur la rationalité.

Aristote (384-322 av. J.-C.), statue de l'époque hellénistique. Né à Stagire en Macédoine, Aristote fonda une école de philosophie à Athènes, le Lycée. Il fut le précepteur et ami d'Alexandre le Grand.

Rationnel et raisonnable

On peut également mentionner un autre terme qui appartient au réseau des concepts associés à la rationalité, c'est le terme **raisonnable** qui signifie *mesuré, modéré, acceptable*, par opposition à ce qui est démesuré et excessif, comme dans : « cette demande est raisonnable » ou « sois raisonnable ». Plusieurs philosophes attribuent au terme raisonnable le sens d'une *exigence de rationalité limitée*. Par exemple, lorsque la vérité ou la certitude paraissent hors d'atteinte, on se rabattra sur une solution imparfaite jugée « raisonnable » et qui constitue ce que nous pouvons faire de *mieux* dans les circonstances.

Les encadrés sont nombreux et visent soit à briser la linéarité de l'exposé principal, soit à l'alléger en proposant des sujets variés : précisions terminologiques ou philosophiques, mises au point historiques, actualisation d'un thème, notices biographiques, aide-mémoire, sujets connexes, etc.

La chosification de l'intelligence

Stephen Jay Gould (1941-2002).

Dans *La mal-mesure de l'homme*[14], Stephen Jay Gould a fait une critique nominaliste du concept d'intelligence. Certains jugements sur l'intelligence laissent penser que l'intelligence est une « chose », logée quelque part dans notre cerveau, que l'on peut posséder en plus ou moins grande quantité et qui expliquerait les performances des génies et des cancres. Ce genre de préjugés interviennent dans les analyses de certains chercheurs qui prétendent mesurer l'intelligence. Cela témoigne d'une véritable mystique des nombres, qui fait croire qu'il est possible de quantifier un niveau d'intelligence, par exemple au moyen d'un QI. Cela concourt à lui donner ainsi un semblant d'unité et de réalité objective. Pourtant, il n'y a actuellement aucune raison sérieuse de croire qu'il existe une chose, un dispositif, un module quelconque de notre cerveau correspondant à l'intelligence et il n'existe même aucun accord sur la nature exacte de l'intelligence, sur ses composantes et sur son véritable rôle dans le fonctionnement de l'esprit.

L'aveu d'un des pionniers de la recherche sur l'intelligence Arthur Jensen est éloquent à cet égard : « L'intelligence, a-t-il déclaré, c'est ce que mesurent les tests d'intelligence. » Plusieurs gagnants de prix Nobel en sciences ont eu des résultats désastreux à des tests d'intelligence. En fait, on peut associer l'intelligence à une multitude d'aptitudes impliquant diverses formes de compréhension des choses, par exemple à la logique, à la mémoire, à la créativité, à la vitesse de réaction, à l[...] problèmes, à l'esprit d'analyse [...] habiletés relationnelles, comme ce[...] des autres ou de se comprendre [...] R. Sternberg distingue trois for[...] qu'il appelle analytique, pratiqu[...] H. Gardner, en distinguent jusqu'à [...] longtemps, à des gloses sans fin s[...] parler, n'existe pas. Le mot « intel[...] pour désigner une certaine facili[...] mances cognitives.

Le concept d'abstraction

Étymologiquement, le verbe « abstraire », qui vient du latin *abstractio*, a le sens d'isoler, de séparer. Une idée abstraite est une idée dans laquelle seuls les traits communs essentiels d'un ensemble de choses particulières ont été isolés et séparés de leurs autres traits concrets, accidentels et particuliers. Dans le concept de chien, les traits « aboiement » et « domestiqué » sont séparés de tous les traits particuliers des chiens concrets, tels que l'âge, la couleur, la grosseur, l'état de santé, etc. Plus un concept est général, plus il est abstrait, moins il contient de traits concrets. La magie du langage fait que nous acquérons, par l'apprentissage d'une langue, un stock de concepts désignés par des mots. Mais les *images* peuvent aussi être abstraites, comme les dessins schématiques qui apparaissent sur les panneaux de signalisation routière et qui ne retiennent que quelques traits pour symboliser une route glissante. « Abstrait » s'oppose donc à « concret » et « général » s'oppose à « particulier ».

L'histoire récente des rapports entre philosophie et sciences

POINTS À RETENIR

❶ La philosophie a survécu au scientisme qui prônait son annexion à la science. Le scientisme a dû reculer devant l'évidence des limites de la connaissance scientifique et de son incapacité à répondre à certaines questions essentielles.

❷ Mieux encore, les grandes avancées des sciences alimentent souvent la philosophie en nouvelles problématiques.

❸ La philosophie ne donne pas lieu à un progrès cumulatif et systématique, comme le font les sciences modernes, mais seulement à un progrès relatif; c'est pourquoi les philosophes gardent toujours un intérêt pour les œuvres philosophiques du passé.

La rubrique « Points à retenir », placée à la fin des grandes sections, résume l'essentiel des pages qui précèdent.

Forme et contenu

Nous allons ajouter un autre élément à notre analyse de la structure du raisonnement qui est la distinction entre sa *forme* et son *contenu*. Cette distinction nous servira parallèlement à différencier deux types de raisonnement, les raisonnements déductifs et les raisonnements non déductifs.

- La **forme du raisonnement** est l'*aspect purement logique des liens entre les jugements qui le composent*.
- Le **contenu du raisonnement** est constitué des *idées qui forment la matière des jugements et qui renvoient à des choses déterminées*.

L'analyse qui suit éclairera le sens de cette distinction.

Les mots en rouge dans le texte signalent les concepts clés : leur définition est donnée en italique dans le texte et est reprise dans le glossaire à la fin du livre.

Exercices

1. Nous avons déjà expliqué l'opposition qui existe entre les deux grands courants de pensée que sont le *relativisme* et l'*universalisme* (chapitre 3). Fidèle à sa doctrine du juste milieu, Aristote se situe un peu à mi-chemin entre ces deux positions opposées. Trouvez les points de sa théorie politique qui justifient ce jugement.

2. Revenez au quatrième principe d'Aristote: ceux qui gouvernent ne doivent pas tirer de profit personnel de l'exercice de leurs fonctions. Comparez la manière dont Aristote interprète ce principe à la solution que Platon avait choisie pour sa cité idéale dans *La République* et précisez en quoi les deux diffèrent.

3. Considérez les quatre principes d'une bonne constitution formulés par Aristote (p. 191).

   a) Appliquez ces quatre principes à la société d'aujourd'hui et indiquez dans quelle mesure le système politique dans lequel nous vivons actuellement respecte ces quatre principes.

   b) À votre avis, un système politique qui respecterait intégralement ces principes serait-il le système idéal? Pensez-vous que certains de ces principes devraient être modifiés? Y a-t-il d'autres principes que vous voudriez ajouter à ceux d'Aristote?

4. La solution raisonnable à laquelle arrive Aristote et que celui-ci appelle « république » conjugue aristocratie et démocratie. Ce régime est proche à certains égards du système politique et social dans lequel nous vivons aujourd'hui, bien qu'il s'en écarte également sur des points importants.

   a) Nommez les traits de notre système politique qui correspondent au système préconisé par Aristote ainsi que les traits qui n'y correspondent pas. Expliquez sur quoi vous basez vos affirmations.

   b) Faites une évaluation critique personnelle de la solution proposée par Aristote. Quels en sont à votre avis les mérites et les faiblesses?

5. Lisez l'extrait suivant de *La politique* d'Aristote dans lequel celui-ci passe en revue les principaux défauts des divers régimes politiques.

   a) Repérez dans le texte le plus de régimes politiques possible parmi les six régimes de la classification d'Aristote en précisant la manière dont Aristote les désigne dans ce texte.

   b) Nommez en plus les défauts qu'il trouve à chacun d'eux.

   c) Vous devriez trouver qu'il manque un régime parmi les six: lequel? Et pourquoi, pensez-vous?

À QUI DONNER LE POUVOIR ?
(EXTRAIT DE *LA POLITIQUE* D'ARISTOTE[6])

Mais un problème se pose: qui sera le pouvoir souverain de l'État? C'est assurément soit la masse, soit la classe des riches, soit celle des gens de valeur, soit un seul homme, le plus vertueux de tous, soit enfin un tyran. Mais chacune de ces solutions entraîne des difficultés manifestes. Quoi donc? Si les pauvres, parce qu'ils ont le nombre pour eux, se partagent les biens des riches, n'est-ce pas la loi du plus injuste? – Non, par Zeus! dira-t-on, puisqu'il en a été ainsi décidé par l'autorité souveraine, ce qui ne saurait être que juste. – Que devons-nous alors appeler le suprême degré de l'injustice? – Prenons maintenant la population dans sa totalité, et supposons que la majorité se partage les biens de la minorité: il est clair qu'ils détruisent l'État; or il est sûr que ce n'est pas la vertu qui détruit ce en quoi elle réside, et la justice n'est pas non plus un facteur de destruction de la cité! On voit, par conséquent, que la loi du nombre aussi ne peut être juste. Ajoutons que si elle l'est, tous les actes accomplis par le tyran seront eux-mêmes nécessairement justes, puisque son recours à la violence est fondé sur le droit du plus fort, ce qui est exactement le cas de la masse quand elle s'attaque aux riches.

Mais alors, est-il juste que le pouvoir soit aux mains de la minorité des riches? Supposons donc que ceux-ci aussi fassent ce qu'ont fait les précédents, et se mettent à piller les biens de la masse et à l'en dépouiller: cela est-il juste? Dans l'affirmative, il faut admettre qu'il en est de même dans l'autre cas. – Conclusons que ces solutions sont toutes condamnables et injustes: cela saute aux yeux.

Mais alors, faut-il confier aux gens de valeur l'autorité et le pouvoir souverain sur tous? Il s'ensuivra nécessairement que tous les autres seront privés des droits civiques, écartés

6. Aristote, *La politique*, tome I, trad. par J. Tricot, Paris, Vrin, 1962, p. 211-213. Traduction légèrement retouchée à partir de celle de P. Pellegrin, pour faciliter la compréhension.

L'ouvrage comprend de nombreux exercices, regroupés à la fin des grandes sections. Ils visent à stimuler les capacités réflexives et critiques de l'élève en lui offrant de petits défis intellectuels, des problèmes à résoudre, des paradoxes à dénouer, en le faisant s'engager dans des discussions avec les grands penseurs, de manière à l'amener à formuler sa pensée avec précision, clarté, rigueur et cohérence.

TABLE DES **MATIÈRES**

6 L'éthique du bonheur : la recherche d'un art de vivre 229

APPENDICE TEXTES ARGUMENTATIFS : Dissertations et dialogue 273

Introduction

QU'EST-CE QUE LA PHILOSOPHIE?

Qu'est-ce que la philosophie? La philosophie est née en Grèce ancienne il y a environ 2500 ans. C'est aujourd'hui une discipline spécialisée, enseignée dans les universités et les collèges, et pratiquée par des professionnels. Cet ouvrage vise à initier le lecteur à cette discipline en lui expliquant les origines de la philosophie, en lui exposant la manière de penser qui la caractérise et en explorant quelques-uns de ses principaux objets d'étude.

Il existe un usage familier du terme « philosophie » dans le langage courant. Un parent parlera de sa « philosophie de l'éducation », qui sera par exemple de favoriser l'autonomie et le sens des responsabilités de l'enfant. Un entrepreneur exposera sa « philosophie de la gestion d'entreprise », fondée sur le développement de l'esprit d'initiative et de l'esprit d'équipe chez tous les employés. Et tout le monde entretiendra un jour ou l'autre son entourage de sa « philosophie de la vie », qui pourrait être de « vivre intensément l'instant présent » ou d'« aller au bout de ses rêves ». Ces exemples ne sont pas à strictement parler des propos « philosophiques », mais ils sont néanmoins révélateurs d'une certaine tournure d'esprit, tout à fait caractéristique de la philosophie, qui est de chercher à formuler des principes généraux et fondamentaux.

Nous allons donc tout de suite caractériser la philosophie comme une discipline qui réfléchit sur des sujets d'une grande généralité pour en comprendre les principes fondamentaux. Depuis toujours, les philosophes ont eu une prédilection pour certains thèmes primordiaux, comme la vérité, la morale, la liberté, la justice ou le bonheur, mais en réalité il est possible de philosopher à propos de toutes sortes d'aspects de l'expérience humaine, pourvu que l'on se pose des questions fondamentales à leur sujet et que l'on cherche à en cerner les principes de base. Et, de fait, les objets d'enquête les plus variés ont suscité l'intérêt des philosophes: le temps, l'éducation, le langage, le hasard, l'amour, la démocratie, la beauté et combien d'autres. Le but essentiel de la philosophie est de comprendre ces réalités importantes, d'en trouver le sens profond et de réfléchir sur leurs implications pour l'être humain. Aller au fond des choses est une entreprise difficile qui impose à la pensée des exigences élevées sur le plan de la rigueur et de la cohérence. *Apprendre à philosopher, c'est apprendre à réfléchir de manière rigoureuse et cohérente sur de grandes questions.*

Définition étymologique: « philosophe »

Le terme « philosophe » vient du grec *philosophos*, qui signifie « ami de la sagesse » ou « ami du savoir ». Le terme « savoir » suggère que le philosophe est un être assoiffé de connaissance, animé par la passion de comprendre les choses. Le terme « sagesse » ajoute à cette caractérisation une aptitude à porter un regard global, distancé et réfléchi sur les choses.

TROIS OPÉRATIONS DE BASE DE LA PENSÉE PHILOSOPHIQUE

Trois opérations intellectuelles principales sont au cœur de l'activité philosophique:

- l'analyse de concepts,
- la problématisation,
- la formulation de principes fondamentaux.

Aucune de ces opérations n'est exclusive à la philosophie. On les retrouve également dans d'autres domaines de la pensée, mais on peut dire qu'elles sont primordiales en philosophie et que le philosophe les pratique d'une façon systématique.

L'ANALYSE DE CONCEPTS

Parce que sa pensée opère à un niveau élevé de généralité, l'outil de travail essentiel du philosophe est le concept. Un **concept** n'est rien d'autre qu'une *idée générale*. Les concepts philosophiques se situent évidemment au sommet de l'échelle de la généralité. Le philosophe s'intéresse par exemple à la liberté en général, au changement en général, à la vérité, à la beauté, à la justice en général. Il existe toutes sortes de formes de justice et d'injustice dans le monde, et les humains sont souvent en désaccord sur ce qui doit être considéré comme juste ou injuste. Mais qu'est-ce exactement que la justice? Voilà le genre de questions qui intéresse le philosophe.

Le philosophe accorde la plus grande importance à la juste définition des concepts. Or, analyser et définir un concept ne peut se faire qu'à l'aide d'autres concepts. Quand il pratique l'analyse de concepts, le philosophe met donc le concept à définir en rapport avec d'autres concepts apparentés. Il trace certaines *distinctions* importantes entre les différents concepts. Il pourra même à la limite *inventer* des concepts inédits. Nous dirons, pour résumer tout cela, qu'il se livre à un travail de **conceptualisation**, c'est-à-dire qu'*il forge des concepts et qu'il les ordonne d'une manière systématique*. Son but n'est pas cependant de construire un dictionnaire de définitions. L'objectif d'un dictionnaire de langue est simple et limité: c'est de consigner le sens des mots dans leurs emplois usuels. Le but du philosophe est de comprendre une réalité importante en profondeur. Analyser et définir un concept suppose donc tout un travail de réflexion, et ce travail prend une importance beaucoup plus grande en philosophie que dans les autres domaines du savoir. L'analyse de concepts n'est toutefois qu'un des procédés dont use le philosophe dans son entreprise de compréhension.

LA PROBLÉMATISATION

Dans son effort pour clarifier et approfondir les concepts, le philosophe examine souvent les conceptions usuelles qui relèvent du sens commun et qui font partie de la culture ambiante d'un milieu social donné pour les remettre en question. Par exemple, le philosophe grec Socrate (470-399 av. J.-C.), dont nous parlerons abondamment, s'est demandé si la vengeance ou le fait de «rendre le mal pour le mal» était, comme tout le monde le croyait à son époque, conforme à la justice. Il s'est aussi demandé si nous avions raison d'avoir peur de la mort. Comme il n'est généralement pas le premier à aborder les questions qui l'intéressent, le philosophe considérera aussi avec attention les théories de ses devanciers. Ainsi, le philosophe écossais David Hume (1711-1776) s'est demandé si l'idée que tout ce qui existe dans la réalité a nécessairement une cause, jusque-là considérée en philosophie comme une vérité évidente, était fondée… et il a trouvé que non. Ce type de questionnement indique que le philosophe a décelé un problème là où personne n'en avait encore vu : une obscurité, une ambiguïté, une confusion ou même un contre-sens.

Soulever des problèmes, voilà ce que l'on entend par le terme **problématisation**. Comme il s'agit de problèmes complexes, le philosophe se retrouve bien souvent en face d'un *ensemble de problèmes connexes*, c'est-à-dire d'une **problématique**. Encore une fois, il n'y a là rien de propre à la philosophie. Tout le monde soulève des problèmes à propos de toutes sortes de choses. La différence réside, encore une fois, dans l'ampleur et la profondeur de l'opération. Les problématiques philosophiques, nous le verrons tout au long de ce manuel, ouvrent des entreprises de réflexion quasiment indéfinies. Non pas que la réflexion tourne en rond, mais simplement que l'on atteint rarement le point où l'on pourrait dire par exemple : « Voilà ! Nous avons fait le tour du problème de la justice. Nous avons parfaitement compris ce qu'est la justice. Il n'y a plus rien à dire à ce sujet. »

LA FORMULATION DE PRINCIPES FONDAMENTAUX

Parfois, lorsqu'il pense avoir trouvé un bon filon, le philosophe va proposer une solution à une problématique sous la forme d'un principe fondamental, quelque chose de solide et d'éclairant par lequel il espère dénouer l'impasse. À force d'aller au « fond » des choses, on finit parfois en effet par trouver des « fondements », ce qui se traduit par la formulation de principes, comme les principes de la logique, les principes de la connaissance objective, les principes de la démocratie, les principes de la morale. Cette quête de principes se fait souvent en parallèle avec le travail de conceptualisation. Par exemple, la recherche d'une définition de la justice implique la formulation de critères permettant de distinguer le juste et l'injuste, et, du coup, la recherche du fondement ultime de la justice. Serait-ce, par exemple, l'égalité (traiter tout le monde de façon égale) ? l'impartialité (ne pas avoir de parti pris) ? la proportionnalité (donner à chacun ce qui lui revient) ?

Nous n'irons pas plus loin pour le moment dans notre caractérisation préliminaire de la philosophie. Nous allons plutôt passer tout de suite à la pratique en appliquant à un cas précis les trois opérations intellectuelles de base que nous venons de décrire.

PETITE ENQUÊTE SUR LE CONCEPT D'HUMANITÉ

Nous prendrons comme exemple d'application une question typiquement philosophique : « Qu'est-ce que l'être humain ? » Les questions philosophiques sont parfois aussi simples que cela. Elles posent directement la question de la nature essentielle d'une chose : «Qu'est-ce que…?» Il s'agit en l'occurrence de définir le concept d'humanité. Voilà un projet ambitieux, de quoi écrire quelques livres. Aussi allons-nous nous contenter d'ébaucher ce que pourrait être une exploration philosophique de cette question.

L'ANALYSE DE CONCEPTS : DÉFINIR HUMAIN ET ANIMAL

Comment peut-on définir l'être humain ? On retrouve dans la plupart des dictionnaires une définition qui ressemble à ceci : l'homme est un mammifère et un primate bipède de la famille des hominidés et de l'espèce *homo sapiens*. Cette définition d'inspiration scientifique repose sur des caractères biologiques. Elle paraît peu controversée et peu compromettante. Mais, en réalité, elle adopte un point de vue qui n'est pas sans conséquence en présentant l'être humain comme une sorte d'animal. Or, même si cette définition nous apparaît acceptable, nous sentirons probablement le besoin de dire que l'être humain n'est pas simplement un animal et de préciser quelle est cette chose exceptionnelle qui le distingue des autres animaux et qui est suggérée par le mot latin *sapiens*, qui signifie «intelligent» ou «sage». Le langage courant fourmille de ces allusions au fait qu'un humain ne doit pas se comporter comme un animal ou comme une *bête*. Tout cela suggère l'existence d'une différence *radicale* entre l'animal et l'humain. L'humain est un animal, certes, mais nous ne nous attendons pas à ce que l'on parle des humains dans un ouvrage qui s'intitule *Les animaux*. Cette ambiguïté est l'indice d'un problème important dans la simple définition du concept d'humanité. C'est le genre de chose qui attire l'attention du philosophe et qui l'incitera à pousser la réflexion plus loin, ce qui implique ici la clarification des concepts d'animal et d'humain.

Le critère de la rationalité

Tout au long de l'histoire de la philosophie, de nombreux penseurs ont vu dans la *rationalité* le critère fondamental de la différenciation entre l'homme et l'animal. C'est le cas du philosophe grec Aristote (384-322 av. J.-C.), du philosophe français René Descartes (1596-1650) et du philosophe américain contemporain Donald Davidson (1917-2003). L'idée de rationalité est une idée complexe que nous étudierons en profondeur, car elle servira de fil conducteur à notre présentation de la philosophie. Contentons-nous pour l'instant de dire qu'elle est synonyme d'une pensée élaborée et organisée. Selon ces auteurs, l'animal ne pense pas et n'agit pas de façon rationnelle. Il n'a ni le besoin ni la capacité de développer et d'organiser ses pensées parce que son comportement est essentiellement régi par des instincts qui opèrent de façon automatique ou mécanique. Un critère connexe de définition de l'humanité, qui a beaucoup été utilisé pour appuyer cette thèse, est celui du langage. L'absence de langage entraînerait l'incapacité d'élaborer et d'organiser un ensemble de pensées à l'aide de mots et de les communiquer aux autres. Pour Descartes et Davidson, par exemple, le simple fait que les animaux ne soient pas capables de tenir une conversation suffit à établir qu'ils ne sont pas rationnels.

Les critères de la conscience et de la liberté

De nombreux autres critères ont été proposés pour tracer une ligne de démarcation entre l'humain et l'animal, comme l'utilisation d'outils ou le sens moral.

Deux philosophes de langue française, Jean-Jacques Rousseau (1712-1778) et Jean-Paul Sartre (1905-1980), ont surtout utilisé les idées de liberté et de conscience pour définir l'être humain et marquer le fossé qui le sépare de l'animal. Celui-ci n'est pas libre parce que sa nature est fixée par des automatismes programmés de façon innée. L'homme, lui, n'est pas programmé à l'avance de façon rigide comme l'animal. Sa conscience de lui-même, du passé et du futur lui confère une liberté de choix dans ses actions et lui ouvre la possibilité d'évoluer et de se perfectionner de façon pratiquement indéfinie. Elle lui permet souvent, comme l'a également souligné Aristote, d'aller contre ses tendances naturelles ou de les modifier, par exemple de surmonter ses peurs ou de maîtriser ses pulsions sexuelles.

Encore faudrait-il préciser davantage le concept de « conscience », car il paraît évident qu'il y a au moins une forme minimale de conscience chez les animaux, observable dans le fait qu'ils sont attentifs aux événements qui se déroulent dans leur environnement et qu'ils adaptent leur comportement en conséquence. Plusieurs ont suggéré que c'est le caractère « réflexif » de la conscience humaine qui creuse un fossé entre l'humain et l'animal. On entend par *réflexivité* l'aptitude de la pensée à revenir sur elle-même et à se prendre elle-même pour objet. C'est, pour un être conscient, le fait d'être conscient qu'il est conscient ou, pour un être pensant, le fait de penser à ce qu'il pense. Seul l'humain accéderait à ce niveau supérieur de la conscience *réflexive*.

Quelques opinions de philosophes sur les différences entre les humains et les animaux

« Or les animaux autres que l'homme vivent avant tout en suivant la nature, quelques-uns peu nombreux suivent aussi leurs habitudes, mais l'homme suit aussi la raison. Car seul il a la raison. Si bien qu'il faut harmoniser ces facteurs entre eux. Car les hommes font beaucoup de choses contre leurs habitudes et leur nature grâce à leur raison, s'ils sont persuadés qu'il vaut mieux procéder autrement. »

Aristote[1]

« Et ceci ne témoigne pas seulement que les bêtes ont moins de raison que les hommes, mais qu'elles n'en ont point du tout. »

René Descartes[2]

« […] aucune vérité ne me paraît plus évidente que de dire que les bêtes sont douées de pensée et de raison tout comme les hommes. »

David Hume[3]

« La Nature commande à tout animal, et la Bête obéit. L'homme éprouve la même impression, mais il se reconnaît libre d'acquiescer, ou de résister ; et c'est surtout dans la conscience de cette liberté que se montre la spiritualité de son âme […]. »

Jean-Jacques Rousseau[4]

« Je soutiens que pour penser on doit avoir le concept de pensée, et donc que le langage est requis dans les deux cas. »

Donald Davidson[5]

« Tout le problème est de penser à la fois la discontinuité et la continuité animal-humain, qui fait que le monde humain, tout en relevant du monde des primates, comporte quelque chose d'irréductible à l'animalité, ce que j'ai appelé *l'humanité de l'humanité*. »

Edgar Morin[6]

Ces quelques idées nous permettent de constater la difficulté de définir clairement la nature spécifique de l'humain et de la distinguer de celle de l'animal. C'est une tâche complexe qui ouvre un large espace de réflexion, ce qui nous amènera donc à soulever un certain nombre de *problèmes*.

1. Aristote, *Les politiques*, trad. par Pierre Pellegrin, Paris, GF Flammarion, 1993, p. 493.
2. René Descartes, *Discours de la méthode*, Paris, Garnier-Flammarion, 1966, p. 80.
3. David Hume, *L'entendement. Traité de la nature humaine*, livre I, trad. de l'anglais par P. Baranger et P. Saltel, Paris, GF Flammarion, 1995, p. 254.
4. Jean-Jacques Rousseau, *Discours sur l'origine et les fondements de l'inégalité parmi les hommes*, Paris, Gallimard, 1969, p. 71-72.
5. Donald Davidson, *Paradoxes de l'irrationalité*, trad. de l'anglais (USA) par Pascal Engel, Paris, Éditions de l'éclat, 1991, p. 72.
6. Edgar Morin, « Edgar Morin : repenser l'éthique », entrevue avec J.-F. Dortier, *Sciences Humaines*, avril 2005, p. 26.

LA PROBLÉMATISATION DU RAPPORT HUMAIN-ANIMAL

La démarcation entre animalité et humanité est encore maintenant un sujet de controverse. On ne compte plus les ouvrages et les dossiers de magazine qui s'ouvrent sur des questions telles que : « Les animaux ont-ils une conscience ? », « Les animaux ont-ils des droits ? », « Les animaux ont-ils un sens moral ? » Ce débat est alimenté par l'amélioration notoire de notre connaissance du règne animal dans les dernières décennies. La controverse est constamment relancée, car presque tous les traits qui ont été considérés comme propres aux humains ont maintenant été observés chez une ou plusieurs espèces animales, en particulier chez les singes supérieurs, les dauphins ou les oiseaux de la famille des corvidés, comme les corbeaux et les corneilles. Toutes ces espèces animales partagent deux traits importants : un gros cerveau et une vie sociale complexe.

Langage et théorie de l'esprit

Ainsi, l'idée que le langage est essentiel à la pensée et à la rationalité est de plus en plus contestée. Il paraît possible, pour des animaux évolués, d'organiser leur pensée de façon relativement complexe sans l'aide de mots. L'utilisation d'outils par des singes et des corvidés est maintenant bien documentée. Même le critère de la conscience réflexive a été partiellement remis en cause par des expériences qui révèlent une capacité de reconnaissance de soi dans un miroir chez les chimpanzés, les gorilles et les orangs-outans (le procédé utilisé consiste à peindre un point bleu sur le front de l'animal, puis de voir s'il va essayer de toucher ce point en se voyant dans un miroir). Bien sûr, il n'est pas question de nier l'existence de différences très importantes entre l'animal et l'humain, mais il s'agit de préciser et de raffiner davantage les critères. Par exemple, un critère plus précis relativement à la conscience réflexive est la présence chez l'animal de ce que l'on appelle aujourd'hui une *théorie de l'esprit,* c'est-à-dire une capacité d'attribuer à autrui un esprit et des états mentaux, comme des désirs, des pensées ou des intentions. La conscience réflexive humaine implique nécessairement une telle théorie de l'esprit : nous sommes conscients que les autres sont conscients, qu'ils ont une activité mentale comme nous et nous nous intéressons beaucoup à ce qui se passe dans leur esprit, par exemple à ce qu'ils pensent de nous. Il semble peu probable que les animaux aient ce genre d'aptitudes et de préoccupations, mais certains chercheurs voient néanmoins une manifestation d'une telle capacité dans les comportements de ruse ou de supercherie de certains singes, comme le fait de dissimuler une banane à l'approche du mâle dominant pour éviter qu'il ne la prenne ou, mieux encore, de « faire semblant » de cacher un objet à un endroit pour le confondre. Cependant, de tels exemples ne convainquent pas tout le monde, car certains croient possible de les expliquer par des habitudes

L'intelligence du corbeau est si étonnante qu'on lui a donné le surnom de « Einstein à plumes ». Certains pensent qu'il est encore plus intelligent que les singes supérieurs. De nombreuses expériences et observations attestent l'habileté du corbeau à trouver une solution à des problèmes difficiles et inédits. Un exemple des plus étonnants, observé au Japon, est celui d'un corbeau qui place délibérément des noix sur la chaussée à une intersection et qui attend que des voitures roulent dessus et les cassent pour ensuite se régaler de leur contenu. Mieux encore, il semble avoir compris qu'il peut les cueillir sans danger lorsque les feux de circulation sont au rouge.

de comportement qui ne font pas intervenir une véritable théorie de l'esprit. Le débat reste donc ouvert sur cette question.

Deux grands problèmes

Au-delà de ces considérations quelque peu techniques, cette controverse soulève une *problématique*, c'est-à-dire un ensemble de problèmes importants. Une première ligne de problématisation mène aux questions suivantes : Y a-t-il un fossé entre l'animal et l'humain ? Y a-t-il discontinuité ou continuité entre le monde animal et le monde humain ? La différence qui les sépare est-elle une différence de *nature* ou simplement une différence de *degré* ? Les partisans de la thèse de la continuité et de la différence de degré diront par exemple que l'homme n'est rien de plus qu'un *primate évolué,* alors que les partisans de la thèse opposée insisteront sur le fait que l'humain occupe une place tout à fait unique et incomparable parmi les espèces vivantes de la terre. Une deuxième ligne de problématisation porte sur la dimension *morale* des rapports entre humains et animaux : Comment les humains doivent-ils se comporter envers les animaux ? Ont-ils des obligations morales envers ceux-ci ? Ce problème suscite des débats passionnés depuis quelques années au sujet, par exemple, de l'usage d'animaux dans les expériences de laboratoire, de l'élevage industriel, de la chasse sportive ou de l'extinction d'espèces causée par la destruction par l'humain de leurs milieux naturels. Beaucoup de philosophes se sont investis dans ces débats.

Deux principes moraux

La question de la nature exacte de l'humanité et de l'animalité ne sera pas réglée de sitôt. L'aspect moral du problème soulève cependant des questions pressantes en raison de ses implications pratiques. Le philosophe sera enclin, pour dénouer ce genre de problèmes, à s'appuyer sur des principes fondamentaux. Par exemple, le philosophe allemand Emmanuel Kant (1724-1804) a soutenu que l'être humain n'avait pas d'obligation morale directe envers les animaux et il l'a fait en formulant un principe fondé sur le critère de la *rationalité*. Le principe est que *seul un être doué de rationalité peut avoir un sens moral,* c'est-à-dire être capable de choisir consciemment entre le bien et le mal à partir de certaines règles, et que *seuls les êtres dotés d'un sens moral méritent un respect moral.* Les humains qui possèdent normalement ce trait se doivent donc tous les uns les autres un respect moral, mais ce n'est pas le cas des animaux. Ceux-ci n'ont pas de sens moral. Ils n'ont pas d'obligations morales envers nous et nous n'en avons donc pas envers eux. La *réciprocité* des obligations serait donc une condition de base de la morale pour Kant.

Le philosophe contemporain Peter Singer est en désaccord avec cela. Singer part d'un principe tout à fait différent : *tout être vivant capable de souffrir et de ressentir du plaisir mérite un respect moral.* Qu'un être souffrant n'ait pas d'obligations morales envers nous n'empêche pas que nous en ayons envers lui. La réciprocité des obligations ne serait donc pas une condition nécessaire de la morale aux yeux de Singer. Nous pourrions appliquer ce principe aussi aux nourrissons ou à des personnes atteintes de déficience mentale. Il va même jusqu'à dire que le fait que les humains traitent avec moins d'égard les êtres vivants qui ne font pas partie de leur

Le philosophe australien Peter Singer.

espèce constitue une forme de *discrimination* morale. Pour caractériser cette forme de discrimination, il a inventé un nouveau concept, le « spécisme », sur le modèle des concepts de *racisme* ou de *sexisme* utilisés pour parler de discrimination basée sur la race ou sur le sexe. Le *spécisme* est une discrimination fondée sur l'appartenance à une « espèce ». Singer est un des philosophes actuels les plus connus et les plus controversés.

Concluons cette introduction en notant que le schéma de démarche philosophique en trois temps que nous avons suivi n'est pas un passage obligé. L'analyse de concepts, la problématisation et la formulation de principes sont des opérations intellectuelles qui s'appellent les unes les autres, et il est bien entendu possible de mener une réflexion philosophique en les enchaînant dans un ordre différent de celui que nous venons de présenter.

1 LA RATIONALITÉ

Dans ce premier chapitre, nous allons nous pencher sur un concept qui occupe une place centrale en philosophie et qui nous servira de fil conducteur tout au long de cet ouvrage. Il s'agit du concept de rationalité. Comme nous l'avons déjà souligné, le philosophe cherche constamment à s'assurer de la rationalité de ses propos. L'histoire même de la naissance de la philosophie en Grèce antique, que nous allons aborder un peu plus loin, est en bonne partie celle de l'essor de la pensée rationnelle en Occident. De plus, la philosophie porte un grand intérêt à la question de la place et de l'importance de la rationalité dans la vie humaine. Comme nous venons de le voir, plusieurs philosophes pensent que la rationalité est le trait distinctif de l'espèce humaine. Il est donc important d'explorer dès le départ cette notion de rationalité. Nous allons en faire l'objet de notre première enquête philosophique. Celle-ci s'ouvrira sur la recherche d'une définition de la rationalité et se poursuivra par l'examen successif des notions de raisonnement, de paradoxe et de sophisme.

1.1

DÉFINIR LA RATIONALITÉ

L'analyse des concepts est la première opération intellectuelle que nous avons mentionnée en introduction et c'est avec elle que nous allons entamer notre parcours. Nous y soumettrons le concept central de ce premier chapitre, le concept de rationalité. Ce que nous cherchons à définir au moyen du concept de rationalité est une manière de penser tout à fait particulière qui joue un rôle capital dans la vie humaine. Certes, toutes nos activités mentales ne sont pas rationnelles et il nous faudra donc tracer une distinction entre ce qui est rationnel et ce qui ne l'est pas. Disons tout de suite que la définition du concept de rationalité reste un sujet de controverse en philosophie. Nous ne prétendons pas que la définition que nous allons en proposer résout tous les problèmes que soulève ce concept.

> L'irrationalité n'est pas simplement l'absence de raison, mais une maladie ou une perturbation de la raison.
>
> **Donald Davidson[1]**

UNE MÉTHODE DE DÉFINITION

Voici une méthode simple pour construire une définition. Elle tient pour acquis que nous avons au moins une compréhension approximative du concept, et elle vise à préciser et à clarifier ce savoir rudimentaire au moyen de trois opérations conjointes :

1. Examiner l'*étymologie* du mot qui exprime le concept, c'est-à-dire son sens dans sa langue d'origine.

2. Trouver des *exemples typiques* d'usages appropriés et inappropriés du concept.

3. Examiner ces exemples pour en extraire les *traits caractéristiques* du concept.

   Appliquons maintenant cette méthode à notre objet d'enquête : la rationalité.

LA RATIONALITÉ

Commençons par examiner l'étymologie du mot « rationalité ». Il vient du mot latin *ratio*, qui avait le sens de « calcul », mais aussi de « mise en ordre », d'« organisation ». Ces sens nous suggèrent déjà quelques exemples.

Calcul et ordre

L'illustration la plus claire du concept de rationalité est sans doute le calcul mathématique. Il y a manifestement un lien très fort entre la *rationalité* et la *logique*, puisque la logique est une partie fondamentale des mathématiques. Or, quel est le trait caractéristique de la logique ? C'est le fait que la pensée y obéit à des *règles* strictes qui garantissent la validité des conclusions auxquelles elle arrive. À l'inverse, le rêve nocturne offre une excellente illustration d'une activité intellectuelle irrationnelle, confuse, dans laquelle l'imagination semble n'obéir à aucune règle.

---

1. Donald Davidson, *Paradoxes de l'irrationalité*, trad. de l'anglais (USA) par Pascal Engel, Paris, Éditions de l'éclat, 1991, p. 68.

L'étymologie suggère une autre piste, celle de l'ordre, de l'organisation. Que signifie «procéder d'une manière ordonnée ou organisée»? On peut l'illustrer au moyen du comportement de celui qui *réfléchit* avant d'agir. Cela lui demande d'analyser une situation et de l'examiner avec soin en vue de prendre une décision raisonnée, fondée sur de *bonnes raisons*. Quand nous procédons ainsi, nous avons une vision claire des motifs de notre décision et nous pouvons ensuite l'expliquer ou la justifier. Procéder d'une manière ordonnée peut aussi vouloir dire procéder avec *méthode*, en suivant un plan, une stratégie. À l'opposé, on dira d'une action impulsive, spontanée, irréfléchie, qu'elle manque de rationalité. Ce genre d'action impulsive peut plus difficilement être expliqué ou justifié dans la mesure où son auteur n'a pas pris soin d'expliciter mentalement les raisons qui le motivaient. Toute pensée rationnelle semble donc présenter ce trait *d'une pensée qui s'élabore d'une façon ordonnée ou méthodique.*

Effort et contrôle

Nous pourrions également caractériser la rationalité d'une autre manière, à savoir comme une attitude ou une disposition d'esprit tout à fait particulière. Nous pouvons la caractériser comme un *effort* de l'esprit pour *contrôler* l'enchaînement de ses pensées. En effet, penser ne demande, en soi, aucun effort. Dès que nous nous éveillons le matin, notre esprit se met à produire des pensées de façon automatique et involontaire. Mais si l'on procède de façon ordonnée et méthodique, c'est parce que l'on a un but déterminé en tête et que l'on veut s'assurer de l'atteindre. La rationalité est donc le fait d'un esprit qui refuse de laisser les pensées se succéder librement et fait *l'effort de les enchaîner d'une manière contrôlée.* Nous dirons donc que penser d'une manière rationnelle implique deux choses principales:

1. *La conscience d'un but à atteindre* (satisfaire un désir, résoudre un problème, expliquer quelque chose, défendre un point de vue, etc.).

2. *L'application consciente de certaines règles pour arriver à ce but.*

La rationalité signifie en effet que l'on ne doit pas enchaîner ses idées n'importe comment et qu'il doit exister des critères qui nous assurent que les liens que nous tissons entre nos idées sont fondés sur de «bonnes raisons»; ces critères sont des règles, des lois, des principes, des procédures, et ils peuvent être de divers ordres: logiques, techniques, stratégiques, etc.

Un technicien qui doit réparer un appareil ménager procède d'une manière rationnelle, c'est-à-dire avec ordre et méthode. Il en est de même d'un avocat qui présente un plaidoyer en cour, d'un gestionnaire qui conçoit une stratégie de marketing, d'un détective qui fait une enquête sur un crime ou d'un philosophe qui cherche à expliquer la différence entre l'humain et l'animal. Toutes ces personnes poursuivent un but et s'efforcent pour l'atteindre de contrôler avec soin la manière dont elles procèdent. Et ceci implique deux choses principales: suivre les *règles* pertinentes à leur tâche et s'assurer que leurs choix sont appuyés sur de *bonnes raisons*. C'est là l'essence de ce que nous appelons «rationalité».

La définition

Nous pouvons maintenant formuler une définition du concept de rationalité qui réunit les principaux traits que nous venons de mettre en évidence: la **rationalité** est la *caractéristique d'une pensée qui enchaîne ses idées d'une manière consciente, ordonnée et contrôlée pour atteindre un but déterminé, en s'appuyant sur de bonnes raisons.* Les raisons sont les motifs ou les causes qui permettent d'expliquer ou de justifier une croyance ou une action. C'est en ce sens qu'on emploie les locutions « avoir de bonnes raisons de penser ainsi » ou « avoir de bonnes raisons d'agir ainsi ». Mais il faut noter que « raison » a un autre emploi, particulièrement en philosophie. Il sert aussi à désigner la *faculté* ou la capacité qu'a l'esprit de penser d'une manière rationnelle, comme dans l'expression « les pouvoirs de la raison humaine ». Le terme **raison** a donc deux sens principaux :

1. *Motif, cause, qui permet d'expliquer ou de justifier une croyance ou une décision.*

2. *Faculté de penser d'une manière rationnelle.*

Rationnel et raisonnable

On peut également mentionner un autre terme qui appartient au réseau des concepts associés à la rationalité, c'est le terme **raisonnable** qui signifie *mesuré, modéré, acceptable*, par opposition à ce qui est démesuré et excessif, comme dans : « cette demande est raisonnable » ou « sois raisonnable ». Plusieurs philosophes attribuent au terme raisonnable le sens d'une *exigence de rationalité limitée*. Par exemple, lorsque la vérité ou la certitude paraissent hors d'atteinte, on se rabattra sur une solution imparfaite jugée « raisonnable » et qui constitue ce que nous pouvons faire de *mieux* dans les circonstances.

L'INTUITION (LE NON-RATIONNEL)

Nous avons élaboré notre définition de la rationalité en nous appuyant sur le contraste entre des pratiques rationnelles et des pratiques non rationnelles. Il nous faut revenir sur cette opposition pour la préciser et également pour régler un problème de terminologie. Dans la langue courante, le contraire de rationnel est « irrationnel ». Or, le terme « irrationnel » est fortement connoté. Nous avons ici un bon exemple d'un cas où le travail philosophique d'analyse conceptuelle nous amène à corriger et à améliorer l'usage courant.

Le problème vient de ce que le mot irrationnel comporte une connotation négative : il associe l'idée de non-rationnel à celle d'illogique, d'insensé, de fou. Or, il est facile d'imaginer des idées qui ne sont pas rationnelles, au sens du terme explicité dans notre définition, et qui pourtant ne sont pas irrationnelles. Nous avons indiqué précédemment que penser est chez l'humain un processus involontaire qui se déroule spontanément et sans effort. Il existe donc toutes sortes de pensées ou d'états mentaux *non rationnels* que l'on doit considérer comme tout à fait banals et normaux. Ce sont en particulier toutes les pensées qui accompagnent nos perceptions (« il y a une tache sur mon pantalon »), nos émotions (« je me sens triste ») et toutes les associations d'idées spontanées produites par notre imagination. Notre vie mentale déborde de pensées spontanées et involontaires de ce genre. C'est le cas lorsque je croise une personne dans la rue qui me fait penser à un de mes oncles, lorsque je regarde un ami que je n'ai pas vu depuis des années et qui m'apparaît très vieilli, lorsque je ressens un sentiment de paix intérieure en contemplant un paysage majestueux au sommet d'une montagne, lorsque je réalise tout à coup que j'ai oublié mes clés dans mon auto. Toutes ces associations d'idées ne suivent pas les voies d'une pensée rationnelle et pourtant il n'y a rien en elles d'insensé. Elles ont un *sens*, mais pas un sens « rationnel ».

Il faut être vigilant face aux dangers d'une définition trop large et générale. L'idée de rationalité n'épuise pas celle de sens. Notre vie mentale est plus vaste que la sphère rationnelle, et le concept de sens est plus large et plus général que celui de rationalité. C'est pourquoi nous allons introduire un concept spécifique pour désigner une pensée «non rationnelle» qui constitue simplement un mode de fonctionnement de la pensée. Nous désignerons ce genre de pensée au moyen du concept d'**intuition** que nous définirons ainsi: *pensée qui surgit dans l'esprit de façon immédiate et spontanée.* La pensée intuitive se distingue ainsi de la pensée rationnelle qui nécessite temps, effort et méthode pour élaborer ses contenus.

Deux modes de pensée compatibles

Il n'existe aucune incompatibilité entre les modes de pensée rationnel et intuitif. En réalité, ces deux modes interagissent et se télescopent continuellement dans le cours ordinaire de notre vie mentale. Rien n'empêche le flot des idées de nous traverser l'esprit durant le processus de la réflexion. Elles le perturbent parfois en nous distrayant, mais parfois aussi elles le nourrissent et le relancent. Le couronnement d'une réflexion est parfois un moment crucial où la solution d'un problème nous apparaît tout d'un coup avec évidence, dans une intuition fulgurante. La pensée rationnelle a besoin d'être nourrie par l'inspiration et l'imagination, et celles-ci ont besoin en retour d'être guidées et contrôlées par la pensée rationnelle.

Notre cerveau a la fascinante capacité de fonctionner simultanément à des niveaux conscient et subconscient. Il suffit parfois d'arrêter de penser à un problème quelques heures pour constater plus tard (ou au réveil le matin) que la solution s'impose d'un coup à l'esprit. On ne saurait dire par quel chemin ou grâce à quelle méthode on en est arrivé à cette solution, mais qu'importe? Une fois la solution trouvée, la raison peut se remettre à la tâche de la contrôler et de vérifier si elle est effectivement fondée sur de *bonnes raisons.* De plus, notre cerveau obéit à un principe d'économie suivant lequel tout ce qui est répété, maîtrisé et assimilé tend à être pris en charge par des mécanismes involontaires et inconscients. Or, cette loi vaut également pour les processus rationnels. Un calcul mathématique simple, qui est une opération rationnelle, en vient avec le temps à être effectué d'une manière intuitive et automatique. Il en est de même pour la conduite d'une automobile ou la pratique du piano. Cela libère l'esprit qui peut alors se concentrer sur les aspects de la tâche à accomplir qui requièrent une attention et un contrôle suivis. Nos processus de pensée rationnels sont donc toujours entremêlés d'intuitions.

L'IRRATIONALITÉ

Revenons maintenant au concept d'irrationalité. Contrairement à l'intuition, qui n'est pas incompatible avec la pensée rationnelle, l'**irrationalité** est une *pensée qui implique carrément une infraction aux règles de la rationalité, une violation de ses critères.*

Pour pouvoir parler d'irrationalité, il faut donc être en mesure de préciser comment la pensée du sujet viole les critères de la rationalité. Ces violations sont variées, mais elles comportent généralement une incapacité de *soutenir* nos croyances ou nos décisions par de *bonnes raisons.* Une pensée irrationnelle est une pensée *indéfendable.* Ce peut être parce que nous nions l'évidence, nous nous accrochons à des idées fausses ou chimériques, nous nous contredisons ou nous agissons à l'encontre de nos croyances. Voici quelques exemples typiques d'irrationalité:

- Les obsessions et les phobies: L'anorexique qui est convaincue d'être encore trop grosse en dépit de sa maigreur extrême. Le phobique qui est incapable de prendre l'ascenseur parce qu'il est convaincu de courir à chaque fois un terrible danger.

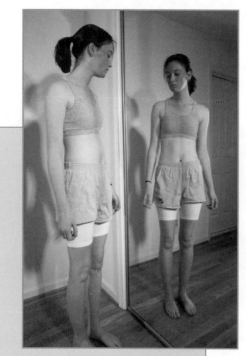

Un exemple d'irrationalité: l'anorexique qui se trouve toujours trop grosse quand elle se regarde dans le miroir.

- Les superstitions: L'entraîneur d'une équipe de hockey qui croit que la couleur du complet qu'il porte peut avoir une incidence sur l'issue d'un match.
- Se mentir à soi-même: Le toxicomane qui se fait croire qu'il peut arrêter de consommer quand il le voudra, «sans problème».
- Prendre ses désirs pour des réalités: L'amoureux malheureux qui s'entête à croire, après une rupture, que son ex-partenaire l'aime toujours et qu'elle va lui revenir.
- Les préjugés: Le patient qui juge qu'un médecin appartenant à une minorité ethnique est moins compétent.
- Choisir le pire: Le joueur compulsif presque complètement ruiné par son vice qui pense que le meilleur moyen de s'en sortir est d'aller jouer ses derniers sous à la loterie vidéo.

On voit par ces exemples que l'on est irrationnel lorsque *l'on soutient une idée ou que l'on fait une action, alors qu'aucune bonne raison ne le justifie.* Par exemple, désirer ou espérer quelque chose n'est pas en soi une bonne raison de croire qu'elle existe effectivement. L'irrationalité réside parfois dans *la négation de faits évidents,* comme l'anorexique qui voit sur le pèse-personne que son poids réel est dérisoire ou l'entraîneur qui sait très bien que la couleur de son complet ne peut influencer l'issue d'un match de hockey. On peut souvent rattacher l'irrationalité au fait de *se contredire.* En effet, dans bien des cas, la personne sait d'un côté qu'une chose est vraie ou bonne, mais elle persiste néanmoins à croire ou à faire le contraire.

Ce que l'irrationalité n'est pas

Nous avons essayé de donner des exemples clairs d'irrationalité. On peut se douter toutefois que les choses ne sont pas toujours limpides et qu'il peut y avoir matière à discussion dans beaucoup de cas. L'«évidence des faits» n'est pas la même pour tout le monde et certains peuvent voir une «contradiction» là où d'autres n'en voient pas. On remarquera trois choses importantes cependant.

- D'abord, *l'irrationalité n'est pas simplement une erreur commise de bonne foi.* Celui qui fait une erreur de calcul mathématique ou qui fait un mauvais raisonnement occasionnel n'est pas considéré comme irrationnel. Il faudrait pour cela qu'il persiste dans son erreur après qu'on la lui a signalée et qu'il l'ait comprise.
- Ensuite, *l'irrationalité ne doit pas être confondue avec l'ignorance.* Si une personne ignore complètement les raisons qui disqualifient sa croyance ou sa décision, elle ne peut être accusée d'irrationalité. Pour parler d'irrationalité, il faut que les bonnes raisons soient connues de la personne ou à tout le moins que celle-ci puisse les connaître. Nous ne dirons pas que les Anciens qui croyaient que la Terre était immobile étaient irrationnels. Ils ne possédaient pas les connaissances de l'astronomie moderne et ils avaient de bonnes raisons de croire ce qu'ils croyaient. Après tout, on ne sent pas la Terre tourner.
- *L'irrationalité ne relève pas d'une simple divergence d'opinions* ou d'un rejet abusif des opinions d'autrui, du genre: «Tous ceux qui ne sont pas de mon avis sont

irrationnels. » L'irrationalité devrait idéalement être démontrée du point de vue *interne* de la personne concernée et non à partir d'un point de vue *externe*. Cela signifie que les raisons qui justifient le verdict d'irrationalité devraient être admises *par la personne elle-même*, du moment qu'elle fait l'effort d'adopter un point de vue rationnel. Par exemple, l'anorexique ne peut nier qu'elle pèse seulement trente-six kilos et qu'elle se situe au plus bas de l'échelle de poids. De même, on peut démontrer au joueur compulsif que ses chances de gagner sont infimes. C'est l'entêtement à défendre une fausse croyance ou à agir de façon insensée qui atteste l'irrationalité de quelqu'un. En d'autres termes, elle se manifeste par la *défense de positions incompatibles*.

Pas d'irrationalité sans rationalité

Ce dernier point nous amène à mentionner un dernier critère important, et quelque peu déconcertant, de l'irrationalité. Il dérive du fait que, puisque l'irrationalité est une infraction aux règles de la rationalité, on ne peut traiter d'irrationnel quelqu'un qui n'est pas rationnel au point de départ. Comme l'a dit le philosophe Donald Davidson : « [...] seule une créature rationnelle peut être irrationnelle[2]. » L'usage courant va d'ailleurs généralement en ce sens. Nous ne dirons pas d'un jeune garçon de quatre ans qui dit qu'il va se marier plus tard avec sa mère qu'il est irrationnel. Un cas limite est celui du malade mental dont les propos et les actions pourraient être qualifiés d'irrationnels, mais pour qui cela ne s'avère pas pertinent dans la mesure où il a temporairement perdu toute aptitude à la rationalité. Son esprit est malade ou dysfonctionnel, de sorte que la question de la conformité de sa conduite aux standards de la rationalité est en quelque sorte suspendue. Nous attribuons généralement l'irrationalité à ceux dont la raison est fonctionnelle. La question de savoir comment on peut être simultanément rationnel et irrationnel est cependant un paradoxe sur lequel nous reviendrons abondamment dans un chapitre ultérieur.

Rationalité théorique et rationalité pratique

Nous avons souvent pris la peine, dans ce qui précède, de spécifier que la rationalité pouvait s'appliquer soit à des idées, soit à des actions. Nous avons ainsi repris une distinction importante qui a été tracée par les philosophes entre deux sphères de la pensée rationnelle, les sphères *théorique* et *pratique*. En gros, la sphère théorique est la sphère des idées ou de la connaissance, et la sphère pratique est celle de l'action. En réalité, tout processus rationnel comporte toujours des connaissances, mais, dans le premier cas, la connaissance en elle-même est le but fondamental visé par la raison, alors que, dans le deuxième cas, son but essentiel est la réussite d'une action. Des connaissances peuvent être exploitées dans un processus rationnel d'action, mais elles sont alors au service de l'action et donc d'un but pratique. Le mot « théorique » est un peu trompeur ici, car il ne s'agit pas nécessairement de « théorie » au sens d'un ensemble de connaissances organisées en système. La **rationalité théorique** désigne l'*ensemble des activités de pensée qui visent à contrôler*

---

2. Donald Davidson, *op. cit.*, p. 1.

et à ordonner nos connaissances en les appuyant sur de bonnes raisons. C'est elle qui est à l'œuvre lorsque nous nous assurons que nos connaissances correspondent à la réalité par l'entremise d'observations, de vérifications ou d'expérimentations et lorsque nous veillons à ce que nos connaissances soient cohérentes et compatibles entre elles.

La **rationalité pratique** *vise à contrôler et à ordonner consciemment nos actions en les appuyant sur de bonnes raisons.* Contrairement à l'animal qui se fie à ses instincts pour fixer et pour atteindre ses buts, l'être humain a la capacité d'entrevoir une variété de buts ainsi qu'une variété de stratégies d'action. Agir d'une manière rationnelle implique donc à la fois le choix des meilleurs buts et le choix des meilleurs moyens pour atteindre ces buts. Ces choix font intervenir une diversité de critères tels que des critères d'efficacité techniques ou stratégiques, des valeurs, des traditions, des normes morales, etc. *Il est donc irrationnel pour une personne de poursuivre des buts qu'elle sait être mauvais et il est également irrationnel pour elle d'employer des moyens d'action qui nuisent à l'atteinte de ses buts.*

L'idée que la rationalité pratique concerne le choix des moyens ou des «instruments» les plus efficaces pour atteindre un but est formulée par les philosophes contemporains au moyen de l'expression «rationalité instrumentale»: la **rationalité instrumentale** est cet *aspect de la rationalité pratique qui concerne le choix des moyens ou des «instruments» les plus efficaces ou les plus utiles pour atteindre un but.*

La rationalité théorique et la rationalité pratique forment les deux grands axes du parcours d'initiation à la philosophie que nous allons suivre dans ce manuel. Nous nous intéresserons d'une part au rôle de la pensée rationnelle dans la production de nos connaissances, mais aussi à sa contribution dans nos prises de décision et dans la détermination de notre manière de vivre et d'agir.

Exercices

1. Examinez les affirmations ou les comportements suivants et dites s'il s'agit de cas d'*irrationalité*, d'*intuition* ou de *rationalité*. Justifiez votre réponse. S'il s'agit d'un cas d'irrationalité, expliquez en une phrase précise en quoi il y a violation d'un critère de rationalité (référez-vous aux exemples et aux critères donnés plus haut). Notez que certains cas peuvent être difficiles à trancher.

a) J'ai le sentiment insurmontable d'avoir les mains sales, ce qui me pousse à les laver compulsivement des dizaines de fois par jour.

b) Je décide d'aller à une fête avec des amis plutôt que d'étudier, alors que j'ai un examen de mathématiques le lendemain, que la réussite de cet examen est cruciale pour la réussite de ce cours et que l'obligation de reprendre ce cours retarderait mon entrée à l'université.

c) Je vérifie trois fois si mon parachute est bien en place avant de me lancer dans le vide.

d) «Cet homme ne m'inspire pas confiance. J'ai le sentiment qu'il y a quelque chose de faux dans ses attitudes.»

e) J'ai échoué à mon examen de français et je me plains du fait que le professeur a été trop sévère dans sa correction, tout en sachant que je n'avais pas étudié pour cet examen.

f) Je ne prends jamais l'avion, car j'ai une phobie de l'avion.

g) Robert est auteur-compositeur. Il a pris l'habitude de commencer sa journée par une randonnée en forêt. Il s'est aperçu que cela l'aidait à trouver des idées pour ses compositions.

h) Taiwan est un pays asiatique moderne et industrialisé. Pourtant, beaucoup de Taiwanais d'aujourd'hui croient encore aux fantômes. C'est une croyance traditionnelle dans cette société. Même des gens instruits et rompus à la méthode scientifique moderne comme les médecins installent des miroirs au-dessus de la porte d'entrée de leur maison pour en chasser les fantômes, considérant que les fantômes ont peur lorsqu'ils se voient dans un miroir.

2. « J'ai résolu de faire une liste de mes achats avant d'aller faire mes emplettes de la semaine au supermarché parce que je me suis aperçu que je jetais trop d'aliments à la poubelle. De plus, il faut que je surveille mon alimentation, car j'ai pris beaucoup de poids dernièrement et je sais que l'obésité peut causer de graves problèmes de santé. Une fois sur place, cependant, toutes sortes d'idées me venaient à l'esprit en parcourant les allées du magasin et finalement je n'ai pas respecté ma liste. De plus, j'ai succombé à une fringale de biscuits au chocolat et j'en ai acheté quatre sacs. »

Trouvez dans ce texte une illustration de chacun des trois concepts de *rationalité*, d'*irrationalité* et d'*intuition*. Expliquez vos choix.

3. Illustrez vous-même les notions de rationalité, d'intuition et d'irrationalité par trois exemples relatifs au domaine de la publicité, que ce soit dans la conception des publicités, dans les stratégies publicitaires, dans le contenu des publicités ou dans les réactions des consommateurs qui y sont exposés.

4. Peut-on dire qu'éprouver un désir impossible à satisfaire est irrationnel?

5. Est-il irrationnel de croire à des miracles, c'est-à-dire d'attribuer des événements exceptionnels et inexplicables à une intervention divine? On peut prendre ici l'exemple typique de la guérison inexplicable d'un malade atteint d'une maladie réputée mortelle ou inguérissable.

6. Voici, en terminant, un exercice qui fait écho à la problématique de la comparaison humain/animal que nous avons abordée dans l'introduction.

Les dauphins adorent les anchois. Quand de petits groupes de dauphins découvrent un banc d'anchois, ils l'encerclent et signalent leur découverte aux dauphins qui sont à proximité en émettant des clics sonores. Puis ils attendent leur arrivée avant d'attaquer le banc et cessent d'émettre des clics, car cela alerte et excite les anchois. Ils adoptent alors la stratégie suivante pour dévorer les anchois. Il leur faut d'abord garder intact le banc d'anchois, ce qui n'est pas facile. Ils encerclent le banc afin qu'il se concentre en une boule de plus en plus dense. Pour éviter que certains anchois ne fuient, ils émettent des bulles et font des éclaboussures qui les affolent. Le banc se brise parfois et alors certains dauphins partent à la poursuite du groupe qui se sépare et le rabattent vers le banc principal. Lors des opérations de rabattage, les dauphins semblent se rendre compte qu'ils ne sont pas suffisamment nombreux pour parvenir à leurs fins. Afin d'appeler des renforts, ils font des bonds en surface pour indiquer à leurs congénères le lieu de l'opération. Une autre équipe prend position en dessous du banc pour le faire remonter en surface, afin qu'aucun anchois ne puisse s'échapper par le haut. Lorsque le banc est suffisamment haut et dense, les dauphins peuvent y plonger et avaler une bonne quantité de nourriture. Ils reprendront ensuite leur poste de garde en périphérie, pendant que d'autres de leurs congénères se nourriront. Ils alternent ainsi leurs positions de sorte que tout le monde mange à son tour. Jusqu'à 300 dauphins peuvent participer à une telle opération.

À votre avis, ces comportements des dauphins peuvent-ils être considérés comme une manifestation de *rationalité*? Justifiez votre réponse en vous appuyant sur notre définition de la rationalité.

1.2

LE RAISONNEMENT

L'instrument le plus important de la pensée rationnelle est le raisonnement. C'est avec le raisonnement que l'esprit construit et élabore véritablement ses connaissances d'une façon méthodique. Le philosophe pratique le raisonnement de façon intensive. Cependant, son désir d'aller au fond des choses l'a amené à examiner de près cet instrument de pensée dont nous nous servons continuellement sans trop lui porter d'attention. Le raisonnement est, depuis longtemps, un des objets d'étude de la philosophie et nous allons, dans cette section, procéder à une analyse de sa structure et de son fonctionnement. Nous continuerons, ce faisant, de pratiquer l'analyse de concepts, mais notre enquête fera également intervenir les deux autres opérations intellectuelles typiques de la philosophie : la problématisation et la formulation de principes.

> On tire évidemment de ces considérations le motif pour lequel l'Arithmétique et la Géométrie sont beaucoup plus certaines que les autres disciplines : c'est qu'elles sont les seules à porter sur un objet si pur et si simple qu'elles n'ont à faire absolument aucune supposition que l'expérience puisse rendre douteuse et qu'elles sont tout entières composées de conséquences à déduire rationnellement.
>
> **René Descartes**[3]

LE RAISONNEMENT : UNE COMBINAISON DE JUGEMENTS

Le raisonnement est une opération complexe qui implique l'agencement de plusieurs parties ou constituants de base. Il est donc nécessaire d'amorcer l'étude du raisonnement par celle de ces constituants, que les philosophes appellent des « jugements ». En philosophie, le terme **jugement** est un terme technique du vocabulaire de la logique que l'on définit ainsi : *acte intellectuel d'affirmer ou de nier quelque chose à propos de quelque chose*. Il a un sens similaire à « énoncé » ou « proposition » et n'est pas nécessairement associé, comme c'est souvent le cas dans le langage courant, à l'expression d'une « évaluation » favorable ou défavorable. Le « jugement de valeur » n'est qu'une variété de jugement parmi d'autres. Il est ainsi tout à fait légitime de parler de « jugements de fait » ou de « jugements d'observation ». Une déclaration telle que « Il pleut » ou « Il y a une tache sur mon pantalon » est un jugement d'observation. Passons maintenant au concept de raisonnement.

Qu'est-ce qu'un raisonnement ? La définition standard du **raisonnement** est la suivante : *opération intellectuelle qui consiste à lier des jugements d'une manière ordonnée en utilisant un ou plusieurs jugements pour en soutenir un autre.* « On annonce une grosse tempête de neige pour demain matin, alors je vais partir plus tôt pour me rendre au travail » est un raisonnement. Voici un autre exemple de raisonnement composé de quatre jugements : « Mon ami me propose d'aller au cinéma ce soir, mais j'ai un examen de mathématiques demain matin que je dois réussir à tout prix et je n'ai pas encore commencé à étudier ; donc je n'irai pas. »

---

3. René Descartes, *Règles pour la direction de l'esprit*, trad. par J. Sirven, Paris, Vrin, 1966, p. 9-10.

LA STRUCTURE DU RAISONNEMENT

Les trois parties du raisonnement

On peut constater dans les deux exemples de raisonnement qui précèdent que les premiers jugements *conduisent* au dernier. Il y a là un trait caractéristique du raisonnement. Trois parties principales composent la structure de base de tout raisonnement (figure 1.1) :

1. La **conclusion** : c'est le *jugement que l'on vise à soutenir ou à démontrer*.

2. Les **prémisses** : ce sont les *jugements sur lesquels on s'appuie pour soutenir la conclusion* (il peut n'y avoir qu'une seule prémisse).

3. Le **lien d'inférence** : c'est le *lien que l'on établit entre les prémisses et la conclusion*. **Inférer** signifie *tirer une conclusion à partir d'autres jugements*. Ce lien est indiqué dans nos deux exemples par les termes « alors » ou « donc ».

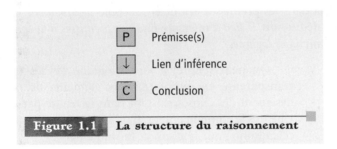

P	Prémisse(s)
↓	Lien d'inférence
C	Conclusion

Figure 1.1   La structure du raisonnement

Nous pouvons représenter la structure de notre deuxième exemple de raisonnement de la manière suivante, en désignant les prémisses par des numéros et la conclusion par la lettre « C » :

(1) Mon ami me propose d'aller au cinéma ce soir.
(2) J'ai un examen de mathématiques demain matin que je dois réussir à tout prix.
(3) Je n'ai pas encore commencé à étudier.
(C) Donc je n'irai pas au cinéma.

Forme et contenu

Nous allons ajouter un autre élément à notre analyse de la structure du raisonnement qui est la distinction entre sa *forme* et son *contenu*. Cette distinction nous servira parallèlement à différencier deux types de raisonnement, les raisonnements déductifs et les raisonnements non déductifs.

- La **forme du raisonnement** est l'*aspect purement logique des liens entre les jugements qui le composent*.
- Le **contenu du raisonnement** est constitué des *idées qui forment la matière des jugements et qui renvoient à des choses déterminées*.

L'analyse qui suit éclairera le sens de cette distinction.

Raisonnement et rationalité

Notons comment le raisonnement illustre parfaitement l'idée de rationalité telle que nous l'avons formulée au chapitre précédent : dans un raisonnement, la pensée *poursuit un but conscient*, qui est de justifier une conclusion, et elle enchaîne des jugements *de manière ordonnée* pour y arriver.

LES RAISONNEMENTS DÉDUCTIFS

Considérons les raisonnements suivants :

(1) Jean est plus grand que Mathieu.
(2) Mathieu est plus grand que Simon.
(C) Donc Jean est plus grand que Simon.

(1) Tous les chats sont poilus.
(2) Globule est un chat.
(C) Donc Globule est poilu.

Ces deux raisonnements partagent une particularité intéressante. Dans les deux cas, une fois que l'on a pris connaissance des prémisses, la conclusion semble en découler de façon *évidente* et *nécessaire*. La conclusion est pour ainsi dire déjà incluse dans les prémisses. Cela nous indique que c'est essentiellement la *forme logique* qui est déterminante dans ce genre de raisonnement que l'on appelle une « déduction ». Le passage des prémisses à la conclusion ne fait qu'expliciter une connaissance qui se trouvait déjà dans les prémisses et qui en découle *logiquement*. On dira donc que, dans une **déduction**, *le lien d'inférence liant les prémisses à la conclusion repose sur des règles purement logiques.*

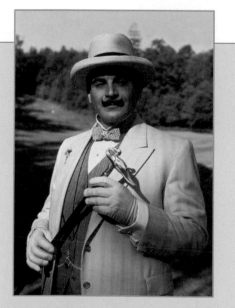

Hercule Poirot, le fameux personnage de détective créé par la romancière Agatha Christie, qui réussit à résoudre toutes les énigmes grâce aux pouvoirs de la déduction.

On peut rendre la *forme* logique de ces raisonnements transparente en remplaçant les éléments de *contenu* qui y désignent des choses existant dans la réalité par des symboles. Une fois le contenu enlevé, il ne reste que la forme. Voici ce que cela donne pour le premier raisonnement :

(1) A est plus grand que B.
(2) B est plus grand que C.
(C) Donc A est plus grand que C.

On voit donc qu'*il est possible dans une déduction de considérer la forme du raisonnement en faisant abstraction de son contenu.* Lorsqu'on évalue l'aspect purement formel ou logique d'un tel raisonnement, on part toujours d'une prescription du genre « si les prémisses sont vraies » ou encore « en faisant abstraction de la vérité ou de la fausseté des prémisses ». Sa forme possède une structure propre qui peut être évaluée pour elle-même *sans égard au contenu.*

Ce type de raisonnement est ce que l'on appelle une *déduction* logique. La conclusion y est « déduite » des prémisses par un procédé purement logique, de sorte que *nier la conclusion une fois les prémisses posées équivaut à se contredire* : dire que C est plus grand que A en conclusion du raisonnement qui précède revient à contredire ses prémisses.

Faisons de même pour le deuxième raisonnement et nous aurons :

(1) Tous les A sont B.
(2) X est un A.
(C) Donc X est B.

Si je concluais, après avoir affirmé les prémisses de ce raisonnement, que « X n'est pas B », je me contredirais.

Validité et vérité

Mais, bien sûr, le « contenu » reste important pour l'évaluation *globale* que nous pourrions faire de ces déductions. Admettons par exemple que l'auteur du premier raisonnement ait fait une erreur et que Simon ait eu dernièrement une forte poussée de croissance qui l'ait fait dépasser Jean en taille. La conclusion du raisonnement serait alors fausse parce que sa deuxième prémisse serait fausse. Mais cela ne changerait rien au fait que le raisonnement reste impeccable sur le plan strictement formel. Pour cette raison, nous ne dirons pas que la forme logique d'un raisonnement est vraie ou fausse, mais qu'elle est seulement « valide » ou « invalide ».

Un raisonnement peut en effet être valide sur le plan de la forme logique mais faux sur le plan du contenu. C'est le cas du raisonnement suivant qui est parfaitement logique mais dont la première prémisse est fausse :

(1) Tous les hommes sont immortels.
(2) Jean-Claude est un homme.
(C) Donc Jean-Claude est immortel.

En revanche, un raisonnement peut être invalide même si tous les éléments de contenu qui le composent sont vrais, comme dans l'exemple suivant :

(1) Tous les humains sont mortels.
(2) Jean-Claude Tremblay est un humain.
(C) Donc Jean-Claude Tremblay est québécois.

Mais si un raisonnement possède à la fois une forme valide et des prémisses vraies, il est sans faille et sa conclusion est *nécessairement* vraie. Nous dirons que c'est, globalement, un raisonnement « correct » et qu'il « démontre » réellement la vérité de la conclusion.

Les deux critères du raisonnement déductif

Résumons donc les deux critères du raisonnement déductif que certains philosophes appellent « raisonnement démonstratif » :

1. Le critère fondamental qui compte dans la déduction est la forme logique. Le lien d'inférence entre les prémisses et la conclusion est un lien de nécessité logique, de sorte que nier la conclusion une fois les prémisses posées revient à se contredire.

2. Si ses prémisses sont vraies, la conclusion d'une déduction valide est nécessairement vraie.

Les mathématiques sont le royaume de la déduction, mais nous utilisons également la déduction logique dans la vie courante, dès qu'il y a une forme de *calcul* dans nos raisonnements ou dès que nous pouvons tirer des conclusions *certaines* de nos prémisses d'une façon purement logique. Un mécanicien d'automobiles qui procède d'une manière systématique pour trouver la cause d'un problème mécanique fera certainement quelques déductions. Un détective qui mène une enquête policière également. La déduction intervient en particulier lorsqu'on veut éliminer une hypothèse de façon certaine. Par exemple, le mécanicien déterminera que le

Un truc pour reconnaître les déductions

Pour trouver si un raisonnement est une déduction, il faut se poser la question suivante : le lien entre les prémisses et la conclusion est-il purement et parfaitement logique ? Un truc *intuitif* généralement efficace (mais pas infaillible) avec des raisonnements simples est de regarder les prémisses en cachant la conclusion pour voir si la conclusion s'impose de façon évidente et automatique à l'esprit (une telle inférence s'accompagne normalement d'une impression de certitude absolue). Si c'est le cas, il y a de bonnes chances qu'il s'agisse d'une déduction.

problème de démarrage d'une voiture n'est pas causé par une batterie défectueuse après avoir vérifié qu'elle est en parfait état (même s'il fait une erreur dans sa vérification, sa déduction reste parfaitement logique). Le détective pourra être certain qu'un individu n'est pas l'auteur d'un meurtre s'il trouve qu'il était en voyage à l'étranger au moment où le meurtre est survenu.

Le principe de non-contradiction

La logique est un domaine très technique de la philosophie sur lequel nous ne nous attarderons pas dans ce manuel d'initiation. Mais, en ce domaine comme ailleurs, les philosophes ont cherché à établir des *principes* fondamentaux et le principe de base de la logique est assez simple, c'est le principe de non-contradiction, que le philosophe grec Aristote a formulé ainsi : « Il est impossible que le même attribut appartienne et n'appartienne pas en même temps au même sujet et sous le même rapport[4]. » Ce principe m'interdit d'affirmer à la fois : « Dieu existe » et « Dieu n'existe pas » ou « Jean-Claude est né à Chicoutimi » et « Jean-Claude n'est pas né à Chicoutimi ». Voici une formulation encore plus simple du **principe de non-contradiction** : *on n'a pas le droit d'affirmer et de nier en même temps la même chose*. Ce principe fait valoir une exigence de cohérence de notre pensée. Son respect est une garantie de cohésion et de stabilité de la pensée. S'il était permis de se contredire, alors plus rien ne tiendrait et la pensée deviendrait un magma informe. Le principe de non-contradiction est au cœur de la logique déductive, puisque toute l'idée de la déduction est que la conclusion ne doit pas contredire les prémisses.

LES RAISONNEMENTS NON DÉDUCTIFS

La déduction est fascinante parce qu'elle met en évidence la puissance de la logique, qui est la capacité d'établir des liens nécessaires et incontestables entre nos jugements. Mais, en même temps, nous avons vu que la déduction ne concerne que la forme du raisonnement et non son contenu. Elle ne peut donc pas à elle seule assurer la valeur des connaissances produites par nos raisonnements. Il est possible en effet de dire de pures faussetés au moyen de raisonnements parfaitement logiques. L'évaluation du contenu des idées fait intervenir d'autres processus de pensée qui ne relèvent pas de la seule logique, comme l'observation, l'expérience ou la vérification. Nous allons maintenant nous intéresser à d'autres raisonnements où c'est le contenu et non la forme qui est primordial. Nous les appellerons *non déductifs*, car ils englobent une grande variété de raisonnements qui ont pour seul trait commun le fait de ne pas être déductifs.

Voici quelques exemples de raisonnements non déductifs :

A. (1) Jusqu'ici, le soleil s'est toujours levé à l'est le matin.
   (C) Donc il va continuer de se lever à l'est le matin dans le futur.

---

4. Aristote, *Métaphysique*, tome I, trad. par J. Tricot, Paris, Vrin, 2000, p. 121-122.

B. (1) Tous les cygnes que nous avons observés jusqu'à maintenant étaient blancs.
(C) Donc tous les cygnes sont blancs.

C. (1) Sébastien est arrivé en retard en classe ce matin.
(2) Il avait la chevelure ébouriffée.
(3) Il apporte habituellement un grand soin à sa coiffure.
(C) Donc il a dû se réveiller en retard et quitter la maison en vitesse.

D. (1) Tu as promis aux enfants que tu allais réparer leur balançoire.
(2) Il fait beau.
(3) Tu n'as rien de spécial à faire cet après-midi.
(C) Donc tu devrais réparer la balançoire des enfants cet après-midi.

Il existe plusieurs types de raisonnements non déductifs (tableau 1.1).

Tableau 1.1

TROIS TYPES DE RAISONNEMENTS NON DÉDUCTIFS	
L'induction	L'induction consiste à tirer d'une collection limitée de cas observés une conclusion générale étendue à tous les cas similaires. L'induction est une généralisation. Elle permet aussi de faire des prédictions sur les cas futurs à partir d'observations passées. Les exemples A et B sont des exemples d'induction.
La recherche de la meilleure explication	Ce type de raisonnement vise à trouver la « meilleure » explication (cause ou motif) d'un événement ou d'un phénomène ou simplement à trouver une explication « plausible ». On l'appelle aussi « abduction ». L'exemple C illustre ce type de raisonnement.
Le raisonnement convergent	Il s'agit d'une catégorie fourre-tout qui désigne des raisonnements comprenant une variété de prémisses hétérogènes et indépendantes, qui tendent toutes à soutenir la conclusion mais pour des raisons distinctes, comme dans l'exemple D.

Un lien d'inférence non logique

Voyons maintenant les deux grandes différences qui permettent de distinguer les raisonnements non déductifs des raisonnements déductifs.

La première différence est que, dans le raisonnement non déductif, *la conclusion ne découle pas des prémisses de façon nécessaire par un lien d'inférence purement logique*. C'est essentiellement le *contenu* des prémisses qui fournit des raisons d'affirmer la conclusion : c'est parce qu'on n'avait observé jusque-là que des cygnes blancs que l'on a conclu à un moment donné que tous les cygnes étaient blancs. Mais il n'y a pas là de certitude absolue. Donc, contrairement à ce qui se passe dans la déduction, *la vérité des prémisses d'un raisonnement non déductif ne garantit pas la vérité de sa conclusion*. Au sens strict, les raisonnements non déductifs ne sont pas logiquement valides. Si l'on se reporte à l'exemple C, il est possible que l'allure inhabituelle de Sébastien soit due à un réveil tardif. Mais même s'il y a une bonne raison de dégager cette conclusion, elle n'est pas « nécessairement vraie ». De même, dans l'exemple D, qu'il fasse beau dehors peut être une raison d'aller réparer la balançoire, mais cela n'a rien de « logiquement nécessaire ». *C'est aussi pourquoi il est possible de nier la conclusion d'un raisonnement non déductif sans se contredire.* Je ne

La découverte de cygnes noirs en Australie a carrément enlevé toute valeur à l'induction qui concluait que tous les cygnes étaient blancs. Dans une déduction, on peut se demander si le raisonnement est valide, même si les prémisses sont fausses. Il en va tout autrement dans un raisonnement non déductif : si les prémisses sont fausses, le raisonnement s'écroule complètement.

me contredis pas si je conclus du fait que tous les cygnes observés jusqu'à maintenant étaient blancs qu'il n'est pas certain que tous les cygnes soient blancs.

Passons à la deuxième différence. En ce qui concerne le lien d'inférence en tant que tel, il ne fonctionne pas ici sur le mode exclusif du *tout ou rien* propre à la déduction. Un lien d'inférence déductif est logique ou illogique. Il démontre ou il ne démontre pas la conclusion. Il n'y a pas d'entre-deux. Dans les **raisonnements non déductifs**, *le lien d'inférence ne fait que soutenir ou confirmer la conclusion avec une force plus ou moins grande*. Nous ne dirons pas alors que le raisonnement « démontre » la conclusion. Étant donné les prémisses, la généralisation contenue dans la conclusion est *plus ou moins* justifiée (selon l'échantillon sur lequel elle est basée), l'explication avancée est *plus ou moins* plausible, les arguments apportés sont *plus ou moins* forts. On ne peut être beaucoup plus précis que cela dans nos critères d'évaluation du lien d'inférence non déductif. C'est pourquoi il est possible et tout à fait courant de formuler des raisonnements non déductifs faibles, par exemple : « Je ne sais pas trop pour quel parti voter, mais je me dis que le parti d'opposition ne peut pas faire pire que le parti au pouvoir, alors je vais voter pour lui. » Ou : « Il a l'air nerveux. Peut-être que c'est parce qu'il ne s'attendait pas à être filmé pendant l'entrevue. » Celui qui fait une déduction erronée se voit reprocher d'avoir fait une erreur de logique ! Les exigences ne sont pas aussi élevées dans le cas des raisonnements non déductifs, car il est normal de leur accorder une certaine marge d'erreur.

Les deux critères du raisonnement non déductif

Résumons donc les deux critères du raisonnement non déductif :

1. La conclusion ne découle pas des prémisses suivant un lien de pure nécessité logique ; c'est pourquoi la conclusion peut être fausse même si les prémisses sont vraies. On peut nier la conclusion après avoir formulé les prémisses sans se contredire sur le plan logique.

2. Le lien d'inférence qui ne repose pas sur la nécessité logique peut avoir une force variable, allant de très faible à très fort. Il confirme la conclusion à un degré variable.

La figure 1.2 illustre la distinction entre les deux types de raisonnement.

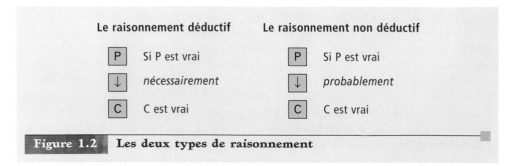

Le raisonnement déductif	Le raisonnement non déductif
P Si P est vrai	P Si P est vrai
↓ *nécessairement*	↓ *probablement*
C C est vrai	C C est vrai

Figure 1.2   Les deux types de raisonnement

Logique formelle et logique informelle

La beauté et la solidité de l'édifice des lois de la logique ont toujours fasciné les philosophes. Cela explique que la déduction ait constitué dans le passé l'objet d'étude privilégié de la logique, qui est la science des lois du raisonnement. C'est seulement à l'époque moderne que le raisonnement non déductif a pris une place de choix dans l'étude de la logique. Mais il demeure moins net et transparent que la déduction, et l'on peut dire qu'il nous reste encore beaucoup de choses à apprendre à son sujet.

Aristote (384-322 av. J.-C.), statue de l'époque hellénistique. Né à Stagire en Macédoine, Aristote fonda une école de philosophie à Athènes, le Lycée. Il fut le précepteur et ami d'Alexandre le Grand.

Aristote a été le pionnier de la logique. La théorie de la logique d'Aristote, qui date de presque deux millénaires et demi, est restée à peu près inchangée jusqu'au XIXᵉ siècle, ayant été considérée par presque tous les philosophes comme un savoir définitif. Ce sont les avancées dans les mathématiques qui ont conduit à sa remise en question. Par la suite et jusqu'au milieu du XXᵉ siècle environ, la logique a pour ainsi dire été absorbée par les mathématiques. Il en a résulté un accent encore plus prononcé sur le « formalisme » et la réduction du raisonnement à la seule déduction logique. À partir des années 1960, un nouveau courant, appelé « logique informelle », est apparu. L'idée de base de ce courant est que les raisonnements et les argumentations que nous pratiquons dans la vie ordinaire ont peu de chose à voir avec la logique formelle et ses lois d'airain. Ce courant a également trouvé des appuis dans de nombreuses recherches sur le raisonnement effectuées en psychologie et en linguistique. Le domaine de la logique informelle est en effervescence aujourd'hui et doit faire face à des défis de taille, car il n'est pas facile de trouver des structures et des règles claires dans les raisonnements informels de la vie de tous les jours. Très concrètement, les inspirateurs de ce courant de pensée qui cherche à rapprocher la philosophie logique du monde ordinaire ont été les élèves des universités nord-américaines des années 1960 et 1970 (canadiennes anglaises en particulier), qui se plaignaient que leurs cours de logique ne leur apprenaient rien d'utile et qui s'en plaignaient auprès de leurs professeurs ! Un des objets d'étude intéressants de la logique informelle est celui des erreurs de raisonnement courantes que l'on appelle « sophismes ». Nous les étudierons dans la dernière section de ce chapitre sur la rationalité.

UNE TENSION ENTRE FORME ET CONTENU

Nous n'insisterons pas davantage sur les critères précis de la distinction entre raisonnements déductifs et non déductifs. Comme nos raisonnements courants sont généralement flous, il est impossible de déterminer de manière absolue si un raisonnement est déductif ou non déductif. Le seul cas parfaitement clair est celui des mathématiques dans lesquelles la forme est effectivement indépendante de tout contenu, puisqu'il n'y a pas de contenu ! Les règles logiques y règnent sans partage. Pour le reste, il suffit souvent de reformuler un raisonnement pour en changer la nature. Par exemple, l'exemple d'induction « A » proposé plus haut, qui concluait que le soleil va continuer à se lever à l'est dans le futur, pourrait être transformé en une déduction par le stratagème suivant :

(1) Si un phénomène s'est produit avec régularité dans le passé, il va continuer de le faire dans le futur.

(2) Jusqu'ici, le soleil s'est toujours levé à l'est le matin.

(C) Donc le soleil va continuer de se lever à l'est le matin dans le futur.

Un tel procédé est artificiel, car la transformation du raisonnement en déduction logique ne le rend pas plus solide. La nouvelle formulation n'a fait que déplacer dans la première prémisse la faiblesse relative qui affectait le lien d'inférence dans l'induction.

Ce qu'il faut surtout retenir, c'est qu'un raisonnement peut être évalué sur les deux plans de la forme et du contenu. Un raisonnement non déductif, bien que non logique, peut néanmoins avoir du poids en raison de son contenu ; à l'inverse, un raisonnement parfaitement logique peut néanmoins être incorrect en raison de la fausseté de ses prémisses. Notre objectif était surtout de faire ressortir la distinction générale entre la forme et le contenu des raisonnements, car elle est fondée et joue un rôle crucial dans la pensée philosophique. Il importe principalement de retenir les forces et les faiblesses respectives de ces deux versants du raisonnement.

- *La forme* : La forme logique est fondamentale dans la pensée rationnelle. Elle confère une structure et un ordre à notre pensée. Une bonne déduction donne à l'esprit le sentiment de tenir quelque chose de solide. Surtout, la logique introduit, avec le principe de non-contradiction, une exigence de cohérence interne entre les diverses parties de nos croyances et de nos connaissances. Elle fait en sorte que nos pensées se soutiennent les unes les autres pour former un ensemble cohérent. Sa limite est que nos raisonnements ne sont jamais dans les conditions les plus courantes *totalement déductifs*. Nous sommes le plus souvent forcés de mêler déductions et raisonnements non déductifs et ainsi *d'inférer des conclusions nécessairement vraies à partir de prémisses qui ne le sont pas*. La déduction permet de dériver avec certitude certains énoncés à partir d'autres énoncés, mais elle ne garantit pas la vérité des énoncés de départ. Les détectives qui mènent des enquêtes policières sont des spécialistes de la déduction, mais, comme nous le savons, ils ne sont pas pour autant à l'abri de l'erreur.
- *Le contenu* : L'autre versant de la pensée rationnelle qui renvoie aux contenus de la pensée est à la fois plus riche, plus complexe et plus incertain que celui de la logique. Il fait intervenir des sources de connaissances diverses : nos perceptions sensorielles, les croyances qui proviennent de notre milieu social, des mécanismes de pensée comme la généralisation, la fabrication d'hypothèses, l'expérimentation ou la prédiction. Ces sources de contenus ont une certaine valeur, mais elles restent toujours relativement incertaines. Il y a beaucoup moins de certitude dans la sphère du contenu que dans celle de la forme logique, mais il y a justement… du contenu, c'est-à-dire de la substance. C'est ici que la raison se donne véritablement une prise sur la réalité.

Cette tension, interne au raisonnement, entre la certitude de la forme et l'incertitude du contenu est la source d'une grande problématique qui a traversé toute l'histoire de la philosophie. Plusieurs philosophes ont été littéralement éblouis et fascinés par la beauté et la perfection de la logique pure et ont rêvé d'élaborer une pensée philosophique purement déductive, d'un niveau de certitude aussi élevé que celui des mathématiques. Mais cette ambition s'est heurtée à des écueils sérieux. L'un d'eux est l'inévitable incertitude des contenus, mais un autre paraît inhérent à la structure même du raisonnement : c'est le problème de la régression à l'infini des raisonnements.

LE PROBLÈME DE LA RÉGRESSION À L'INFINI DES RAISONNEMENTS

Comme nous venons de le voir, tout raisonnement vise à soutenir ou à démontrer une conclusion à l'aide de prémisses. Le principe même du raisonnement est que *tout ce qui est affirmé doit être soutenu ou démontré*. Mais si j'affirme «A» en m'appuyant sur «B», le problème se pose de la valeur de l'affirmation «B». Cette affirmation doit à son tour faire l'objet d'une démonstration. Cela veut dire que les prémisses de départ d'un raisonnement doivent elles-mêmes être la conclusion d'un raisonnement antécédent. Mais alors le problème se trouve reporté à l'étape précédente, car ce nouveau raisonnement reposera lui aussi sur une ou plusieurs prémisses qui devront à leur tour être démontrées par un autre raisonnement (figure 1.3).

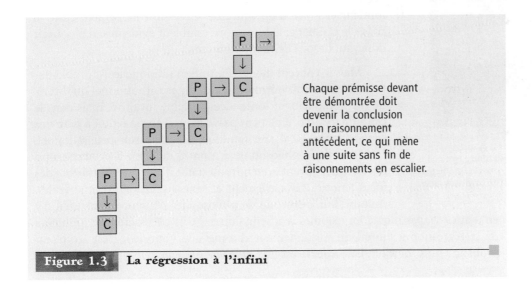

Chaque prémisse devant être démontrée doit devenir la conclusion d'un raisonnement antécédent, ce qui mène à une suite sans fin de raisonnements en escalier.

Figure 1.3   **La régression à l'infini**

Voilà le problème: la raison semble entraînée dans une régression à l'infini, car il n'y a théoriquement jamais de fin à cette opération de justification préalable de la prémisse de départ. Or, ce problème est grave, car il signifie que la raison ne pourrait jamais produire une justification définitive ou ultime de ses affirmations. Et l'explication de tout ce problème est simple. On peut la résumer en ces mots: «il faut bien partir de quelque chose». Si je m'entête à vouloir tout démontrer *avant* d'amorcer un raisonnement, je m'engage dans une opération sans fin.

Axiome et aporie

Les philosophes ont beaucoup réfléchi à cette problématique qui met en cause toute leur entreprise, car il s'agit de trouver un fondement rationnel incontestable à toute l'activité de la raison. Disons pour l'instant que la seule solution envisageable paraît plus ou moins satisfaisante: il s'agit de *trouver une prémisse dont la vérité ne requerrait pas d'être démontrée à l'aide d'un raisonnement*. C'est ce que l'on appelle un «axiome». Un **axiome** est un *jugement indémontrable mais considéré comme évident ou admis par tout le monde sans discussion*.

Le problème évidemment est que la notion même d'axiome déroge au principe voulant que «tout doit être démontré». Certains philosophes ont cherché une solution dans l'idée qu'il existe des «intuitions rationnelles», c'est-à-dire des énoncés dont l'esprit peut saisir la vérité évidente de façon immédiate ou «intuitive», sans qu'il soit nécessaire d'en faire la démonstration. Par exemple le principe logique de non-contradiction lui-même en serait un exemple: on n'a pas besoin d'expliquer ou de justifier pourquoi il ne faut pas se contredire, cela paraît *évident*. Un autre exemple que nous verrons dans un chapitre ultérieur est l'affirmation suivante: tout le monde veut être heureux, personne ne veut être malheureux. D'autres encore sont nos intuitions de l'espace et du temps: l'idée que tout objet occupe une position dans l'espace, en largeur, hauteur et profondeur et l'idée d'un ordre de succession inexorable entre le passé, le présent et le futur nous semblent évidentes. Il n'y aurait donc nul besoin de les démontrer.

Existe-t-il des axiomes indémontrables mais évidents qui permettent d'échapper à la régression à l'infini des raisonnements? Voilà une des grandes problématiques qui ont marqué l'histoire de la philosophie.

Mais le concept même d'intuition rationnelle est problématique. L'on attend normalement d'un esprit rationnel qu'il vérifie méthodiquement toute idée d'origine intuitive, mais dans le cas d'un axiome, il ne peut pas le faire. Il en est réduit à *faire une confiance aveugle à une intuition*, ce qui paraît peu rationnel. L'histoire de la philosophie a montré qu'il n'y a pas beaucoup d'idées qui peuvent prétendre au statut d'axiome, c'est-à-dire des idées tenues universellement et sans discussion comme vraies. Aujourd'hui, beaucoup de philosophes pensent même qu'il n'y en a aucune, pas même les axiomes mathématiques. Et ils considèrent le problème de la régression à l'infini du raisonnement comme une «aporie», c'est-à-dire un problème sans solution. Une **aporie** est une *difficulté insurmontable de la pensée*.

Pour le moment, contentons-nous de retenir ceci, qui nous sera utile dans la suite de notre étude: *tout raisonnement doit partir de quelque chose*. Ce quelque chose, ce point de départ, est ce qu'il faut considérer avec la plus grande attention quand vient le moment de porter un jugement critique sur une théorie philosophique.

Exercices

1. En prenant les six raisonnements qui suivent tels qu'ils sont formulés, dites pour chacun s'il s'agit d'un raisonnement *déductif* ou *non déductif* et expliquez votre réponse en vous rapportant aux deux séries de deux critères données plus haut.

Note: Rappelez-vous aussi le petit truc que nous avons donné plus haut pour reconnaître les déductions.

a) (1) Les espèces chez lesquelles les femelles allaitent leurs petits sont des mammifères.

(2) Les dauphins femelles allaitent leurs petits.

(C) Donc les dauphins sont des mammifères.

b) (1) Jusqu'ici, il y a toujours eu beaucoup plus de droitiers que de gauchers chez les humains.

(C) Il devrait encore y avoir plus de droitiers que de gauchers dans l'avenir.

c) (1) La famille Morin est composée des parents, Jacques et Stéphanie, et de leur fils Mathieu.

(2) Tous les trois portent des lunettes.

(C) Donc tous les membres de la famille Morin portent des lunettes.

d) (1) Isabelle a l'air déprimée aujourd'hui.

(2) Elle m'a dit hier qu'elle devait demander à sa mère la permission d'aller en vacances avec son ami.

(C) Ça ne s'est sans doute pas très bien passé.

e) (1) Si le Soleil est plus gros que la Terre, alors Montréal est au Canada.

(2) Le Soleil est plus gros que la Terre.

(C) Alors Montréal est au Canada.

2. Examinez les six raisonnements qui suivent.

- Dites d'abord s'ils sont *déductifs* ou *non déductifs*.
- Faites ensuite dans chaque cas une *évaluation critique du lien d'inférence*: S'il s'agit d'une déduction, indiquez si le lien est *valide* ou *invalide* (logique ou illogique)? S'il s'agit d'un raisonnement non déductif, indiquez simplement s'il est *faible*, *moyen* ou *fort*. Précisez les raisons de votre évaluation dans une phrase claire et explicite.

a) (1) Il y a eu un vol dans cette maison.

(2) Il n'y a pas de trace d'effraction sur les fenêtres et les deux portes sont verrouillées.

(C) Donc le voleur avait un complice à l'intérieur.

b) (1) 96% des héroïnomanes ont d'abord fumé de la marijuana.

(C) Donc consommer de la marijuana conduit à consommer de l'héroïne.

c) (1) Si un être est humain, alors il est mortel.

(2) Clio est mortelle.

(C) Donc elle est humaine.

d) (1) Je connais quatre filles qui ont essayé d'avoir un emploi dans cette compagnie sans succès.

(2) On trouve dans le questionnaire d'entrevue de sélection de cette compagnie une question où l'on demande à la personne si elle a le projet d'avoir des enfants.

(3) Certains hommes à l'emploi de cette compagnie reçoivent un salaire supérieur à celui d'employées qui font exactement le même travail.

(C) Donc cette compagnie est sexiste.

e) (1) Jean-Pierre est soit au bureau, soit à la maison.

(2) Il n'est pas au bureau.

(C) Donc il est à la maison.

3. Trouvez, parmi les dix exemples de raisonnement des questions 1 et 2, au moins un exemple de chacun des trois types de raisonnement non déductif que nous avons définis plus haut: l'*induction*, la *recherche de la meilleure explication* et le *raisonnement convergent*.

4. Trouvez, parmi les dix exemples de raisonnement des questions 1 et 2, deux cas où il existe une faiblesse ou une fausseté dans le *contenu* des prémisses.

5. Mettez-vous dans la peau d'un détective chargé d'une enquête policière dans une affaire de meurtre. L'enquête implique une variété de tâches: établir une liste de suspects, examiner des mobiles potentiels de chacun d'eux, vérifier leurs alibis, analyser la scène du crime, obtenir un rapport du médecin légiste sur l'état du cadavre et la cause du décès, etc. Inventez quatre raisonnements que le détective pourrait être amené à faire dans ce contexte, un pour chacun des types de raisonnements suivants:

- une déduction,
- une induction,
- une recherche de la meilleure explication,
- un raisonnement convergent.

1.3

LES PARADOXES

Il arrive parfois quelque chose d'étrange et d'inquiétant lorsque l'on se met à approfondir une idée philosophique : c'est de voir cette idée, qui semblait pleine de sens au départ, nous mener à une impasse intellectuelle : un non-sens, une contradiction ou une absurdité. On appelle ces bizarreries de la pensée des « paradoxes ». Les paradoxes comptent parmi les objets de réflexion préférés des philosophes. Ce sont de puissants instruments de problématisation en même temps que des défis excitants pour la pensée. Plusieurs des problématiques philosophiques que nous étudierons dans les chapitres ultérieurs prennent leur source dans des paradoxes. Cette section est une petite initiation au monde troublant des paradoxes.

> Mais il ne faut pas penser de mal du paradoxe, cette passion de la pensée, et les penseurs qui en manquent sont comme des amants sans passion, c'est-à-dire de piètres partenaires.
>
> **Søren Kierkegaard**[5]

Un **paradoxe** est une *idée qui paraît sensée au départ mais dont le développement conduit à un non-sens, à une contradiction ou à une absurdité*. Les philosophes n'aiment pas les contradictions ou les absurdités. Ils veulent trouver du sens aux choses et mettre de l'ordre dans notre compréhension de la réalité. Leur réaction naturelle devant un paradoxe est d'essayer de le résoudre ou de le surmonter. Malheureusement pour eux, certains paradoxes résistent à tous leurs efforts d'élucidation et paraissent insolubles. Ce sont des « apories », des problèmes sans solution. Une aporie constitue une limite infranchissable de la pensée humaine. Mais ce n'est pas le cas de tous les paradoxes, loin de là. Toute la question, face à un paradoxe, est précisément de déterminer si l'absurdité ou la contradiction dans laquelle il nous enferme est réelle et insurmontable ou si elle est seulement apparente et donc susceptible d'être dénouée.

Les paradoxes formels et informels

Il y a plusieurs sortes de paradoxes liés à différents domaines du savoir. Comme c'est le cas pour les raisonnements, certains paradoxes sont purement *formels* ou logiques, d'autres sont *informels*, car ils ont un contenu substantiel et portent sur des réalités concrètes.

Les paradoxes formels

Les paradoxes logiques ou formels sont à la fois les plus célèbres et les plus difficiles à résoudre. C'est aussi parmi eux qu'on trouve le plus grand nombre d'apories. Le plus célèbre de tous est le paradoxe du menteur, qui date du IVe siècle av. J.-C. et dont il existe plusieurs versions. Une des plus simples est la suivante :

---

5. Søren Kierkegaard, *Riens philosophiques*, trad. du danois par Knud Ferlov et Jean J. Gateau, Paris, Gallimard, 1948, p. 99-100.

Quand un menteur dit « je mens », est-ce qu'il ment ou est-ce qu'il dit la vérité ?

- S'il dit la vérité en disant « je mens », il ment en disant « je mens », puisqu'il dit la vérité.
- S'il ment en disant « je mens », il dit la vérité en disant « je mens » puisqu'il ment.

Dans les deux cas, l'affirmation « il ment » ou « il dit la vérité » en vient à se contredire elle-même. Les philosophes discutent encore aujourd'hui de ce paradoxe particulièrement coriace.

Voici un autre exemple du même genre :

Il existe un barbier qui rase tous ceux qui ne se rasent pas eux-mêmes et personne d'autre. Ce barbier se rase-t-il lui-même ? Ici encore la pensée semble empêtrée dans une voie sans issue :

- Si le barbier ne se rase pas lui-même, alors il se rase, puisqu'il rase tous ceux qui ne se rasent pas eux-mêmes.
- Mais s'il se rase lui-même, alors il ne se rase pas, puisqu'il rase seulement ceux qui ne se rasent pas eux-mêmes.

Un paradoxe graphique : l'indication d'aller à droite contient une indication d'aller à gauche.

Les paradoxes informels

Il existe également un grand nombre de paradoxes informels qui concernent différents domaines de la vie, comme la morale, la connaissance, la politique et la conduite humaine en général. Les paradoxes les plus simples consistent simplement à attribuer deux idées contraires à une même chose, comme de dire que pour être irrationnel, il faut d'abord être rationnel, ou que, dans un sport, la meilleure défensive est l'offensive. Beaucoup de paradoxes sont des paroles de sagesse comme celui-ci de l'écrivain français André Gide : « Le meilleur moyen pour apprendre à se connaître, c'est de chercher à comprendre autrui[6]. »

Beaucoup de paradoxes touchent le comportement humain. Ainsi, il semble paradoxal que les personnes qui ont été battues par leurs parents étant jeunes infligent souvent le même traitement à leurs propres enfants. Dans l'Antiquité, une des premières choses que faisait un esclave nouvellement affranchi par son maître était de se procurer lui-même des esclaves. Notre étonnement vient ici de ce que nous supposons que celui qui a été victime d'une injustice ou d'un abus devrait *logiquement* s'interdire de l'infliger à d'autres. Mais le paradoxe nous indique que les choses ne sont pas si simples. Voici un autre exemple emprunté à la sphère politique. En 1992, le gouvernement de l'Algérie a annulé les élections en cours parce que les sondages d'opinion indiquaient qu'un parti fondamentaliste religieux risquait d'être porté au pouvoir et il craignait que sa victoire signe la mort de la démocratie en Algérie. Le paradoxe ici est que le gouvernement algérien a lui-même violé les principes de la démocratie pour protéger la démocratie. Il y a là en apparence une fâcheuse contradiction, mais l'on peut se demander si elle enlève toute

---

6. André Gide, *Journal*, cité dans D. Dunning et coll., « Une image enjolivée de soi », *Cerveau & Psycho*, n° 14, p. 20.

légitimité à la décision du gouvernement algérien. Ce genre de paradoxe est donc moins un cul-de-sac logique, comme dans le cas des paradoxes formels, qu'une invitation à approfondir une réalité complexe.

Les paradoxes informels sont généralement moins difficiles à dénouer que les paradoxes logiques, mais ils nous apprennent des choses importantes et intéressantes sur la réalité humaine. Ce sont plutôt à ces paradoxes que nous allons nous intéresser dans notre initiation à la philosophie. Certains concepts sont particulièrement fertiles en paradoxes. Le concept de démocratie que nous venons d'évoquer en est un, mais l'on peut également mentionner les concepts de temps, de causalité, de Dieu ou de liberté. Voici quelques exemples plus élaborés.

LE PARADOXE DU BOUDDHISME

Le bouddhisme, qui est une doctrine religieuse populaire en Asie, contient un paradoxe célèbre : le paradoxe de l'absence de désir. Le bouddhisme soutient que c'est le fait de toujours désirer quelque chose que l'on n'a pas qui nous rend malheureux. Le « nirvana », qui est l'état de bonheur suprême selon le bouddhisme, est pour cette raison caractérisé par l'extinction de tout désir. Si je ne désire rien, je ne manque de rien et je ne puis être malheureux. Mais pour arriver à cet état, il faut abolir en soi tout désir et pour abolir tout désir il faut d'abord « désirer » abolir tout désir… ce qui est encore un désir. Il semble donc impossible d'atteindre le nirvana puisqu'il faut désirer l'absence de désir, ce qui est contradictoire. Peut-être est-il impossible de ne rien désirer ? Peut-être le nirvana est-il pour cela quelque chose vers lequel on peut tendre sans jamais vraiment l'atteindre ?

LES INJONCTIONS PARADOXALES

Une catégorie intéressante de paradoxes est celle des injonctions paradoxales. Une injonction paradoxale consiste à donner à quelqu'un un ordre qu'il ne pourra satisfaire quoiqu'il fasse, parce que le fait même de s'y conformer implique sa violation. Un paradoxe très simple, que les adeptes de la méditation transcendantale connaissent bien, se trouve dans la prescription : « Faites le vide dans votre esprit, ne pensez à rien. » Un autre est le commandement « Sois spontané ! », que l'on pourrait adresser à une personne qui manque de naturel. Dans le premier cas, si je pense à ne penser à rien, je pense encore (ceci ressemble à désirer ne plus désirer). Dans le deuxième cas, si j'essaie volontairement d'être spontané en me conformant à l'ordre reçu, je ne suis pas spontané. Il y a une contradiction entre obéissance volontaire et spontanéité qui mine le commandement à la base. Le philosophe allemand Emmanuel Kant a mené une analyse similaire en disant que le fameux commandement évangélique « Aimez-vous les uns les autres » constituait une injonction absurde. L'amour étant un sentiment spontané, il semble en effet absurde de « commander » à quelqu'un de le ressentir. On ne peut se forcer à aimer quelqu'un, encore moins l'humanité entière ! On peut cependant se forcer à « agir » d'une manière correcte ou aimable envers autrui. Est-ce seulement cela que Jésus avait en tête lorsqu'il a lancé son injonction ou nous demandait-il l'impossible ?

LE PARADOXE DE LA LIBERTÉ PRISONNIÈRE D'ELLE-MÊME

Le concept de liberté est un des plus fertiles en paradoxes. En voici un exemple : peut-on librement choisir de ne pas être libre, par exemple en jurant une obéissance totale à quelqu'un (un dictateur, un gourou)? Si je choisis de ne pas être libre, je démontre par ma décision que l'on peut librement choisir d'être libre ou de ne pas l'être et donc je réaffirme ma liberté dans l'acte même par lequel je la nie. Mais si je dis, pour cette raison, qu'on est toujours libre et qu'on a toujours le choix de faire ou de ne pas faire quelque chose, j'admets que je ne suis pas libre d'être libre, que je ne peux choisir de ne pas choisir et donc je nie ma liberté en l'affirmant. Le philosophe français Jean-Paul Sartre (1905-1980) a mis en évidence ce paradoxe avec sa formule célèbre et déconcertante : « Nous sommes condamnés à être libres », qui signifie précisément que nous ne sommes pas libres d'être libres, que nous sommes prisonniers de notre liberté. Ce paradoxe rejoint celui de la démocratie dont nous avons donné un exemple plus haut : un peuple peut-il démocratiquement décider d'abolir la démocratie et de confier le pouvoir politique à un dictateur ?

LE PARADOXE DU CADEAU DIVIN DE LA LIBERTÉ

Le concept de Dieu est également riche en paradoxes. En voici un particulièrement difficile qui conjugue les idées de Dieu et de liberté. C'est l'idée que Dieu a créé l'homme libre de faire le bien ou le mal. Or, un des attributs de Dieu est l'omniscience, c'est-à-dire que Dieu sait tout et connaît tout : présent, passé et futur. Pour que l'homme soit réellement libre de choisir le bien ou le mal, son choix ne doit pas être fixé à l'avance. Mais si Dieu est omniscient, il doit nécessairement savoir à l'avance le choix que chacun va faire. Si c'est le cas, nos choix sont déterminés avant que nous les fassions et nous ne sommes donc pas libres. Ou bien nous sommes libres et nos choix ne sont pas fixés à l'avance, mais alors Dieu n'est pas omniscient et il n'est pas Dieu. Il semble y avoir une incompatibilité entre les idées de Dieu et de liberté humaine, et une contradiction dans l'idée que Dieu aurait fait cadeau de la liberté aux humains. Dieu ne pourrait donner la liberté à l'homme sans renoncer à être Dieu. Ce problème a été abondamment discuté par les théologiens chrétiens, qui sont des spécialistes en matière de doctrine religieuse. La branche calviniste du protestantisme a reconnu une « aporie » insurmontable dans ce problème et a affirmé en conséquence la thèse de la « prédestination », qui signifie que le sort des humains, leur salut ou leur damnation, est effectivement décidé à l'avance par Dieu. Une des solutions de la théologie catholique est de dire que Dieu a renoncé à sa toute-puissance et à son omniscience et qu'il a réellement fait cadeau aux humains de la liberté dans un geste d'amour. D'autres avouent voir dans tout cela un mystère impénétrable.

LE PARADOXE DE LA CAUSE PREMIÈRE

Le principe de causalité est un des principes fondamentaux de la pensée humaine. On peut le formuler ainsi : « tout a une cause » ou « rien ne vient de rien ». Si tout a une cause, chaque chose ou événement renvoie toujours à une cause antérieure. Maintenant, si l'on essaie de remonter le fil du temps pour trouver un commencement à la totalité de l'univers, on s'aperçoit que celui-ci ne peut jamais avoir de commencement. Nous nous trouvons exposés à une régression à l'infini, puisque tout commencement doit lui-même avoir une cause antérieure. Une solution serait de fixer un commencement absolu aux choses en faisant intervenir une cause première absolue. Ainsi, nous pouvons soutenir que Dieu est la seule cause sans cause. Mais l'idée même de cause première contredit le principe de causalité, car celui-ci nous force à poser la question : « D'où Dieu vient-il ? »

La science moderne a proposé une autre solution à l'énigme de l'origine de l'univers avec la théorie du «Big Bang». Selon cette théorie, toute la matière de l'univers était à l'origine ramassée sur elle-même pour former un point d'une densité et d'une température inouïes, dont l'explosion a donné naissance à l'univers connu. Mais, quand nous essayons de nous représenter mentalement le Big Bang, nous ne pouvons nous empêcher de nous demander: «Mais qu'y avait-il avant le Big Bang?»

LE PARADOXE DE L'IRRÉALITÉ DU TEMPS

Comme celle de liberté, la notion de temps abonde en paradoxes, dont le plus célèbre est sans doute celui du voyage dans le temps qui permettrait de changer le présent en modifiant le passé. Mais en fait la simple expérience courante du temps est déjà pleine de paradoxes. Notre vie mentale consciente paraît impossible sans la notion du temps et de ses trois dimensions: passé, présent, futur. Mais le temps existe-t-il dans la réalité ou n'existe-t-il que dans notre esprit? Essayons de saisir la réalité du temps. La seule dimension dans laquelle le temps peut avoir une *réalité* est le présent. Le passé n'existe plus et le futur n'existe pas encore, et même nos pensées sur le passé ou le futur se déroulent toujours au présent. Si je pense à un événement passé, j'y pense «présentement». Mais peut-on penser le présent en tant que tel? En réalité, dès que j'essaie de penser le présent,

> Si on ne me le demande pas, je crois savoir ce qu'est le temps, mais si on me le demande, je ne le sais plus.
>
> **Saint Augustin[7]**

il se passe une drôle de chose: il se dérobe immanquablement à ma pensée. Si j'essaie de l'anticiper, il n'est encore que futur, et dès que j'essaie de le saisir, il est déjà passé. Le présent coule et s'écoule inexorablement, et avec lui le temps. La seule solution serait d'arrêter de *penser* au passé ou au futur et de simplement en faire *l'expérience* en s'absorbant complètement dans le présent, comme lorsque nous nous investissons à fond dans une activité physique intense ou dans la lecture d'un roman captivant. Mais alors il se passe un autre phénomène étrange, c'est que nous «perdons la notion du temps». Nous ne sentons plus le temps passer. Nous semblons propulsés hors du temps. Le temps paraît donc bel et bien une réalité insaisissable. Et pourtant, l'existence humaine semble inconcevable sans référence au temps. Mais qu'est-ce donc que le temps?

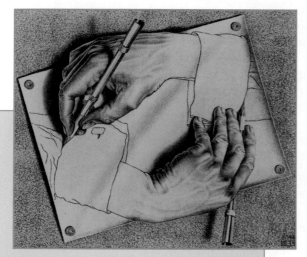

Dessiner, lithographie (1948) de M. C. Escher (1898-1972), célèbre pour ses dessins d'objets impossibles et d'espaces paradoxaux.

Illustration graphique de l'autoréférence: la main qui dessine une main qui se dessine elle-même.

PARADOXE ET AUTORÉFÉRENCE

On remarquera que beaucoup de paradoxes découlent de ce que les philosophes appellent un rapport d'**auto-référence de la pensée**, c'est-à-dire *le fait qu'une pensée*

---

7. Saint Augustin, *Confessions*, trad. par J. Trabucco, Paris, Garnier-Flammarion, 1964, p. 264.

renvoie à elle-même, comme la proposition «je mens» qui porte sur elle-même dans la question : est-ce que je mens lorsque je dis «je mens»? Ou la liberté qui tente de s'abolir elle-même, le désir de ne pas avoir de désir, etc. Le fait que les paradoxes surgissent dans la pensée humaine ne doit pas nous surprendre, car cette pensée, nous l'avons déjà indiqué, se caractérise par son caractère *réflexif*, c'est-à-dire sa capacité de *se prendre elle-même pour objet*. Un des meilleurs exemples de cette tendance est la question existentielle et paradoxale : «Mais pourquoi est-ce que je me pose tant de questions?» L'être humain semble donc prédisposé à voir surgir les paradoxes dans ses pensées et dans ses actions. Il y a là, on s'en doute, un terrain de prédilection pour la réflexion philosophique.

Exercices

1. Un paradoxe logique semblable à celui du menteur est contenu dans le problème suivant : «Un dieu tout-puissant pourrait-il créer un rocher si lourd que lui-même ne pourrait le soulever?»

   Analysez et expliquez clairement le paradoxe qui se trouve dans ce problème en suivant le schéma d'analyse en deux temps que nous avons employé plus haut pour le paradoxe du menteur et celui du barbier.

2. Nous avons indiqué le lien étroit qui existe entre paradoxe et autoréférence. Un exemple frappant à cet égard est le paradoxe du mensonge à soi-même. On se rappellera que le mensonge à soi-même figurait parmi nos exemples d'irrationalité. Pensons à l'exemple du toxicomane qui se fait croire qu'il peut cesser de consommer quand il le voudra tout en sachant au fond de lui-même que c'est faux. L'idée que l'on puisse se mentir à soi-même est paradoxale, mais il semble bien que ce soit aussi une réalité.

   a) Formulez de façon claire et explicite le paradoxe contenu dans l'idée de se mentir à soi-même. Vous pouvez pour cela vous appuyer sur la définition suivante du mensonge : «Dire des choses que l'on sait fausses dans l'intention de tromper quelqu'un.»

   b) Indiquez, en terminant, si à votre avis ce paradoxe est une *aporie* ou s'il possède une solution. Bref, si le mensonge à soi-même est possible, comment peut-on l'expliquer?

3. Le paradoxe de la tolérance suscite beaucoup de discussions dans le monde actuel. Il se pose dans toutes sortes de contextes. Imaginez un débat tenu dans une classe d'école sur une question controversée. Le débat tourne au vinaigre et les élèves se lancent des injures. Le professeur intervient et lance à ses élèves : «Votre attitude est inacceptable, vous faites preuve d'intolérance en ne laissant pas les autres s'exprimer. Je ne tolérerai pas cela dans ma classe.» Il y a un paradoxe dans la position du professeur. Expliquez-le. Puis discutez-le. Les élèves auraient-ils raison d'accuser le professeur de se contredire lui-même? Comment celui-ci pourrait-il justifier sa position?

4. Les injonctions paradoxales dont nous avons parlé plus haut sont des indices d'une réelle difficulté dans l'accomplissement de certaines choses, mais elles ne constituent pas réellement des apories, c'est-à-dire qu'il est possible d'imaginer des manières de les contourner. Pouvez-vous imaginer une solution concrète (une stratégie, un procédé) pour chacun des deux cas que nous avons présentés plus haut : «Sois spontané» et «Ne pense à rien». Est-il possible d'obéir à ces commandements sans les violer? Comment quelqu'un qui manque de naturel peut-il essayer volontairement d'être plus spontané? Comment celui qui ne veut penser à rien peut-il volontairement y arriver?

1.4

LES SOPHISMES

La rationalité pose des exigences qui ne sont pas toujours faciles à satisfaire. Parfois, comme dans les paradoxes, c'est la réalité complexe des choses qui jette un défi à notre effort de compréhension rationnelle. Mais, à d'autres moments, c'est notre propre esprit qui échoue à se conformer aux règles de la rationalité. Nous avons vu une manifestation extrême d'un tel échec avec le phénomène de l'irrationalité. Mais il existe en cette matière une forme plus modérée d'égarement qui consiste simplement à faire de «mauvais raisonnements». Les philosophes se sont intéressés à ce phénomène. C'est Aristote, le père de la logique, qui a dressé le premier inventaire des principaux types de mauvais raisonnements dans ses *Réfutations sophistiques*. Mais la liste qu'il a produite s'est beaucoup allongée au fil du temps.

LES SOPHISMES FORMELS ET INFORMELS

On désigne les *mauvais raisonnements* par le terme **sophisme**. C'est un dérivé du mot «sophistes» qui désigne un groupe de penseurs de l'Antiquité grecque réputés pour leur habileté dans l'art de l'argumentation. Nous étudierons d'ailleurs la pensée des sophistes dans le chapitre 3. Comme pour les paradoxes, il convient de tracer une distinction entre les sophismes *formels* et les sophismes *informels*.

Les sophismes formels

Les sophismes formels sont des erreurs de pure logique et donc de mauvaises déductions. Nous en avons déjà vu un exemple dans un exercice antérieur.

(1) Si un être est humain, alors il est mortel.
(2) Clio est mortelle.
(C) Donc elle est humaine.

Il suffit ici d'imaginer que Clio soit une chatte pour comprendre l'erreur de ce raisonnement qui inverse le sens de l'implication de départ: ce n'est pas le fait d'être mortel qui implique le fait d'être humain, mais bien l'inverse. Voici un autre exemple:

(1) Si Dieu apparaissait devant moi, cela prouverait qu'il existe.
(2) Il ne m'est pas apparu.
(C) Donc Dieu n'existe pas.

L'erreur ici est que c'est l'apparition de Dieu qui prouverait quelque chose; le fait qu'il ne soit pas apparu ne prouve rien du tout.

Les sophismes informels

Ce n'est pas aux sophismes formels que nous nous intéresserons dans cette section, mais bien aux sophismes informels, qui sont plus courants et qui ne manquent pas d'émailler les débats publics comme les discussions privées. Les sophismes sont insidieux, car *ils peuvent avoir l'apparence d'un bon raisonnement*. Ils surviennent généralement dans des débats qui soulèvent les passions et où des enjeux importants sont en cause. La reconnaissance des sophismes n'est pas toujours facile et la question de savoir si un raisonnement constitue ou non un sophisme peut donner lieu à des désaccords. Il faut se dire en effet qu'un mauvais raisonnement doit contenir quelque chose de valable pour pouvoir être travesti en bon raisonnement.

La tradition philosophique distingue les sophismes des «paralogismes». Le **paralogisme** serait une *erreur de raisonnement faite de bonne foi*, alors que le sophisme serait une erreur faite de mauvaise foi, c'est-à-dire dans le but de tromper. Mais il faut dire qu'il est difficile en pratique d'appliquer ce critère qui nous demande de connaître les intentions intimes des interlocuteurs. Nous ne retiendrons donc pas cette distinction et nous nous contenterons de parler de sophismes pour tous les mauvais raisonnements que nous étudierons.

Nous présentons ici une liste limitée de dix sophismes et nous soulignerons, pour chacun, le critère décisif à surveiller pour départager le bon et le mauvais raisonnement. Voici cette liste :

1. La généralisation hâtive
2. Le lien causal douteux
3. Le faux dilemme
4. La fausse analogie
5. L'attaque contre la personne
6. La caricature
7. La pente fatale
8. L'appel à la popularité
9. La double faute
10. L'appel à l'ignorance

La généralisation hâtive

Passer d'un jugement portant sur un ou quelques cas particuliers à un jugement général sur un ensemble de cas, sans que l'échantillon de cas examinés ne le justifie. La généralisation hâtive est une mauvaise induction.

Exemples :

- « Je ne comprends pas ceux qui s'obstinent à dire que l'école privée est meilleure que l'école publique. Mes enfants sont allés à l'école publique et ils ont eu de bien meilleurs résultats au cégep que les enfants de mon voisin qui étaient allés à l'école privée. »
- « J'adore cette chanson qui figure sur cet album, alors les autres chansons de l'album doivent être bonnes elles aussi. »

En quoi ces deux exemples sont-ils des généralisations hâtives ?

Il n'y a pas de critère absolu pour déterminer si une généralisation est hâtive ou justifiée ; une généralisation même hâtive peut parfois avoir une certaine valeur. Il suffit de se brûler une seule fois sur une flamme pour savoir que le feu brûle ! Deux ou trois repas pris dans un restaurant peuvent suffire pour se faire une bonne idée de la qualité de sa cuisine. Mais on utilise des critères beaucoup plus précis et rigoureux dans les recherches scientifiques que dans la vie courante ; les scientifiques font appel dans leurs généralisations à des lois de probabilité ou à des règles d'échantillonnage comme dans les sondages d'opinion.

Le lien causal douteux

Affirmer sans preuve suffisante l'existence d'un lien de cause à effet entre deux choses, alors qu'il peut ne s'agir que d'une coïncidence ou d'une corrélation accidentelle.

Exemples:

- « Lorsque les ventes de crème glacée augmentent, le taux de criminalité augmente aussi. Donc consommer la crème glacée pousse au crime. »
- « Pierre s'est suicidé. On a trouvé des traces de cocaïne dans son sang. Je suis sûr que c'est la drogue qui l'a poussé au suicide. »

En quoi ces deux exemples sont-ils des cas de lien causal douteux?

Ce qui donne une apparence de bon raisonnement à un lien causal douteux est le fait qu'il y a effectivement un lien entre les deux éléments qu'il met en relation, même s'il ne s'agit pas d'un lien de cause à effet. Dans une coïncidence, c'est le fait qu'un événement a accompagné ou a précédé immédiatement un autre événement. Dans une corrélation accidentelle, c'est par exemple le fait que les deux phénomènes associés sont eux-mêmes causés par un troisième facteur caché ou négligé. Quel est ce facteur à votre avis dans l'association crème glacée/criminalité?

Note: Il est facile de confondre le sophisme du lien causal douteux avec celui de la généralisation hâtive, car la relation de cause à effet entre deux phénomènes implique souvent une généralisation.

LE FAUX DILEMME

Affirmer qu'une situation nous enferme dans une alternative limitée à deux options, dont l'une est clairement désirable et l'autre indésirable, alors qu'il existe d'autres options.

Exemples:

- Un parent dit à son enfant adolescent: « On ne peut pas aller loin dans la vie aujourd'hui sans éducation supérieure. Alors, ton choix est simple: ou tu décroches un diplôme universitaire, ou tu acceptes de passer ta vie dans de petits emplois minables.
- Voici une opinion de l'écrivain québécois Pierre Lemieux qui s'oppose avec véhémence à toute forme de contrôle des armes à feu par l'État: « Mais le débat actuel (ou son absence) n'est pas vraiment une bataille de statistiques. C'est une bataille d'idées entre, d'une part, ceux qui veulent que l'individu abdique complètement devant la violence des criminels et s'en remette entièrement au monopole de l'État, et d'autre part ceux qui défendent la liberté et la dignité individuelles[8]. »

En quoi ces deux exemples sont-ils de faux dilemmes?

Il existe effectivement des situations où nos possibilités d'action se limitent à deux options. Par exemple, un cégépien qui doit décider s'il abandonne ou non un cours, une femme enceinte qui doit décider entre l'avortement ou l'accouchement. Mais la question de savoir s'il existe plus de deux options dans une situation est souvent une affaire d'imagination et de volonté, ce qui introduit une certaine relativité dans l'identification d'un faux dilemme.

---

8. Pierre Lemieux, *La Presse*, 15 janvier 1994, p. B3.

La fausse analogie

Justifier à tort un jugement en invoquant une analogie entre deux phénomènes, alors que ceux-ci diffèrent sur des points très importants.

Exemples:

- « Le maire de la ville veut interdire aux enfants de jouer au hockey dans la rue parce que cela a donné lieu à quelques accidents graves l'an dernier. C'est une idée ridicule. Est-ce qu'on interdit aux gens de se servir d'une tondeuse à gazon parce que quelques-uns se blessent parfois en l'utilisant? »
- Le pape Jean-Paul II a fait un parallèle controversé entre l'avortement et le génocide des Juifs par les nazis. Ainsi, dans son livre *Mémoire et identité*, il écrit: « C'est un parlement régulièrement élu qui accepta d'appeler Hitler au pouvoir dans l'Allemagne des années 1930; ensuite c'est le *Reichstag* lui-même qui, en déléguant les pleins pouvoirs à Hitler, lui ouvrit la route [...] pour la mise en œuvre de ce qu'on appelle la "solution finale" de la question juive, c'est-à-dire l'élimination de millions de fils et de filles d'Israël. [...] C'est bien dans cette perspective [...] que l'on doit s'interroger, au début d'un nouveau siècle et d'un nouveau millénaire, à propos de certains choix législatifs effectués dans les parlements des régimes démocratiques actuels. On peut se référer plus immédiatement aux lois de l'avortement[9]. »

En quoi ces deux exemples sont-ils des fausses analogies?

Ce qui rend difficile de déterminer si un raisonnement basé sur une analogie est justifié ou non, c'est que les éléments comparés peuvent avoir à la fois plusieurs points communs et plusieurs différences. La question est de savoir si les différences en question portent sur un aspect crucial par rapport à l'objet de la discussion.

L'attaque contre la personne

Prétendre réfuter une argumentation en attaquant la personne qui la soutient plutôt que ses arguments.

Exemples:

- « Mon cousin m'a dit que je gâtais trop mon enfant. Il connaît ça les enfants lui! C'est un homosexuel! »
- « Je n'accorde aucune crédibilité aux critiques que ce candidat adresse au député sortant dans mon comté. Il a déjà divorcé deux fois et il a l'air d'un hippie attardé avec ses cheveux longs. »

En quoi ces deux exemples sont-ils des attaques contre la personne?

Le défaut du sophisme de l'attaque contre la personne est qu'il fait dévier la discussion: plutôt que d'évaluer les meilleurs arguments sur le fond du problème, il fait porter le débat sur la personne qui les exprime. Cependant, il y a des situations où il peut être raisonnable de contester la valeur d'une argumentation en raison d'un trait personnel de l'interlocuteur. Par exemple, dans un procès, le fait qu'un témoin soit l'ami intime d'un accusé peut entacher la valeur de son témoignage.

---

9. Jean-Paul II, *Mémoire et identité*, trad. par François Donzy, Paris, Flammarion, 2005, p. 162-163.

LA CARICATURE

Caricaturer et ainsi déformer la position d'un interlocuteur pour la rendre plus facile à attaquer, généralement en la simplifiant ou en l'exagérant.

Exemples:

- Voici les propos de l'écrivain américain Jeffrey Snyder qui milite contre le contrôle des armes à feu: «La relation entre criminalité et armes à feu est un rapprochement élitiste utilisé par tous les lobbies anti-armes à feu qui se croient investis de la mission sacrée de protéger les gens contre eux-mêmes. À les écouter, il suffit d'armer un honnête citoyen pour le transformer en bête sanguinaire, prête à tuer son voisin pour une histoire de clôture ou un mot de travers[10]».

- Comme le Sénat américain s'était opposé à son projet de créer un nouveau département d'État chargé de la sécurité intérieure du pays, le président des États-Unis, George W. Bush, a dit que le Sénat «ne s'intéressait pas à la sécurité du peuple américain[11]». Les sénateurs ont poussé les hauts cris en entendant ce commentaire.

En quoi ces deux exemples sont-ils des sophismes de la caricature?

Ceux qui succombent au sophisme de la caricature se défendent généralement en disant qu'ils ont utilisé une image simplificatrice pour souligner les exagérations de leurs adversaires. Il est possible en effet que l'argument que l'on veut réfuter soit lui-même exagéré et caricatural. C'est le point qu'il faut surveiller. Une tactique fréquente propre au sophisme de la caricature consiste à éviter d'identifier avec précision l'origine de la position que l'on attaque en employant des expressions vagues telles que «certains disent que». Il est plus facile de caricaturer une position lorsqu'on évite de faire référence à une déclaration précise d'un de ses adversaires.

Le mariage homosexuel: un sujet de controverse malheureusement propice à la production de sophismes.

LA PENTE FATALE

Prédire qu'une action ou une décision va mener à une catastrophe en raison d'un enchaînement de causes et d'effets dont la probabilité paraît douteuse ou exagérée.

Exemples:

- «Si tu laisses ton enfant fumer de la marijuana, il va vouloir essayer ensuite des drogues plus fortes et il ne pourra plus s'arrêter. C'est comme cela que l'on devient toxicomane.»

- Voici un extrait d'une lettre envoyée par les évêques canadiens aux députés fédéraux, au moment où ceux-ci s'apprêtaient à voter la loi autorisant le mariage gai.

---

10. Jeffrey Snyder, *L'Actualité*, 15 avril 1994, p. 13.

11. On trouve cette citation dans le site officiel de la Maison Blanche: www.whitehouse.gov/news/releases/2002/09/20020923-2.html.

Les évêques y justifiaient leur opposition à cette loi en ces termes : « Quand une société passe des lois arbitraires au mépris de la primauté de la loi naturelle, non seulement s'expose-t-elle au chaos et au désordre social mais, comme le XXe siècle en a été témoin, elle risque d'ouvrir la porte à un totalitarisme d'État[12]. »

En quoi ces deux exemples sont-ils des sophismes de la pente fatale ?

Toute prédiction d'un enchaînement catastrophique d'événements n'est pas irrecevable. L'histoire passée l'atteste. Mais notre capacité de prédire l'avenir à long terme est également très limitée. Il s'agit donc de trouver le point où la prédiction d'un enchaînement d'événements cesse d'être plausible.

Note : Il faut prendre garde de confondre le sophisme de la pente fatale avec celui de la caricature, car il y a « exagération » dans les deux cas.

L'APPEL À LA POPULARITÉ

Justifier une affirmation en invoquant le fait qu'un grand nombre de personnes y souscrivent, sans que l'on ait de bons motifs de croire que les personnes en question ont raison.

Exemples :

- « Dieu existe sûrement, car à peu près toutes les civilisations passées et la très grande majorité des humains actuels ont cru ou croient toujours à son existence. »
- « La plupart des parents de notre commission scolaire sont favorables à l'idée de commencer à enseigner l'anglais aux enfants dès la première année. Je crois que les commissaires devraient suivre leur avis. »

En quoi ces deux exemples sont-ils des cas d'appel à la popularité ?

Le fait qu'un grand nombre de personnes défendent une position n'est pas un argument contre cette position, bien entendu. Mais dans certains cas, par exemple l'existence de Dieu, il est clair que cela ne constitue pas une bonne preuve. Ce n'est pas parce que la plupart des gens croient que la criminalité violente augmente dans la société qu'elle augmente effectivement. Il y a des sources d'information plus sûres et objectives en cette matière. En pratique, le point important est de voir si l'objet de la controverse est une question sur laquelle l'opinion populaire peut être considérée comme éclairée et bien fondée ou s'il s'agit d'une question où il vaudrait mieux suivre l'avis d'experts ou de gens mieux informés.

LA DOUBLE FAUTE

Justifier un comportement condamnable en soulignant que d'autres font ou ont fait la même chose, voire pire encore.

Exemples :

- « C'est vrai que je ne t'ai pas demandé la permission de prendre ton vélo, mais toi, le mois dernier, m'as-tu demandé la permission avant d'aller te balader avec mon iPod ? »

---

12. Cité dans l'article de Louise Leduc, « Mariage gai : les évêques craignent le désordre social et le totalitarisme d'État », *La Presse*, 4 juin 2005, p. A28.

- « C'est vrai que les Koweïtiens ont commis des gestes cruels et barbares envers les Palestiniens après la fin de la guerre du Golfe, parce que ces derniers avaient appuyé Saddam Hussein. Mais eux-mêmes ont été victimes de crimes odieux de la part des troupes de Saddam Hussein pendant l'occupation du Koweït, alors on ne peut pas les blâmer. »

En quoi ces deux exemples sont-ils des sophismes de la double faute ?

Le sophisme de la double faute est inacceptable parce qu'une faute ne peut en justifier une autre. Cependant, il peut parfois avoir une certaine valeur lorsqu'il vise à mettre en cause la crédibilité des accusateurs qui prétendent trouver offensantes des actions auxquelles ils se sont eux-mêmes livrés auparavant, lorsque cela servait leurs intérêts.

L'appel à l'ignorance

Affirmer qu'un énoncé est vrai en invoquant le fait qu'on n'a pas pu démontrer sa fausseté.

Exemples :

- « On n'a pas pu prouver que les fantômes n'existent pas, alors ils existent. » Ou l'inverse : « On n'a pas pu prouver qu'ils existent, donc ils n'existent pas. »
- « Les inspecteurs de l'ONU n'ont pas trouvé de preuves que l'Iran cherche à développer l'arme nucléaire. Donc l'Iran ne cherche pas à développer l'arme nucléaire. »

En quoi ces deux exemples sont-ils des sophismes de l'appel à l'ignorance ?

L'apparente validité de l'appel à l'ignorance repose sur le fait qu'une absence de preuve ne permet pas de tirer une conclusion claire sur un phénomène. C'est un argument valable s'il consiste à dire qu'il faut suspendre son jugement sur une question en l'attente de preuves crédibles. Mais il existe des cas simples où l'absence de preuves permet raisonnablement de tirer certaines conclusions : si un détective ne trouve aucune preuve de la participation d'un individu à un crime, il est raisonnable qu'il le retire de sa liste de suspects, même s'il ne peut être certain de son innocence.

Exercices

1. Identifiez le sophisme présent dans chacun des quinze cas suivants. Formulez de façon précise le défaut spécifique de chaque raisonnement, c'est-à-dire montrez comment l'erreur propre au sophisme relevé se manifeste spécifiquement dans le contenu du raisonnement. Par exemple, s'il s'agit d'un faux dilemme, dites quelle pourrait être l'option que l'auteur du sophisme omet de considérer ; s'il s'agit d'une fausse analogie, spécifiez la différence importante entre les choses comparées qui disqualifie l'analogie ; etc.

a) « Ou bien l'univers est devenu ce qu'il est par pur hasard, ou bien il a été créé par un esprit intelligent dans un dessein déterminé. Or, il est clair qu'une chose aussi complexe et organisée que l'univers ne saurait être le produit du hasard. C'est donc Dieu qui a créé l'univers. »

b) « Tu prétends que les impôts sont trop élevés ? Qu'est-ce qui te permet de dire cela ? Avec ton emploi au salaire minimum, tu ne payes même pas d'impôt. »

c) «Il paraît que les autorités veulent installer des distributrices de condoms dans les toilettes du cégep. Ça n'a pas de sens. Avec des mesures comme celle-là, le cégep va devenir un vrai bordel!»

d) «Un inspecteur du ministère de l'Éducation veut rendre obligatoire un cours complémentaire et facultatif sur la sécurité routière. Selon lui, les statistiques indiquent que ceux qui ont suivi ce cours ont moins d'accidents de voiture que ceux qui ne l'ont pas suivi, ce qui prouve l'efficacité de ce cours.»

e) «Je connais des gens qui ont des diplômes universitaires et qui sont des assistés sociaux. Ça ne donne pas grand-chose d'étudier.»

f) Le mariage gai ouvre la voie à toutes sortes de dérapages, soutient le cardinal Jean-Claude Turcotte: «Si le mariage devient simplement l'union de deux personnes qui s'aiment, va-t-on permettre le mariage entre un frère et une sœur? Entre un père et sa fille? Entre une mère et son fils[13]?»

g) «Le syndicat des enseignants veut qu'on consacre plus d'heures à l'éducation sexuelle à l'école. Autrement dit, pour eux le sexe est plus important que le français et les mathématiques!»

h) «On ne peut pas dire que les Indiens ont été maltraités au Canada. Regardez comment on a traité les Indiens en Amérique du Sud. Ce fut bien pire.»

i) Un joueur de hockey professionnel déclare: «Hier j'ai enfilé mon équipement d'une manière différente que d'habitude et j'ai connu le meilleur match de ma carrière. Je suis convaincu que ça m'a porté chance.»

j) «D'après un sondage, 75 % des Canadiens pensent que les pensions de vieillesse devraient être doublées. Je pense donc que c'est une bonne mesure.»

k) «Cet homme a subi un procès pour meurtre et il a été acquitté. Le jury a considéré qu'il y avait un doute raisonnable sur sa culpabilité. C'est la preuve qu'il est innocent du crime dont on l'accuse.»

l) L'écrivain québécois Pierre Lemieux, fermement opposé à toute forme de contrôle des armes à feu, a déclaré: «C'est l'histoire du contrôle des armes à feu qui, depuis le début du siècle, a peu à peu aboli en Occident le droit d'un homme libre de posséder et de porter des armes, droit consacré notamment par le *Bill of Rights* anglais de 1689. Au Canada, la législation des années 1930 et surtout la loi fédérale de 1977 avaient sérieusement entamé ce droit; la toute récente législation marque un autre pas dans la voie irrationnelle de la prohibition. Pourquoi ne pas prohiber aussi l'alcool et l'automobile, qui causent bien plus de drames et, dans le cas de l'alcool, bien plus d'agressions[14]?»

m) «J'ai été victime d'un vol. Je ne vois pas pourquoi je me gênerais de tricher un peu dans ma réclamation. Après tout, je ne suis pas le premier à faire cela.»

n) «Les défenseurs des droits des animaux dépassent les bornes. Ils veulent faire interdire la chasse, les expériences de laboratoire sur les animaux, l'élevage industriel. Je ne serais pas surpris de les voir bientôt réclamer une loi pour la protection des maringouins!»

o) «Mon voisin est mal placé pour critiquer le professeur de son enfant. Il n'a même pas fini son secondaire!»

2. Voici maintenant quelques exemples plus difficiles que les précédents. Ce sont des cas où le caractère «sophistique» du raisonnement est discutable. Analysez chacun de ces cas et indiquez s'il s'agit ou non d'un sophisme, en spécifiant lequel, s'il y a lieu. Expliquez les motifs de votre jugement.

a) «Une étude sur l'efficacité des thérapies psychologiques montre que les patients qui trouvent leur thérapeute sympathique guérissent plus vite que ceux qui ne le trouvent pas sympathique. Il est donc clair que le fait d'aimer son thérapeute est un facteur de guérison significatif.»

b) «Notre école a fait venir un conférencier pour parler aux élèves des dangers de la drogue, mais au lieu de faire venir un policier ou un médecin, la direction a invité un ancien toxicomane. Qui espèrent-ils convaincre en procédant de la sorte?»

c) Un amoureux déclare à sa partenaire: «Ou on se sépare, ou on continue de vivre ensemble. Il faut se décider.»

---

13. Louise Leduc, «Priez et luttez contre le mariage gai», *La Presse*, 11 septembre 2003, p. A5.

14. Pierre Lemieux, «Port d'armes à feu: il faut poser les vraies questions», *La Presse*, 8 septembre 1992, p. B3.

d) « Le parti d'opposition a sévèrement critiqué la nouvelle hausse de la taxe sur l'essence décrétée par le gouvernement. Le premier ministre a répliqué que cette critique n'était pas crédible, étant donné que le parti d'opposition a lui-même imposé une hausse similaire lorsqu'il était au pouvoir. »

e) « Le philosophe français Jean-Jacques Rousseau (1712-1778) a écrit un livre, *Émile, ou De l'éducation*, dans lequel il expose une ambitieuse théorie sur l'éducation des enfants. On n'accordera pas une grande crédibilité à ses propos quand on sait qu'il a abandonné les cinq enfants qu'il a eus avec sa compagne. »

f) « Là où il y a plus d'armes à feu en circulation, il y a plus de crimes violents. Donc, permettre la libre circulation des armes à feu fait augmenter la criminalité violente. »

g) En mars 2006, la Cour suprême du Canada a autorisé le port du kirpan à l'école. Le kirpan est un couteau que certains sikhs portent au cou suivant les prescriptions de leur religion. La journaliste de *La Presse*, Lysiane Gagnon a exprimé son désaccord avec ce jugement de la Cour suprême en ces termes : « Les vieilles dames n'ont pas le droit de monter dans un avion avec de minuscules ciseaux à manucure enfouis au fond de leur trousse à cosmétiques. Sur Air Canada, les couteaux du plateau-repas sont en plastique. Par contre, on a maintenant le droit sacré d'aller à l'école avec un couteau tout cousu et emmailloté soit-il, un couteau reste un couteau. Ainsi en a décidé notre inénarrable Cour suprême, dont le respect envers les religions est en train de confiner à l'absurde[15]. »

h) En mars 2003, les États-Unis ont envahi l'Irak, malgré l'opposition de l'opinion mondiale. Le motif avoué de cette guerre était la présence d'armes de destruction massive (ADM) en Irak que les inspecteurs de l'ONU envoyés sur place n'avaient pourtant pas réussi à découvrir. Une fois sur place, l'armée américaine se mit elle aussi à leur recherche, mais sans succès. Le secrétaire à la Défense des États-Unis, Donald Rumsfeld, dut donc répondre aux critiques de ceux qui accusaient les Américains d'avoir entrepris cette guerre sous de faux prétextes. C'est au sujet de ces ADM introuvables qu'il fit alors cette déclaration désormais célèbre : « Il y a des choses que nous connaissons. Et puis il y en a d'autres que nous savons ne pas connaître. C'est-à-dire qu'il y a des choses dont nous savons que, pour l'instant, nous ne les connaissons pas. Mais il y a aussi des choses inconnues que nous ne connaissons pas. Il y a des choses dont nous ne savons pas que nous ne les connaissons pas. En résumé, l'absence de preuve n'est pas la preuve d'une absence [...] Ne pas avoir la preuve que quelque chose existe ne veut pas dire qu'on a la preuve qu'elle n'existe pas[16]. »

3. Faites une petite recherche dans les journaux ou sur Internet afin de recueillir des opinions sur un sujet très controversé et essayez d'y trouver quelques sophismes. Les éditoriaux de journaux, les boîtes aux lettres des journaux, les courriels en provenance des lecteurs accessibles sur les sites Internet des journaux sont de bonnes sources à cet égard.

Dans chaque cas, indiquez de quel sophisme il s'agit et analysez l'exemple pour bien cerner la faille qu'il recèle.

---

15. Lysiane Gagnon, « Ciseaux et couteaux », *La Presse*, 4 mars 2006, p. A26.

16. Cité par Howard Zinn, « Que faisons-nous en Irak ? », *Le Monde diplomatique*, août 2005, p. 3.

RELIGION, PHILOSOPHIE ET SCIENCES

L a philosophie n'est pas née de façon indépendante dans plusieurs endroits isolés du monde, comme ce fut le cas pour la religion, l'art, l'écriture, les mathématiques ou l'agriculture. C'est là l'une de ses caractéristiques les plus étonnantes. Son lieu et sa date de naissance sont bien circonscrits : la Grèce ancienne au VIᵉ siècle av. J.-C. Son avènement est une des contributions originales de l'extraordinaire civilisation grecque, qui fut le berceau de la culture occidentale dans de multiples domaines tels que l'art, la géométrie, la médecine, la politique, l'histoire ou l'architecture.

Cette civilisation marque une formidable avancée de la pensée rationnelle. Dans le présent chapitre, nous essaierons de comprendre ce qui a permis l'émergence conjointe de la rationalité et de la philosophie. En nous appuyant sur le contexte historique de cette émergence, nous traiterons des différences entre ces trois grands modes de compréhension de la réalité que sont la religion, la philosophie et les sciences, ainsi que de l'évolution de leurs rapports.

2.1

LA CIVILISATION DE LA GRÈCE ANCIENNE : POLITIQUE ET RELIGION

Pour un peuple, il n'est rien de pire qu'un tyran. Sous ce régime pas de lois faites pour tous. Un seul homme gouverne, et la loi, c'est sa chose. Donc, plus d'égalité, tandis que, sous l'empire de lois écrites, pauvre et riche ont mêmes droits ; le faible peut répondre à l'insulte du fort, et le petit, s'il a raison, vaincre le grand. Quant à la liberté, elle est dans ces paroles : « Qui veut, qui peut donner un avis sage à sa patrie ? » : alors, à son gré, chacun peut briller... ou se taire. Peut-on imaginer plus belle égalité ?

Euripide[1]

La civilisation grecque a été le théâtre d'un développement intellectuel spectaculaire et original, si on le compare à celui d'autres grandes civilisations de l'Antiquité, pourtant très avancées dans leur mode d'organisation, leur technologie et leurs connaissances. On peut mentionner en particulier l'Égypte, la Chine et la Mésopotamie. Ces sociétés connaissaient l'agriculture, la métallurgie, l'écriture, les mathématiques, l'astronomie. Elles avaient un mode d'organisation politique très complexe, formant des États comprenant une armée de fonctionnaires. Certaines ont réalisé d'immenses travaux collectifs d'irrigation et de construction de monuments. Mais aucune d'elles n'a donné lieu à ce foisonnement de théories nouvelles et de débats intellectuels qui a marqué la civilisation grecque et qui a donné naissance à la philosophie.

Philosophie occidentale et philosophie orientale

Il faut noter que, quand nous parlons de « naissance de la philosophie », il s'agit de la philosophie « occidentale ». Il existe en effet une philosophie « orientale », très différente de la philosophie occidentale par son inspiration, son langage et son mode de pensée. Elle apparaît moins rationaliste, plus spiritualiste et plus intimement intégrée à une vision religieuse des choses que la philosophie occidentale.

Les causes d'un tel phénomène sont diverses et complexes, et il y a encore des débats chez les historiens sur leur importance respective. Nous insisterons surtout dans cette section sur l'organisation politique de la Grèce ancienne, qui constitue certainement une des causes les plus importantes de son prodigieux essor. Nous étudierons ensuite un second facteur important, sa religion, et nous terminerons par une discussion générale des différences entre religion et philosophie.

L'ORGANISATION POLITIQUE DE LA GRÈCE ANCIENNE

Une comparaison sommaire entre la Grèce ancienne et les autres grandes civilisations de l'époque révèle un trait distinctif évident et capital : *l'absence en Grèce d'un pouvoir royal politique et religieux, centralisé et autoritaire*, comme on en trouvait en Égypte, en Chine ou en Mésopotamie. Ces civilisations étaient des empires, des

---

1. Euripide, *Les Suppliantes*, cité dans Jacqueline de Romilly, *L'élan démocratique dans l'Athènes ancienne*, Paris, Éditions de Fallois, 2005, p. 18.

États centralisés, ayant à leur tête un souverain ou un empereur qui exerçait un pouvoir absolu, chapeautait une aristocratie de nobles, une bureaucratie de fonctionnaires et un clergé religieux organisés hiérarchiquement. L'empereur se considérait souvent lui-même comme un demi-dieu. Il régnait en maître absolu sur une masse de paysans illettrés. L'élite dirigeante jouissait de privilèges extraordinaires. Elle gardait jalousement les connaissances et l'expertise qui assuraient sa position dominante. Le pouvoir de l'empereur et de l'élite dirigeante exigeait une soumission absolue du peuple, et l'ignorance du peuple permettait de renforcer cette domination. Dans ces sociétés, il n'existait donc *aucune liberté de pensée et de critique* sur le plan politique. Qu'en était-il maintenant de la Grèce ancienne ?

Des cités indépendantes

À l'origine, les frontières de la Grèce antique correspondaient en gros à celles de la Grèce actuelle. À partir du Xᵉ siècle av. J.-C., les Grecs ont colonisé tout le bassin méditerranéen, en particulier l'Ionie (la région côtière de la Turquie actuelle), le sud de l'Italie, la Sicile et la Crète (figure 2.1). Les Grecs anciens vivaient dans des

Figure 2.1   **La Grèce ancienne**

centaines de cités indépendantes. Le relief géographique marqué de chaînes de montagnes et de vallées profondes morcelait naturellement le territoire grec en petites unités économiques et politiques, comprenant chacune une cité. Le terme « cité » désignait alors une communauté humaine pouvant compter quelques dizaines de milliers de personnes, dotée de ses institutions propres, et un territoire comprenant un espace rural parsemé de villages et un espace central plus ou moins urbanisé.

Toutes ces cités ne partageaient pas le même régime politique. On y trouvait en fait plusieurs sortes de régimes, dont les principaux étaient :

- les *oligarchies* (domination d'une élite dirigeante monopolisant la richesse et les armes),
- les *royautés* ou *tyrannies* (pouvoir d'un seul homme, roi ou tyran),
- les *démocraties* (du grec *dêmokratia* qui signifie « le pouvoir du peuple »).

Ces régimes n'étaient pas d'une grande stabilité. Plusieurs cités connaissaient des soubresauts politiques qui les faisaient passer d'un régime à un autre. Les luttes entre les classes sociales (aristocratie, marchands, paysans) alimentaient ces bouleversements. Les perdants de ces conflits choisissaient parfois d'aller fonder une nouvelle cité dans une autre contrée, ce qui explique en partie l'apparition de colonies grecques dans les pays avoisinants.

La Grèce ancienne ne constituait donc pas un pays unifié autour d'un pouvoir politique central appuyé sur un clergé et une bureaucratie. Il n'existait pas d'État grec au sens strict du terme. Il n'y avait qu'une multitude de cités indépendantes, qui étaient souvent en conflit les unes avec les autres et même en guerre, mais qui s'unissaient aussi parfois pour affronter des envahisseurs étrangers. Car, voilà le plus étonnant : malgré ce morcellement extrême, tous ces Grecs avaient néanmoins conscience de former un peuple distinct. Cette identité commune reposait essentiellement sur le partage d'une même langue, d'une même religion et d'un certain nombre de coutumes, comme les célèbres Jeux olympiques, qui furent inventés en 776 av. J.-C. en l'honneur de Zeus et qui rassemblaient des athlètes provenant de toutes les parties de la Grèce. La tradition voulait que ces Jeux soient marqués par une trêve, ce qui montre leur importance pour un peuple si souvent en guerre.

Le trait culturel politique qui frappe donc chez les Grecs anciens est *l'indépendance d'esprit et la liberté*. Cela leur était possible parce qu'ils n'étaient pas soumis à un pouvoir central autoritaire. Ajoutons à cela que les Grecs, qui étaient de grands voyageurs, avaient conscience d'être les représentants d'une civilisation originale et avaient la conviction de vivre dans une culture supérieure aux régimes despotiques qui régnaient dans le reste du monde. Le terme de « barbares », par lequel ils désignaient les non-Grecs, en dit long sur cette vision d'eux-mêmes.

Mais c'est à Athènes plus que dans toute autre cité grecque que cette liberté et cette indépendance d'esprit allaient se manifester avec le plus d'éclat.

La démocratie athénienne

Entre le VIIIe et le IVe siècle av. J.-C., Athènes et Sparte furent les deux cités dominantes de la Grèce, mais cette domination toute relative ne fut jamais bien acceptée par les autres cités et donna lieu à des guerres incessantes. Athènes occupa une position hégémonique au Ve siècle av. J.-C. grâce au rôle important qu'elle joua dans les victoires des Grecs contre les envahisseurs perses. La domination politique et culturelle d'Athènes atteignit son apogée sous Périclès (495-429 av. J.-C.), un homme politique qui exerça une influence prépondérante sur les affaires de la cité pendant une trentaine d'années. La guerre du Péloponnèse (431-404 av. J.-C.), qui opposa Athènes et Sparte, se termina par la victoire de Sparte. En 404 av. J.-C., Sparte imposa à Athènes une oligarchie connue sous le nom des Trente Tyrans. Mais en 403 av. J.-C., les Athéniens se révoltèrent, restaurèrent la démocratie et retrouvèrent leur indépendance, qu'ils conservèrent jusqu'à la conquête de la Grèce par Philippe II de Macédoine et par son fils Alexandre le Grand dans la deuxième moitié du IIIe siècle av. J.-C. Cette conquête marqua la fin de l'indépendance des cités grecques et le début de leur assujettissement à un pouvoir impérial.

La réforme de Clisthène

Même si Athènes fut le plus important foyer de la démocratie, elle fut aussi long-temps le siège de royautés et d'oligarchies. Son régime démocratique fut instauré progressivement au fil de réformes entreprises par de grands sages législateurs, notamment Dracon, Solon et Clisthène. La réforme menée par Clisthène en 508-507 av. J.-C. fut la plus décisive. Elle mit définitivement un terme à la tyran-nie en place en établissant le principe d'*isonomie*, qui proclame l'égalité de tous devant la loi. On remarquera la *rationalité* des réformes de Clisthène, qui divisa le territoire d'Athènes en une centaine de dèmes ou villages. Ces nouvelles divisions territoriales et administratives remplaçaient les *phratries*, fondées sur un lien de filiation avec un ancêtre commun. Clisthène procéda à cette réforme administrative en suivant une *méthode* basée sur des *critères* géographiques et mathématiques. Il répartit les dèmes entre dix tribus en faisant fi des classes sociales et des liens fami-liaux existants. Chaque tribu était répartie en trois zones: la côte, l'intérieur des terres et la zone urbaine. Les membres du gouvernement étaient choisis dans les tribus de façon égale et sans distinction de classe ou de profession. Chaque tribu élisait un stratège militaire et cinquante conseillers de plus de trente ans, par tirage au sort, pour former le Conseil (*Boulê*) chargé d'administrer la cité entre les Assemblées. Le Conseil préparait les lois qui étaient soumises à l'Assemblée et veillait ensuite à leur application.

Une démocratie directe mais restreinte

L'Assemblée du peuple prenait toutes les décisions importantes concernant la cité. Tous les citoyens pouvaient y prendre la parole et avaient le droit de vote. Étaient considérés comme citoyens les hommes libres nés de parents athéniens et âgés d'au moins dix-huit ans. Étaient donc exclus de la citoyenneté et des droits politiques: les femmes, les étrangers résidants, ou «métèques», et les esclaves. On estime la population totale de l'Athènes du Ve siècle av. J.-C., incluant la zone rurale, à 400 000 habitants, et le nombre de citoyens à 20 000 ou 30 000. La majorité de cette population était composée d'esclaves. Les métèques étaient au nombre d'environ 20 000. Au IVe siècle, l'Assemblée se réunissait quarante fois par an et pouvait regrouper quelques milliers de personnes, jusqu'à 6000 et plus pour les décisions les plus importantes.

La démocratie athénienne était une démocratie «directe» au sens où le peuple y exerçait directement le pouvoir, au lieu de simplement élire des représentants comme c'est le cas dans les démocraties «indirectes» modernes. Le peuple votait

L'Acropole d'Athènes, vestige actuel de la grandeur passée de la cité grecque.

les lois, prenait les décisions et élisait les « magistrats » qui étaient des fonctionnaires chargés des divers secteurs de l'administration de la cité. Ces magistrats étaient généralement nommés par tirage au sort pour un an et devaient rendre compte de leur travail à la fin de leur mandat. En cas de manquement grave, ils pouvaient être destitués, arrêtés, condamnés à des peines et même exécutés. Le peuple exerçait aussi directement le pouvoir judiciaire par l'entremise du tribunal populaire appelé *Héliée*. Les procès, dont les Athéniens étaient friands, se déroulaient devant des jurys de plusieurs centaines de citoyens également choisis par tirage au sort. Il n'y avait pas de juges professionnels dans ce système judiciaire. Les citoyens remplissaient eux-mêmes la fonction de juge.

Démocratie, rationalité et philosophie

Nous avons indiqué au début de ce chapitre que ce volet historique devait servir à éclairer les liens entre l'essor de la civilisation grecque, celui de la pensée rationnelle et la naissance de la philosophie. Nous pouvons maintenant nous engager dans cette explication. Il est clair que l'absence de structure politique autoritaire et centralisée dans la Grèce ancienne a favorisé la liberté de pensée et d'expression ainsi que l'esprit d'initiative et la pensée critique. La démocratie athénienne a considérablement renforcé cette tendance. L'Assemblée démocratique du peuple et le tribunal populaire étaient des lieux de discussion ouverte dans lesquels chaque citoyen pouvait exprimer librement ses opinions, évaluer de façon critique celles des autres et prendre des décisions bien pesées, fondées sur de « bonnes raisons ». On peut difficilement imaginer conditions plus favorables au développement de la pensée rationnelle et de l'art du raisonnement. Ces deux tribunes donnaient lieu à des affrontements vigoureux entre les orateurs, et chaque membre de l'Assemblée ou du tribunal devait porter un jugement critique sur les arguments qui lui étaient soumis. Cet entraînement soutenu a créé un climat favorable à l'éclosion de la rationalité.

Ces conditions ont permis à des hommes animés d'une grande passion intellectuelle de développer de nouveaux savoirs dans plusieurs domaines scientifiques, tels que la géométrie, l'histoire ou la médecine, et elles ont aussi donné naissance à une nouvelle forme de recherche intellectuelle caractérisée par la réflexion libre et rationnelle sur les choses, autrement dit : la philosophie. En ce sens, on peut affirmer que les Grecs ont inventé la philosophie. Plusieurs cités grecques ont accueilli des philosophes, mais le centre intellectuel le plus important fut Athènes, où ont œuvré trois des plus grands noms de l'histoire de la philosophie, Socrate, Platon et Aristote.

L'organisation politique de la Grèce ancienne et la rationalité

1 L'organisation politique de la Grèce ancienne, caractérisée par une organisation en cités indépendantes et l'absence d'un pouvoir central autoritaire, a favorisé le développement chez les Grecs d'un esprit de fierté, d'indépendance et de liberté.

2 La démocratie athénienne a amplifié cette tendance et contribué, par ses institutions, au développement d'une pensée libre, rationnelle et critique.

3 Cette progression de la rationalité a favorisé le développement des sciences et fut à l'origine de la naissance d'une nouvelle discipline, fondée sur la libre réflexion rationnelle, la philosophie.

Le phénomène religieux

En plus de la structure politique originale, un autre facteur a pu favoriser la liberté de pensée dans la civilisation grecque, bien qu'à un moindre degré : la configuration très particulière de sa religion. Avant d'aborder ce point, il convient cependant de dire quelques mots au sujet du phénomène religieux en général.

La religion : un phénomène multiforme

La religion est une composante fondamentale de la culture humaine. Elle s'incarne généralement dans un ensemble de *traditions* sociales d'une grande longévité, composées à la fois de croyances et de pratiques. Son trait fondamental est *la croyance en l'existence d'êtres surnaturels ou divins.* Mais la religion est un phénomène multiforme, mouvant et complexe, dont il est difficile de fixer les aspects essentiels. Sa définition exacte est encore aujourd'hui un objet de désaccord parmi les spécialistes.

Ainsi, certains voient la religion avant tout comme un phénomène collectif, qui s'incarne dans une structure institutionnelle hiérarchisée (Église, clergé), alors que pour d'autres elle est vécue comme une affaire essentiellement privée, intime et personnelle. La religion se traduit parfois dans des codes de conduite très précis, régissant les aspects pratiques et concrets de la vie extérieure, alors que, dans d'autres cas, elle relève avant tout d'une recherche spirituelle ou mystique intérieure. Les croyances religieuses sont parfois consignées dans des textes sacrés, comme la Bible ou le Coran, mais, pendant une grande partie de l'histoire humaine, elles ont été simplement transmises oralement. Le divin est parfois un être unique, comme c'est le cas dans les religions monothéistes. Il peut aussi se disperser dans une multiplicité de divinités, comme on l'observe dans les religions polythéistes, ou être projeté sur une multitude d'éléments naturels (plantes, animaux, forêts, montagnes, etc.), comme cela se produit chez les sociétés de chasseurs-cueilleurs. Les superstitions, les prophètes, le clergé, les temples et symboles religieux en sont d'autres composantes courantes.

Mythes et rites

La religion ne semble pas constituer au départ un terrain favorable à l'éclosion de la rationalité. Les croyances et pratiques religieuses font surtout appel à la pensée intuitive, à l'imaginaire et aux émotions. Deux de leurs composantes principales l'attestent : les *mythes* et les *rites*.

- Les **mythes** sont des *récits racontant des événements fabuleux qui se passent dans un temps immémorial ou légendaire et qui mettent en scène des dieux et des héros humains.* Ils racontent généralement l'origine des choses, de l'univers matériel, des hommes, des techniques et des coutumes. Toutes les grandes religions ont leur **mythologie**, c'est-à-dire un *ensemble de mythes* qui établissent l'origine de leurs croyances et pratiques. Un mythe de la création expliquera par exemple l'origine des astres, du jour et de la nuit, des différentes espèces vivantes ou de la différence des sexes. D'autres mythes expliqueront l'origine de techniques, comme la chasse, la métallurgie, l'agriculture ou l'art musical, qu'ils présentent généralement comme des cadeaux faits aux humains par des dieux. La plupart des religions comprennent des mythes sur le destin de l'âme après la mort.
- Les **rites** sont des *cérémonies par lesquelles s'effectuent des échanges et des communications entre les humains et les dieux (prières, sacrifices, processions, messes, etc.).* Les rites sont principalement l'occasion de demander des faveurs aux dieux, de les honorer, de les remercier des bienfaits reçus ou d'essayer d'apaiser leur colère à la suite de crimes qui les auraient offensés.

Mythes et rites font intervenir des croyances en des pouvoirs surnaturels ou magiques, et ils se rapportent à des événements qui se sont déroulés dans un temps et un lieu inaccessibles à toute forme de vérification. Ils semblent ainsi échapper aux critères de la rationalité. Nous en avons encore aujourd'hui des exemples extrêmes, comme celui des pentecôtistes qui refusent de croire, en dépit de toutes les preuves scientifiques existantes (dont une très grande proximité génétique), que l'homme a un lien de descendance avec les singes. Mais il n'y a pas lieu d'exagérer indûment cette opposition, car nous constatons également qu'une personne dotée d'un esprit scientifique et rationnel peut très bien nourrir des croyances religieuses. Nous reviendrons plus loin sur cette question. Examinons pour l'instant le cas de la Grèce ancienne.

LA RELIGION DE LA GRÈCE ANCIENNE

Bien des facteurs peuvent influencer l'opposition entre religion et rationalité. Dans le cas de la religion grecque ancienne, le rôle accordé à la rationalité semble plutôt ambivalent. Dans son contenu même, la religion grecque était tout sauf rationnelle. Mais, à certains égards, elle n'était pas aussi hostile au développement de la rationalité que d'autres religions de la même époque.

> La religion grecque, en effet, ne comportait ni dogme, ni clergé. Il ne pouvait donc pas être aussi grave de formuler des doutes à son endroit que pour d'autres religions. De fait, elle pouvait accueillir des dieux nouveaux ; et les mythes divins pouvaient se modifier selon les auteurs ou les lieux de culte. Il y avait pour chaque dieu plusieurs légendes et plusieurs cultes. Il existait donc une liberté fondamentale à cet égard.
>
> **Jacqueline De Romilly[2]**

Une religion peu rationnelle dans son contenu

Les croyances et les pratiques religieuses des Grecs composent en effet un univers qui semble dénué de toute rationalité.

---

2. Jacqueline De Romilly, *Les grands sophistes dans l'Athènes de Périclès*, Paris, Éditions de Fallois, 1988, p. 148-149.

Le panthéon des divinités grecques : une société désordonnée

À l'image de leur univers politique, l'univers religieux des Grecs était passablement désordonné. C'était une religion polythéiste. Le panthéon ou la communauté des dieux grecs comprenait des dizaines de divinités de toutes sortes, dont un grand nombre avaient été empruntées à des religions plus anciennes provenant d'autres pays. De plus, chaque cité avait ses propres dieux et ses propres mythes. Il y avait bien un dieu au sommet de la hiérarchie, Zeus, mais son autorité n'était pas absolue, tel qu'en témoigne la mythologie grecque. Pour faire régner l'ordre dans la communauté des dieux (tableau 2.1), Zeus devait souvent manigancer et ruser, les autres dieux se comportant davantage comme des enfants turbulents que comme des êtres supérieurs! Les mythes qui racontent leur histoire ne sont qu'une succession abracadabrante de conquêtes et d'infidélités amoureuses, de querelles, de rancunes et de vengeances, de victoires et de défaites. Loin de renvoyer à une image d'ordre, de sagesse et d'équilibre, les mythes les montrent en proie à des émotions et à des désirs puissants qu'ils semblent incapables de contrôler, à l'image des humains.

Tableau 2.1

QUELQUES DIVINITÉS DE LA MYTHOLOGIE GRECQUE	
Aphrodite	Déesse de la beauté
Ares	Dieu de la guerre
Cronos	Dieu du ciel
Dionysos	Dieu de la vigne et de la végétation
Apollon	Dieu de la lumière, de la divination et des arts
Éros	Dieu de l'amour
Hadès	Dieu du monde souterrain où errent les morts
Poséidon	Dieu des mers et de l'élément liquide
Zeus	Dieu suprême

Le mythe suivant, qui relate l'ascension de Zeus au sommet de la hiérarchie des dieux, illustre bien ce désordre relatif. Il est raconté par Hésiode dans sa *Théogonie*. Nous en donnons ici une version adaptée et abrégée[3] :

De l'union d'Ouranos, le Ciel, et Gaia, la Terre, naissent les Titans et les Cyclopes. Aidé par sa mère Gaia, l'un des Titans, Cronos, se révolte contre son père et lui tranche les testicules. Cronos épouse sa sœur Rhéa. Mais un oracle ayant prédit qu'un des fils de Cronos le détrônerait, celui-ci dévore chaque enfant que Rhéa met au monde jusqu'au sixième, Zeus, qui échappa à ce destin, car sa mère Rhéa réussit à le cacher à Cronos en lui donnant à dévorer une grosse pierre enveloppée de langes à la place de l'enfant. Cronos fut dupé par le stratagème. Zeus fut élevé à l'écart et revint plus vieux accomplir l'oracle. Il fit boire à Cronos une drogue qui lui fit vomir la pierre et les enfants qu'il avait dévorés. Zeus entreprit ensuite avec ses frères et sœurs une longue guerre contre Cronos et les Titans dont il sortit vainqueur avec l'aide des Cyclopes qui lui donnèrent le tonnerre et la foudre dont il frappa Cronos. Zeus et ses frères se partagèrent ensuite l'univers par un tirage au sort. La mer échut à Poséidon, l'empire souterrain, les enfers, à Hadès, tandis que Zeus devint le dieu souverain, maître du ciel, du tonnerre et de la foudre terrifiante. Mais sa suprématie fut fréquemment contestée par les autres divinités. Il dut ainsi réprimer une révolte des Géants, munis de cent bras et de cinquante têtes, avec l'aide du grand héros Héraclès, né de l'union entre Zeus et une de ses nombreuses conquêtes humaines, Alcmène.

3. D'après Pierre Grimal, *Dictionnaire de la mythologie grecque et romaine*, Paris, P.U.F., 1951.

Divinations, oracles et rites

Les Grecs étaient également friands de divination, d'oracles et de rites, qui étaient des pratiques fort peu rationnelles. La *divination* est la science des présages. Les devins, qui étaient des experts en présages, interprétaient par exemple le vol des oiseaux, les phénomènes célestes, les songes ou les entrailles des animaux immolés pour y déceler des signes des événements à venir. Les *oracles* étaient les réponses que donnaient les divinités à des questions précises qui leur étaient posées par l'intermédiaire d'un prêtre ou d'une prêtresse. On consultait les oracles lorsqu'on avait des décisions importantes à prendre, telles que le choix d'un époux, l'émigration dans une colonie, le déclenchement d'une guerre, la réalisation d'un voyage. L'oracle de Delphes a connu une célébrité sans égale dans le monde antique. Mais, comme nous venons de le voir, les oracles pouvaient aussi être l'expression de la «Fortune», contre laquelle même les dieux, comme Cronos, ne pouvaient rien. La Fortune des Grecs correspond en gros à l'idée de Destin. C'est une sorte de puissance mystérieuse et suprême qui distribue le bonheur et le malheur de façon capricieuse, sans règle apparente. Le recours à la Fortune est, d'une certaine manière, une façon d'expliquer l'inexplicable. C'est à cause de la Fortune que les dieux eux-mêmes, paradoxalement, s'intéressaient aux oracles.

Vase grec (vers 440 av. J.-C.) qui représente Zeus consultant l'oracle de Delphes : même les dieux croient aux oracles !

Les Grecs accordaient une place centrale à la religion dans leur vie quotidienne. Elle imprégnait leur comportement social, tous les actes publics de quelque importance étant soulignés par des rites. Ces rites servaient le plus souvent à célébrer la grandeur des dieux, à leur demander des faveurs ou à les remercier pour leurs bienfaits. Ils allaient de la simple prière aux libations (qui consistent à verser un liquide sur un autel ou sur le sol), aux sacrifices (brûler des aliments ou égorger des animaux) et aux fêtes de plusieurs jours en l'honneur d'une divinité. On a calculé qu'il y avait cent vingt jours de fêtes dans une année à Athènes à la fin du Ve siècle av. J.-C. !

Une religion favorable à l'essor de la rationalité

La religion grecque était donc fort peu rationnelle dans son contenu et elle n'a certes pas favorisé l'essor de la rationalité de la manière positive dont l'a fait la démocratie politique. En effet, celle-ci exigeait dans son fonctionnement même que les citoyens mobilisent leurs capacités rationnelles pour discuter, argumenter, critiquer. Mais elle a néanmoins favorisé cet essor d'une manière négative *en lui faisant moins obstacle que les religions des autres grandes civilisations de l'époque.*

Une religion fondée sur des traditions orales

La religion grecque a été élaborée par des poètes conteurs d'histoire, les «aèdes», et non par des prêtres ou des prophètes. Elle n'était pas basée sur des livres sacrés contenant des révélations communiquées à des prophètes par un dieu. Elle fut longtemps transmise *oralement* sous forme de mythes, qui existaient souvent en plusieurs versions. Certaines de ces versions ont été consignées par écrit vers le VIIIᵉ siècle av. J.-C., notamment par deux écrivains qui jouissaient d'une renommée considérable chez les Grecs : Hésiode (*La théogonie* et *Les travaux et les jours*) et Homère (*L'Iliade* et *L'Odyssée*). Cependant, ces écrits n'étaient pas considérés par les Grecs comme des œuvres *sacrées*, mais comme des interprétations poétiques des mythes traditionnels. Les Grecs étaient conscients que les paroles des poètes contenaient une part de création littéraire, de sorte qu'ils ne se sentaient pas forcés d'y croire aveuglément et dans les moindres détails.

Une religion peu dogmatique

La religion grecque était, pour cette raison, une religion peu « dogmatique ». Un **dogme** est une *croyance considérée comme une vérité absolue et incontestable* et le **dogmatisme** est la *marque d'un esprit qui croit en des dogmes*. Il peut sembler que le dogmatisme soit un trait inhérent à toute religion, mais, en réalité, toutes les religions ne sont pas également dogmatiques. Comme l'indique la citation de Jacqueline De Romilly placée plus haut en épigraphe, la religion grecque était faiblement dogmatique. Elle n'était pas fondée sur un système de croyances unifié, précis et rigide. Bien des choses restaient vagues et imprécises dans les croyances religieuses des Grecs, de sorte que des croyances divergentes pouvaient coexister sans que cela ne pose problème.

Une religion sans clergé autoritaire

L'absence d'un clergé autoritaire est un autre trait caractéristique de la religion grecque, qui explique son caractère peu dogmatique. Ce facteur a certainement favorisé l'avènement d'une pensée rationnelle, libre et critique. La vie religieuse grecque n'était pas, comme dans les grands empires mentionnés plus haut, contrôlée par un *clergé* détenteur de la vérité et jouissant d'une autorité suprême sur la population. À Athènes, par exemple, les prêtres étaient des fonctionnaires nommés par l'Assemblée, donc de simples citoyens affectés à une tâche pour une période de temps limitée. Leur rôle était de présider aux cérémonies religieuses, mais ils ne détenaient aucune autorité particulière en matière de croyances religieuses. En réalité, personne ne détenait une autorité qui aurait eu l'effet de limiter sérieusement la liberté de pensée et d'expression.

Des mythes variés ou flous

Il y avait une variété de mythes grecs très différents sur une question pourtant fondamentale : l'origine de l'espèce humaine. Ainsi, selon différents mythes, les humains provenaient :

- des cendres des Titans foudroyés par Zeus ;
- du Titan Prométhée qui les aurait façonnés avec de la glaise ;
- de pierres lancées par son fils Deucalion ;
- d'une cinquième race d'hommes créée par les dieux à partir du fer, les races précédentes ayant été fabriquées à partir d'or, d'argent et d'airain.

D'autre part, il y avait un grand flou dans les croyances sur le destin de l'âme après la mort. Cette question ne semblait d'ailleurs pas intéresser les Grecs outre mesure. La croyance la plus répandue était que les âmes des morts habitaient l'Hadès, un monde souterrain où elles étaient réduites à l'état d'ombres flottantes et menaient une existence morne dans une atmosphère lugubre.

Une religion flexible

La religion grecque était une religion flexible qui pouvait tolérer les désaccords et qui laissait une grande marge de manœuvre quand venait le temps d'interpréter les interventions des dieux ou de fixer les termes des relations entre les humains et les dieux. Bref, l'absence de rigidité et même le désordre qui caractérisaient la religion grecque ont fait en sorte qu'elle était compatible avec une certaine liberté de pensée. En ce sens, elle a pu être un facteur favorable au développement de la pensée rationnelle, bien qu'elle n'ait pas constitué elle-même un terrain propice à son essor et qu'elle ait même pu occasionnellement s'y opposer.

**POINTS
À RETENIR**

Les rapports entre religion grecque et rationalité

La religion grecque ancienne :

1 n'était pas rationnelle dans son contenu (mythes désordonnés, engouement pour la divination, les oracles, etc.);

2 n'était pas dogmatique, ne reposait pas sur un clergé et avait une flexibilité qui la rendait compatible avec une certaine liberté de pensée.

Elle a ainsi permis l'essor de la rationalité en ne lui faisant pas carrément obstacle.

Religion et rationalité

Cette analyse de la religion grecque ancienne nous amène à réfléchir à un niveau plus général sur les rapports entre religion et rationalité. Notre examen de la religion grecque ancienne nous a montré que ce rapport tend à être ambivalent. On retrouve cette même ambivalence dans l'ensemble des religions. Il est clair que la religion relève davantage de la pensée intuitive que de la pensée rationnelle. Mais en même temps, il existe un certain degré de compatibilité entre la religion et la rationalité, comme il en existe une entre la rationalité et l'intuition.

La religion incompatible avec la rationalité

En quoi la religion est-elle incompatible avec la rationalité? Voici quatre points d'opposition.

1. *Les croyances religieuses portent sur des êtres et des événements qui ne sont pas accessibles à nos sens et qui ne se prêtent à aucune forme de vérification.* Les mythes, qui expriment ces croyances, empruntent un langage imagé, métaphorique, qui fait appel à l'imagination plus qu'à la raison. Ils racontent des événements qui se sont passés dans un temps de légende et dont il ne reste pas de traces directes. L'action à distance d'un dieu sur le cours des événements n'est pas un phénomène que nous pouvons observer et analyser directement. Il est donc évident que, à un niveau fondamental, les croyances religieuses procèdent d'un acte de foi qui relève de l'intuition, d'un sentiment intime qui ne peut être réellement soutenu par de «bonnes raisons».

2. *La foi dans une religion donnée découle généralement de l'éducation reçue et de la culture ambiante, et plus rarement d'expériences mystiques personnelles d'une grande intensité émotionnelle.* Dans le premier cas, elle relève davantage de l'habitude que de la réflexion rationnelle. Dans le second, il s'agit d'expériences subjectives de communication avec le divin essentiellement intuitives et intimes, qui échappent généralement à toute explication rationnelle.

3. *Il existe une très grande diversité de religions parmi les sociétés humaines et cette diversité paraît irréductible.* Cela accentue aux yeux d'un esprit rationnel le caractère arbitraire des croyances religieuses et leur faible justification, car la

rationalité est indissociable de l'idée que les critères rationnels permettent aux humains de soumettre leurs opinions à la discussion, de dénouer leurs désaccords et de s'entendre sur certaines vérités universelles. Cela semble impossible dans le cas des religions.

4. *Les croyances religieuses sont parfois incohérentes.* Certaines croyances semblent contradictoires ou inconciliables. Ainsi, dans la religion grecque, Zeus est parfois présenté comme un être parfait, l'incarnation de la justice, l'arbitre impartial des conflits entre les dieux, et d'autres fois comme un séducteur impénitent, qui multiplie les aventures amoureuses avec les déesses et les humaines tout en tâchant de les dissimuler à son épouse Héra. On retrouve de telles incohérences dans toutes les religions, y compris les religions chrétiennes. Par exemple, il n'est pas aisé de concilier, dans la Bible, le Dieu vengeur et colérique de l'Ancien Testament avec le Dieu d'amour et de miséricorde qu'incarne Jésus dans le Nouveau Testament. Le Dieu chrétien est également la source de nombreux *paradoxes* extrêmement difficiles à résoudre, comme celui du cadeau divin de la liberté, dont nous avons traité précédemment, ou encore celui de la présence du mal et de la souffrance dans un monde totalement conçu et créé par Dieu. On peut penser encore au problème de l'enfer : l'enfer est la punition effroyable à laquelle le Dieu chrétien condamnerait les âmes des pécheurs, celle de brûler *éternellement*. Comme l'a écrit David Hume : « Selon *nos* conceptions, le châtiment devrait être proportionné, en quelque manière, à la faute. Pourquoi alors un châtiment éternel pour les fautes temporaires d'une créature aussi fragile que l'homme[4] ? »

La religion compatible avec la rationalité

Malgré ce que nous venons de dire, il serait erroné de prétendre qu'il existe une cloison étanche entre la sphère de la rationalité et l'univers religieux. Voici quatre arguments qui vont dans le sens d'une compatibilité limitée entre religion et rationalité.

1. *La religion cherche, comme la philosophie et les sciences, à répondre aux questions les plus fondamentales que se posent les humains.* Elle s'efforce à sa manière de trouver un sens aux choses et de répondre aux grandes questions des humains sur le sens de leur existence, les principes d'ordre qui régissent le cosmos, la nature et la vie sociale, la signification de la naissance et de la mort, l'au-delà de la mort, les principes du bien et du mal, de la justice et de l'injustice. Même si les réponses des religions à ces questions n'ont pas une facture rationnelle, elles ont néanmoins engendré un effort de compréhension qui a été ensuite repris par la philosophie et les sciences. Il y a donc une continuité et des affinités entre toutes ces entreprises.

Adam et Ève chassés du paradis terrestre, tableau (vers 1597) de Giuseppe Cesari (1568-1640).

Le mythe chrétien qui raconte l'histoire d'Adam et Ève au paradis terrestre répond à une question fondamentale : l'origine des notions morales de bien et de mal.

---

4. David Hume, *L'histoire naturelle de la religion et autres essais sur la religion*, trad. par M. Malherbe, Paris, Vrin, 1971, p. 109.

2. *La structure narrative des mythes contient des éléments de rationalité, car elle ordonne les événements sur le plan temporel et sur le plan causal.* Tout récit décrit un enchaînement temporel et causal d'événements. Il effectue en ce sens un certain arrangement rationnel de la réalité. Les mythes expliquent l'origine des choses et leur raison d'être. Ainsi en va-t-il du mythe grec expliquant la foudre comme une arme dont Zeus se sert pour punir les méchants. Le mythe de Prométhée explique l'origine du feu en racontant comment Prométhée aurait dérobé le feu aux dieux pour le donner aux humains. Le mythe chrétien de la création situe l'origine des notions morales du bien et du mal ainsi que de la souffrance humaine dans l'épisode d'Adam et Ève et l'histoire du paradis terrestre. Tout le récit de la Bible qui met en scène les péripéties des rapports entre un Dieu unique et son peuple élu possède des caractères d'unité, de continuité et de cohérence.

3. *Les rites et même les superstitions contiennent des éléments de rationalité pratique et instrumentale.* Ils ont une rationalité *pratique*, car ils appliquent la notion de cause aux actions, et ils intègrent une rationalité *instrumentale* dans la mesure où ils comportent une recherche des moyens appropriés pour atteindre un but. Si mon but est de remporter une victoire dans une guerre ou de guérir une maladie et que je crois que les faveurs d'un dieu peuvent m'aider à l'atteindre, l'offrande visant à m'attirer ses bienfaits manifeste une certaine rationalité. Plusieurs penseurs voient même dans la pensée magique primitive, qui attribuait les événements à l'intervention d'une multitude de forces surnaturelles bienveillantes ou malveillantes, les premiers balbutiements de la science. Le fait d'établir des liens de cause à effet entre les choses et de régler nos actions sur ces liens contiendrait en lui-même un noyau de rationalité, même si ces croyances souffrent d'un grave déficit sur le plan de la rationalité *théorique*, en ce qu'elles s'appuient sur des connaissances fausses ou sans fondement.

4. *L'histoire de la pensée philosophique et scientifique montre qu'il n'existe pas d'incompatibilité absolue entre rationalité et religion.* Jusqu'au XIXᵉ siècle, à peu près tous les philosophes et les scientifiques ont continué d'entretenir des convictions religieuses, malgré le fait que leur activité de prédilection plaçait les exigences de rationalité au fondement de leur pensée. Un grand scientifique comme Newton, par exemple, était un fervent chrétien et considérait sa découverte des lois de la physique et de l'astronomie comme un hommage à la grandeur de Dieu. Et Einstein lui-même disait que le spectacle de la nature le remplissait d'un sentiment religieux cosmique. Dans le passé, plusieurs philosophes se sont ingéniés à démontrer par des raisonnements astucieux l'existence de Dieu. La plupart ont intégré le concept de Dieu à leur système philosophique. Beaucoup se sont efforcés de construire une «religion rationnelle», c'est-à-dire purgée des superstitions, des incohérences ou des paradoxes qui affectaient les croyances ou les doctrines usuelles. L'expression «religion des philosophes» en est d'ailleurs venue à désigner ce genre de construction. Nous verrons dans la prochaine section que ce souci de réformer la religion fut présent chez les tout premiers philosophes de l'histoire. Mais il faut néanmoins admettre que ces efforts de rationalisation ne furent jamais concluants, car il existe indéniablement un point où la croyance religieuse ne relève plus de la raison mais d'un sentiment intuitif, la «foi», qui ne peut être rationalisé.

Dans la religion chrétienne, par exemple, il est évident que la croyance en la résurrection du Christ relève de la foi. Ce n'est pas une chose qui peut être rationnellement *démontrée*.

Le tableau 2.2 résume nos propos sur le rapport entre religion et rationalité.

Tableau 2.2

RELIGION ET RATIONALITÉ	
Incompatibilité	**Compatibilité**
1. Les croyances religieuses portent sur des êtres et des évé-nements qui ne sont pas accessibles à nos sens et qui ne se prêtent à aucune forme de vérification.	1. La religion cherche, comme la philosophie et les sciences, à répondre aux questions les plus fondamentales que se posent les humains.
2. La foi dans une religion donnée découle généralement de l'éducation reçue et de la culture ambiante, et plus rarement d'expériences mystiques personnelles d'une grande inten-sité émotionnelle.	2. La structure narrative des mythes contient des éléments de rationalité, car elle ordonne les événements sur le plan temporel et sur le plan causal.
3. Il existe une très grande diversité de religions parmi les sociétés humaines et cette diversité paraît irréductible.	3. Les rites et même les superstitions contiennent des élé-ments de rationalité pratique et instrumentale.
4. Les croyances religieuses sont parfois incohérentes.	4. L'histoire de la pensée philosophique et scientifique montre qu'il n'existe pas d'incompatibilité absolue entre rationalité et religion.

Où philosophie et sciences se démarquent de la religion

Bien sûr, il est facile de mettre en évidence la fragilité des aspects rationnels de la pensée religieuse. La religion esquisse une certaine « mise en ordre » des idées, mais elle ne poursuit pas cet effort de façon systématique. Les différences les plus fon-damentales qui distinguent l'univers religieux des modes de compréhension ration-nels de la philosophie et des sciences sont les suivantes.

1. La production systématique de connaissances bien fondées et la quête de ratio-nalité ne sont tout simplement pas une fin en soi ou un critère ultime pour la religion, comme elles le sont pour la philosophie et pour les sciences.

2. La religion est davantage préoccupée d'apporter des *réponses* que de poser systé-matiquement des *questions*. Elle n'a pas d'intérêt, comme la philosophie et les sciences, à constamment *problématiser* les enjeux, à remettre les théories en place en question et à susciter les débats.

L'intérêt pour la connaissance, c'est-à-dire le souci d'une rationalité *théorique*, n'est jamais primordial dans la religion, même si toute religion implique une cer-taine production de connaissances. Cet intérêt est secondaire par rapport aux inté-rêts *pratiques*, *spirituels* et *émotionnels*. La religion est un havre de paix et une source de convictions pour les croyants. Elle n'est pas un processus indéfini de réflexion et de recherche comme le sont la philosophie et les sciences.

Exercices

1. Expliquez pourquoi, à la différence de celles qui existaient dans la Grèce ancienne, les conditions politiques et religieuses qui régnaient dans les autres grandes civilisations de la même époque (Égypte, Chine, Mésopotamie) ont été un frein au développement de la pensée rationnelle.

2. Nous venons de voir deux facteurs importants qui expliquent l'essor qu'a connu la pensée rationnelle dans la Grèce ancienne : son organisation politique et sa religion. Ces deux facteurs se distinguent à plusieurs égards, mais se rejoignent en un point important.

a) Expliquez en quel sens le rôle de l'organisation politique et celui de la religion dans l'essor de la pensée rationnelle se distinguent.

b) Expliquez ce que ces deux facteurs ont en commun.

3. Les Grecs disposaient, dans leur mythologie, d'une croyance particulière pour rendre compte de ce qu'ils ne pouvaient expliquer par les actions de leurs dieux. Nous l'avons mentionnée plus haut. Quelle est-elle ? Y croyez-vous vous-même ? Selon vous, cette croyance est-elle intuitive, rationnelle ou irrationnelle ?

2.2

LES DÉBUTS DE LA PHILOSOPHIE

Les premiers balbutiements de la philosophie : les Ioniens

Bien que la plupart des grands philosophes grecs aient vécu à Athènes, les tout premiers philosophes furent plutôt originaires d'Ionie (figure 2.2), où se trouvaient plusieurs cités grecques. Nous allons en présenter quatre pour donner un aperçu des premiers balbutiements de la pensée philosophique. Nous savons peu de choses de ces philosophes. Notre connaissance de leur pensée repose sur quelques fragments de textes, mais surtout sur les commentaires de philosophes postérieurs. Le centre d'intérêt de ces philosophes est la nature. Leurs propos s'apparentent davantage aux sciences de la nature qu'à la philosophie, mais ils ont néanmoins une tournure typiquement philosophique.

> Les dieux, en effet, doivent à leur nature même la jouissance de l'immortalité dans une paix absolue ; éloignés de nos affaires, ils en sont complètement détachés. Exempts de toute douleur, exempts de tout danger, forts de leurs propres ressources, indépendants de nous, ils ne sont ni sensibles à nos mérites, ni accessibles à la colère.
>
> **Lucrèce**[5]

5. Lucrèce, *De la nature*, trad. par H. Clouard, Paris, GF Flammarion, 1964, p. 69.

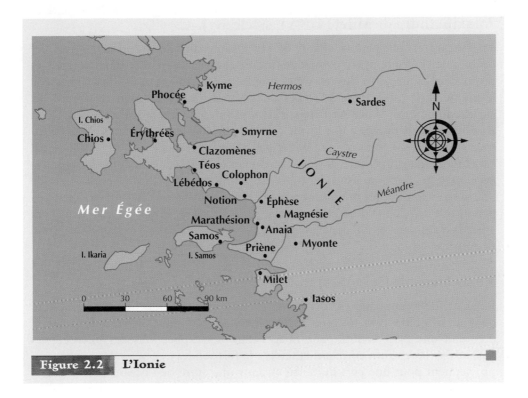

Figure 2.2 **L'Ionie**

Thalès de Milet (vers 640-550 av. J.-C.)

Thalès est généralement considéré comme le tout premier philosophe de l'histoire occidentale. Originaire de Milet, il serait devenu célèbre pour avoir correctement prédit l'éclipse solaire qui se produisit en 585 av. J.-C. Thalès soutint une thèse étonnante : tout ce qui existe vient de l'eau. On ne peut que spéculer sur ce qui a pu l'amener à lui accorder cette importance ; ce sont sans doute le rôle essentiel de l'eau dans l'apparition de la vie ainsi que ses transformations possibles en vapeur d'eau ou en corps solide. Pour Thalès, l'univers est plein d'eau. Les astres sont des masses terreuses qui flottent dans l'eau du ciel, et la Terre est une sorte de galette qui flotte aussi sur l'eau. Il expliquait les tremblements de terre par le fait que la Terre était secouée par les vagues.

Anaximène de Milet (VIe siècle av. J.-C.)

Selon Anaximène, au contraire, tout vient de l'air. L'air est le principe fondamental, l'agent dynamique au cœur des choses. Tout ce qui existe obéit à une loi fondamentale qui est que l'air oscille constamment entre deux tendances opposées : soit qu'il se comprime et devienne solide sous l'effet du froid (eau, glace, terre, pierres), soit au contraire qu'il se dilate et devienne fluide et vaporeux sous l'effet de la chaleur (feu, vent, nuages). Ces propos d'Anaximène sont considérés comme la première théorie générale du changement. La Terre est un disque plat solide entouré d'air. La cause des tremblements de terre est la tension créée dans la terre par l'alternance entre l'aridité résultant des sécheresses et l'humidité résultant des pluies. L'arc-en-ciel se produit quand les rayons du Soleil frappent des nuages fortement condensés.

Anaximandre de Milet (VIIe-VIe siècle av. J.-C.)

Anaximandre, également originaire de Milet, soutenait que le «principe» premier du monde était une masse de matière infinie et éternelle, d'où avaient émergé les divers corps sous l'effet des tensions entre les pôles chaleur et froid, sécheresse et humidité. Il rejetait la thèse de Thalès, qui faisait de l'eau la substance primordiale, car elle ne pouvait expliquer l'apparition de son contraire, le sec ou le feu. Selon Anaximandre, le monde a une forme cylindrique et les astres sont des roues de feu tournantes. C'est le vent qui produit éclairs, tonnerre, foudre et ouragans, lorsqu'il est enfermé dans une nuée et qu'il cherche à s'en dégager. Anaximandre esquissa également ce que l'on considère être la première «théorie de l'évolution» de l'histoire. Selon lui, les premiers animaux naquirent dans l'eau, puis ils développèrent une enveloppe dure et rampèrent sur les rivages. L'homme a été engendré à partir d'animaux et son apparition marque une sorte de progrès dans l'évolution des espèces vivantes.

Xénophane de Colophon (570-475 av. J.-C.)

Finalement, Xénophane est originaire d'une autre ville de l'Ionie, Colophon, qu'il aurait quitté assez tôt pour Élée en Italie du Sud, puis Syracuse en Sicile. Il accordait une place centrale aux nuages dans ses explications des phénomènes naturels. À mi-chemin entre ciel et terre, à la fois solides et gazeux, les nuages, qui proviennent pour une part du Soleil et pour une autre de l'océan, sont produits par des processus de vaporisation et de compression. Selon Xénophane, les astres sont des nuages qui s'enflamment, s'allument chaque jour et s'éteignent chaque nuit comme des charbons. La Lune est formée de nuages comprimés. Il démystifie l'arc-en-ciel, que la mythologie grecque attribuait à la déesse *Iris*, en disant qu'il ne s'agit que d'un nuage à l'aspect particulier. Il est particulièrement reconnu pour ses critiques sévères des aspects irrationnels de la religion grecque et sa vision très philosophique du divin. Nous y reviendrons plus loin.

La voie royale de la rationalité

Essayons de caractériser les théories de ces premiers philosophes. Elles présentent, comme nous l'avons dit, un curieux mélange de science et de philosophie.

L'esprit scientifique

Ce qui frappe en premier lieu, si l'on prend en compte la culture de l'époque, c'est que ces penseurs tentent d'expliquer l'origine et le fondement des choses *sans faire appel à des forces surnaturelles*. En plus, ils ne recourent pas aux récits de la mythologie, composés d'événements incroyables et d'exploits d'êtres divins ou surhumains. Ils tentent plutôt d'expliquer les phénomènes naturels en faisant appel à des *lois naturelles*, comme celle régissant les tensions entre la chaleur et le froid ou entre la sécheresse et l'humidité. Ils cherchent à établir des liens de cause à effet entre les phénomènes naturels, par exemple en disant que l'air se dilate sous l'effet de la chaleur et se transforme en vent. De plus, il est clair que ces penseurs ont forgé leurs théories en partant de *phénomènes observables* dans l'environnement matériel, comme l'évaporation de l'eau ou la propriété qu'a un corps de flotter sur l'eau et d'être secoué par les vagues. Ils expliquent par des causes purement mécaniques et matérielles les phénomènes les plus spectaculaires que la pensée primitive attribuait spontanément à des actions divines, telles que la foudre (Zeus), les orages (Poséidon), les arcs-en-ciel (Iris). Leur approche correspond clairement à une manière de penser que nous associons aujourd'hui aux sciences de la nature.

L'esprit philosophique

Toutefois, on peut également considérer que ces théories ne sont que des spéculations fondées sur aucune preuve concrète et qu'elles ne répondent pas, pour cette raison, aux critères d'une authentique recherche scientifique. La méthode utilisée par les Ioniens était en réalité plus philosophique que scientifique. Remarquons tout de même l'audace incroyable de ces penseurs. Ils se posent d'emblée des questions fondamentales et universelles : Quelle est l'origine de tout ce qui existe ? De quoi tout ce qui existe est-il fait ? Ils cherchent le fondement ultime des choses, rien de moins, et ils en formulent les *principes* les plus généraux. En cela, ils sont philosophes.

Cependant, même si leurs spéculations s'appuient sur certains phénomènes naturels observables, elles ne reposent pas sur des méthodes d'observation ou d'expérimentation systématiques. Elles semblent ne retenir des phénomènes observables que ce qui peut appuyer leur théorie, sans trop se préoccuper de tout ce qui s'y oppose et de tout ce qu'elle laisse inexpliqué. Par exemple, comment, selon la théorie de Thalès, l'eau se transforme-t-elle en terre ? Comment, selon la théorie de Xénophane, les nuages humides peuvent-ils s'enflammer ? Cela n'est pas clarifié. On sait qu'ils ne travaillaient pas dans des laboratoires, mais se contentaient de réfléchir et de consigner les résultats de leur réflexion. On sent que leur plus grande préoccupation n'est pas d'accorder leur théorie à la réalité observable, mais de trouver pour tout ce qui existe un principe d'explication fondamental, simple et unique. Et ce principe, ils le découvrent essentiellement par la réflexion rationnelle. Ces premiers philosophes avaient manifestement la conviction que la raison humaine pouvait comprendre et expliquer la réalité par les seules ressources de la conceptualisation et du raisonnement. En cela également, ils inauguraient ce qui allait être la démarche propre de la philosophie.

L'indépendance de la raison

On peut résumer l'analyse qui précède en disant que les premiers penseurs ioniens appliquaient *une approche philosophique à un objet d'étude scientifique*. Cela n'a pas donné immédiatement des résultats probants, sauf qu'ils ont ainsi ouvert la voie royale de la rationalité. Il faut bien souligner ici un point capital : *la pensée rationnelle est une pensée qui s'impose à elle-même ses propres exigences de validité, indépendamment de ce que soutiennent les religions et les traditions culturelles.* Il est d'ailleurs remarquable que ces théoriciens aient entrepris leur quête en mettant de côté le savoir mythologique antérieur, dont le caractère désordonné et incohérent devait heurter leur esprit rationnel. Ils avaient l'audace de faire table rase, d'asseoir la recherche de la connaissance sur des bases complètement nouvelles. Enfin, la diversité de leurs théories et les divergences qui les opposaient ouvraient *un espace pour une discussion libre, critique et rationnelle*, qui était essentiel au développement de la philosophie et des sciences. On peut voir dans toute leur entreprise une manifestation de cette liberté de pensée et de cette indépendance d'esprit qui étaient, comme nous l'avons suggéré, une marque distinctive de la civilisation grecque de l'époque.

La pensée des premiers philosophes ioniens

1 Elle a un aspect scientifique par son objet, la nature, et par le fait qu'elle explique les phénomènes par des lois naturelles et non des forces surnaturelles, mais sa méthode purement réflexive ne cadre pas avec une véritable pensée scientifique.

2 Elle inaugure la pensée philosophique en cherchant les principes fondamentaux des choses par le seul pouvoir de la réflexion rationnelle.

3 Elle ouvre un espace de réflexion et de discussion critique indépendant des religions et des traditions culturelles.

LA CRITIQUE PHILOSOPHIQUE DE LA RELIGION

La philosophie et la science grecque ont donc engagé la pensée humaine dans la voie de la rationalité. Il ne faut pas croire toutefois qu'on assiste à une rupture abrupte et aisée avec la culture traditionnelle. La croyance aux dieux et au surnaturel était profondément ancrée dans les esprits à cette époque, et les philosophes grecs continuaient eux aussi de croire aux dieux. Mais ils n'en ont pas moins réalisé une certaine rupture avec la culture religieuse de leur temps. D'abord, ils ont cessé, dans la foulée des Ioniens, de recourir au surnaturel pour expliquer les phénomènes naturels. Et ensuite, et d'une manière typiquement philosophique, ils ont attribué des traits rationnels à leurs représentations du divin.

L'explication est au fond assez simple. Pour ces premiers philosophes, la rationalité devenait garante de tout. C'était elle qui déterminait les critères de la vérité. Sa supériorité, en tant que mode de pensée, était incontestable. Il leur est donc apparu évident que les dieux eux-mêmes ne pouvaient violer ses lois: *les dieux ne pouvaient être autrement que rationnels.* Bref, les philosophes ont importé leur nouvelle conviction de la supériorité de la raison dans leurs conceptions religieuses, au point que, pour beaucoup d'entre eux, le divin est devenu une incarnation de la raison. Il était alors difficile pour eux d'accepter les incohérences et les invraisemblances qui parsemaient les mythes et les rites de leur religion. Et ils procédèrent à cette critique en s'appuyant sur le noyau dur de la rationalité, la logique. Leur attitude à l'égard de la religion illustre bien l'idée qu'il existe une certaine compatibilité entre la religion et la sphère de la rationalité.

L'axiome de la perfection divine

Nous avons souligné, au début de cet ouvrage, l'importance de l'analyse de concepts en philosophie. La philosophie de la religion nous en donne un exemple éclatant. Pour le philosophe, «dieu» ou «le divin» est essentiellement un *concept* et toute connaissance du divin doit se fonder sur une analyse de ce concept. Tout commence donc par une définition du concept de dieu ou de divin dont la pièce fondamentale est l'idée de *perfection*: le dieu est un être *parfait* (figure 2.3). Les autres traits distinctifs du divin correspondent aux diverses dimensions selon lesquelles cette perfection peut être déclinée. Les dieux sont parfaits sur le plan de l'action (l'autosuffisance, l'omnipotence ou la toute-puissance), de la connaissance (l'omniscience), de la morale (la bonté, la justice, la sagesse) et de l'être (l'unité, l'immortalité).

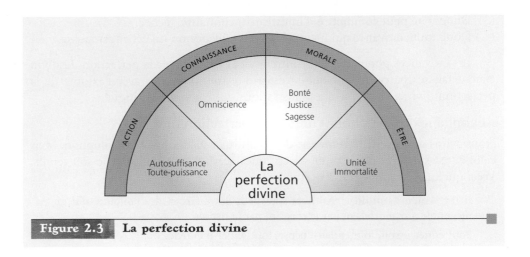

Figure 2.3 **La perfection divine**

Quand la mythologie viole les critères de la rationalité

Remarquons tout de suite combien cette représentation rationnelle était éloignée de la religion populaire et des récits mythologiques grecs. Par exemple, Zeus, le dieu suprême de cette mythologie, n'était pas tout-puissant; les autres dieux étaient capables de contrecarrer ses plans et lui-même ne pouvait rien contre le Destin et les oracles, pas plus que son père Cronos. Il n'était pas non plus un modèle de justice : on admettait par exemple qu'il pouvait faire sombrer un bateau et tuer tous ses occupants pour se venger d'un passager ou qu'il pouvait frapper une cité entière de la peste pour punir un seul individu. On constate également une nette tendance chez les philosophes à parler du divin au singulier. Ils disaient « *le* divin », « *le* dieu », ce qui s'oppose à la multiplicité des dieux de leur religion polythéiste. C'est que l'unité est un des attributs de la perfection, la division en parties étant une imperfection, puisqu'elle est source de conflit. Or, les dieux de la mythologie grecque n'en finissaient plus de se quereller et de comploter les uns contre les autres. De tels conflits étaient incompatibles avec la nécessaire unité du divin.

Pour le philosophe, ce que les mythes, les rituels et les croyances populaires racontaient sur les dieux devait être conforme au *concept* de dieu. Ce concept fournissait donc à la pensée un *axiome*, celui de la perfection du divin. Cet axiome permettait ensuite la construction de raisonnements purement *déductifs* sur le modèle suivant :

(1) Le dieu est parfait.
(2) Donc il est tout-puissant ou juste.

Léda et le cygne, tableau (1503) attribué à Léonard de Vinci (1452-1519) représentant l'enlèvement de Léda par Zeus transformé en cygne.

Le Zeus de la mythologie grecque est loin d'être un modèle de vertu. Il multiplie les infidélités amoureuses auprès de membres des deux sexes réputés pour leur grande beauté. Son procédé de conquête préféré est l'enlèvement, qu'il réalise généralement en transformant son apparence. C'est ainsi qu'il enlève Ganymède métamorphosé en aigle, Europe, en taureau blanc, Danaé, en pluie d'or et Léda (ci-contre), en cygne.

(3) Donc il ne peut commettre d'injustice ou connaître l'échec.

(C) Donc toute croyance qui lui attribue une injustice ou un échec est fausse.

Les croyances populaires qui contredisaient l'axiome de la perfection du divin étaient fausses parce qu'illogiques, c'est-à-dire *contradictoires* avec l'axiome de la perfection divine. Voici quelques illustrations de ce genre de critique.

Xénophane de Colophon : l'unité et la perfection morale

Nous avons déjà présenté la théorie de la nature de Xénophane de Colophon. Mais celui-ci est surtout célèbre pour ses critiques acerbes de la religion de son temps. Voici quelques exemples de ces critiques :

> Il n'y a qu'un seul dieu, maître et souverain des dieux et des hommes, qui ne ressemble aux mortels ni par le corps ni par la pensée.
>
> Tout entier il voit, tout entier il pense, tout entier il entend.
>
> Mais c'est sans aucun effort qu'il meut tout par la force de son esprit.
>
> Il reste toujours, sans bouger, à la même place et il ne lui convient pas de passer d'un endroit dans un autre[6].

Nous voyons Xénophane opérer ici une transformation radicale de la notion populaire de divinité qui existait à son époque. Il s'efforce de développer logiquement le concept de dieu en partant de l'idée qu'il doit être immortel, éternel, infini, tout-puissant et immobile. Par exemple, s'il est tout-puissant, il n'a pas besoin de bouger et de se rendre d'un endroit à un autre ; il lui suffit de penser pour que les choses arrivent. Un tel être ne peut, en raison de ses attributs, ressembler d'aucune manière aux êtres humains matériels, mortels et limités. On voit qu'il arrive à une conception quasi *monothéiste* de la divinité : il n'y a « qu'un seul dieu ». L'idée qu'il existe un seul dieu est beaucoup plus satisfaisante pour la raison que celle d'une multitude de dieux différents poursuivant leurs entreprises personnelles. Xénophane cherche manifestement à insuffler de la rationalité à sa pensée religieuse.

Il poursuit avec une critique audacieuse des deux grands poètes grecs, Homère et Hésiode, en ces termes : « Homère et Hésiode ont attribué aux dieux tout ce qui chez les mortels provoque opprobre et honte : vols, adultères et tromperies réciproques[7]. » Comme les dieux ne peuvent qu'être parfaits sur le plan moral, ils sont nécessairement justes et bons en tout ce qu'ils font. Ils ne peuvent donc avoir les conduites immorales que leur prêtent les poètes.

Xénophane remet également en question ce que nous appelons aujourd'hui l'*anthropomorphisme* des religions, c'est-à-dire la tendance à se représenter les dieux à l'image des humains, donc avec un corps, des besoins naturels, des émotions, une tendance à agir de manière irréfléchie et même immorale. Étant tout-puissants et immortels, les dieux ne sauraient être constitués et se comporter comme les humains :

> Les mortels s'imaginent que les dieux sont engendrés comme eux et qu'ils ont des vêtements, une voix et un corps semblables aux leurs.
>
> Oui, si les bœufs et les chevaux et les lions avaient des mains et pouvaient avec leurs mains peindre et produire des œuvres comme les hommes, les chevaux peindraient

---

6. *Les penseurs grecs avant Socrate*, trad. par Jean Volquin, Paris, Garnier-Flammarion, 1964, p. 65.

7. *Ibid.*, p. 64.

des figures de dieux pareilles à des chevaux, et les bœufs pareilles à des bœufs, bref des images analogues à celles de toutes les espèces animales.

Les Éthiopiens disent de leurs dieux qu'ils sont camus et noirs, les Thraces qu'ils ont les yeux bleus et les cheveux rouges[8].

Nous pouvons donner aussi l'exemple de l'iconographie chrétienne, dans laquelle Dieu a traditionnellement été représenté comme un mâle de race blanche.

Socrate : bonté, autosuffisance et sagesse

Un des plus grands philosophes grecs, Socrate, a également remis en question les récits mythologiques de ces poètes qui mettent en scène des dieux se comportant comme des êtres dépravés, méchants et fourbes. Rappelons ici le mythe dans lequel il est dit que Cronos, le père de Zeus, dévorait ses enfants. Pour Socrate, les dieux ne peuvent commettre de telles infamies. De même, Socrate affirme que le dieu « est réellement bon » et qu'on ne doit pas voir en lui la cause de tout ce qui arrive : « pour les biens, il ne faut chercher aucune autre cause que lui, mais pour les maux, il faut en chercher d'autres causes et ne pas en rendre le dieu responsable[9] ». Aux yeux de Socrate, le mal et la méchanceté sont contraires à l'idée de bonté qui est inhérente à celle de divinité.

Socrate critique également les poètes Hésiode et Homère, qui « affirment que les dieux peuvent être influencés et persuadés par les sacrifices, les prières de supplication, les offrandes[10] ». Nous l'avons dit, ces pratiques étaient très populaires chez les Grecs comme dans la plupart des autres religions. On faisait des présents aux dieux dans l'espoir d'obtenir une faveur en retour. Socrate qualifie ces pratiques de « commerce » : Il dit dans un dialogue de Platon intitulé *Euthyphron* :

> Mais explique-moi quel profit revient aux dieux des présents qu'ils reçoivent de nous. Ce qu'ils nous donnent, tout le monde le voit. Nous n'avons aucun bien que nous ne tenions d'eux. Mais quant à ce qu'ils reçoivent de nous, à quoi cela leur sert-il ? L'emporterions-nous sur eux en habileté commerciale au point de tirer d'eux tous les biens, tandis qu'eux n'en tirent aucun de nous[11] ?

L'argument oppose ici la pratique des offrandes à la nature parfaite des dieux. Les dieux n'ont pas besoin de nous et, puisqu'ils sont autosuffisants, nous ne pouvons rien leur donner qu'ils ne possèdent déjà. Ils ne peuvent donc qu'être indifférents à nos offrandes. D'autre part, supposer le contraire signifie qu'ils se laisseraient berner par des humains plus rusés qu'eux, qui réussiraient ainsi à leur arracher des faveurs en retour de biens dont ils n'ont nul besoin, ce qui est insensé, puisque les dieux sont sages et omniscients. Pire encore : cela laisse penser que des méchants pourraient « acheter » leur clémence en leur faisant des cadeaux, ce qui serait la plus grande des injustices.

Épicure et l'intervention des dieux dans la vie humaine

Un autre grand nom de la philosophie grecque, Épicure (341-270 av. J.-C.), a mis en cause non pas l'existence des dieux, mais l'idée qu'ils intervenaient dans le cours des

---

8. *Ibid.*, p. 64.

9. Platon, *La République*, trad. par Georges Leroux, Paris, GF Flammarion, 2002, p. 154-155.

10. *Ibid.*, p. 132.

11. Platon, *Euthyphron, Second Alcibiade, Hippias mineur, Premier Alcibiade, Lachès, Charmide, Lysis, Hippias majeur, Ion*, trad. par Émile Chambry, Paris, Garnier-Flammarion, 1967, p. 209.

choses et en particulier dans les affaires humaines. Il pensait que de telles interventions étaient contraires à leur nature d'êtres parfaits et autosuffisants. Selon Épicure, « un dieu est un vivant immortel et bienheureux[12] » et son bonheur ne saurait dépendre des humains. Puisque les dieux n'ont pas besoin des humains, ils n'ont aucune raison de s'intéresser à leur sort et d'intervenir dans leur existence. Épicure en concluait que nous ne devions pas nous inquiéter d'eux. Ceci allait évidemment à l'encontre de toute la culture religieuse de l'époque, qui se plaisait à déceler l'intervention des dieux dans toutes sortes d'événements heureux ou malheureux et à l'encontre de tous les mythes qui racontaient les péripéties des rapports entre les humains et les dieux.

L'évolution des rapports entre religion et philosophie

L'athéisme est généralement considéré comme un phénomène moderne. Cependant, il faut reconnaître que certains philosophes anciens ont formulé des idées qui se rapprochent de l'athéisme. Prodicos de Céos dit par exemple :

> [...] le soleil, la lune, les fleuves, les sources et en général tout ce qui est utile à notre vie, les anciens les considéraient comme des dieux à cause des avantages que l'on en tire, de même que les Égyptiens firent du Nil un dieu [...]. Pour cette raison, le pain fut adoré comme Déméter, le vin comme Dionysos, l'eau comme Poséidon, le feu comme Héphaïstos, et ainsi de suite avec toutes les choses qui sont bonnes à utiliser[13].

Prodicos propose ici une explication quasiment scientifique et naturelle de l'origine de la religion en disant que finalement les humains érigent simplement au rang de divinités les choses qui leur sont utiles et auxquelles ils accordent la plus grande valeur.

Le disciple romain d'Épicure, Lucrèce (98-55 av. J.-C.) soutenait pour sa part que c'est la terreur que leur inspirent les phénomènes naturels, conjuguée à leur ignorance et à leur incapacité à leur trouver une explication satisfaisante, qui poussa les humains à les attribuer aux dieux :

> Tous les autres phénomènes que les mortels voient s'accomplir sur terre et dans le ciel tiennent leurs esprits suspendus d'effroi, les livrent humiliés à la terreur des dieux, les courbent, les écrasent contre la terre : c'est que l'ignorance des causes les oblige à abandonner toutes choses à l'autorité divine, reine du monde ; et tout ce qui leur dérobe ces causes, ils le mettent au compte d'une puissance surnaturelle[14].

Pour Lucrèce, les explications naturelles ou scientifiques des choses rendaient superflues les références aux puissances divines.

Historiquement, les rapports entre religion et philosophie furent toujours difficiles. La relative tolérance religieuse des Grecs anciens ne les a pas empêchés de réagir fermement à l'occasion contre les idées trop révolutionnaires de certains penseurs. Deux grands penseurs, Anaxagore et Protagoras, auraient été expulsés d'Athènes, le premier pour avoir proposé une explication purement naturelle du Soleil et de la Lune, le second pour avoir suggéré que l'esprit humain est incapable de déterminer si les dieux existent ou non. Et nous verrons qu'une des accusations qui a conduit à la condamnation à mort du philosophe Socrate a été qu'il aurait cru à d'autres dieux que ceux d'Athènes.

La religion chrétienne, qui domina l'Occident après la chute de l'Empire romain, fut souvent opposée à la liberté de pensée et de critique propre à la philosophie. Critiquer ouvertement la religion resta longtemps une aventure dangereuse pour les philosophes. Cela le resta en fait jusqu'au XIXe siècle. René Descartes (1596-1650) cacha ses véritables opinions en matière d'astronomie

---

12. Épicure, *Lettres et maximes*, trad. par O. Hamelin et J. Salem, Paris, EJL, 2003, p. 11.
13. Jacques Brunschwig et Geoffrey Lloyd (dir.), *Le savoir grec*, Paris, Flammarion, 1996, p. 64.
14. Lucrèce, *op. cit.*, p. 200.

pour éviter de subir un sort semblable à celui de Galilée, qui fut forcé par l'Église catholique d'abjurer publiquement ses déclarations antérieures en faveur de l'héliocentrisme, c'est-à-dire de la théorie qui place le Soleil, et non la Terre, au centre de l'univers. Le philosophe hollandais Baruch Spinoza (1632-1677), accusé d'athéisme, fut excommunié par la communauté juive et finit par renoncer à publier pour éviter d'autres persécutions. David Hume fit publier à titre posthume ses *Dialogues sur la religion naturelle*, un texte critique audacieux sur les preuves de l'existence de Dieu, pour éviter des ennuis semblables. Ce n'est qu'au XIXᵉ siècle que la philosophie gagna enfin son indépendance complète à l'égard de la religion, qui se manifesta par les déclarations de philosophes athées, tels que Karl Marx («l'opium du peuple[15]») et Friedrich Nietzsche («Dieu est mort[16]!»).

La critique philosophique de la religion

POINTS À RETENIR

❶ L'engagement des philosophes grecs dans la voie de la rationalité ne les a pas conduits à rejeter la religion, mais à tenter de la rendre plus rationnelle.

❷ Ils attribuèrent d'abord aux dieux la caractéristique d'être rationnels. Ensuite, ils se livrèrent à une analyse du concept de dieu, dont ils tirèrent l'axiome suivant: le dieu est parfait sur tous les plans: de l'être, de la connaissance, de l'action et de la morale.

❸ Partant de cet axiome, ils critiquèrent les mythes qui présentaient les dieux sous un jour incompatible avec cette perfection.

Exercices

1. Le philosophe romain Lucrèce a fait trois objections aux croyances des Grecs, qui voyaient dans le phénomène de la foudre une manifestation de la colère de Zeus et de son désir de punir les humains pour leurs crimes. Elles sont contenues dans les trois observations suivantes:

■ La foudre détruit parfois des temples et des statues consacrés à Zeus et aux autres dieux.

■ La foudre frappe indistinctement les bons et les méchants.

■ La foudre se produit parfois en pleine mer, où il n'y a personne à punir ou à effrayer.

Lucrèce pensait que ces trois observations étaient incompatibles avec la perfection divine et permettaient donc, par déduction, de réfuter la croyance en question.

Reconstituez de façon claire et explicite le raisonnement *déductif* de Lucrèce. Pour ce faire, partez du schéma de raisonnement suivant qui vous donne la première prémisse et la conclusion de la déduction de Lucrèce.

(1) Zeus est parfait.

(…)

(C) Donc la foudre ne peut pas être une manifestation de la colère de Zeus.

Ajoutez à ce raisonnement toutes les prémisses nécessaires pour arriver *logiquement* à la conclusion. Une de ces prémisses devrait évidemment comprendre l'une des trois observations de Lucrèce. Numérotez toutes vos prémisses et placez-les en ordre logique. Cherchez à composer le raisonnement le plus clair et le plus complet possible.

---

15. Karl Marx, *Pages de Karl Marx*, trad. par Maximilien Rubel, Paris, Payot, 1970, p. 105.

16. Friedrich Nietzsche, *Le gai savoir*, trad. par H. Albert et M. Sautet, Paris, Librairie Générale Française, coll. «Le livre de Poche», p. 229.

Le temple du Zeus olympien à Athènes.

La question de Lucrèce : Si la foudre avait un jour frappé ce temple, aurait-il fallu en déduire que Zeus cherchait à se punir lui-même ?

2. Aristote a critiqué la croyance populaire de son époque selon laquelle les rêves sont des messages envoyés aux hommes par les dieux. Il a offert plusieurs arguments pour réfuter cette croyance :

   a) Les humains ne sont pas seuls à rêver, certains animaux rêvent aussi.

   b) Si les dieux voulaient communiquer avec les hommes, ils utiliseraient un moyen plus efficace que les rêves, qui sont confus et très difficiles à comprendre.

   c) Les rêves s'expliquent par le fait que les souvenirs et les émotions liés à nos expériences de la journée continuent d'habiter et de stimuler notre esprit pendant le sommeil.

   d) Tout le monde fait des rêves, même les imbéciles ; or, si les dieux voulaient communiquer des messages aux humains, ils les destineraient aux meilleurs ou aux plus sages d'entre eux, pas aux imbéciles.

   e) Certains aspects des rêves s'expliquent par le fait que l'esprit continue, même endormi, d'enregistrer des sensations externes ou internes et qu'il les transforme de façon insolite en images de rêve. Par exemple, une irritation de la gorge du dormeur peut se traduire en rêve par une scène dans laquelle le rêveur crache pour exprimer son dégoût.

Voilà donc cinq arguments critiques contre la croyance qui voit dans les rêves des messages envoyés aux humains par les dieux. Nous avons analysé dans ce chapitre *deux perspectives* à partir desquelles les penseurs anciens ont critiqué les aspects irrationnels de la religion.

- La première, d'inspiration *scientifique*, repose sur l'idée que les phénomènes attribués aux dieux et à des actions surnaturelles s'explique plutôt par des *causes naturelles et matérielles*.

- La seconde, d'inspiration *philosophique*, fait appel au critère de la *cohérence logique* des raisonnements et à l'axiome de la perfection du divin.

Indiquez, pour chacun des cinq arguments d'Aristote, s'il s'agit d'une critique de type scientifique ou s'il s'agit d'une critique de type philosophique. Expliquez clairement les raisons de votre choix.

3. Le philosophe hollandais Spinoza, que nous avons mentionné plus haut, croyait plus que tout à la rationalité du concept de Dieu. Suivant la ligne de pensée critique de certains philosophes anciens, il poussa à l'extrême cette exigence jusqu'à prétendre qu'il était même impossible pour Dieu d'avoir le moindre *but*, cela étant incompatible avec la *perfection* divine. Une conséquence surprenante de cette critique est que l'idée même de création du monde par Dieu perd son sens et devient irrationnelle. Car, si Dieu a créé le monde, il l'a sûrement fait dans un but.

Réfléchissez à ce problème et tentez de reconstruire l'argumentation de Spinoza : En quoi le simple fait d'avoir un but est-il incompatible avec l'attribut de la perfection divine ?

4. Un des paradoxes les plus profonds et les plus difficiles à résoudre à propos de Dieu est le problème du mal. Ce paradoxe résulte de la combinaison des trois jugements suivants :

- Le mal, l'injustice et la souffrance existent dans le monde.

- Dieu est bon.

- Dieu est tout-puissant.

Le paradoxe religieux du mal tient dans la difficulté de concilier ces trois jugements. Plusieurs philosophes du passé ont proposé des solutions à ce paradoxe, alors que d'autres ont conclu qu'il s'agissait d'une aporie.

Explorez vous-même ce paradoxe. Essayez de le formuler, de l'expliquer (il peut être envisagé sous plusieurs angles) et enfin de lui trouver une solution.

2.3

DE LA SCIENCE GRECQUE
À LA SCIENCE MODERNE

Nous avons vu que les théories des premiers philosophes ioniens avaient une tournure scientifique marquée. En plus de se voir attribuer la paternité de la philosophie, ces derniers sont également considérés comme les précurseurs de la science occidentale. Cela s'explique par le fait que philosophie et sciences partagent une même confiance dans les pouvoirs de la raison humaine, un même souci de soumettre leur pensée aux exigences de la rationalité. Nous allons maintenant tenter de circonscrire le caractère spécifique des sciences. Historiquement, c'est seulement à l'époque moderne que philosophie et sciences se sont véritablement séparées en deux branches distinctes. C'est en faisant un survol de l'histoire des sciences depuis les Grecs jusqu'à l'époque moderne que nous mènerons d'abord cette analyse.

> Telle est donc la façon dont semble se faire la génération des abeilles si l'on part de la théorie et des faits qui semblent établis à propos des insectes. Mais les faits ne sont pas connus d'une manière satisfaisante et, s'ils le deviennent un jour, il faudra se fier à la perception plus qu'aux théories, et à celles-ci dans la mesure où ce qu'elles montreront s'accordera avec ce qui paraît être.
>
> **Aristote[17]**

LA SCIENCE GRECQUE

En quel sens peut-on dire que les Grecs anciens ont été les précurseurs de la science occidentale? C'est qu'ils ont véritablement établi le point de vue scientifique dans sa spécificité, notamment en posant comme son objectif propre l'édification d'une connaissance rationnelle de la réalité. Nous pouvons résumer tout cela en trois points importants:

1. Ils ont été les premiers à formuler *des explications des phénomènes naturels qui écartaient toute référence aux forces surnaturelles ou divines.*

2. Ils furent aussi les premiers à tenter d'*organiser l'ensemble de leur savoir de façon systématique*, c'est-à-dire à formuler ce que nous appelons des *théories*. Ainsi, ils ont mis de l'avant des théories générales comme des théorèmes de géométrie, la théorie physique des quatre éléments, la théorie des quatre humeurs en médecine ou des théories astronomiques englobant la structure entière du cosmos.

3. Ils se sont efforcés d'asseoir ces théories sur des *bases rationnelles*.

Tout ceci ne fut possible que parce qu'existait en Grèce ancienne cet esprit de liberté et d'indépendance dont nous avons déjà souligné l'importance. Les penseurs grecs ne se consacraient pas à la philosophie ou à la science à titre de fonctionnaires au service d'un roi ou d'un clergé, mais comme hommes libres, mus par une pure soif de connaissance.

---

17. Aristote, *De la génération des animaux*, cité dans J. Brunschwig et G. Lloyd (dir.), *op. cit.*, p. 262.

La Grèce ancienne a donc été le théâtre d'un grand essor des sciences, tout particulièrement dans le domaine des mathématiques, de la géométrie, de l'astronomie, de la physique, de l'histoire et de la médecine. Le savoir scientifique grec ainsi que le modèle grec de l'activité scientifique dominera le monde occidental jusqu'à l'époque moderne. Ce modèle souffre cependant de graves lacunes et il devra être dépassé pour qu'advienne le mode de recherche que nous qualifions aujourd'hui de « scientifique ». Ce sera l'achèvement de ce qu'il est convenu d'appeler la « révolution scientifique ». Étrangement, une des démarches qui paraît aujourd'hui essentielle à l'activité scientifique semble négligée dans la science grecque, soit de *soumettre systématiquement les théories à l'épreuve des faits par des procédés de vérification.*

Théorie et recherche empirique

Le manque d'intérêt des savants grecs pour la vérification est manifeste dans leur conception même de la recherche scientifique. Ils accordaient une importance limitée à ce que nous appelons aujourd'hui la recherche « empirique » et qui désigne tout le volet *pratique* de l'activité scientifique, c'est-à-dire le recours à l'observation et à l'expérimentation, par opposition à son volet strictement *théorique.*

Définition de « empirique »

Le terme « empirique » prend son origine dans les mots grecs *empeirikos* et *empeiros* qui renvoient à l'idée d'« expérience ». Ce qui est **empirique** est *relatif à l'expérience ou prend sa source dans l'expérience*, c'est-à-dire dans quelque chose qui existe sur le plan matériel et qui peut être perçu, observé ou enregistré (par nos sens ou par un appareil de mesure). La recherche empirique en sciences renvoie à des pratiques systématiques et contrôlées d'observation et d'expérimentation.

Un penchant pour la théorie…

Comme l'indique la citation d'Aristote placée en épigraphe de cette section, les savants anciens avaient une certaine conscience de l'importance d'accorder la théorie aux faits, et on trouve effectivement des exemples de recherche empirique méthodique dans la science grecque, par exemple dans les recherches d'Aristote sur les animaux. Mais il s'agit de cas isolés et menés de façon peu rigoureuse selon les standards d'aujourd'hui. Il est clair que les savants grecs, Aristote inclus, voyaient dans l'élaboration des *théories* l'essentiel de l'activité scientifique. Or, élaborer rationnellement des théories générales définit tout aussi bien l'activité philosophique. Le faible développement de ce volet empirique dans la science grecque, que nous avons constaté au départ chez les penseurs ioniens, explique donc en bonne partie le fait que *sciences et philosophie ne se soient jamais constituées en domaines distincts et autonomes dans le monde ancien.*

… et pour la déduction

Cet engouement pour le travail théorique s'explique surtout par la fascination que les Grecs ont éprouvée pour les pouvoirs de la pensée rationnelle, pouvoirs qui se manifestaient avec le plus d'éclat dans la logique déductive propre aux mathématiques et à la géométrie. La capacité d'arriver par des raisonnements formellement parfaits à des conclusions *nécessaires* et certaines a émerveillé les Grecs au point de les détourner de l'étude de la réalité concrète. L'objectif de produire des démonstrations logiquement irréfutables s'est imposé à eux comme l'objectif fondamental de tout savoir rationnel. Ils n'ont jamais vraiment compris, malgré quelques réussites isolées (notamment celle d'Archimède), comment la raison pouvait imposer la rigueur de ses exigences à une recherche pratique et concrète portant sur les phénomènes matériels. Ils ne croyaient pas possible de tirer des lois générales, valant pour l'ensemble des choses, de quelques observations ou expériences particulières. Bref, ils ne voyaient pas comment des raisonnements *non déductifs*, qui ne conduisent pas à des conclusions nécessaires et certaines, pouvaient néanmoins produire des connaissances solides. Sans dénier toute pertinence à la recherche empirique, ils ne lui attribuaient qu'un rôle d'appoint au travail théorique. Ils se contentaient souvent de mentionner quelques observations pour corroborer leurs théories.

Précisions sur le terme «science»

On ne s'étonnera pas, à la suite de ce que nous venons d'indiquer, qu'il n'existe pas dans le grec ancien d'équivalent à notre terme «science». Les Grecs utilisaient divers mots, tels que philosophie, connaissance (*epistêmê*) ou théorie, pour désigner un savoir systématiquement organisé. Ils parlaient aussi du mathématicien, du géomètre, du médecin pour faire référence à un champ de recherche précis. Mais aucun terme ne venait tracer une ligne de démarcation nette entre sciences et philosophie. En réalité, ils considéraient les domaines que nous appelons aujourd'hui scientifiques comme des sous-domaines de la philosophie. La physique était une branche de la philosophie de la nature, tout comme la «cosmologie» (science du «cosmos» ou de l'univers, qui incluait astronomie et physique). Même au XVIIe siècle, les savants anglais appelaient les nouvelles méthodes d'expérimentation scientifique «philosophie expérimentale» et le titre du grand ouvrage de Newton, qui est considéré comme le père de la science moderne, était *Principes mathématiques de philosophie naturelle*. Quant à René Descartes, il a défini la philosophie comme une «parfaite connaissance de toutes les choses que l'homme peut savoir[18]».

L'astronomie grecque

Nous allons maintenant examiner brièvement quelques théories scientifiques échafaudées par les Grecs. Nous commencerons avec une science qui manifeste clairement le primat de la théorie sur la recherche empirique: l'astronomie. Le point à retenir est que, dans l'inévitable aller-retour entre la théorie et l'observation qui caractérise toute recherche scientifique, les penseurs grecs attribuaient une supériorité de principe à la théorie. Ils s'efforçaient avant tout d'appuyer les théories sur des déductions logiques. Or, nous avons vu le rôle fondamental que jouent les axiomes dans la déduction logique: tout raisonnement doit partir d'une affirmation non démontrée,

> Ce n'est pas une doctrine juste, mes chers amis, concernant la lune, le soleil et les autres astres, celle qui est accréditée et d'après laquelle ce sont bien des astres errants, alors que c'est tout le contraire qui est la vérité: chacun d'eux parcourt en effet la même route et non pas plusieurs, mais en cercle une seule toujours, tandis qu'en apparence multiple est sa trajectoire.
>
> **Platon[19]**

considérée comme évidente, sous peine de régression à l'infini. La science grecque comportait son lot d'axiomes, et ceux-ci marquent nettement ses limites et dans bien des cas, malheureusement, ses erreurs. Considérons donc le cas de l'astronomie.

---

18. René Descartes, cité dans Sylvain Auroux (dir.), *Encyclopédie philosophique universelle. Les notions philosophiques. Dictionnaire*, tome 2, Paris, P.U.F., 1989, p. 1943.

19. Platon, *Les Lois*, dans *Œuvres complètes*, tome II, trad. par L. Robin, Paris, Gallimard, coll. «Bibliothèque de la Pléiade», 1950, p. 914.

Gravure représentant Hipparque (IIe siècle av. J.-C.), un des grands astronomes de l'Antiquité, réputé pour ses observations précises et méthodiques. Il dressa le premier véritable catalogue d'étoiles, qui en contenait près de 800.

Les Anciens étaient littéralement fascinés par l'observation céleste. Ils connaissaient sept astres en plus de la Terre : la Lune et le Soleil, et les planètes Saturne, Jupiter, Mars, Vénus et Mercure. La régularité des phénomènes célestes, qui définissaient les paramètres du temps terrestre (saisons, calendrier), les transportait d'admiration. Ils opposaient ces qualités au désordre qui règne dans notre monde terrestre, à l'instabilité, au changement incessant, à l'imprévisibilité qui caractérise les phénomènes naturels. Ils avaient l'intime conviction que le monde céleste était la demeure des dieux ou tout au moins qu'il était une manifestation du divin. Cela signifiait bien entendu que ce monde ne pouvait qu'être organisé d'une manière parfaitement rationnelle. Étudier ce monde constituait donc pour eux l'activité de connaissance la plus haute et la plus prestigieuse, bien qu'on ne pût en attendre aucun bénéfice pratique. De plus, la netteté et la régularité des mouvements des astres en faisaient un objet d'application idéal pour cette branche des mathématiques qu'ils affectionnaient particulièrement, la géométrie.

L'axiome de la perfection du monde céleste

Nous avons vu, à la section précédente, que les philosophes grecs posaient une équivalence entre les concepts de *divin* et de *perfection*. On ne s'étonnera donc pas que l'axiome fondamental de l'astronomie grecque antique ait été l'affirmation suivante : *le monde céleste est parfait*. Or, Xénophane soutenait que la perfection implique l'immobilité, et donc le fait que les astres soient en mouvement attesterait plutôt leur imperfection. Les astronomes grecs résolurent ce problème en affirmant que le mouvement circulaire est un mouvement parfait, puisqu'il inscrit l'objet qui le décrit dans une répétition indéfinie d'un mouvement unique et identique. Il incarne en quelque sorte « l'immobilité dans le mouvement ». Partant donc de l'axiome de la perfection du monde céleste, ils formulèrent la déduction suivante :

(1) Le monde céleste est parfait.
(2) Les astres se meuvent.
(3) Le seul mouvement parfait est le mouvement circulaire.
(C) Donc les astres décrivent [*nécessairement*] un mouvement circulaire.

Deux autres axiomes s'ajoutaient à celui-ci : la Terre est au centre de l'univers et les planètes se déplacent toutes à une vitesse uniforme. Le problème, bien sûr, est que les observations empiriques des Grecs eux-mêmes ne confirmaient pas cette théorie. Et pour cause : la Terre n'est pas au centre de l'univers et les astres ne décrivent pas des mouvements parfaitement circulaires, mais plutôt, comme le découvrit Kepler quelque deux mille ans plus tard, des ellipses, et ils se déplacent à des vitesses variables. Les Grecs eux-mêmes étaient conscients de ces problèmes. L'astronomie est d'ailleurs un domaine où ils ont multiplié les observations empiriques. Mais *le démenti que l'observation empirique apportait à leur théorie n'a jamais réellement ébranlé leur confiance en sa vérité*. Ils pensaient plutôt que la faute leur incombait : ou ils se trompaient dans leurs observations ou c'était leur manière de représenter géométriquement les mouvements circulaires des astres qui était déficiente.

Et si on multipliait les cercles…

Ils cherchèrent une solution dans une voie sans issue qui restait fidèle à leur axiome de départ : ils multiplièrent les cercles. Selon une variante de la théorie, les astres étaient fixés à des sphères tournantes emboîtées les unes dans les autres. Aristote poussa l'exercice jusqu'à un total de 56 sphères ! Selon une autre variante, certaines planètes se déplaçaient sur un petit cercle, « l'épicycle », dont le centre lui-même se déplaçait le long de la circonférence d'un grand cercle dont le centre était la Terre. Finalement, une variante plaçait des astres sur des cercles dont la Terre n'était plus le centre. Ces stratagèmes, en plus d'être parfaitement arbitraires (car on peut inventer et déplacer les cercles à volonté pour arriver au résultat recherché) n'aboutirent qu'à rendre affreusement compliquée la représentation du monde céleste, car il fallait constamment ajouter de nouveaux cercles pour rendre compte des écarts et irrégularités résiduels. Mais c'est la logique même de cette manière de procéder qui est en cause, car *les axiomes fondamentaux de la théorie ne sont jamais soumis à l'épreuve des faits*. Le mouvement circulaire des astres était accepté comme un dogme, une vérité absolue.

Quand l'astronomie jouait avec les cercles…

Les Anciens acceptaient mal que le mouvement des astres paraisse erratique à l'observateur terrestre. En effet, leur vitesse et leur distance semblent varier, et les planètes semblent même à certains moments arrêter leur course et rétrograder. Ce phénomène s'explique aisément et logiquement dans un modèle *héliocentrique*, qui place les planètes en révolution autour du Soleil, mais pas dans le modèle *géocentrique* des Anciens, qui plaçait la Terre au centre du monde. C'est pour résoudre ce dernier problème que certains astronomes anciens, et surtout le plus grand d'entre eux, Ptolémée (vers 90-168 apr. J.-C.), inventèrent l'*épicycle*, qui est un petit cercle dont le centre suit la circonférence d'un grand cercle et qui tourne lui-même le long de ce cercle. En faisant tourner la planète sur le petit cercle de l'épicycle, plutôt que sur le grand cercle, il devenait possible de rendre compte du fait que la trajectoire de la planète paraissait rétrograder à certains moments de son cycle de rotation. Il suffisait d'ajuster la distance, la dimension et la vitesse de rotation des cercles, pour arriver à représenter *approximativement* le mouvement des planètes vu de la Terre (figure 2.4).

Plusieurs astronomes anciens ont formulé des hypothèses astronomiques tout à fait justes. Héraclite du Pont (340-310 av. J.-C.) pensait que la Terre tournait autour de son axe. Aristarque de Samos (vers 287-212 av. J.-C.) conçut un modèle héliocentrique, où la Terre tournait autour du Soleil. Mais leurs théories n'ont pas été retenues parce qu'elles heurtaient des convictions profondes ou des axiomes inébranlables, en particulier celui de la circularité du mouvement des astres et l'idée que la Terre se tient immobile au centre de l'univers.

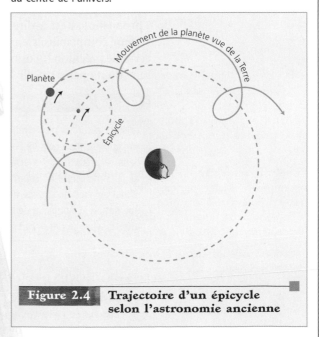

Figure 2.4 **Trajectoire d'un épicycle selon l'astronomie ancienne**

La science empirique : la médecine grecque

La science grecque était essentiellement théorique, mais l'idée de recherche empirique était néanmoins acceptée des Anciens. Les Grecs anciens ont en effet inauguré plusieurs disciplines scientifiques qui mettaient l'accent sur la recherche empirique, telle que l'histoire, la zoologie, l'acoustique ou la médecine. Nous allons surtout nous attarder au cas de la médecine, car il illustre bien les limites du modèle grec de la science.

Les Grecs ont repris en médecine l'inspiration des penseurs ioniens en défendant l'idée que les maladies ont des causes naturelles et non surnaturelles. Cela valait même d'une maladie aussi spectaculaire que l'épilepsie, qui se prête plus que toute autre aux interprétations occultes. Hippocrate (vers 460-377 av. J.-C.) est généralement considéré comme le père de la médecine grecque. Sa renommée est surtout due à un recueil de textes médicaux intitulé *Corpus hippocratique*. Hippocrate n'est pas l'auteur de tous les textes qui y figurent, mais ceux-ci donnent un bon aperçu de la théorie et de la pratique médicales qu'il créa. L'autre grand nom de la médecine ancienne est Galien (131-201 apr. J.-C.), qui reprit et développa la pensée de l'école hippocratique. Ces deux grands noms dominèrent la médecine occidentale jusqu'au XVIIe siècle !

Une médecine qui prédit plus qu'elle ne guérit

La médecine grecque tirait son caractère scientifique de l'importance qu'elle accorde à l'observation minutieuse et détaillée des symptômes et des comportements des malades ainsi que de l'évolution de leurs maladies. Cependant, son arsenal thérapeutique restait fort limité et d'une efficacité douteuse (saignées, cautérisation, drogues purgatives, etc.). Elle insistait surtout sur l'hygiène de vie générale, sur la diète et sur les exercices physiques. Mais on ne demandait pas vraiment au médecin de l'époque de « guérir ». Sa grande spécialité n'était pas le traitement, mais le « pronostic », c'est-à-dire la prévision de l'évolution de la maladie dont les stades étaient comptabilisés en nombre de jours. Cette capacité de « deviner » avec une certaine précision le cours de la maladie impressionnait fort la population du temps, sans doute parce qu'elle l'associait encore à la divination religieuse.

Les méprises d'Aristote

Aristote accordait plus d'importance à la recherche empirique que la plupart des philosophes de son époque, mais cela ne l'empêcha pas de commettre lui-même quelques erreurs spectaculaires dans sa précipitation à échafauder des théories. Il attribuait au cœur plutôt qu'au cerveau la fonction de centre de contrôle du corps et de siège des sensations. Il croyait de plus que le flux menstruel était du sperme non chauffé, et aussi que le sang menstruel et le lait maternel avaient une nature identique, le deuxième étant le résultat d'une transformation du premier, ce qui était attesté selon lui par le fait que les femmes cessent d'avoir des règles pendant l'allaitement !

Des théoriciens qui n'expérimentent pas

La grande limite de cette médecine observatrice est qu'elle n'a pas fait de grandes avancées sur le plan de la connaissance de l'anatomie et de la physiologie du corps humain en raison principalement de ses réticences à l'égard de la dissection des cadavres et surtout des cadavres humains. De plus, elle faisait très peu de place à l'expérimentation. Faute de bases empiriques solides, les savants s'engageaient donc inévitablement dans des spéculations hasardeuses, dont la plus célèbre, la théorie des quatre humeurs, allait dominer la médecine occidentale jusqu'au XIXe siècle. Les humeurs étaient des liquides organiques produits par le corps : le sang, le phlegme, la bile jaune et la bile noire, produits respectivement par le cœur, le cerveau, le foie et la rate. La théorie voulait que toutes les maladies s'expliquent par des déséquilibres entre ces quatre humeurs. La popularité de la saignée et des purgations s'inscrivait dans cette logique de gestion des liquides du corps ! Il ne reste plus rien de cette ambitieuse théorie dans la médecine moderne.

Les penseurs grecs avaient une grande foi en leur savoir médical. Un des coauteurs du *Corpus hippocratique* n'hésita pas à affirmer : « la médecine me paraît désormais être découverte tout entière » ! Le prestige de la médecine grecque fut tel qu'il inhiba la recherche jusqu'à la Renaissance. Les savants du Moyen-Âge ont même abandonné toute étude médicale empirique pour se contenter de commenter les textes d'Hippocrate et de Galien.

La science grecque

POINTS À RETENIR

1 Le plus grand apport de la science grecque a été d'appliquer les mathématiques et la géométrie aux phénomènes naturels, car cette idée continue d'animer encore aujourd'hui de larges secteurs de la recherche scientifique.

2 Sa plus grande faiblesse est que la recherche empirique y est toujours restée secondaire par rapport au travail théorique, car elle ne soumettait pas les théories de façon systématique à l'épreuve des faits.

LA SCIENCE MODERNE : LA RÉVOLUTION SCIENTIFIQUE

La vie intellectuelle a connu un déclin important entre la chute de l'Empire romain au IVe siècle et le Moyen-Âge. Le regain de vie qu'elle connut au Moyen-Âge et surtout à la Renaissance a reposé essentiellement sur une redécouverte de la philosophie et de la science grecques. Mais à la fin de la Renaissance s'est amorcé un changement de perspective radical que l'on a ensuite appelé « révolution scientifique ». Cette expression désigne l'avènement d'une conception de la science en rupture partielle avec celle des Anciens et l'élaboration des méthodes propres aux sciences modernes. Une conséquence cruciale de cette révolution fut la séparation entre sciences et philosophie. Cette révolution a d'abord

L'entendement humain, en vertu de sa constitution naturelle, n'est que trop porté à supposer dans les choses plus d'uniformité, d'ordre et de régularité qu'il ne s'y en trouve en effet, et quoiqu'il y ait dans la nature une infinité de choses extrêmement différentes de toutes les autres et uniques en leur espèce, il ne laisse pas d'imaginer un parallélisme, des analogies, des correspondances et des relations qui n'ont aucune réalité. De là, par exemple, cette supposition chimérique que tous les corps célestes décrivent des cercles parfaits, espèce de conte physique.

Francis Bacon[20]

touché la discipline reine de la science ancienne, l'astronomie, aux XVIᵉ et XVIIᵉ siècles, avant de s'étendre à la physique et, plus tardivement, à la chimie (fin du XVIIIᵉ), à la biologie (XIXᵉ) et finalement aux sciences humaines (XIXᵉ et XXᵉ).

L'astronomie fut le théâtre de la première grande révolution, que l'on appelle aussi révolution copernicienne, du nom du savant polonais Nicolas Copernic (1473-1543). Il fut, avec Kepler (1571-1630) et Galilée (1564-1642), le père de l'héliocentrisme. Cette révolution ne fut pas socialement bien accueillie, car elle remettait en cause certains dogmes de la religion chrétienne. C'est ainsi que le philosophe mystique italien Giordano Bruno (1548-1600) fut emprisonné pendant huit ans pour hérésie et brûlé publiquement pour avoir soutenu que le Soleil était le centre de l'univers et qu'il existait une infinité d'univers. Galilée, pour sa part, fut forcé par le Pape d'abjurer ses déclarations en faveur de l'héliocentrisme.

Il fut difficile, pour les savants de cette époque, d'abandonner les axiomes des grands penseurs grecs, surtout celui de la perfection du mouvement circulaire des planètes, que des observations de plus en précises ne cessaient pourtant de démentir. Ils finirent par admettre, presque à contrecœur, que ce mouvement décrivait des ellipses et non des cercles. Galilée démentit avec son télescope la théorie ancienne selon laquelle les astres étaient des sphères de cristal. Il montra que le relief de la Lune comprenait des montagnes et des vallées, que la surface du Soleil était parsemée de taches et que le fond du ciel contenait une multitude d'étoiles jusque-là insoupçonnées. La rotation des tâches du Soleil prouvait que le Soleil tourne sur lui-même. Mais le véritable fondateur de la science moderne fut Isaac Newton (1642-1727). Newton établit que tous les corps s'attirent deux à deux avec une force proportionnelle au produit de leur masse et inversement proportionnelle au carré de leur distance. C'est la loi de la gravitation, qui est une expression mathématique d'une loi physique fondamentale régissant les rapports entre les corps matériels.

Galileo Galilei, dit Galilée (1564-1642). Tableau (vers 1636) de Justus Sustermans (1597-1681).

Le renversement du rapport entre théorie et pratique

Le trait distinctif le plus marquant de la science moderne par rapport à la science ancienne est la priorité qu'elle accorde à la recherche empirique dans la *validation* des connaissances. Il s'agit d'un renversement complet du rapport entre théorie et pratique, qui définissait la science ancienne. Dans l'esprit de la science moderne, le travail théorique demeure fondamental dans la *formation des connaissances*, mais une théorie ne saurait par elle-même démontrer sa validité. C'est pourquoi il est impératif que le travail scientifique obéisse au principe suivant: *toute théorie ou hypothèse d'explication générale doit, pour être validée, passer l'épreuve d'une vérification empirique sur le plan de la réalité matérielle*. Il ne suffit plus qu'une théorie soit logiquement impeccable ou que ses axiomes «paraissent» évidents. Elle doit être confirmée par un *test*

20. Francis Bacon, *Novum organum*, cité dans André Cresson, *Francis Bacon: sa vie, son œuvre*, Paris, P.U.F., 1956, p. 120.

convaincant. Pour cela, il faut *déduire* de la théorie ou de l'hypothèse explicative une prédiction précise de nature empirique qui en découle logiquement et qui se prête à une procédure de vérification et de mesure, soit par le truchement d'une observation systématique, soit par celui d'une expérimentation.

Cette méthode vise à tirer des conclusions générales de l'observation d'expériences particulières, ce que les Anciens avaient du mal à admettre parce qu'ils ne faisaient pas le lien entre une expérience isolée et la formulation d'une loi universelle de la nature. Mais l'astuce de la méthode est qu'en conduisant une observation ou une expérimentation d'une façon appropriée et contrôlée, il est possible d'en tirer des conclusions générales solides.

La méthode expérimentale

Nous avons vu que les savants anciens savaient mener des observations systématiques en astronomie ou en médecine et que c'est surtout l'expérimentation qu'ils négligeaient. Or, c'est le procédé de l'expérimentation qui a été au cœur de la révolution scientifique. Il est aujourd'hui désigné par l'expression « méthode expérimentale » (tableau 2.3).

L'influence de Francis Bacon

Un facteur important de la révolution scientifique fut l'apparition d'un *courant d'opinion favorable à la recherche empirique*, dont un des ténors fut le philosophe anglais Francis Bacon (1561-1626). Celui-ci se fit le champion de la méthode expérimentale et proposa une vision moderne des sciences comme facteurs de progrès et comme instruments de la domination de l'homme sur la nature. Bacon célébra le travail manuel des artisans et la valeur supérieure de l'expérience pratique et il dénigra le penchant des penseurs anciens pour la déduction logique et les théories abstraites. Il proposa une méthode axée sur un type de raisonnement non déductif, l'induction, c'est-à-dire sur la formulation de lois générales à partir de l'étude systématique de cas particuliers. Il critiqua aussi l'usage abusif des mathématiques, mais sur ce point, les développements qui suivirent montrèrent qu'il avait tort, à tout le moins pour les sciences physiques. Les idées de Bacon furent diffusées à travers l'Europe et devinrent très populaires auprès des savants de l'époque.

Francis Bacon (1561-1626). Gravure (1738) de Jacobus Houbraken (1698-1780).

Tableau 2.3

LA MÉTHODE EXPÉRIMENTALE		
Hypothèse ou théorie →	**Prédiction** →	**Expérimentation**
Une loi générale de la nature est formulée: A serait la cause de B ou le phénomène « X » obéirait à la loi « Y », etc.	Une prédiction de nature empirique est *déduite* de la théorie ou de l'hypothèse: telle modification de la variable A devrait *logiquement* produire tel effet sur la variable B.	Cette prédiction est ensuite testée au moyen d'une expérimentation qui confirmera ou infirmera la prédiction dans un contexte où toutes les variables seront minutieusement contrôlées.

Le but fondamental des sciences est de découvrir des liens de cause à effet entre différents phénomènes et d'arriver par là à formuler des lois et des explications générales des choses. Une **expérimentation scientifique** *consiste à contrôler et à faire varier les conditions d'apparition ou de déroulement d'un phénomène de façon à déterminer leur influence sur ce dernier et donc à confirmer ou à infirmer un lien de cause à effet entre divers facteurs ou variables.* L'expérimentation scientifique doit permettre d'observer et de mesurer l'effet d'une variable sur une autre variable.

La découverte de la pression atmosphérique

Evangelista Torricelli
(1608-1647).

Physicien et mathématicien, Evangelista Torricelli (1608-1647) inventa le baromètre, qui mesure la pression atmosphérique. Il essaya d'abord d'expliquer un phénomène singulier qui lui avait été signalé par Galilée. Si l'on plonge un cylindre vide dans un bac d'eau et que l'on ouvre le cylindre au moyen d'un piston, l'eau montera dans le cylindre, mais étrangement elle ne monte jamais à plus de 10,7 mètres. L'explication conventionnelle de ce phénomène, à laquelle adhérait Galilée, était que « la nature a horreur du vide », mais pourquoi cette horreur ne se manifeste-t-elle plus passé 10 mètres ? Il était également cru jusque-là que l'air n'avait aucun poids.

Torricelli fit l'hypothèse audacieuse que le phénomène s'expliquait précisément par le poids de l'air atmosphérique. Il pensait que l'air était pesant et que la hauteur de 10,7 mètres correspondait à la pression spécifique exercée par l'air sur l'eau. Pour pouvoir *tester* son hypothèse, Torricelli pensa à modifier une des variables du phénomène en utilisant un liquide autre que l'eau, en l'occurrence le mercure, qui est environ 14 fois plus dense que l'eau. Il *déduisit* de sa théorie que le mercure devrait logiquement s'élever à une hauteur 14 fois moins haute que l'eau, soit 0,76 mètre, en raison de sa résistance plus grande à la pression de l'air. Puis il renversa la manière d'approcher le phénomène et conçut une *expérimentation* ingénieuse. Au lieu de laisser le liquide monter et remplir le vide dans un tube, il remplit au préalable de mercure un tube long de quatre pieds fermé à un bout et le plongea dans un bac de mercure en fermant le bout ouvert avec son pouce. Puis, il enleva son pouce. Le mercure contenu dans le tube descendit dans le bac, mais en partie seulement, car il resta du mercure dans le tube à une hauteur d'à peu près 0,76 mètre, tel que prévu. Il démontra ainsi que c'était la résistance de l'air qui empêchait le liquide de s'évacuer complètement et le niveau du bac de mercure de monter. Il remarqua également grâce à une *observation* systématique que la hauteur de la colonne de mercure variait légèrement d'une journée à l'autre et en déduisit correctement que la pression atmosphérique variait elle aussi. Il venait d'inventer le premier baromètre.

Peu après, Blaise Pascal, physicien, mathématicien et philosophe (1623-1662) apporta une autre confirmation empirique à la théorie de Torricelli en démontrant que la pression atmosphérique diminuait avec l'altitude (ce qui découle d'une autre déduction logique, puisqu'il y a moins d'air au-dessus de nous en altitude). Cette expérience permettait de modifier la *variable* qu'est la pression de l'air et de noter une variation correspondante de son effet sur la hauteur de la colonne de mercure. On voit très bien par cet exemple comment quelques expériences particulières peuvent suffire à établir une loi générale, du moment que celle-ci permet de déduire des prédictions très précises qui pourront ensuite se prêter à une vérification.

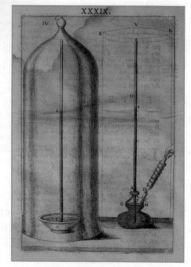

Le premier baromètre.

L'idée est de faire varier une « variable » et de voir si l'effet de ces variations sur une autre variable correspond aux prédictions de la théorie ou de l'hypothèse. Toute cette opération doit être contrôlée dans ses moindres détails, de façon à éviter que des facteurs « cachés » viennent altérer les résultats à l'insu du chercheur. C'est pourquoi le cadre idéal de l'expérimentation scientifique est celui du laboratoire qui est un environnement artificiel dont il est plus facile de contrôler les paramètres que celui d'un milieu naturel.

Le contrôle des variables et le « groupe contrôle »

Il existe de nombreuses procédures visant à contrôler les variables dans une expérimentation. Nous nous contenterons de mentionner une des plus courantes dans la recherche sur des sujets humains, l'utilisation du « groupe contrôle ». C'est le fait de mener la même expérience dans deux groupes séparés que l'on appelle « groupe expérimental » et « groupe contrôle », et de comparer les résultats des deux groupes. Toute la recherche actuelle sur les médicaments suit cette procédure. Alors que le médicament à tester est administré aux sujets du groupe expérimental, ceux du

L'étude de l'effet placebo

L'effet placebo fut découvert un peu par hasard par les médecins dans le cours de leur pratique. Il continue d'être regardé par eux avec une certaine perplexité, car il semble mettre en cause l'efficacité réelle des actes médicaux. L'explication la plus simple, qui s'est rapidement imposée, est que le facteur causal à l'œuvre est la « confiance » que le malade ressent envers le médicament, l'acte médical ou le soignant lui-même. On dit souvent que le placebo par excellence est le médecin, en raison de la confiance qu'il inspire au malade. C'est pourquoi une autre procédure de contrôle employée dans les tests sur les médicaments est la procédure « à double insu », qui signifie que les soignants qui participent à l'expérience ignorent eux aussi si le médicament qu'ils administrent est un placebo. On a constaté en effet que les résultats obtenus au test diffèrent selon que le soignant sait ce qu'il administre ou pas. C'est ce genre de « facteur caché » que l'on doit neutraliser pour que l'expérimentation soit scientifiquement valide.

Le placebo constitue lui-même un objet d'enquête fort intéressant. Une manière de vérifier l'explication par la « confiance » consiste à déterminer des facteurs susceptibles de produire cet effet de confiance et d'en faire les variables d'une expérimentation. De nombreux facteurs de ce genre ont été testés avec succès, venant ainsi confirmer l'hypothèse du rôle central du sentiment de confiance. On a découvert que lorsqu'on administre un placebo :

- une injection a plus de succès qu'une pilule ;
- une gélule (capsule de gélatine) a aussi plus d'efficacité qu'une pilule ;
- une grosse pilule a plus d'efficacité qu'une petite ;
- une dose massive a plus de succès qu'une dose faible ;
- un médicament bien connu et médiatisé a plus de succès qu'un médicament inconnu ;
- le contexte d'un cadre médical officiel (clinique, bureau de médecin bardé de diplômes, rédaction d'une ordonnance par le médecin sous les yeux du patient, etc.) donne de meilleurs résultats qu'un cadre non officiel, etc.

Il existe également des preuves de la réalité physiologique de l'effet placebo, qui s'accompagne de processus chimiques dans le cerveau, comme la sécrétion par le cerveau d'endorphines (substances proches de la morphine qui apaisent la douleur) ou de dopamine (qui joue un rôle crucial dans la maladie de Parkinson). Le placebo pose un problème « philosophique » important qui est celui de la relation entre l'esprit et le corps, problème que la science est loin d'avoir résolu. On n'a toujours pas la moindre idée du mécanisme par lequel un état mental et psychologique comme un sentiment de confiance peut causer un processus physiologique comme une production d'endorphines dans le cerveau[21].

21. Rachel Duclos, « L'énigme des placebos », *Québec Science*, avril 1997 p. 28-30 ; Patrick Philipon, « L'effet placebo », *La Recherche*, juillet-août 2003, p. 54-57 ; Patrick Maret, « L'énigme de l'effet placebo », *Sciences Humaines*, mai 1995, p. 10-13.

groupe contrôle reçoivent, au lieu du médicament, un «placebo», c'est-à-dire une substance inerte. On sait que les sujets qui reçoivent un placebo peuvent voir leur état s'améliorer de façon significative, dans une proportion moyenne d'environ 30%. C'est ce qu'on appelle «l'effet placebo» qui peut intervenir dans toutes sortes de traitements, en particulier dans le soulagement des douleurs et de l'insomnie, mais aussi, de façon étonnante, dans le cas de maladies graves comme le diabète ou la maladie de Parkinson. Ce phénomène intrigant suggère l'influence de facteurs psychologiques importants dans les traitements médicaux (il explique aussi pourquoi toutes les formes de médecine, y compris celle des sorciers, ont toujours eu une certaine efficacité). Une partie de l'efficacité de tout acte médical reposerait sur un processus d'autosuggestion induit chez le patient par l'acte lui-même. Le recours au groupe contrôle permet d'utiliser ce facteur caché qu'est l'effet placebo pour mesurer les bénéfices qui peuvent réellement être attribués au médicament. Tout médicament doit en effet dépasser les succès du placebo de façon significative pour être considéré comme efficace.

La raison autocritique

Notre comparaison entre science ancienne et science moderne nous a conduits à un paradoxe: la science s'est mise à progresser de façon fulgurante à partir du moment où les savants ont admis les limites de la raison purement *théorique* et ont eu le génie de surmonter ces limites en exploitant les ressources de la raison sur le plan *pratique*, dans la construction de procédés de vérification empirique. Il a fallu au fond que la raison prenne conscience de ses propres limites, qu'elle devienne plus humble et qu'elle accepte de *se mettre à l'épreuve* de la réalité, ce que l'on peut résumer par une attitude d'*autocritique*. C'est cette volonté de soumettre ses théories à des tests et de s'en remettre en dernière instance au verdict de la vérification empirique qui a permis à la pensée scientifique d'exprimer tout son potentiel. Depuis qu'elles ont adopté cette ligne de conduite, les sciences ont fait des progrès extraordinaires. C'est aussi ce qui leur a permis de progresser d'une façon *systématique et cumulative*, c'est-à-dire de toujours avancer en remplaçant les théories passées par des théories meilleures et en ajoutant systématiquement des pièces supplémentaires à l'édifice des connaissances. Il faut nuancer cette affirmation toutefois dans le cas des sciences humaines, qui sont encore des sciences jeunes et qui n'atteignent pas le même niveau d'objectivité que les sciences de la nature en raison de la complexité de leur objet d'étude, l'être humain.

POINTS À RETENIR

La révolution scientifique

1 La révolution scientifique a donné lieu à un renversement du rapport entre théorie et pratique, et à l'adoption du principe suivant: toute théorie ou hypothèse d'explication générale doit, pour être validée, passer l'épreuve d'une vérification empirique sur le plan de la réalité matérielle.

2 L'instrument principal de la mise en œuvre de ce principe est la méthode expérimentale qui consiste à déduire une prédiction d'une théorie ou d'une hypothèse et de la soumettre à un test de vérification soigneusement contrôlé.

Exercices

1. Reprenez le schéma en trois étapes (hypothèse/ prédiction/expérimentation) qui représente la méthode expérimentale (p. 79) et appliquez-le à l'expérimentation de Torricelli sur la pression atmosphérique. Indiquez les éléments de la démarche de Torricelli qui correspondent à chacune des étapes de la méthode expérimentale.

2. Les gens dotés d'un esprit scientifique sont généralement sceptiques devant des «pseudosciences», comme l'astrologie ou la chiromancie (la lecture des lignes de la main) ou des sujets censés posséder des dons «paranormaux» comme la télépathie ou la voyance. Il y a place, en cette matière, à bien des croyances personnelles, mais il faut avouer que la science tire profit du fait qu'elle peut reprocher aux adeptes du paranormal de ne pas faire ce qu'elle s'impose à elle-même, soit *de soumettre ses hypothèses à des tests rigoureux*. Imaginez que vous connaissiez une voyante, c'est-à-dire quelqu'un qui prétend pou-

voir connaître le passé et le futur d'un individu qu'elle rencontre pour la première fois, et que cette voyante accepte de se soumettre à tous les tests que vous voudrez. Décrivez dans le détail les procédures de contrôle que vous utiliseriez pour pouvoir déterminer si elle possède effectivement des dons de voyance. Rappelez-vous l'importance de bien contrôler tous les *facteurs cachés* susceptibles d'influencer les résultats de l'expérience!

3. Expliquer en vos mots le sens du *paradoxe* suivant dont nous avons suggéré la teneur lorsque nous avons comparé la science ancienne à la science moderne: «Celui qui a une confiance aveugle dans la capacité de la raison humaine d'expliquer la réalité par simple réflexion et déduction ne produira qu'un savoir limité et douteux, alors que celui qui croit que ces capacités sont limitées va au contraire produire des connaissances à la fois plus étendues et mieux fondées.»

SCIENCES ET PHILOSOPHIE: L'HISTOIRE RÉCENTE

La révolution scientifique a marqué le début d'une expansion qui paraît maintenant irrésistible. Toute la culture et le mode de vie moderne portent la marque de l'essor incroyable des sciences et de la technologie. Cet événement capital a également bouleversé l'organisation du savoir humain. Il a signifié en particulier un affaiblissement marqué de l'emprise de la religion sur le développement des connaissances en imposant l'explication par des causes naturelles à toutes les sphères de la recherche et de l'activité humaine. Mais la philosophie a aussi encaissé durement les contrecoups de cette révolution. Les avancées rapides et spectaculaires des sciences modernes et les promesses de progrès futurs qu'elles faisaient miroiter font en sorte qu'il devint tout à coup concevable que la philosophie soit tout simplement évincée de la quête du savoir.

> Quand nous disons que la connaissance scientifique est illimitée, nous voulons dire *qu'il n'existe pas de question dont la réponse soit en principe inatteignable pour la science.*
>
> **Rudolf Carnap**[22]

---

22. Rudolf Carnap, *The Logical Structure of the World*, cité dans Mary Midgley, *The Myths We Live By*, New York, Routledge, 2004, p. 14 (notre traduction).

La philosophie mise en danger

Depuis la révolution scientifique, la philosophie a dû progressivement abandonner aux sciences une bonne partie de ses domaines de recherche anciens : d'abord, ceux qui concernent l'étude de la nature, comme l'astronomie et la physique, puis ceux qui concernent l'étude de l'humain, qui fut peu à peu pris en charge par des sciences comme la psychologie, l'anthropologie, la sociologie ou l'histoire. Un des traits caractéristiques des sciences modernes est d'ailleurs leur tendance à l'hyperspécialisation. Contrairement à la science ancienne, elles ne se contentent pas de lois très générales et de descriptions approximatives. Elles s'efforcent de comprendre le fonctionnement des choses de façon toujours plus précise et détaillée. Elles tendent pour cette raison à multiplier les disciplines et les sous-disciplines (par exemple, la sociologie des loisirs, la génétique des populations, la psychologie du développement moral). Mais, alors que les sciences se multiplient et prennent résolument le virage de la recherche empirique, la philosophie généralisante et globalisante paraît tout à coup vaciller sur son socle.

Une sérieuse période de doute et de remise en cause a frappé le milieu philosophique, surtout dans la période allant du milieu du XIXᵉ siècle à la seconde moitié du XXᵉ siècle. Certains philosophes, principalement issus des milieux allemand et anglo-saxon, tels Rudolf Carnap (1891-1970) ou Alfred J. Ayer (1910-1989), ont été conquis par la puissance de la pensée scientifique et ont proposé d'annexer la philosophie à la science, d'en faire une sorte de sous-discipline scientifique spécialisée dans les questions de méthodologie et l'analyse de concepts. Ils appartenaient aux courants de pensée du « positivisme logique » et de l'« empirisme logique ». Ces penseurs voulaient éliminer de la philosophie tout ce qui ne se prête pas à une définition scientifique et à une vérification empirique, donc toute référence à des concepts vagues, tels que l'esprit, la liberté, la conscience, le bien, le bonheur, etc. Cela ne signifiait rien de moins pour la philosophie que l'abandon de la majorité de ses objets d'étude traditionnels.

Le scientisme

Cependant, ce courant de pensée peut être associé à une sorte d'*impérialisme scientifique*, auquel ont adhéré autant des philosophes que des scientifiques, et que l'on désigne par le terme « scientisme ». Le **scientisme** *consiste à attribuer à la science une supériorité absolue dans tous les domaines*, bref à en faire une nouvelle « religion » fondée sur un nouveau « mythe » moderne utopiste, celui d'un progrès indéfini assuré par l'alliance de la science et de la technologie. Dans sa version la plus radicale, le scientisme soutient deux thèses :

1. Le savoir scientifique est le seul savoir valable.

2. Les sciences peuvent répondre à toutes les questions et résoudre tous les problèmes importants.

Heureusement, pour la philosophie, le scientisme pur et dur n'a plus aujourd'hui le pouvoir d'attraction qu'il avait au début du XXᵉ siècle. Mais il resurgit occasionnellement, car il constitue une tentation permanente dans une culture aussi imprégnée de science que la nôtre. Il faut bien constater que la philosophie a survécu à ces menaces d'annexion ou d'assujettissement. La raison principale de ce redressement est que, malgré ses avancées spectaculaires, le duo science/technologie a révélé ses limites et suscité une profusion de réactions critiques, qui portent notamment sur ses pouvoirs et ses pratiques. Ces limites ont rouvert un large espace de réflexion pour la philosophie et lui ont permis de réaffirmer sa pertinence face aux prétentions du scientisme.

Le paradoxe du savoir qui produit de l'ignorance

La première thèse du scientisme, celle de la supériorité absolue du savoir scientifique a trouvé son principal démenti dans l'évolution même de ce savoir. La science moderne est en effet traversée par un curieux *paradoxe* : plus elle élargit la sphère du connu, plus elle semble agrandir celle de l'inconnu. Chaque secret qu'elle réussit à percer semble en dévoiler un autre, encore insoupçonné et plus profond. Bref, et c'est là le paradoxe, *plus l'homme accroît son savoir, plus il prend conscience de l'immensité de son ignorance*. Les Grecs anciens qui savaient encore très peu de choses sur le plan scientifique caressaient pourtant l'illusion d'avoir mené la quête du savoir à terme. Beaucoup de physiciens du XIXᵉ siècle croyaient eux aussi que, à quelques détails près, la physique était une science achevée. Les scientifiques d'aujourd'hui savent que nous savons encore bien peu de choses.

Une réalité d'une incroyable complexité...

Cela mène à une prise de conscience de l'incroyable complexité de la réalité matérielle et humaine. L'astronomie moderne, qui étudie l'infiniment grand, demeure confrontée aujourd'hui à d'épais mystères au sujet de l'origine, des limites et du destin de l'univers. L'univers semble étrangement engagé dans une expansion indéfinie ; il y aurait une immense matière invisible dans l'univers que nous n'avons pas encore détectée. La physique, qui croyait découvrir dans l'atome l'unité de base simple et solide de tous les corps matériels, découvre en réalité l'infiniment petit et un monde aussi complexe que l'univers entier, dans lequel subsiste une irréductible part de hasard et d'imprévisible. La neurologie, qui est encore une science balbutiante, se trouve confrontée à un immense défi, celui d'expliquer le fonctionnement du cerveau humain, constitué de milliards de neurones interconnectés, dans lequel la moindre activité implique la coordination de multiples zones et sous-structures, et dont les processus se déroulent en grande partie à un niveau inconscient. Les sciences humaines en général restent encore dépassées par la complexité de la réalité humaine et peinent à atteindre un niveau de scientificité comparable à celui des sciences de la nature.

Pour des outils de mesure limités

En plus, la science découvre que, même au niveau physique, la complexité effarante des choses limite la précision des calculs et des mesures qu'elle peut effectuer. La « théorie du chaos », par exemple, a montré qu'une modification infinitésimale des données initiales d'un processus peut avoir un effet considérable sur son déroulement. On peut comparer cela à l'effet d'un battement d'aile d'un papillon dans une région du monde qui contribue à faire éclater un orage à des milliers de kilomètres plus loin, et c'est pourquoi on l'appelle « l'effet papillon ». Et, effectivement, la météorologie est une de ces sciences qui se bute à la complexité inouïe des choses, ce qui explique que nos météorologues, malgré qu'ils disposent des ordinateurs les plus puissants au monde, ont toujours autant de mal à faire des prévisions justes

Le problème des trois astres

Au XIXe siècle, Henri Poincaré mit en évidence l'impossibilité de résoudre le problème, en apparence simple, consistant à calculer la trajectoire d'une planète gravitant autour de deux soleils. Il suffit apparemment d'appliquer la loi de la gravitation de Newton pour trouver la réponse. Or, c'est en réalité une démarche extrêmement complexe, puisqu'il faudrait connaître la position initiale de la planète avec un nombre infini de décimales pour arriver à prévoir sa trajectoire avec exactitude, la plus infime différence dans sa position initiale ayant un effet important sur l'évolution de sa trajectoire. Nous savons aujourd'hui qu'il en est de même pour la moindre particule atomique. Il faudrait un temps infini pour noter avec une précision suffisante la position et la vitesse d'une telle particule pour arriver à faire des prédictions exactes sur sa trajectoire.

et surtout précises, même à court terme. L'économie mondiale est un autre exemple de système hypercomplexe pour lequel des prévisions exactes semblent à jamais impossibles, d'autant plus qu'il faut intégrer l'effet des prévisions des économistes à l'ensemble des facteurs qui influencent le cours de l'économie ! Et l'on pourrait ajouter à cela l'histoire humaine dans son ensemble, à l'échelle mondiale, dont personne n'est en mesure de prévoir le déroulement.

La science d'aujourd'hui est devenue plus humble parce qu'elle a pris la mesure de ses limites. Du même coup, elle laisse ouverts de larges espaces de réflexion pour d'autres types de discours ou de connaissances, en particulier pour la philosophie.

Des questions essentielles mais non scientifiques

La deuxième thèse du scientisme est, nous l'avons vu, l'idée que les sciences pourraient répondre à terme à toutes les questions importantes que se posent les humains. Encore là, l'évolution de notre culture depuis un siècle montre que cette prétention est sans fondement. Il est clair pour tous aujourd'hui que les sciences, malgré leurs succès spectaculaires dans plusieurs domaines, restent impuissantes à répondre à beaucoup de questions importantes que les humains ne sauraient s'empêcher de se poser, tellement il y va de ce qui est *essentiel* dans leur vie.

La surprenante persistance du phénomène religieux au XXIe siècle semble indiquer que les sciences ont peu à dire aux humains sur le sens de leur vie et de leur destinée. De même, l'art, sous toutes ses formes, continue d'enrichir la compréhension de soi de l'homme sur de multiples aspects de son existence. Et la réflexion

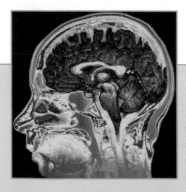

Deux objets d'étude d'une complexité inouïe qui semblent présenter un défi insurmontable aux sciences: le cerveau humain (considéré comme la structure la plus complexe de l'univers connu) et le système météorologique de la Terre.

philosophique est encore stimulée par des problématiques qui échappent à la pensée scientifique. Certains de ces questionnements sont anciens et apparemment indéracinables. Ce sont par exemple les problématiques du bonheur, de l'irrationalité humaine, de la justice, du sens de la mort. D'autres sont propres à notre époque, telles les problématiques des droits de l'homme, de la démocratie représentative, de l'avortement ou de la responsabilité morale des générations actuelles envers les générations futures.

Il est évident que ces questions ne peuvent être résolues par des méthodes scientifiques. C'est le cas au fond de toutes les questions d'ordre existentiel, moral ou spirituel, ou tout simplement des questions d'une généralité extrême, comme le sens de la totalité de l'histoire humaine. C'est le cas aussi de certaines énigmes persistantes, comme la difficulté d'expliquer la manière dont notre cerveau matériel parvient à produire des choses en apparence « immatérielles », comme les images mentales d'un rêve ou une expérience intime, par exemple un « sentiment d'humiliation ». Certes, les sciences peuvent répondre par leur méthode expérimentale à une question telle que : est-il possible de produire artificiellement des embryons ? Mais aucune expérience scientifique ne permettra jamais de répondre à la question : devrait-on produire des embryons pour la recherche scientifique ? Face à une telle question, il faut réfléchir, chercher des principes éclairants, s'interroger sur le sens profond d'un tel acte, sur les valeurs et les symboles qui lui sont associés et chercher la position la plus sage ou la plus prudente. C'est le genre de réflexion qui convient plutôt à la religion, à l'art et, bien sûr, à la philosophie.

Les enjeux moraux de la génétique

La génétique est considérée par plusieurs comme la science de l'avenir, celle qui aura les impacts les plus importants sur la vie humaine au XXIe siècle. Cependant, ses avancées posent des problèmes d'ordre moral ou éthique d'une ampleur incroyable. En voici quelques-uns.

- La recherche actuelle cherche à percer les secrets du génome humain, et nous assistons déjà à une course effrénée aux gènes qui permettraient d'expliquer non seulement certaines maladies héréditaires, mais toutes sortes de traits de la personnalité humaine. Est-on homosexuel, criminel ou dépressif de façon innée ? Quelle est l'étendue de l'influence des gènes sur notre conduite ? Sommes-nous le jouet de nos gènes ? Une telle question repose en des termes nouveaux tout le problème philosophique de la liberté humaine.

- Les tests de dépistage des maladies génétiques qui existent déjà et qui deviendront encore plus accessibles dans l'avenir suscitent des interrogations morales : Quand est-il légitime d'avorter un fœtus porteur d'une tare quelconque ? En viendra-t-on à programmer les traits du futur enfant et à offrir ce procédé que certains appellent « l'enfant à la carte » ? En viendra-t-on à des politiques « eugéniques » visant à l'amélioration de la race humaine par l'élimination des fœtus « défectueux » ?

- L'idée que nous puissions décoder à fond le génome humain (qui contient toute l'information qui régit le développement et le fonctionnement de l'organisme humain) et que nous puissions même modifier et améliorer ce code qui définit la nature humaine ouvre des avenues inquiétantes pour l'avenir de l'humanité, notamment la perspective que l'être humain puisse un jour modifier sa propre nature à sa racine même, en manipulant son propre génome.

Toutes ces questions provoquées par le développement de la science et de la technologie intéressent particulièrement les philosophes qui œuvrent dans le domaine de l'éthique ou de la philosophie morale, domaine qui a connu un renouveau spectaculaire dans les dernières décennies.

Quand les sciences nourrissent la réflexion philosophique

Autre sujet d'étonnement: la plupart des grandes découvertes scientifiques des derniers siècles, loin de remettre en cause la pertinence et la motivation de la pensée philosophique, l'ont au contraire alimentée et relancée sur de nouvelles pistes. Voici quelques exemples parmi les plus importants:

- *L'astronomie moderne, avec l'héliocentrisme*, a remis en cause toute notre conception de la place de l'être humain dans l'univers: Ne sommes-nous qu'une poussière insignifiante dans l'univers? Quel est le sens de notre présence sur Terre?
- *La théorie de la sélection naturelle de Charles Darwin*, qui fait de l'humain un primate évolué et un accident imprévisible de l'histoire des espèces vivantes sur Terre, a révolutionné l'image que nous avions de l'humain, de son destin, de son rapport avec la nature et avec les autres animaux.
- *La découverte du concept d'inconscient* par le père de la psychanalyse, Sigmund Freud (1856-1939), et son utilisation aujourd'hui dans l'étude de la neurologie du cerveau ont eu un impact incroyable en philosophie: admettre qu'une large part de nos comportements est soumise à des mécanismes inconscients a remis en cause la vision philosophique traditionnelle de l'être humain comme être conscient et rationnel.

Où philosophie et sciences se démarquent de la religion

La crise existentielle dans laquelle l'essor de la science a jeté la philosophie a sans doute été bénéfique pour celle-ci. Elle lui aura permis de mieux comprendre sa spécificité que nous pouvons résumer dans l'idée de *libre réflexion critique*. Le scientifique peut être décrit comme un être animé par la passion de la découverte et de l'explication. En revanche, le philosophe est animé par la passion de la réflexion et de la compréhension. Il réfléchit de façon libre et critique sur des questions importantes en s'imposant certes des exigences rationnelles de rigueur et de cohérence, mais non les exigences de vérification empirique propres aux sciences *parce que celles-ci ne conviennent pas à ses objets d'étude*. La philosophie perdure et reste vivante dans la mesure où ses objets de réflexion ont conservé leur pertinence et leur importance, malgré le fait qu'ils ne se prêtent pas à une recherche empirique basée sur la méthode expérimentale.

Le critère du progrès

De plus, *la philosophie ne donne pas lieu à un progrès cumulatif et systématique, comme le font les sciences modernes*. Et c'est sa nature essentiellement réflexive qui l'explique. Cependant, elle ne se désintéresse pas de la réalité concrète: les domaines comme la philosophie politique et l'éthique, qui sont les domaines de la philosophie les plus orientés vers les questions *pratiques*, sont aujourd'hui parmi les plus florissants. Le philosophe ne réfléchit pas hors de son temps. Il évolue avec la culture et l'histoire de son milieu, et il aborde les problèmes qui l'intéressent dans les perspectives propres à son époque. Mais la nature de ces problèmes, leur caractère global et général font en sorte que, contrairement aux scientifiques, *les philosophes gardent toujours un grand intérêt pour les œuvres philosophiques du passé.* Nous ne voulons pas que les médecins qui nous soignent aujourd'hui pratiquent encore la saignée et continuent de s'appuyer sur la théorie des quatre humeurs. Mais, comme nous le verrons dans les prochains chapitres, quand il est question de bonheur, de démocratie ou de vérité, il reste possible que des auteurs anciens aient produit des réflexions qui présentent toujours de l'intérêt pour nous.

Sciences et philosophie se démarquent ainsi de la religion, car celle-ci ne vise pas expressément le progrès. Elle n'est pas une entreprise de recherche et de découverte de nouvelles connaissances ou de nouvelles idées comme les sciences et la philosophie. Elle est essentiellement tournée vers le passé, d'où viennent toutes ses croyances, ses dogmes, ses mythes et ses rites.

La philosophie se situe au fond à mi-chemin entre la religion et la science, car il y a néanmoins un *progrès relatif* en philosophie :

Religion	Philosophie	Sciences
Sans progrès	Progrès relatif	Progrès cumulatif

Il se voit entre autres dans le fait que certaines avenues d'interprétation, certaines manières de poser les problèmes ont été abandonnées au fil du temps (comme d'essayer de démontrer l'existence de Dieu ou de formuler des lois morales comme des théorèmes de géométrie) et que certaines perspectives paraissent incontournables à partir d'un certain moment. C'est par exemple le cas, à notre époque, de l'importance du langage dans la pensée humaine, de la dimension historique de l'existence humaine, de la faillibilité de la raison humaine ou de l'idée que l'humain est un produit de l'évolution naturelle des espèces vivantes sur terre.

L'histoire récente des rapports entre philosophie et sciences

POINTS À RETENIR

1 La philosophie a survécu au scientisme qui prônait son annexion à la science. Le scientisme a dû reculer devant l'évidence des limites de la connaissance scientifique et de son incapacité à répondre à certaines questions essentielles.

2 Mieux encore, les grandes avancées des sciences alimentent souvent la philosophie en nouvelles problématiques.

3 La philosophie ne donne pas lieu à un progrès cumulatif et systématique, comme le font les sciences modernes, mais seulement à un progrès relatif ; c'est pourquoi les philosophes gardent toujours un intérêt pour les œuvres philosophiques du passé.

Le tableau 2.4 (p. 90) résume nos propos sur la nature propre de la religion, de la philosophie et des sciences.

Tableau 2.4

LES CARACTÉRISTIQUES SPÉCIFIQUES DE LA RELIGION, DE LA PHILOSOPHIE ET DES SCIENCES

La religion	La philosophie	Les sciences
■ Croyances et pratiques (mythes, rites).	■ Théories et réflexions critiques.	■ Théories et recherches empiriques (observations, expérimentations).
■ Questions fondamentales portant sur la totalité des choses.	■ Questions très générales et fondamentales; diversité de domaines de recherche.	■ Questions plus précises; spécialisation grandissante des domaines de recherche.
■ Plus intuitive que rationnelle.	■ Essentiellement rationnelle: souci de cohérence logique.	■ Essentiellement rationnelle; souci de cohérence logique et souci de la conformité entre les théories et la réalité empirique.
■ Ne cherche pas à problématiser, à alimenter les débats.	■ Cherche à problématiser les connaissances, à susciter les débats.	■ Cherche à problématiser les connaissances, à susciter les débats.
■ Tournée vers le passé, ignore le «progrès».	■ Progrès relatif.	■ Progrès objectif et cumulatif en sciences de la nature, progrès relatif en sciences humaines.

Exercices

1. Nous venons de suggérer l'idée qu'il existe des questions essentielles auxquelles les sciences ne peuvent apporter de réponses parce que leur méthode ne convient tout simplement pas à un certain type de questionnement (d'ordre existentiel, moral, spirituel, etc.). Il faut considérer par ailleurs que les sciences ne cessent d'apporter des données nouvelles sur toutes sortes de sujets et que ces données ont souvent une incidence sur la réflexion philosophique. Prenons le problème de l'avortement et du droit à l'avortement, et supposons que vous désirez vous faire une opinion éclairée sur le sujet et que vous avez la possibilité de poser des questions à deux experts: d'une part, un scientifique spécialisé en embryologie (science qui étudie l'embryon) et en obstétrique (science de la grossesse); d'autre part, un philosophe, spécialiste des questions d'éthique ou de morale.

a) Formulez deux questions que vous poseriez au scientifique et deux questions que vous poseriez au philosophe.

b) Analysez ces questions, notez ce qui les différencie et tirez-en des conclusions sur la différence entre les sciences et la philosophie.

2. Nous avons mentionné que plusieurs grandes découvertes scientifiques ont alimenté et relancé la réflexion philosophique parce qu'elles venaient bouleverser notre vision du monde ou de l'humain (l'héliocentrisme, la théorie de la sélection naturelle de Darwin, la découverte de l'inconscient, la génétique).

Imaginez deux découvertes scientifiques extraordinaires qui pourraient dans un avenir plus ou moins lointain avoir un impact aussi grand sur notre vision philosophique du monde ou de l'humain et expliquez cet impact.

3. Examinez le tableau récapitulatif des traits caractéristiques respectifs de la religion, de la philosophie et des sciences de la page précédente. Faites, à partir de ce tableau, une liste résumant:

■ les points communs entre religion et philosophie,

■ les différences entre religion et philosophie,

■ les points communs entre philosophie et sciences,

■ les différences entre philosophie et sciences.

2.5

DÉFINITION ET DOMAINES
DE LA PHILOSOPHIE

Le long périple que nous venons de compléter nous a permis de préciser la spé-cificité de la philosophie par rapport à la religion et aux sciences. Le temps est maintenant venu de résumer l'ensemble de ces propos en formulant la définition de la **philosophie** que voici :

> **La philosophie est une réflexion rationnelle, théorique et critique, sur les questions les plus générales et les plus fondamentales que se pose l'être humain dans son effort de compréhension de la réalité.**

Le seul élément de cette définition qui mérite encore une explication est l'expression « théorique et critique ». Elle vient souligner une certaine ambivalence qui marque la pensée philosophique.

LE PÔLE CRITIQUE

Une première tendance du philosophe est de soumettre à la critique rationnelle les croyances les plus familières, les idées reçues, les pseudo-évidences, les préjugés de la culture de son époque, mais aussi les théories philosophiques de ses devanciers ou de ses contemporains. Il met à nu les ambiguïtés et la confusion qui affectent souvent nos idées ainsi que certains termes usuels. C'est ici qu'il joue à fond la carte de la problématisation en mettant en doute nos certitudes. Beaucoup de philosophes se livrent à une véritable entreprise de démolition des croyances les plus usuelles ou les plus traditionnelles. Ces philosophes cherchent à nous réveiller, à nous enlever nos illusions, à nous tirer de notre torpeur. C'est le cas, chez les philosophes anciens, de Socrate (470-399 av. J.-C.), qui cherchait à convaincre ses concitoyens qu'ils étaient de parfaits ignorants sur les questions les plus essentielles de leur vie, de Diogène le cynique (413-327 av. J.-C.), qui pensait pour sa part que pour être heureux il fallait chercher à imiter le mode de vie des animaux, et de Pyrrhon le sceptique (360-270 av. J.-C.), qui croyait impossible d'établir la moindre vérité sur quoi que ce soit. Parmi les philosophes modernes, on peut mentionner les noms de David Hume, qui élabora une critique radicale des pouvoirs de la raison en disant qu'elle n'était que la servante de nos passions, de Friedrich Nietzsche (1844-1900), qui critiqua la morale comme une incapacité à embrasser la vie dans son intégralité (qui comprend à la fois le mal et le bien), et du philosophe pragmatiste contemporain Richard Rorty, qui pense que les philosophes devraient justement arrêter de bâtir des théories et se contenter de faire des commentaires critiques.

LE PÔLE THÉORIQUE

D'un autre côté, beaucoup de philosophes se livrent à la tâche de substituer aux idées qu'ils jugent confuses ou aux philosophies qu'ils jugent déficientes un ensemble organisé et solide d'idées claires et justes. Ils s'emploient, comme nous l'avons indiqué, à formuler les principes fondamentaux des choses et ils iront souvent jusqu'à construire de grandes théories, de grands systèmes d'explication du monde, avec la conviction d'avoir découvert des vérités universelles incontestables. Nous pouvons mentionner ici à titre d'illustration le philosophe ancien Aristote, qui élabora d'ambitieuses théories en logique ou en physique, et, plus près de nous, Jeremy Bentham (1748-1832), qui était convaincu d'avoir découvert le principe fondamental de la morale, qui était selon lui la recherche du «plus grand bonheur du plus grand nombre», c'est-à-dire la maximisation du bien-être de tous les êtres vivants (incluant les animaux!). Mentionnons également Georg W.F. Hegel (1770-1831), qui a construit une monumentale théorie de l'histoire naturelle et humaine dont il prétendait avoir saisi le sens, l'unité et la fin ultime.

Il y a donc une certaine tension dans la pensée philosophique entre les pôles critique et théorique. Les critiques les plus acharnés iront jusqu'à nier l'existence d'une quelconque vérité alors que les théoriciens, eux, prétendront la détenir. La philosophie a toujours oscillé entre ces deux extrêmes. Certains philosophes se sont consacrés essentiellement à l'une ou l'autre de ces deux tâches, alors que d'autres les ont combinées ou pratiquées en alternance, un premier moment critique servant souvent de tremplin à l'édification d'une nouvelle théorie qui vient corriger les erreurs des théories antérieures. C'est le cas par exemple d'Emmanuel Kant, qui, après avoir procédé à une critique de la raison et après avoir admis ses limites (par exemple, l'incapacité pour la raison humaine de comprendre l'idée de Dieu), a néanmoins expliqué comment elle pouvait nous faire accéder à une forme de vérité objective, tant dans les sciences de la nature que dans le domaine moral. L'histoire de la philosophie est celle d'un enchaînement de critiques et de théories qui renvoient les unes aux autres.

LES DOMAINES DE LA PHILOSOPHIE

Comme nous l'avons déjà souligné, la philosophie n'a pas un objet d'étude unique. Aucune réalité importante n'échappe en principe à sa pratique réflexive. Mais, comme elle pose des questions d'un très haut niveau de généralité, ces questions tendent à se rejoindre, de sorte que certaines d'entre elles se sont imposées au fil du temps et qu'il est possible d'établir une liste des domaines les plus importants de la philosophie. Ils sont au nombre de six. Nous les présentons ici en les associant à une série de questions spécifiques. Nous avons indiqué entre parenthèses l'étymologie grecque de certains termes spécialisés.

Logique

- *Quelles sont les lois formelles du raisonnement?*

Aujourd'hui, le domaine de la logique a été absorbé par les mathématiques et est devenu un domaine extrêmement spécialisé et abstrait. Le courant de la logique informelle dont nous avons parlé précédemment représente un effort pour rapprocher la logique du langage courant.

Théorie de la connaissance ou épistémologie
(*epistêmê* = connaissance)

- *Quels sont les critères de la vérité et de la connaissance objective? Jusqu'à quel point la vérité est-elle accessible à l'être humain? Quelles sont les limites de la connaissance humaine?*
- *Quels sont les rôles respectifs de la perception, de la raison, de l'imagination et de la mémoire dans l'acquisition et la production des idées et des connaissances?*

- *Quels sont les principes de la méthode scientifique? Comment les sciences produisent-elles leurs connaissances? Qu'est-ce qui est le plus important dans le travail scientifique: la théorie ou la recherche empirique?*
- *Quels sont les rapports entre la pensée et le langage?*

Ce domaine reste encore très productif aujourd'hui, mais il tend à se subdiviser en d'autres domaines spécialisés. La philosophie du langage est devenue un domaine fort important au XXe siècle. La philosophie des sciences est aussi une pièce majeure de l'épistémologie contemporaine. Enfin, un nouveau domaine appelé «philosophie de l'esprit» (de l'anglais «philosophy of mind»), connaît actuellement un bel essor. Il porte sur le fonctionnement de la pensée et bénéficie de l'élan que connaît un nouveau champ de recherche appelé «sciences cognitives», qui rassemble à la fois des psychologues, des neurologues, des linguistes, des informaticiens et… des philosophes. On trouve ici un exemple intéressant de collaboration entre philosophie et sciences.

Anthropologie philosophique (*anthrôpos* = homme)

- *Qu'est-ce qui définit essentiellement l'être humain?*
- *Quelles sont les différences et les ressemblances essentielles entre les humains et les animaux?*
- *Quelles sont les composantes fondamentales de l'être humain et quel est leur rôle respectif: les désirs, les émotions, la raison, la volonté, la conscience, l'inconscient?*
- *Qu'est-ce qui est naturel et qu'est-ce qui est culturel chez l'humain?*
- *De quelle liberté l'être humain dispose-t-il face à tous les facteurs qui influencent son existence?*
- *Comment l'être humain fonctionne-t-il dans ses actions et ses décisions? Qu'est-ce qu'une action rationnelle et qu'est-ce qu'une action irrationnelle?*

Ce domaine et l'appellation «anthropologie philosophique» sont de création récente. Il rassemble des propos philosophiques sur les caractéristiques essentielles de l'être humain. Les dernières décennies ont vu se constituer un nouveau domaine de recherche spécialisé, appelé «théorie de l'action», qui porte sur la nature de l'action humaine et sur la manière dont elle peut être expliquée ou comprise. On y étudie des notions comme la motivation, l'intention, l'irrationalité, etc. L'anthropologie philosophique est l'objet désigné du deuxième cours de philosophie du programme collégial dont le titre est « L'être humain ».

Éthique ou philosophie morale

- *Quels sont les fondements de la morale et du sens moral? La morale relève-t-elle de nos sentiments ou de notre raison?*
- *Quels sont les principes du bien et du mal? Quelles sont les valeurs, normes et vertus morales fondamentales?*
- *La définition du bien et du mal est-elle relative à chaque société ou à chaque individu ou existe-t-il des règles morales absolues et universelles?*
- *Quelle est la valeur des divers principes que les théories éthiques proposent comme base ou but de la morale? Par exemple: l'utilité, la liberté, la responsabilité, la sympathie, etc.*
- *L'art de vivre: quels sont les principes du bonheur?*

L'éthique est le domaine philosophique le plus florissant à l'heure actuelle. Les questions morales ou «éthiques» pullulent dans les grands débats publics et alimentent la réflexion philosophique. L'éthique a des liens étroits avec le domaine de la politique, en particulier par l'entremise de la notion de justice, qui comporte un sens moral et politique. L'éthique est un domaine de la philosophie qui connaît une certaine forme de spécialisation. On parlera par exemple de l'éthique des affaires, de l'éthique de la recherche scientifique, de la bioéthique. Le domaine de l'éthique fait l'objet du troisième cours de philosophie au programme collégial.

Philosophie politique

- *Quels sont les fondements du pouvoir politique?*
- *La démocratie est-elle le meilleur régime politique?*
- *Qu'est-ce que la justice? Quelles sont les normes de la justice sociale?*
- *Avons-nous des droits «naturels»?*
- *Les droits individuels passent-ils avant les intérêts collectifs?*
- *Quels doivent être les objectifs et les limites des interventions de l'État?*

Les philosophes ont été les fondateurs de la théorie politique. La politique est un domaine où ils ont toujours eu beaucoup d'influence et cela reste vrai à l'époque contemporaine. Un domaine connexe à la philosophie politique qui a également une relative importance est la philosophie du droit.

Métaphysique ou ontologie (*meta ta phusica* = après ou au-dessus de la physique; *ontos* = l'être, ce qui est)

- *Qu'est-ce qui est réel et qu'est-ce qui n'est pas réel?*
- *Tout ce qui est réel est-il matériel? L'esprit est-il réductible au cerveau matériel? Le temps a-t-il une réalité matérielle?*
- *Le réel est-il organisé d'une façon rationnelle? L'univers a-t-il un sens ou un but? Y a-t-il du hasard dans le cours des choses? Y a-t-il une intelligence à l'œuvre dans la nature?*
- *L'être et le devenir: tout ce qui existe est-il soumis au changement ou y a-t-il des choses immuables?*
- *Y a-t-il des preuves rationnelles de l'existence de Dieu?*
- *L'existence humaine a-t-elle un sens? Que signifie pour l'homme le fait d'être mortel?*

La «métaphysique» a longtemps été considérée comme le domaine philosophique par excellence, car c'est le domaine où sont formulés ce que les philosophes anciens appelaient les «principes premiers» des choses. La métaphysique se pose des questions globales sur le fondement ultime des choses. Aujourd'hui, bien des philosophes considèrent que la métaphysique est morte et que les philosophes doivent cesser de se poser les questions trop ambitieuses qu'elle soulève. Mais quelques-uns persistent, souvent sous l'appellation plus moderne d'ontologie, mais en concentrant leur interrogation sur la réalité humaine. L'ontologie pose des questions radicales sur la manière d'exister de l'être humain ou sur le sens de la présence de l'homme dans le monde.

Il y a bien sûr quelques autres domaines importants à mentionner qui donnent lieu à une production significative, notamment la philosophie de l'histoire, la philosophie esthétique, qui traite du beau et de l'art, et la philosophie de la religion.

DES CHEVAUCHEMENTS ENTRE LES DOMAINES

Le découpage du champ de la philosophie en domaines ne doit pas être pris au pied de la lettre. Par définition, la philosophie est une réflexion libre sur des questions très générales, et il est donc tout à fait naturel et inévitable que ses diverses lignes de réflexion se rencontrent ou se chevauchent. Prenons l'exemple de la notion de justice. Une question comme «L'État a-t-il le droit de limiter la liberté d'expression des citoyens pour protéger l'ordre public?» est à la fois une question morale, une question politique et une question juridique, qui intéressera donc tout autant l'éthique que la philosophie politique ou la philosophie du droit. Par ailleurs, une question comme «Y a-t-il une justice dans le monde?» aura à la fois une dimension morale et une dimension métaphysique. Nous pourrions faire le même exercice avec la notion de liberté dont les ramifications rejoignent à la fois l'anthropologie philosophique (l'homme est libre car il n'est pas esclave de ses instincts), la morale (la liberté est la condition de possibilité de la responsabilité morale), la politique (la démocratie repose sur la liberté d'opinion, d'expression et de vote) ou la métaphysique (si tout ce qui existe et arrive a une cause antécédente, en quel sens peut-on parler de liberté?).

Exercices

1. À quel domaine de la philosophie les énoncés suivants appartiennent-ils?

a) La morale peut m'interdire de faire du mal à autrui, elle ne peut m'obliger à lui faire du bien.

b) Aucune conclusion ne peut être tirée de deux prémisses négatives.

c) Le premier devoir d'un gouvernement est de servir les intérêts des gouvernés.

d) L'être humain est un être vivant, un animal et un produit de l'évolution de la nature sur terre.

e) Toutes nos idées viennent à la base de nos expériences sensorielles.

f) L'univers est éternel, car ce qui existe ne peut être né de rien.

g) Pour qu'un énoncé puisse être considéré comme scientifique, il doit pouvoir faire l'objet d'un test empirique permettant de le réfuter.

h) Le rôle de la raison est de se mettre au service des désirs.

i) L'existence humaine est absurde.

j) Un des principes de vie à suivre pour être heureux est d'accepter ce que la vie nous réserve.

2. Les domaines de la philosophie ne sont pas séparés par des cloisons étanches. Plusieurs questions philosophiques recoupent plusieurs domaines. Énumérez aux moins *deux* domaines différents auxquels se rattachent les énoncés suivants:

a) Il n'y a pas de vérités objectives en morale.

b) Les humains sont naturellement égoïstes et c'est pourquoi la démocratie, qui donne à chaque individu le pouvoir de voter selon ses intérêts personnels, est le pire des régimes politiques.

c) Si tout change constamment, il devient impossible d'avoir une connaissance fiable de la réalité.

d) Si une grande partie du fonctionnement de l'esprit humain est inconscient, il y a une limite absolue à la connaissance que la science ne pourra jamais avoir de l'être humain.

e) Si Dieu n'existe pas, c'est à l'homme de définir lui-même ce qui est bien et mal.

3. Choisissez deux phrases parmi celles qui sont contenues dans les exercices 1 et 2 et complétez chacune d'elles par une autre phrase de votre cru à teneur philosophique. Cette phrase peut venir expliciter ou prolonger la première, en tirer une conclusion logique, la problématiser ou la contredire.

M aintenant que nous avons pris connaissance du contexte dans lequel est née la philosophie et que nous avons mieux cerné sa nature propre, le temps est venu de nous lancer à fond dans l'étude de la pensée des grands philosophes. Parallèlement à l'étude des lois de la *nature matérielle*, les premiers philosophes ont aussi manifesté un intérêt pour *l'être humain* et pour tous les aspects importants de la vie humaine. Ce chapitre est consacré principalement à la pensée de Socrate, que l'on peut considérer comme le premier grand nom de la philosophie occidentale et un des philosophes grecs qui a le mieux placé l'être humain au centre de ses préoccupations. Mais il est nécessaire, avant d'amorcer l'étude de sa pensée, que nous prenions d'abord connaissance de celle d'un groupe d'acteurs très influents de la scène intellectuelle athénienne au Ve siècle av. J.-C., les sophistes. La raison en est qu'une grande partie de l'activité philosophique de Socrate a consisté à combattre et à réfuter la pensée des sophistes.

3.1

LES SOPHISTES
Des professeurs d'éloquence

Les sophistes les plus connus furent Protagoras, Gorgias, Prodicos, Hippias, Thrasymaque et Antiphon, qui vécurent au Vᵉ siècle et au début du IVᵉ siècle av. J.-C. Même si la plupart des grands sophistes n'étaient pas originaires d'Athènes, ils firent tous des séjours prolongés à Athènes, car elle était la capitale intellectuelle du monde grec, et c'est là qu'ils établirent véritablement leur réputation. Le mot « sophiste » vient des mots grecs *sophos* et *sophistes*, qui signifiaient à l'origine « savant » et « habile à quelque chose ». Mais, au temps de Socrate et de Platon, le terme *sophistes* en était venu à désigner un professeur d'éloquence ambulant.

> Mais si l'on nous posait cette question : Le sophiste, en quoi est-il un maître en savoir, que répondrions-nous ? en quel art est-il maître ? — Ce que nous répondrions, Socrate ? qu'il est maître en l'art de rendre les hommes habiles à parler.
>
> **Platon**[1]

Les sophistes furent en effet des professeurs qui allaient de cité en cité en offrant, contre rémunération, une éducation supérieure de haut niveau. On peut les considérer comme les premiers intellectuels professionnels de l'histoire. Ils possédaient un savoir général étendu et pouvaient enseigner à peu près toutes les disciplines. En réalité, ils avaient une seule spécialité en commun, et c'était l'enseignement de l'éloquence, de l'art de la parole, que l'on appelle aussi « rhétorique ». Seules les familles riches pouvaient s'offrir leurs services coûteux, mais les sophistes offraient aux jeunes de l'aristocratie quelque chose d'absolument inédit à l'époque : une initiation aux habiletés de base nécessaires pour faire carrière dans la politique.

Pour les jeunes hommes de bonne famille le moindrement ambitieux, la carrière politique était alors la plus attrayante, la plus susceptible de leur procurer prestige, pouvoir et influence. L'importance particulière de l'art oratoire dans l'enseignement des sophistes s'explique par les institutions et le contexte politique de l'époque. La meilleure stratégie pour faire sa marque et pour arriver à occuper des postes de direction dans la cité, comme ceux de magistrats et de stratèges, était d'intervenir dans les assemblées publiques et d'impressionner l'auditoire par ses connaissances et sa sagesse, mais surtout par ses capacités argumentatives, c'est-à-dire par ses aptitudes à l'emporter sur ses adversaires dans les débats. Or, c'est cela surtout que les sophistes offraient à leurs élèves : des techniques efficaces pour persuader un auditoire et pour triompher de leurs opposants dans les discussions. Ils eurent en cela beaucoup de succès et plusieurs d'entre eux devinrent très riches.

L'enseignement des sophistes avait une visée essentiellement pratique. Leur intérêt n'était pas de développer des théories abstraites sur les principes premiers de la nature, mais de comprendre les affaires humaines pour pouvoir y intervenir efficacement. Néanmoins, ils étaient des savants, des intellectuels, et ils surent

---

1. Platon, *Protagoras, Euthydème, Gorgias, Ménexène, Ménon, Cratyle*, trad. par Émile Chambry, Paris, Garnier-Flammarion, 1967, p. 45.

développer en beaucoup de domaines une véritable pensée philosophique qui marqua la culture de leur époque. Cette pensée était révolutionnaire à bien des égards et c'est pourquoi elle suscita des réactions ambivalentes chez les Athéniens. Elle séduisit ou choqua pour une variété de motifs.

La philosophie des sophistes

La présentation de la philosophie des sophistes pose certaines difficultés. Ils nous ont laissé peu d'écrits, généralement des fragments ou des phrases isolées. En fait, nous les connaissons surtout à travers les propos de divers commentateurs hostiles, le plus important étant Platon, leur ennemi juré, qui jugeait leur influence sur la société athénienne pernicieuse. Platon les a souvent présentés comme des charlatans affichant un pseudo-savoir et comme des «commerçants» de la pensée, qui pratiquaient la «chasse aux jeunes gens riches et d'illustre famille[2]» à des fins bassement matérielles. Ce portrait très négatif a longtemps prévalu dans l'appréciation de la contribution des sophistes à la philosophie. Le fait que le terme *sophisme*, dérivé de *sophiste*, sert encore aujourd'hui à désigner les mauvais raisonnements, témoigne bien de ce préjugé tenace.

Politicien engagé dans un débat.

C'est particulièrement aux jeunes Athéniens désireux de faire carrière dans la politique que les sophistes offraient leur enseignement de l'art oratoire.

Mais cette mauvaise appréciation est aujourd'hui considérée comme biaisée, au point que les dernières décennies ont été le théâtre d'une réhabilitation des sophistes, dont les plus importants sont maintenant considérés comme des penseurs sérieux et crédibles. Platon lui-même vouait un respect indéniable aux plus grands d'entre eux, surtout Protagoras et Gorgias, même s'il en méprisait d'autres, comme Prodicos et Hippias d'Élis. On considère aujourd'hui que les attaques les plus dures de Platon visaient une minorité de sophistes et concernaient surtout l'interprétation abusive et malheureuse que certains acteurs de la scène politique athénienne ont pu faire de leur pensée. Ajoutons que, si le manque de textes nous empêche d'avoir une connaissance précise de la pensée de chacun des sophistes, l'ensemble des références et des commentaires disponibles nous donne une bonne idée de la teneur générale de leur pensée, qui était radicale et provocante. Son trait principal est le relativisme.

Le relativisme

Les sophistes prirent pour cible deux principes fondamentaux de la pensée humaine : les idées de vérité et de bien. Ils le firent en affirmant que toutes les opinions humaines étaient *relatives*. Est **relatif** ce *qui dépend d'autre chose que lui-même ou qui n'est ce qu'il est que par rapport à autre chose*. Protagoras a formulé l'idée du

---

2. Platon, *Sophiste, Politique, Philèbe, Timée, Critias*, trad. par Émile Chambry, Paris, GF Flammarion, 1969, p. 54.

relativisme en une phrase célèbre : « L'homme est la mesure de toutes choses. » Cette phrase un peu énigmatique a été interprétée de diverses façons. Elle semble signifier que c'est l'être humain qui détermine ce qui est vrai ou faux, bon ou mauvais, à partir de lui-même ou à partir de la situation particulière dans laquelle il se trouve. Les philosophes anciens lui ont généralement donné le sens suivant : tout jugement est le reflet de la subjectivité individuelle de son auteur. Un exemple classique en est le fait que nous divergeons souvent dans notre perception de sensations comme le chaud et le froid ou dans nos jugements esthétiques sur le beau et le laid. Une personne peut trouver que le vent est très chaud, alors qu'une autre le juge seulement tiède ; une maison apparaît belle à l'un et laide à l'autre. Chacun de nous « mesure » les choses différemment, chacun de nous peut en avoir une perception différente. Cette perception dépend d'une expérience subjective personnelle qui nous convainc de la justesse de nos jugements.

Une autre interprétation de la phrase de Protagoras est également possible, si l'on prend le mot « homme » comme signifiant une « société d'hommes ». Chaque société porte des jugements différents sur certaines choses, en particulier sur ce qui est bien ou mal, légal ou illégal, juste ou injuste, selon son histoire et sa situation propre. Certains peuples enterrent leurs morts, alors que d'autres les brûlent. Certains pratiquent les sacrifices humains, d'autres non. Chaque société est convaincue que ses croyances en matière de religion, de politique ou de morale sont correctes et pourtant ces croyances varient d'une société à l'autre. C'est le constat que faisaient les sophistes, et ils voyaient là un trait fondamental de la pensée humaine. Nous qualifierons donc leur philosophie de « relativiste », le terme **relativisme** désignant une *doctrine philosophique qui affirme la relativité de toutes les connaissances ou croyances humaines.*

Relatif et absolu

Pour bien comprendre l'idée de relativisme, il faut considérer le contraire de « relatif », qui est le terme « absolu ». Si le relatif est ce qui dépend d'autre chose que lui-même, l'**absolu** est ce *qui est ce qu'il est, en lui-même et par lui-même, indépendamment de toute relation à autre chose.* Le relativisme consiste précisément à *nier l'existence d'un quelconque absolu.* Mais beaucoup de penseurs pensent qu'il en existe. Nous avons déjà rencontré plusieurs exemples d'absolu dans les chapitres précédents.

- L'exemple d'absolu le plus achevé est l'idée de *dieu* : un dieu est parfait, il se suffit à lui-même et ne dépend de rien d'autre que de lui-même. Mais quand le sophiste Prodicos a dit, par exemple, que les humains érigeaient en divinité les choses qui leur sont utiles, comme le vin ou le Nil, il « relativisait » l'idée de dieu, il rendait les dieux relatifs à autre chose qu'à eux-mêmes, soit à leur utilité pratique pour un certain groupe d'hommes, et bien sûr cette utilité était variable : le Nil était un dieu pour les Égyptiens parce qu'il était important dans leur vie, mais pas pour les Grecs.
- Un autre exemple est la *physique* ancienne des quatre éléments (feu, air, terre eau) : ces quatre éléments étaient des absolus pour les penseurs anciens, car ils considéraient qu'ils existaient par eux-mêmes de toute éternité en tant que principes indépendants.

- Le *scientisme* est un autre exemple d'un genre différent, puisqu'il est fondé sur l'idée que la science constitue le mode de connaissance absolu, qui permettra de répondre ultimement à *toutes* nos questions.

On peut aussi penser, et ce point intéressait particulièrement les sophistes, qu'il existe des absolus *moraux* comme l'interdit de l'inceste ou l'obligation de tenir ses promesses, qui seraient des normes reconnues dans toutes les sociétés sans exception. Mais la stratégie d'un relativiste sera ici de dire que même ces normes morales ne sont pas absolues : l'inceste était permis anciennement dans certaines familles royales, comme chez les pharaons égyptiens ; il peut être justifié de briser une promesse lorsque certaines circonstances changent.

La diversité des choses, le fait qu'elles changent, l'existence d'exceptions à toute règle, la dépendance à l'égard des circonstances ou du contexte, sont tous des facteurs de relativité que les sophistes exploitaient pour défendre leur thèse. À l'autre pôle, l'existence de principes immuables et **universels**, c'est-à-dire *qui s'étendent ou s'appliquent à tous les éléments d'un ensemble*, est l'argument fondamental auquel ont recours les adversaires du relativisme, à savoir les défenseurs de l'absolu.

La question de savoir s'il existe des principes absolus ou si tous les principes sont relatifs est une des problématiques les plus fondamentales de l'histoire de la philosophie. Les débats entre relativistes et universalistes continuent de faire rage aujourd'hui, en particulier dans les domaines de l'éthique et de la théorie de la connaissance, dont les notions clés sont le bien et la vérité.

Le contraire du relativisme : l'universalisme

Il n'y a pas de terme consacré en philosophie pour désigner le contraire du relativisme. Ce devrait être logiquement le mot « absolutisme », mais l'usage a confiné ce terme à la sphère politique, où il désigne un régime politique dans lequel un souverain dispose d'un pouvoir absolu. Le terme **universalisme**, qui désigne une *doctrine philosophique affirmant l'existence de vérités ou de principes universels*, convient probablement le mieux. Un droit universel, comme le droit à la liberté d'expression, est un droit qui devrait être reconnu à *tous* les humains sans exception. En ce sens, c'est un droit absolu. Une loi scientifique, comme la loi de la gravitation, est une loi universelle qui s'applique à *tous* les corps matériels. Elle a donc elle aussi un caractère absolu.

Les discours doubles

Le relativisme n'était pas seulement une doctrine philosophique des sophistes, il était également au cœur de leur enseignement. Un des traits les plus caractéristiques des techniques enseignées par les sophistes était la thèse suivante, formulée par Protagoras : « sur tout sujet, on peut soutenir aussi bien un point de vue que le point de vue inverse, en usant d'un argument égal[3] ». Les sophistes faisaient la démonstration de cette thèse en pratiquant ce que l'on appelait des « discours doubles ». Ils montraient comment l'on pouvait développer deux argumentations contraires, parfaitement crédibles, sur un même sujet, et démontrer par exemple qu'une chose est à la fois vraie et fausse, bonne et mauvaise, juste et injuste, louable et blâmable. Il suffisait pour y arriver d'être *habile* dans sa façon de présenter les choses. Bien sûr, une telle approche semblait faire de l'argumentation rationnelle une sorte de jeu gratuit, artificiel et futile. Mais alors : comment a-t-elle pu séduire les Athéniens de l'époque et paraître crédible à leurs yeux ?

---

3. Jean-Paul Dumont, *Les écoles présocratiques*, Paris, Gallimard, 1998, p. 673.

Les compétitions oratoires

Une première réponse est qu'elle correspondait jusqu'à un certain point à leur expérience courante de l'argumentation rationnelle, car ils assistaient continuellement, à l'Assemblée ou au tribunal, à des joutes oratoires dans lesquelles les orateurs défendaient des positions contraires. Ils en étaient même friands, l'art oratoire étant devenu pour beaucoup d'entre eux une sorte de sport de compétition. Les sophistes exploitaient ce penchant en se livrant à des démonstrations de virtuosité argumentative. Ils relevaient tous les défis, comme celui de montrer que la maladie est à la fois une bonne et une mauvaise chose (mauvaise pour le malade mais bonne pour le médecin) ou de faire l'éloge de la mort! La conclusion de tout cela était que la raison humaine est un instrument extraordinaire, non parce qu'elle permet de découvrir la *vérité*, mais parce qu'elle permet de démontrer n'importe quel jugement et de défendre n'importe quelle position.

Le critère de l'utilité

Une deuxième réponse est que l'absence d'absolus ne nous prive pas de tout repère sur le plan pratique. Simplement, en l'absence de certitudes, *ce sont les intérêts des individus et des groupes qui vont prévaloir au gré des circonstances ou des contextes dans lesquels ceux-ci se retrouvent.* C'est le critère de l'*utilité*: ce qui sert les intérêts de quelqu'un, lui est utile. Bien sûr, cette perspective pose problème. Dans le pire des cas, la recherche de l'intérêt peut déboucher sur une position égoïste où les individus et les groupes ne défendent que ce qui les avantage, sans considération pour autrui et sans souci du bien commun. Et il est sûr que l'enseignement des sophistes prêtait le flanc à cette critique, puisqu'il promettait le succès dans la carrière politique par le biais de l'apprentissage de la rhétorique.

Mais l'utilité peut également être envisagée dans une perspective plus positive et plus saine, qui semble avoir été celle de Protagoras. On peut la définir comme la recherche du *meilleur* en toutes choses et en toutes circonstances. Des idées que nous sommes tentés d'appeler *vraies*, Protagoras dit: «[…] moi, je les appelle meilleures les unes que les autres, mais plus vraies, nullement[4].» L'idée est que *meilleur* est positif sans l'être de manière *absolue*, puisque ce qui est meilleur l'est toujours *relativement* à autre chose qui s'avère moins bon. Ainsi, rien n'empêche Protagoras de dire que la santé est généralement meilleure que la maladie, même s'il n'existe pas de critères absolus de cette supériorité. On pourra toujours être plus ou moins en santé et plus ou moins malade, selon les critères de comparaison que l'on choisira.

Utilité et ordre social

De même, il ne faut pas imaginer que les sophistes prônaient pour la société une sorte d'anarchie générale produite par la bataille d'une multitude d'individus égoïstes et ambitieux cherchant à faire triompher leurs intérêts. Un tel scénario mènerait à une société sans autre loi que «la loi du plus fort». Si certains sophistes,

---

4. Platon, *Théétète*, trad. par Michel Narcy, Paris, GF Flammarion, 1995, p. 192.

parmi les plus extrémistes, ont pu flirter avec de telles idées, elles ne semblent pas avoir été partagées par le plus grand d'entre eux, Protagoras. Celui-ci semble avoir clairement admis qu'une société dans laquelle règnent la justice et le respect des lois était meilleure qu'une société livrée à l'anarchie et à la loi du plus fort. Il semble donc avoir fait une place à ce que nous pourrions appeler les « intérêts collectifs » à côté des intérêts individuels ou particuliers.

Il est d'ailleurs possible de jeter un pont entre intérêt personnel et intérêt collectif en construisant une argumentation basée sur ce que les philosophes modernes appellent l'**égoïsme rationnel**, qui est un *principe de vie selon lequel l'individu doit agir en déterminant rationnellement ce qui servira au mieux ses intérêts.* Cette argumentation va comme suit : *le respect des lois et des règles morales est un principe général auquel tout individu devrait adhérer, car il y trouve son compte.* Chacun a intérêt à vivre en sécurité et en paix, et c'est ce que promet une société pacifiée et ordonnée par un code moral et des lois. Chaque individu devrait donc logiquement être d'accord avec l'imposition de lois et de règles morales, ainsi que de punitions sanctionnant leur violation. Il devrait aussi réaliser que, dans beaucoup de situations, la coopération avec autrui le servira mieux qu'un repli sur soi individualiste. Il s'agit de voir au fond que l'intérêt personnel égoïste et l'intérêt collectif peuvent coïncider. Si seul le plus fort trouve son compte dans un monde sans loi, il est évident que la grande majorité des individus ont plutôt intérêt à vivre dans une société ordonnée. C'est ce que dit la raison.

Cet argument comporte toutefois une grande lacune. C'est qu'il ne saurait exclure le cas de l'individu qui se permettrait de violer certaines lois ou règles morales lorsque cela l'avantage. Il calculera que son acte isolé n'aura pas d'impact sur l'ordre social dont il profite, étant donné que la majorité des gens, à l'inverse de lui, respectent les lois. La logique de l'égoïsme rationnel dit en effet qu'il serait insensé de s'interdire de violer une loi (par exemple, en commettant un vol ou une fraude) alors que cela sert nos intérêts, si on est certain de ne pas se faire prendre. C'est ce qu'avait bien vu le sophiste Antiphon :

> Un homme a donc tout intérêt à observer la justice, s'il y a des témoins quand il respecte les lois ; mais seul et sans témoin, il trouve son intérêt aux impératifs de la nature. […] quand on transgresse les règles légales, si c'est à l'insu des auteurs de la convention, on s'en tire sans honte ni dommage ; dans le cas contraire, ce n'est plus vrai[5].

On peut imaginer ce qui pourrait survenir si tout le monde adoptait cette ligne de conduite…

UNE CONCEPTION INSTRUMENTALE DE LA RATIONALITÉ

On peut dire en terminant que les sophistes avaient une conception *instrumentale* de la raison humaine. Comme ils ne croyaient pas en l'existence de vérités absolues, la recherche d'une connaissance vraie ne pouvait constituer pour eux une fin en soi de la raison. Ils voyaient plutôt la raison comme un instrument au service

---

5. Cité dans Jacqueline De Romilly, *Les grands sophistes dans l'Athènes de Périclès*, Paris, Éditions de Fallois, 1988, p. 170.

de nos désirs et de nos intérêts. Ils réduisaient sa fonction à ce que nous avons déjà appelé une *rationalité instrumentale*. En d'autres termes, ils mettaient la rationalité *théorique*, orientée vers la recherche de la connaissance, au service de la rationalité *pratique*, dominée par la recherche de l'intérêt ou de la meilleure solution. La raison nous aide à atteindre nos buts en nous permettant de trouver les meilleurs moyens pour arriver à nos fins, l'un d'entre eux étant de convaincre les autres d'adopter notre point de vue par notre habileté argumentative!

BILAN DE LA PHILOSOPHIE DES SOPHISTES

Il faut prendre garde de tomber dans une représentation caricaturale de la pensée des sophistes en invoquant simplement l'importance qu'ils accordaient au relativisme. D'abord, le sens du *relativisme* n'est pas de dire que pour eux tout serait *à la fois* vrai et faux, ce qui serait absurde et intenable. C'est plutôt que la «vérité» *varie* et *change* selon les cas, les points de vue et les circonstances. Toute vérité est toujours limitée et ne peut être une vérité que pour certaines personnes ou certains groupes, sous certains points de vue, dans certaines circonstances. Quand un sophiste dit que la maladie est à la fois mauvaise et bonne, il ne soutient pas simultanément deux jugements contradictoires, car ce n'est pas pour la même personne et sous le même rapport qu'elle est bonne et mauvaise. Elle est mauvaise pour le malade pour la raison qu'elle lui cause des souffrances et elle est bonne pour le médecin pour la raison qu'elle lui apporte des revenus.

La thèse centrale du relativisme conteste la position des universalistes, qui prétendent que certaines vérités seraient immuables et ne changeraient jamais, par exemple l'idée que la maladie serait nécessairement mauvaise. Dans un monde naturel et humain voué au changement, n'est-il pas normal et inévitable que les vérités changent elles aussi? Bref, les sophistes mettaient en cause l'idée que la raison puisse produire des vérités absolues, mais ils n'en concluaient pas pour autant que tout ce que dit la raison soit sans valeur. Simplement, cette valeur est toujours limitée et elle dépend de facteurs extérieurs: les expériences, les circonstances et, bien sûr, l'utilité et les intérêts.

Nous verrons maintenant comment Socrate a pris le parti de l'absolu et a entrepris de combattre la vision instrumentale de la rationalité et la philosophie relativiste des sophistes.

POINTS À RETENIR

Les sophistes

1 Les sophistes étaient des professeurs ambulants qui enseignaient principalement l'art oratoire aux jeunes désireux de faire une carrière politique.

2 Ils défendaient une philosophie relativiste selon laquelle il n'existe pas de vérités ou de principes absolus et universels sur le plan de la connaissance et de la morale. Sur le plan pratique, c'est le critère relatif de l'utilité qui doit guider nos décisions.

3 Les sophistes avaient une conception instrumentale de la raison, c'est-à-dire qu'à leurs yeux, la raison est un instrument au service de nos désirs et de nos intérêts.

Exercices

1. «La santé est bonne et la maladie est mauvaise.» Ce jugement n'est-il pas un bon exemple d'une vérité absolue? Pas selon le point de vue d'un sophiste relativiste. Essayez de trouver des arguments montrant que ce jugement est en réalité *relatif*.

Faites le même exercice au sujet du jugement suivant: «La vie est bonne et la mort est mauvaise.»

Note: Le but n'est pas ici d'arriver à la conclusion absolue contraire («la santé est mauvaise et la maladie est bonne»), mais de montrer que le jugement est *relatif*, donc qu'il varie ou change selon les cas, selon les circonstances, selon les points de vue.

2. Nous venons d'aborder la notion d'*égoïsme rationnel*. Certains philosophes ont défendu l'idée que l'être humain est fondamentalement égoïste et que ses actions sont toujours dictées par l'intérêt personnel. D'autres pensent que c'est faux et que l'humain est aussi capable d'altruisme (dévouement pour les autres) et de sacrifice de soi.

Élaborez un discours *double* sur cette question en développant des argumentations favorables et défavorables à cette thèse, aussi *également* convaincantes que possible. Efforcez-vous, dans chacune des argumentations, de répondre aux objections prévisibles de la position adverse.

3. Nous avons exposé l'argument selon lequel la théorie de l'égoïsme rationnel, qui tente de faire découler le respect des lois de la rationalité de l'intérêt individuel, comporte une faiblesse: si l'égoïsme rationnel amène l'individu à violer la loi lorsque cela l'avantage et qu'il est sûr de ne pas se faire prendre, ne constitue-t-il pas une grave menace pour l'ordre social?

Développez une argumentation personnelle sur cette question: l'égoïsme rationnel peut-il suffire à faire régner le bon ordre dans la société ou menace-t-il au contraire de faire sombrer la société dans l'anarchie?

3.2

SOCRATE: LE PHILOSOPHE QUI AVAIT UNE MISSION

Socrate est né en 469 av. J.-C. et il est mort en 399 av. J.-C. Il est le premier grand nom de la philosophie et peut-être aussi le philosophe le plus original qui ait jamais existé. Encore aujourd'hui, il fait figure de légende et inspire fascination et admiration. Son personnage a toujours baigné dans une aura de mystère, et ce pour plusieurs raisons. La première est que nous connaissons mal sa pensée parce qu'il n'a rien écrit. La deuxième est que sa manière de philosopher est construite sur un étrange *paradoxe*: il a consacré sa vie à la philosophie tout en affirmant *ne rien savoir* sur les questions philosophiques qui le passionnaient. Socrate fut néanmoins célèbre dans toute l'Antiquité, et presque tous les philosophes anciens le mentionnent dans leurs écrits.

> [...] un homme aussi original que celui-ci et des discours pareils aux siens, on peut les chercher, on n'en trouvera pas d'approchants ni dans le temps passé, ni dans le temps présent [...].
>
> **Platon**[6]

---

6. Platon, *Le Banquet, Phèdre*, trad. par Émile Chambry, Paris, 1964, Garnier-Flammarion, p. 83.

Buste romain de Socrate (470-399 av. J.-C.).

La source principale de nos connaissances sur lui se trouve dans les œuvres de son plus grand admirateur et disciple, Platon. Les écrits de Platon sont volumineux et la plupart d'entre eux sont des dialogues dont le personnage principal est Socrate. Une autre source importante se trouve dans les écrits de l'historien Xénophon. Cependant, il y a beaucoup de différences et même des contradictions entre les portraits brossés par Platon et Xénophon. La plupart des philosophes aujourd'hui accordent un plus grand crédit à celui de Platon. Cependant, cela ne va pas non plus sans problème, car Platon a développé au fil du temps une pensée très personnelle, et il n'est pas toujours aisé de départager, dans ses écrits, ce qui correspond à la pensée de Socrate et ce qui relève plutôt de sa propre vision des choses.

UNE VIE D'EXCEPTION

Socrate est un personnage de légende parce que sa conduite et sa destinée furent insolites et exceptionnelles. Il aurait été sculpteur dans la première partie de sa vie et aurait eu deux fils. Puis, il aurait entendu une voix intérieure, la voix d'un dieu, qui lui enjoignait de tout abandonner pour se consacrer à la philosophie et à l'éducation morale des Athéniens. Pour cette raison, il aurait vécu pauvrement jusqu'à la fin de sa vie. Socrate était un homme religieux et il était aussi un philosophe voué à l'édification d'un savoir rationnel; dans son esprit, ces deux choses étaient parfaitement compatibles, au point même de se confondre. Il se fit remarquer des Athéniens par sa conduite extravagante et par plusieurs autres traits, notamment son apparence physique peu avantageuse. Il fit preuve d'un grand courage à la guerre en sauvant la vie de plusieurs compagnons d'armes, dont un général célèbre, ainsi qu'en témoignant d'une résistance physique et d'un sang-froid hors du commun. Socrate avait un tempérament égal. Bien qu'on se moquait souvent de lui, il ne se mettait jamais en colère.

Il était également un homme de principes et de convictions. En 407 av. J.-C., seul parmi les juges désignés, il refusa de céder aux menaces des proches de marins naufragés qui demandaient au tribunal de condamner en bloc les stratèges accusés d'avoir manqué à leur devoir d'assurer une sépulture à tous les morts. Socrate maintint son refus au nom du respect de la loi, qui prévoyait alors un procès séparé pour chaque accusé. Quelques années plus tard, alors qu'Athènes, vaincue par Sparte, fut temporairement gouvernée par une oligarchie de Trente Tyrans, il refusa, au péril de sa vie, d'obéir à l'ordre d'aller arrêter un citoyen innocent destiné à être exécuté.

Un sophiste qui n'en était pas un

Socrate était souvent confondu avec les sophistes qui séjournaient à Athènes. Il se promenait dans la cité, discutant et argumentant sur toutes sortes de sujets avec les gens, surtout avec les jeunes nobles auprès desquels il était fort populaire, mais aussi avec des sophistes ou des personnages importants de l'élite athénienne. Il semblait déployer la même habileté rhétorique que les sophistes, retournant contre eux-mêmes les arguments de ses interlocuteurs ou les amenant à se contredire. En réalité, il se démarquait des sophistes sur plusieurs points fondamentaux. Il n'était pas un professionnel de l'enseignement comme eux, mais un philosophe de rue. Il ne se faisait pas payer pour ses services et, en plus, il prétendait ne rien savoir, alors que ceux-ci se targuaient de tout savoir et d'enseigner des techniques éprouvées! Il n'exigeait même pas qu'on l'écoute quand il parlait et sa pratique philosophique ne semblait motivée par aucun intérêt personnel. Il était surtout désireux de remettre en question les opinions de ses interlocuteurs et de leur montrer qu'elles étaient confuses ou mal fondées. Son message principal, passablement ambigu, semblait être: il est très important mais il est aussi très difficile de penser d'une manière rationnelle. À quel jeu jouait-il donc?

Dans un dialogue de Platon intitulé *Apologie de Socrate*, Socrate raconte un événement qui explique le sens de son étrange entreprise. Il raconte que son ami d'enfance, Chéréphon, alla un jour consulter l'oracle de Delphes, qui était l'oracle le plus célèbre de la Grèce. Une prêtresse, la Pythie, y transmettait par ses cris les réponses du dieu Apollon à ceux qui venaient lui demander conseil. Chéréphon demanda à l'oracle s'il pouvait exister quelqu'un de plus savant que Socrate. La Pythie répondit qu'il n'y avait personne de plus savant que Socrate. Celui-ci explique alors ce qui s'ensuivit:

> En effet, lorsque je fus informé de cette réponse, je me fis à moi-même cette réflexion: «Que peut bien vouloir dire la réponse du dieu, et quel en est le sens caché? Car j'ai bien conscience, moi, de n'être savant ni peu ni prou. Que veut donc dire le dieu, quand il affirme que je suis le plus savant? En tout cas, il ne peut mentir, car cela ne lui est pas permis.» Longtemps, je me demandai ce que le dieu pouvait bien vouloir dire. Enfin, non sans avoir eu beaucoup de peine à y parvenir, je décidai de m'en enquérir en procédant à peu près de cette manière.
>
> J'allai trouver un de ceux qui passent pour être des savants, en pensant que là, plus que partout, je pourrais réfuter la réponse oraculaire et faire savoir ceci à l'oracle: «Cet individu-là est plus savant que moi, alors que toi tu as déclaré que c'est moi qui l'étais.» Je procédai à un examen approfondi de mon homme – point n'est besoin en effet de divulguer son nom, mais qu'il suffise de dire que c'était un de nos hommes politiques –, et de l'examen auquel je le soumis, de la conversation que j'eus avec lui, l'impression que je retirai, Athéniens, fut à peu près la suivante. Cet homme, me sembla-t-il, passait aux yeux de beaucoup de gens et surtout à ses propres yeux pour quelqu'un qui savait quelque chose, mais ce n'était pas le cas. Ce qui m'amena à tenter de lui démontrer qu'il s'imaginait savoir quelque chose, alors que ce n'était pas le cas. Et le résultat fut que je m'attirai son inimitié et celle de plusieurs des gens qui assistaient à la scène. En repartant, je me disais donc en moi-même: «Je suis plus savant que cet homme-là. En effet, il est à craindre que nous ne sachions ni l'un ni l'autre rien qui vaille la peine, mais, tandis que, lui, il s'imagine qu'il sait quelque chose alors qu'il ne sait rien, moi qui effectivement ne sais rien, je ne vais pas m'imaginer que je sais quelque chose. En tout cas, j'ai l'impression d'être plus savant que lui du moins en ceci qui représente peu de chose: je ne m'imagine même pas savoir ce que je ne sais pas.» Puis j'allai en trouver un autre, l'un de ceux qui avaient la réputation d'être encore plus savants que le précédent, et mon impression fut la même. Nouvelle occasion pour m'attirer l'inimitié de cet homme et celle de beaucoup d'autres[7].

---

7. Platon, *Apologie de Socrate, Criton*, trad. par Luc Brisson, Paris, GF Flammarion, 1997, p. 92-93.

Le paradoxe du sage qui sait qu'il ne sait rien

Socrate raconte ensuite qu'après les hommes politiques, il poursuivit la même enquête auprès des poètes, puis auprès des gens de métier, pour arriver chaque fois à la même constatation : ceux-ci s'imaginaient être compétents en toutes sortes de choses en dehors de leur métier, et cette prétention était sans fondement. Toute l'activité philosophique de Socrate était donc basée sur un *paradoxe* : le plus sage ou le plus savant est celui qui sait qu'il ne sait rien. Ce qui est aussi une manière de dire que reconnaître son ignorance est le début de la sagesse. Comme nous le verrons plus loin, Socrate se dérobait presque toujours aux demandes de ceux qui tentaient de lui faire avouer ses croyances et ses opinions personnelles. Lui-même affirmait ne rien savoir sur les sujets qu'il abordait et s'employait à démolir systématiquement les jugements de ses interlocuteurs. Il est clair qu'il se fit beaucoup d'ennemis en se livrant à ce manège avec les politiciens, les poètes et les artisans les plus réputés d'Athènes, d'autant plus que cela se passait souvent sous l'œil des jeunes gens de l'aristocratie qui accompagnaient Socrate dans ses enquêtes. Ils s'amusaient de le voir confondre tous ces membres de l'élite athénienne et s'essayaient même à imiter son stratagème avec leurs proches. Certains Athéniens influents jugèrent son influence néfaste. Socrate semblait prêt à tout remettre en question, même les valeurs traditionnelles les plus fermes des Athéniens.

Mourir pour ses idées

L'animosité grandissante à son endroit fit en sorte qu'il fut traduit en justice. Il fut accusé par trois citoyens, le poète Mélétos, l'orateur Lykon et le riche tanneur Anytos, de croire à d'autres dieux que ceux d'Athènes et de corrompre la jeunesse. Le comportement de Socrate dans cet épisode final contribua beaucoup à sa notoriété, car il montre qu'il a choisi de mourir pour ses idées. D'abord, il aurait pu quitter Athènes avant même son procès. Puis, il se défendit lui-même à son procès contre l'avis de ses amis, qui lui conseillaient d'avoir recours aux services d'un orateur professionnel dans la préparation de sa défense. Dans son discours, il rejeta les accusations portées contre lui et déclara n'avoir jamais eu que de nobles intentions et avoir tout sacrifié pour le bien de ses concitoyens. Il fut condamné par une majorité de 60 voix des juges de l'Héliée (sans doute au nombre de 501). Et, lors du jugement sur sa sentence, il provoqua les jurés en proposant des peines absurdes, telles que d'être nourri aux frais de la cité pour le reste de ses jours, comme l'étaient les grands bienfaiteurs de la cité, ou de payer une amende dérisoire, alors qu'il aurait pu, comme il en avait le droit, suggérer une peine d'exil.

Les jurés, sans doute choqués par sa désinvolture, n'eurent d'autre choix que de lui infliger le châtiment proposé par ses accusateurs, soit de boire la « ciguë », un poison mortel. Des amis tentèrent d'organiser son évasion, mais encore une fois, Socrate refusa. Il choisit la mort, la tête haute, en arguant que son devoir moral était de se soumettre aux lois de la cité et d'accepter son sort. Il but la ciguë. Platon a relaté le procès et la mort de Socrate dans plusieurs textes célèbres, notamment l'*Apologie de Socrate*, le *Criton* et le *Phédon*.

LA MISSION DE SOCRATE

Socrate affirmait donc s'être consacré à la philosophie en réponse à un commandement divin. Il prétendait que le dieu l'avait investi d'une mission auprès des

Athéniens à laquelle il devait consacrer toute sa vie. Quelle était cette mission ? On peut la résumer en deux points complémentaires : exhorter les Athéniens à remettre en cause leur système de valeurs et les amener à faire un meilleur usage de leur raison.

Les Athéniens avaient la chance de vivre dans la cité la plus démocratique du monde, « l'endroit de la Grèce où l'on a la plus grande liberté de parler[8] », disait Socrate. Mais que faisaient-ils de cette liberté de pensée exceptionnelle ? Que faisaient-ils de ce privilège de pouvoir participer aux débats publics ? Socrate constatait que les Athéniens semblaient faire passer la poursuite de leurs ambitions personnelles avant la recherche du bien commun, et il voyait dans cette tendance malheureuse un reflet de l'influence néfaste des sophistes, particulièrement dans le fait que les orateurs à l'Assemblée ou au tribunal usaient de leurs habiletés oratoires et argumentatives pour défendre leurs intérêts par des arguments spécieux que nous qualifierions sans doute de *sophismes*. Pour Socrate, la raison humaine se trouvait ainsi détournée de sa véritable finalité, qui est *la recherche de la vérité et du bien*.

La critique des fausses valeurs

Les Athéniens s'étaient écartés du droit chemin et la raison fondamentale de leur dérive est qu'ils avaient centré leur vie sur de fausses valeurs. En s'adressant à ses juges lors de son procès, Socrate dit tenir les propos suivants à ceux qu'il apostrophait dans la rue :

> Ô le meilleur des hommes, toi qui es Athénien, un citoyen de la cité la plus importante et la plus renommée dans les domaines de la sagesse et de la puissance, n'as-tu pas honte de te soucier de la façon d'augmenter le plus possible richesses, réputation et honneurs, alors que tu n'as aucun souci de la pensée, de la vérité et de l'amélioration de ton âme, et que tu n'y songes même pas[9] ?

Et il dit à ses juges :

> Et si, parmi vous, il en est un pour contester cette affirmation et pour prétendre qu'il se soucie de l'amélioration de son âme, je ne vais ni partir ni le laisser partir ; bien au contraire, je vais lui poser des questions, je vais le soumettre à examen et je vais chercher à montrer qu'il a tort et, s'il ne me semble pas posséder la vertu, alors qu'il le prétend, je lui dirai qu'il devrait avoir honte d'attribuer la valeur la plus haute à ce qui en a le moins et de donner moins d'importance à ce qui en a plus[10].

Ce texte contient plusieurs idées importantes. La question qui préoccupe le plus Socrate, on le voit, est une question *morale*. C'est la question des valeurs : qu'est-ce qui devrait avoir le plus d'importance dans nos vies ? Socrate énumère ici trois valeurs que l'on pourrait qualifier de fausses en ce sens qu'elles ne méritent pas de figurer au sommet de l'échelle des valeurs de quiconque : la richesse, la réputation et les honneurs (postes de pouvoir). Ce thème sera repris par un très grand nombre de philosophes après Socrate. On peut voir ici le fossé qui sépare Socrate des sophistes. Ceux-ci se targuaient d'offrir aux jeunes Athéniens les outils du succès dans la carrière politique, soit les moyens d'atteindre les fausses valeurs dénoncées

---

8. Platon, *Gorgias, op. cit.*, p. 189.
9. Platon, *Apologie de Socrate, op. cit.*, p. 108.
10. *Ibid.*, p. 108.

par Socrate. Or, il est clair que ces valeurs étaient effectivement au centre des préoccupations de l'élite athénienne et que Socrate s'attaquait ici à des tendances bien ancrées dans la culture de l'époque.

La vertu

Socrate opposait ces fausses valeurs aux vraies valeurs qu'il associait à la *vertu*. Ce terme **vertu** signifiait, dans le langage des Anciens, *la connaissance et la recherche du bien véritable*. Surtout, et c'est peut-être ici que la mission de Socrate vint heurter de plein fouet l'entreprise des sophistes, Socrate exhortait les Athéniens à se détourner de la poursuite effrénée du succès *extérieur* pour se consacrer à une tâche plus importante, l'amélioration de leur âme *intérieure*. Il leur dit qu'ils devraient se préoccuper davantage de leur âme que de leur corps. Il reprochait précisément aux sophistes d'enseigner les recettes du succès sans se préoccuper de l'impact moral de cet enseignement.

Socrate entreprit donc de tirer les Athéniens de ce qui lui apparaissait comme un dérèglement moral. Un traitement de choc s'imposait. C'était lui, «cet homme qui ne cesse de vous réveiller, de vous persuader et de vous faire honte, en m'adressant à chacun de vous en particulier, en m'asseyant près de lui n'importe où, du matin au soir[11]». Il s'acharnait sur ses interlocuteurs, il les provoquait, il leur faisait la leçon, il réduisait leurs croyances.

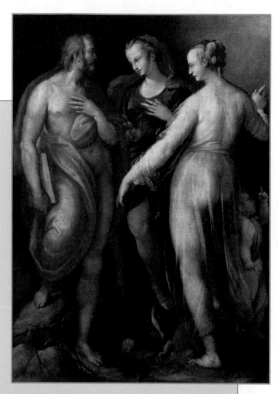

Le philosophe entre la vertu et le vice. Tableau d'Orazio Samacchini (1532-1577).

Sauriez-vous identifier les trois personnages qui composent cette peinture?

Le concept de vertu

Le mot vertu, *aretè* en grec, est le terme général qu'emploient les philosophes anciens pour désigner une qualité d'ordre moral et plus généralement une *disposition à faire le bien*. Le contraire de la vertu est le «vice». Mais le concept de vertu avait au départ pour les Grecs le sens d'excellence, de perfection. On pouvait reconnaître une vertu à toute personne qui excellait dans un domaine ou une activité quelconque et la maîtrisait à la perfection. N'importe quelle habileté manuelle ou intellectuelle pouvait être considérée comme une vertu, que ce soit la course à pied, la menuiserie ou l'art oratoire. Les sophistes eux-mêmes pouvaient ainsi prétendre enseigner la vertu dans la mesure où ils donnaient à leurs élèves les moyens d'exceller dans l'art de la parole et dans les affaires politiques.

Socrate et Platon amorcèrent une réflexion en profondeur sur la nature exacte de la vertu. Ils ne se satisfaisaient pas d'une conception situant la vertu dans n'importe quelle habileté ou capacité *utile*. Après tout, l'intelligence ou l'habileté oratoire peuvent aussi bien servir les desseins d'un criminel que ceux d'un honnête homme. Ils défendront une conception plus élevée et plus exigeante de la vertu, centrée sur ce qui fait véritablement la valeur de l'être humain, sur ce qui lui confère dignité et noblesse d'âme.

Un des lieux communs de l'éthique ancienne est qu'il existe quatre vertus fondamentales: la sagesse, la justice, le courage et la tempérance ou la modération. Cette classification sera reprise intégralement par Platon.

11. *Ibid.*, p. 110.

« Connais-toi toi-même »

Socrate répétait souvent avoir mis au cœur de sa quête philosophique une maxime inscrite sur le fronton du temple de Delphes : « Connais-toi toi-même. » Il invitait chaque Athénien à s'examiner lui-même, affirmant même qu'« une vie à laquelle cet examen ferait défaut ne mériterait pas d'être vécue[12] ». Il voulait dire par là que l'être humain ne saurait se contenter d'agir en ne faisant qu'obéir à ses impulsions et en se précipitant bêtement sur tout ce qui paraît lui offrir une promesse de plaisir immédiat. L'être humain a besoin de mettre de l'ordre dans sa vie, d'orienter sa vie vers quelque chose qui en vaille la peine. Pour cela, il doit s'examiner lui-même, moins dans le sens d'une connaissance psychologique de sa personnalité individuelle, que dans celui d'une réflexion sur ce qui fait qu'une vie vaut la peine d'être vécue. Socrate invitait chaque Athénien à entreprendre cet examen moral.

Nous avons vu que la morale et les valeurs sont l'objet du domaine spécialisé de la philosophie qu'est *l'éthique*. Bien qu'il ait pris connaissance de la philosophie de la nature qui avait la faveur des premiers philosophes ioniens, Socrate semble n'avoir eu de réel intérêt que pour l'éthique. Ce qui intéresse Socrate, c'est l'être humain et c'est le but de la vie humaine, beaucoup plus que les transformations de l'eau en air ou les causes des tremblements de terre et du tonnerre. La majorité des dialogues socratiques portent sur des sujets qui ont une résonance morale, comme la vertu, le courage, la sagesse, la justice, la piété, l'amitié, le beau, l'amour ou le plaisir.

Le bon usage de la raison

L'autre volet de la mission de Socrate portait donc sur le rôle et l'usage de la raison. S'il choisit presque toujours des sujets moraux dans ses entretiens, Socrate faisait porter l'essentiel de son enseignement sur les raisonnements et les argumentations de ses interlocuteurs. Il cherchait à apprendre aux Athéniens à bien penser, à faire un usage rigoureux de leurs capacités rationnelles. Habile à manipuler les idées, il s'amusait à réfuter leurs arguments pour les engager dans une recherche plus approfondie de la vérité, axée sur un souci de clarté des concepts et de cohérence logique.

> Ainsi, mon camarade, l'art des discours, quand on ignore la vérité et qu'on ne s'attache qu'à l'opinion, n'est, ce me semble, qu'un art ridicule et sans valeur.
>
> **Platon**[13]

Science et opinion

Socrate opposait la vérité et la « science » véritable à ce qu'il appelait l'« opinion ». L'**opinion** est, dans son langage, *une croyance toute faite, une idée reçue, qui n'a pas fait l'objet d'un examen critique de la raison, et qui, même si elle peut contenir une parcelle de vérité, ne contient pas la vérité entière.* La **science** est, à l'opposé, une *connaissance vraie et complète qui a fait l'objet d'un tel examen et qui est justifiée par de bonnes raisons.* Socrate dit : « Moi, rien ne me plaît, si ce n'est la vérité[14]. » Et c'est pourquoi il démolissait impitoyablement les demi-vérités et les jugements mal fondés que lui débitaient ses interlocuteurs.

---

12. *Ibid.*, p. 121.

13. Platon, *Phèdre, op. cit.*, p. 145.

14. Platon, *Euthyphron, Second Alcibiade, Hippias mineur, Premier Alcibiade, Lachès, Charmide, Lysis, Hippias majeur, Ion*, trad. par Émile Chambry, Paris, Garnier-Flammarion, 1967, p. 209.

Il est clair que Socrate voyait un lien de nécessité entre cet apprentissage de la pensée rationnelle et la découverte des vraies valeurs. Il semblait croire que les deux étaient indissociables, que penser correctement permettait de découvrir ce qui est le bien véritable, et que ce qui est bien et vertueux ne pouvait qu'être rationnel : Socrate ne croyait pas comme les sophistes que la raison n'est qu'un *instrument* permettant de *démontrer n'importe quoi*. Il ne la réduisait pas au rôle purement instrumental d'être un simple moyen, sans prise sur les buts que nous poursuivons et sur les idéaux que nous essayons d'atteindre. Il croyait que les sophistes pervertissaient la raison et que *le vrai rôle de la raison*, lorsqu'elle est fidèle à ses propres règles de cohérence, est de *conduire l'esprit à la vérité et au bien*. Ce qui est vrai est bien, et faire le bien doit être notre but le plus important : voilà les grandes convictions de Socrate. L'explication de ce lien intime entre rationalité et valeurs est une affaire complexe et controversée que nous allons approfondir dans la suite de cette section consacrée à Socrate.

Mais avant de nous engager dans cette problématique d'envergure, nous allons d'abord nous initier à la manière de Socrate, c'est-à-dire à la méthode de discussion qu'il pratiquait avec obstination et qui a tant dérouté ses interlocuteurs athéniens.

Les valeurs des Grecs

La conception très élevée de la vertu défendue par Socrate était éloignée sur bien des points des vertus qui comptaient vraiment aux yeux des Athéniens de son époque. Certaines de ces vertus paraissent un peu étranges à notre regard moderne, alors que d'autres nous sont plus familières. La culture des Grecs anciens a une configuration originale, très caractéristique. Elle est très « machiste », dans le sens où elle célèbre beaucoup les vertus viriles comme l'effort, l'endurance, le courage physique, l'esprit de compétition et l'amour de la gloire qui accompagne la victoire. Les Grecs anciens étaient friands de concours de toutes sortes : compétitions sportives, bien sûr, mais aussi artistiques (concours de chant, de danse, de théâtre), sans compter les incessantes joutes oratoires à l'Assemblée et au tribunal de l'Héliée. Ils étaient aussi très vindicatifs et ne laissaient pas un affront impuni. C'était pour eux un point d'honneur que de se venger de ceux qui leur avaient fait du tort. Le mode de vengeance le plus courant était la poursuite judiciaire dont ils abusaient. Les procès servaient à régler ses comptes, et tous les moyens étaient bons pour arriver à ses fins. « Il faut aider ses amis et nuire à ses ennemis » était une maxime populaire typique de cette mentalité. De même, une prière adressée aux dieux s'accompagnait souvent d'un souhait de voir le malheur s'abattre sur ses ennemis.

Mais le couple de valeurs le plus important était sans doute l'honneur et la réputation. Le sens de l'honneur n'a plus la même portée aujourd'hui, mais il était fondamental dans la plupart des cultures anciennes. Il faut comprendre que cet honneur était surtout lié à l'opinion qu'autrui avait de soi. Il était important d'être honnête ou généreux, mais encore plus de l'être au vu et au su des autres, de manière à créer une impression favorable. Rappelons la phrase du sophiste Antiphon, que nous avons citée plus haut, qui soutenait que ce qui compte pour celui qui viole une loi est de s'en tirer « sans *honte* ni dommage ». Les riches d'Athènes acceptaient de verser des sommes importantes pour leur cité (par exemple, pour les guerres, les travaux publics ou les fêtes religieuses), mais ils en retiraient des gains énormes en prestige et en renommée. Tout cela explique aussi que la culture morale des Grecs ait été caractérisée comme une « culture de la honte », alors que la culture moderne serait une « culture de la culpabilité ». Étrangement, les Grecs anciens n'avaient pas vraiment de mot pour désigner la culpabilité. Ce qui pouvait le plus déchirer leur âme était moins la culpabilité d'avoir fait du tort à quelqu'un que la honte d'avoir été rabaissé dans l'opinion d'autrui par une conduite déshonorante. Ils craignaient moins la colère d'autrui que son mépris[15].

C'est à toute cette culture populaire profondément ancrée dans les mœurs des Athéniens de l'époque que Socrate allait s'attaquer en prônant un souci de l'âme intérieure et une vision rationnelle des vertus humaines qui interdit de faire du tort à autrui, même sous le couvert de la vengeance.

---

15. Bernard Williams, *La honte et la nécessité*, trad. par Jean Lelaidier, Paris, P.U.F., 1993.

La mission de Socrate

1 Socrate s'est d'abord donné comme mission d'éveiller les Athéniens au fait qu'ils axaient leur vie sur de fausses valeurs extérieures plutôt que sur les vraies valeurs intérieures qui correspondent à la véritable vertu.

2 Il cherchait ensuite à les amener à faire un bon usage de la raison, car le rôle de la raison est de nous faire découvrir ce qui est vrai et ce qui est bien, de remplacer nos « opinions » mal fondées par une « science » véritable, et non d'être un simple instrument au service de nos intérêts.

3.3

LA MÉTHODE DE SOCRATE : LE *MÉNON*

On peut caractériser la méthode employée par Socrate par trois qualificatifs : dialectique, critique et réfutative. **Dialectique** se rapporte au fait que Socrate se livre à un *dialogue formé d'un enchaînement de questions et de réponses* ; « critique » indique que Socrate soumet les opinions de ses interlocuteurs à un examen rigoureux pour en évaluer la solidité et la cohérence ; **réfuter** signifie *contrer un raisonnement, démontrer sa fausseté*. Qualifier la méthode de « réfutative » indique que cet examen critique conduit souvent Socrate à déconstruire les raisonnements par lesquels ses interlocuteurs défendent leurs affirmations. Cela n'a en soi rien d'original. Les sophistes étaient passés maîtres dans cet art. Ce qui est original, c'est le chemin par lequel Socrate arrive à ce but. On peut le subdiviser en plusieurs étapes, que nous présentons ici de façon schématique. Chacun des dialogues de Platon ne suit pas exactement toutes ces étapes, ni l'ordre dans lequel elles sont ici présentées. D'ailleurs, il y a un désaccord parmi les spécialistes au sujet de l'existence d'une « méthode » socratique unique et bien définie. Notre schéma épouse la structure de l'extrait du *Ménon* de Platon qui apparaît plus loin, mais il résume bien le style de philosophie pratiqué par Socrate.

> Mais Socrate est toujours le même : il vous pose un tas de petites questions insignifiantes jusqu'à ce qu'il vous ait réfuté.
>
> **Platon[16]**

> ALCIBIADE. — Ah ! par les dieux, Socrate, je ne sais plus ce que je dis et je crois vraiment que j'ai perdu la tête ; car selon que tu m'interroges, je suis tantôt d'un avis, tantôt de l'autre.
>
> [...]
>
> SOCRATE. — Donc quand tu fais malgré toi des réponses contradictoires sur une chose, c'est une marque infaillible que tu ne la connais pas [...]. Eh bien, ne comprends-tu pas que les erreurs de conduite proviennent aussi de cette ignorance qui consiste à croire qu'on sait quand on ne sait pas ?
>
> **Platon[17]**

---

16. Platon, *Gorgias, op. cit.*, p. 244.
17. Platon, *Premier Alcibiade, op. cit.*, p. 131-133.

Une méthode en cinq étapes

1. **La formulation de la question.**
   Chaque dialogue aborde généralement une question centrale, très simple, souvent de la forme : « Qu'est-ce que… telle chose ? » C'est la question de départ, qui sera au cœur de tout le dialogue, même si d'autres questions s'y greffent au fil des échanges. On voit tout de suite que ce que semble chercher Socrate est une juste *définition* des choses.

2. **La profession d'ignorance de Socrate.**
   Socrate affirme son incapacité à répondre à la question posée en raison de son *ignorance*. Cela est important, car Socrate se trouve ainsi présenté comme *celui qui ne sait rien* et qui a soif d'apprendre face à son interlocuteur qui se croit, lui, en possession d'un savoir. C'est Socrate qui demande à son interlocuteur de répondre à la question à sa place et donc de lui enseigner quelque chose. Les rôles de maître et d'élève se trouvent ainsi inversés.

3. **La production d'une réponse par l'interlocuteur.**
   Les interlocuteurs de Socrate, contrairement à ce dernier, ne résistent généralement pas à cette demande. Ils formulent donc une affirmation en se basant sur leurs connaissances acquises ou sur des croyances courantes dont la vérité leur paraît évidente, mais qui sont mal fondées. Elles appartiennent à la sphère de l'« opinion » et non à celle de la « science ».

4. **L'examen critique et la réfutation de la réponse.**
   C'est ici l'étape cruciale. Socrate se livre à un contre-examen des affirmations de son vis-à-vis. Il pose une série de questions relativement compliquées, dont l'interlocuteur ne comprend pas trop le sens et la direction, mais qui l'amènent malgré lui à produire un certain nombre d'affirmations supplémentaires. *Ironiquement*, celui qui est dans la position de l'élève (Socrate) est en train de faire la leçon à son maître. On sent que Socrate joue avec son interlocuteur. C'est pourquoi certains ont dit de la méthode Socrate qu'elle était *ironique*.

   La réfutation va finalement survenir lorsque Socrate va réussir à montrer à son interlocuteur que ses réponses contiennent une faille importante qui les disqualifie. Le procédé décisif est la *mise en contradiction*, qui signifie qu'une des réponses subséquentes de l'interlocuteur contredit sa thèse de départ. Mais Socrate peut avoir recours à d'autres procédés, qui visent à montrer le caractère inadéquat des réponses, soit qu'elles mènent à une absurdité, qu'elles ne répondent pas à la question posée, qu'elles sont définies trop étroitement ou trop généralement, etc. Cet enchaînement d'affirmations et de contre-affirmations menant à une réfutation partielle est répété à plusieurs reprises à l'intérieur d'un dialogue, car Socrate relance souvent ses interlocuteurs pour qu'ils essaient de trouver une meilleure réponse, qu'il passera au crible à son tour.

5. **L'échec et la confusion finale.**
   Le dialogue se termine généralement sur une *aporie* et donc sur un constat d'échec. La discussion n'a pas abouti. Le problème est resté sans solution. L'interlocuteur est décontenancé ou frustré devant son propre échec et devant le refus de Socrate de proposer lui-même une meilleure réponse, et Socrate

prend soin de le laisser dans cet état de confusion. Il y a maintenant un ignorant de plus parmi les Athéniens, ce qui semble être le but paradoxal poursuivi par Socrate !

Exercices

Voici maintenant un extrait du *Ménon* de Platon qui illustre bien la méthode que nous venons d'exposer. Faites une première lecture du texte pour en saisir le sens général, puis procédez à une deuxième lecture en essayant de répondre aux questions qui suivent.

Questions sur le *Ménon*

1. Retrouvez dans cet extrait du *Ménon* de Platon les cinq étapes de la méthode de Socrate, que nous venons de décrire en indiquant les passages du texte qui leur correspondent. Pour chacune des étapes, résumez brièvement le passage du texte qui correspond à l'étape ou citez une phrase pertinente.

   Note: Les étapes 3 et 4 sont répétées trois fois dans le texte, car Ménon produit trois réponses qui font chacune l'objet d'un examen critique et d'une réfutation de la part de Socrate. La deuxième réponse et sa réfutation forment un passage très court au milieu du texte. Vous devez donc analyser ces trois cas en donnant à chaque fois la réponse de Ménon et la réfutation de Socrate avant de passer à la cinquième et dernière étape.

2. Revoyez les trois réfutations de Socrate et trouvez au moins un endroit où Socrate met Ménon en *contradiction* avec lui-même. Expliquez cette contradiction.

3. Montrez que les réponses données par Ménon reflètent les *fausses valeurs* auxquelles Socrate reproche aux Athéniens d'accorder trop d'importance.

4. Socrate fait allusion à quelques endroits du texte au célèbre sophiste Gorgias. Indiquez en quoi ses propos au sujet de Gorgias suggèrent de façon subtile et ironique ce qui démarque la pratique d'enseignement de Socrate de celle des sophistes.

EXTRAIT DU *MÉNON*[18]

MÉNON. — Peux-tu me dire, Socrate, si la vertu s'enseigne ? ou si elle ne s'enseigne pas mais s'acquiert par l'exercice ? Et si elle ne s'acquiert point par l'exercice ni ne s'apprend, advient-elle aux hommes par nature ou d'une autre façon ?

SOCRATE. — Jusqu'ici, Ménon, les Thessaliens étaient renommés chez les Grecs : on les admirait pour leur compétence équestre et pour leur richesse. Mais aujourd'hui, me semble-t-il, on les admire aussi pour leur savoir, en particulier les citoyens de Larisse, Cité de ton ami Aristippe. Et cela, vous le devez à Gorgias. En effet, dès sa venue en cette ville, il transporta d'amour pour son savoir les chefs des Aleuades – dont Aristippe, ton amant – et l'élite des autres Thessaliens. Il vous a ainsi inculqué l'habitude de répondre aux questions sans rien craindre et de façon magnifique – comme les gens qui savent, tout naturellement, répondent –, car lui-même procédait ainsi : il se mettait à la disposition de tout Grec désireux de lui poser la question de son choix, et il n'y a pas un homme à qui Gorgias ait manqué de répondre.

Mais à Athènes, mon cher Ménon, une situation toute contraire s'est établie. Il s'est produit comme un dessèchement du savoir et il paraît probable que, parti de ces lieux-ci, le savoir soit allé s'installer chez vous. En tout cas, si l'envie te prend de poser ta question à quelqu'un d'ici, il n'y aura personne qui ne se mette à rire et ne te dise : « Étranger, sans doute me tiens-tu pour un bienheureux, de croire que je sais si la vertu s'enseigne ou si elle advient d'une autre façon ! Mais moi, je suis si loin de savoir si la vertu s'enseigne ou ne s'enseigne pas que j'ignore absolument ce que peut bien être la vertu. »

Eh bien moi aussi, Ménon, je suis dans le même cas. En cette matière, je partage la misère de mes concitoyens, et

18. Platon, *Ménon*, trad. par Monique Canto-Sperber, Paris, GF Flammarion, 1991, p. 125-151.

je me blâme moi-même de ne rien savoir, rien du tout, de la vertu; or si je ne sais pas ce qu'est la vertu, comment pourrais-je savoir quoi que ce soit d'elle? Te paraît-il possible que, sans connaître aucunement Ménon et ignorant qui il est, on sache de lui qu'il est riche, beau, noble même, ou tout le contraire de cela? Ce fait te paraît-il possible?

MÉNON. — Non, cela ne me paraît guère possible. Mais, Socrate, est-il vrai que toi non plus tu ne saches pas ce qu'est la vertu? Voyons, est-ce bien ce que je dois aller, chez moi, rapporter sur ton compte?

SOCRATE. — Oui, non seulement cela, mon ami, mais aussi que je n'ai encore rencontré personne d'autre qui le sût, me semble-t-il.

MÉNON. — Comment? N'as-tu pas rencontré Gorgias quand il était ici?

SOCRATE. — Si, je l'ai rencontré.

MÉNON. — Et alors? n'as-tu pas pensé qu'il le savait?

SOCRATE. — Je n'ai pas une très bonne mémoire, Ménon. Je ne peux donc pas te dire aujourd'hui ce que j'ai pensé alors. En fait, peut-être Gorgias le savait-il, mais c'est toi surtout qui dois savoir ce qu'il disait. Remémore-moi donc ses paroles. Ou si tu préfères, parle pour toi-même, car tu penses sans doute la même chose que lui.

MÉNON. — Oui, en effet.

SOCRATE. — Dans ce cas, lui, laissons-le tranquille, puisque après tout il n'est pas ici. Mais toi-même, Ménon, au nom des dieux, dis-moi ce qu'est la vertu. Dis-le-moi, sans t'en montrer jaloux, parce que si tu fais voir que Gorgias et toi, vous savez ce qu'est la vertu, tandis que je déclarais n'avoir jamais rencontré personne qui le sût, ce serait une grande chance pour moi de m'être laissé tromper par cette trompeuse idée!

MÉNON. — Eh bien, ce n'est pas difficile à dire, Socrate. D'abord, si tu veux que je te fasse voir la vertu d'un homme, il est facile de répondre que la vertu d'un homme consiste à être capable d'agir dans les affaires de sa cité et, grâce à cette activité, de faire du bien à ses amis, du mal à ses ennemis, tout en se préservant soi-même de rien subir de mal. Maintenant si tu veux parler de la vertu d'une femme, ce n'est pas difficile à expliquer: la femme doit bien gérer sa maison, veiller à son intérieur, le maintenir en bon état et obéir à son mari. Il y a aussi une vertu différente pour l'enfant, pour la fille et pour le garçon, une vertu pour l'homme âgé, qu'il soit libre, si tu veux, ou esclave, si tu préfères. Et comme il existe une multitude d'autres vertus, on n'est donc pas embarrassé pour définir la vertu. Car on trouve une vertu pour chaque forme d'activité et pour chaque âge, et ce, pour chacun de nous, par rapport à chaque ouvrage que nous nous proposons. Je pense d'ailleurs que c'est pareil, Socrate, pour le vice aussi.

SOCRATE. — J'ai vraiment beaucoup de chance, apparemment, Ménon! J'étais en quête d'une seule et unique vertu, et voilà que je découvre, niché en toi, tout un essaim de vertus. Justement, dis-moi, Ménon, pour en rester à l'image de l'essaim, suppose que je t'interroge pour savoir ce qu'est une abeille dans sa réalité, et que tu déclares qu'il y en a beaucoup et de toutes sortes; que me répondrais-tu si je te demandais: «Est-ce du fait qu'elles sont des abeilles qu'il y en a, dis-tu, beaucoup, de toutes sortes, toutes différentes les unes des autres? Ou bien veux-tu dire que le fait d'être des abeilles ne crée aucune différence entre elles, mais qu'elles diffèrent par autre chose, par exemple en beauté, en taille, ou par un autre attribut de ce genre?» Dis-moi, si on te posait cette question, que répondrais-tu?

MÉNON. — Ceci: en tant qu'elles sont des abeilles, je dis qu'il n'y a aucune différence entre deux d'entre elles.

SOCRATE. — Or si je te demandais ensuite: «Eh bien, Ménon, dis-moi quelle est cette propriété qui, sans créer la moindre différence entre ces abeilles, fait qu'elles sont toutes la même chose. D'après toi, qu'est-ce que c'est?» À coup sûr, tu saurais me le dire!

MÉNON. — Oui.

SOCRATE. — Eh bien, c'est pareil aussi pour les vertus! Même s'il y en a beaucoup et de toutes sortes, elles possèdent du moins une seule forme caractéristique identique chez toutes sans exception, qui fait d'elles des vertus. Une telle forme caractéristique est ce qu'il faut bien avoir en vue pour répondre à qui demande de montrer ce en quoi consiste la vertu. Comprends-tu ce que je dis?

MÉNON. — Oui, j'ai bien l'impression de comprendre. Malgré tout, je ne saisis pas encore comme je voudrais le sens de ta question.

SOCRATE. — Est-ce seulement au sujet de la vertu que tu crois ainsi, Ménon, qu'il y a une vertu de l'homme, une autre de la femme, et ainsi de suite? Ou bien crois-tu que c'est aussi le cas de la santé, de la taille et de la force? Penses-tu qu'il existe une santé de l'homme, et une autre de la femme? Ou bien, si tant est que la santé soit la santé, ne consiste-t-elle pas dans tous les cas en la même forme caractéristique, que celle-ci se trouve chez un homme ou chez n'importe qui?

MÉNON. — Je pense que la santé est bien la même, qu'elle soit celle d'un homme ou celle d'une femme.

SOCRATE. — C'est donc pareil pour la taille, et pour la force? Si une femme est réellement forte, n'est-ce pas grâce à cette forme caractéristique identique – donc grâce à la même force – qu'elle sera forte ? Et voici ce que je veux dire quand je dis «grâce à la même force » : par rapport au fait d'être la force, que la force se trouve chez un homme, ou chez une femme, cela crée-t-il la moindre différence ? Ou bien penses-tu qu'une telle chose fasse une différence ?

MÉNON. — Non, je ne le pense pas.

[…]

SOCRATE. — Tous les êtres humains, qui sont des êtres bons, le sont donc de la même façon, puisque c'est grâce à des qualités identiques qu'ils deviennent bons.

MÉNON. — Il semble bien.

SOCRATE. — Et si leur vertu n'était pas la même vertu, ils ne seraient sans doute pas bons de la même façon.

MÉNON. — Assurément pas !

SOCRATE. — Eh bien, puisque la vertu est identique chez tous, essaie de te remémorer et d'expliquer ce que Gorgias dit qu'elle est, et toi avec lui.

MÉNON. — Que peut-elle être sinon la capacité de commander aux hommes ? puisque tu cherches vraiment quelque chose d'unique qui s'applique à tous les cas.

SOCRATE. — À coup sûr oui, c'est bien ce que je cherche. Mais est-ce la même vertu, Ménon, pour un enfant et pour un esclave ? est-ce la capacité de commander à son maître ? Je veux dire, celui qui commande, crois-tu qu'il soit encore un esclave ?

MÉNON. — Non, je ne le crois pas, Socrate, absolument pas !

SOCRATE. — En effet, ce ne serait pas vraisemblable, excellent homme !

[…]

Allons, essaie donc à ton tour d'acquitter la promesse que tu m'as faite ; dis-moi ce qu'est la vertu en général et cesse de transformer une seule chose en plusieurs – comme on dit pour se moquer des gens qui cassent un objet. Laisse plutôt la vertu entière, intacte, et dis ce qu'elle est. Tu n'as qu'à reprendre les exemples que je t'ai donnés.

MÉNON. — Eh bien, il me semble, Socrate, que la vertu consiste, selon la formule du poète, «à se réjouir des belles choses et à être puissant ». Quant à moi, je déclare que la vertu, c'est le désir des belles choses avec le pouvoir de se les procurer.

[…]

SOCRATE. — Examinons donc ce point-là pour voir si ce que tu dis est vrai. Car tu as peut-être raison. Tu prétends que la vertu, c'est être capable de se procurer les biens.

MÉNON. — Oui.

SOCRATE. — Or ce que tu appelles «biens», ce sont, par exemple, la santé et la richesse, n'est-ce pas ?

MÉNON. — Je veux parler aussi de la possession d'or et d'argent, des honneurs obtenus dans sa cité, ainsi que des charges de commandement.

SOCRATE. — Mais quand tu parles de biens, n'entends-tu rien d'autre que ce genre de biens ?

MÉNON. — Rien d'autre, au contraire, c'est de tout ce genre de biens que je parle !

SOCRATE. — Soit. Donc, ta vertu consiste à se procurer de l'or et de l'argent […]. N'ajoutes-tu pas au moyen de se les procurer, Ménon, la précision «avec justice et avec piété», ou bien cela ne fait-il aucune différence pour toi ? au contraire, même si on se les procure sans aucune justice, donnes-tu toujours à cet acte le nom de vertu ?

MÉNON. — Non, peut-être pas, Socrate.

SOCRATE. — Tu l'appelles vice plutôt.

MÉNON. — Tout à fait, sans aucun doute.

SOCRATE. — Au moyen de se les procurer, il faut donc, semble-t-il, que viennent s'adjoindre justice, tempérance, piété, ou toute autre partie de la vertu ; sinon, ce moyen a beau servir à se procurer des biens, il ne sera pas la vertu.

MÉNON. — En effet, sans cela, comment pourrait-il s'agir de vertu ?

SOCRATE. — Mais, renoncer à se procurer or et argent, pour soi ou pour autrui, quand ce n'est pas juste, ce renoncement à user des moyens de se les procurer, n'est-ce pas là aussi vertu ?

MÉNON. — Cela en a l'air.

SOCRATE. — Le moyen de se procurer ce genre de biens ne serait donc pas plus vertu que le renoncement aux moyens de se les procurer ! En revanche, il semble que l'acte accompli avec justice est vertu, mais qu'est vice, l'acte dépourvu de pareilles qualités.

MÉNON. — Je crois qu'il en est comme tu dis, de toute nécessité.

SOCRATE. — Or n'affirmions-nous pas un peu plus tôt que chacune de ces qualités, la justice, la tempérance, et tout ce genre de choses, était une partie de la vertu ?

MÉNON. — Oui.

SOCRATE. — Alors, Ménon, tu te moques de moi !

MÉNON. — Que veux-tu dire, Socrate ?

SOCRATE. — Parce qu'il y a un instant, je t'ai demandé de ne pas démembrer la vertu, de ne pas la mettre en morceaux non plus, et, bien que je t'aie donné les exemples selon lesquels tu devais répondre, tu n'y as pas fait attention, et tu me dis que la vertu, c'est la capacité de se procurer les bonnes choses « avec justice » ! mais ce dont tu parles, la justice, n'affirmes-tu pas qu'elle est une partie de la vertu ?

MÉNON. — En effet, je le dis.

SOCRATE. — En ce cas, il découle des accords que tu as donnés qu'accomplir son action avec une partie de la vertu, c'est cela la vertu. Car tu soutiens que la justice est une partie de la vertu, comme le sont chacune des qualités dont j'ai parlé.

MÉNON. — Mais où veux-tu donc en venir ?

SOCRATE. — Voici ce que je veux dire quand je t'ai demandé de définir la vertu en général, loin de dire ce qu'elle est, tu déclares de toute action qu'elle est une vertu, à condition qu'on l'accomplisse avec une partie de la vertu ! Comme si tu m'avais dit ce qu'était la vertu en général et que je pouvais donc désormais la reconnaître même quand tu la découpes en parties ! Ne faut-il pas plutôt reprendre encore, c'est ce que je pense, depuis le début et que je te pose à nouveau la même question qu'est-ce que la vertu, mon cher Ménon, si tu dis que toute action est une vertu quand elle est accomplie avec une partie de la vertu ? Car n'est-ce pas ce qu'on veut dire quand on déclare que toute action accomplie avec justice est vertu ? Ne crois-tu pas que tu as encore besoin de revenir à ma question, ou alors t'imagines-tu qu'on sache ce qu'est une partie de la vertu, tout en ne sachant pas ce qu'est la vertu ?

MÉNON. — Non, je ne crois pas.

[...]

SOCRATE. — Eh bien ne t'imagine pas, excellent homme, alors que nous en sommes toujours à chercher ce qu'est la vertu en général, qu'en te servant dans ta réponse des parties de cette vertu, tu feras voir à quiconque ce qu'est la vertu, ni que tu pourras définir comme cela quoi que ce soit d'autre. Sache au contraire qu'il te faudra en revenir à la même question : quelle est cette vertu dont tu parles comme tu en parles ? Ou bien crois-tu que ce que je dis ne vaut rien ?

MÉNON. — Je crois que tu as raison.

SOCRATE. — En ce cas, réponds encore une fois, en reprenant dès le début : ton ami et toi, que dites-vous qu'est la vertu ?

MÉNON. — Socrate, j'avais entendu dire, avant même de te rencontrer, que tu ne fais rien d'autre que t'embarrasser toi-même et mettre les autres dans l'embarras. Et voilà que maintenant, du moins c'est l'impression que tu me donnes, tu m'ensorcelles, tu me drogues, je suis, c'est bien simple, la proie de tes enchantements, et me voilà plein d'embarras ! D'ailleurs, tu me fais totalement l'effet, pour railler aussi un peu, de ressembler au plus haut point, tant par ton aspect extérieur que par le reste, à une raie torpille, ce poisson de mer tout aplati. Tu sais bien que chaque fois qu'on s'approche d'une telle raie et qu'on la touche, on se trouve plongé, à cause d'elle, dans un état de torpeur ! Or, j'ai à présent l'impression que tu m'as bel et bien mis dans un tel état. Car c'est vrai, je suis tout engourdi, dans mon âme comme dans ma bouche, et je ne sais que te répondre. Des milliers de fois pourtant, j'ai fait bon nombre de discours au sujet de la vertu, même devant beaucoup de gens, et je m'en suis parfaitement bien tiré, du moins c'est l'impression que j'avais. Or voilà que maintenant je suis absolument incapable de dire ce qu'est la vertu. Aussi je crois que tu as pris une bonne décision en ne voulant ni naviguer ni voyager hors d'ici. Car si tu te comportais comme cela, en tant qu'étranger, dans une autre cité, tu serais vite traduit en justice comme sorcier !

[...]

3.4

LA PENSÉE ÉTHIQUE DE SOCRATE

Il convient maintenant de signaler quelques points importants au sujet du style de philosophie pratiqué par Socrate. Dans notre chapitre d'introduction, nous avons associé la pensée philosophique à trois opérations intellectuelles principales : l'analyse de concepts, la problématisation et la formulation de principes fondamentaux. Qu'en est-il chez Socrate ? Il est facile de voir que les deux premières opérations sont au cœur de la pratique philosophique de Socrate. On peut même dire qu'il les a pratiquement inaugurées. Cependant, la troisième pose problème.

> Tu vois, en effet, que la matière que nous discutons est la plus sérieuse qui puisse occuper un homme même d'intelligence médiocre, puisqu'il s'agit de savoir de quelle manière il faut vivre [...].
>
> **Platon**[19]

- Pour ce qui est de *l'analyse de concepts*, Socrate semble obsédé par le souci de *définir* clairement les concepts et il a de très hautes exigences à cet égard, des exigences que personne, semble-t-il, n'arrive à satisfaire ! Il adopte une posture typique du philosophe, pour qui, avant de discuter de quelque chose (la vertu s'enseigne-t-elle ?), il faut d'abord savoir de quoi l'on parle (qu'est-ce que la vertu ?). Il faut avant tout définir clairement le concept dont on veut discuter.
- Ensuite, il est évident que Socrate pratique intensément *la problématisation*, puisqu'il remet systématiquement en question toutes les affirmations de ses interlocuteurs, qui ne sont que le reflet de la culture morale de la société athénienne.
- Mais la troisième opération, *la formulation de principes*, paraît absente. Après tout, comment quelqu'un qui affirme ne rien savoir pourrait-il prétendre connaître le principe fondamental d'une chose ? Cela fait partie du mystère qui entoure le personnage de Socrate : Socrate avait-il des opinions arrêtées sur les sujets dont il discutait ? Sa prétendue ignorance était-elle feinte ? N'était-elle rien de plus qu'un stratagème inspiré par sa mission éducatrice ?

UNE THÉORIE À RECONSTITUER

Il est difficile d'imaginer qu'un homme de conviction comme Socrate puisse n'être attaché à aucun principe et qu'il n'adhère à aucun idéal moral alternatif, alors qu'il se plaît à dénoncer les fausses valeurs et le délabrement moral de ses concitoyens. Il semble peu probable qu'il n'ait développé aucune pensée éthique, lui qui se passionne pour l'éthique

Et pourtant. D'une part, Socrate affirme que savoir ce qu'est la vertu est ce qu'il y a de plus important au monde et qu'il n'a lui-même d'autre but que d'obéir aux exigences de la vertu. Mais, d'autre part, il s'avoue ignorant en la matière et prétend n'avoir jamais rencontré quelqu'un qui sache vraiment ce qu'est la vertu. Il laisse donc entendre que les humains sont parfaitement ignorants en ce domaine qui compte plus que tout dans leur vie ! Ce qui paraît invraisemblable. D'autant plus que, à d'autres moments, il semble plutôt convaincu du fait que la vertu est une *science* du bien et du mal et qu'il existe des *experts* dans cette science morale, comme il en existe pour les autres domaines spécialisés d'ordre pratique comme la

19. Plaron, *Gorgias, op. cit.*, p. 251.

médecine, la navigation, la musique ou la rhétorique, qu'il appelle des « arts ». Mais qui sont ces experts ? Lui-même nie en être un. Cela reste un mystère.

Comme nous le verrons dans ce qui suit, il semble bien que Socrate adhérait effectivement à des principes fondamentaux. Quelques thèmes récurrents des dialogues de Platon, surtout les premiers que l'on croit plus fidèles à la pensée propre de Socrate, permettent d'attribuer à Socrate un certain nombre de positions philosophiques.

Toutefois, il est clair que, des deux pôles entre lesquels se partage l'activité philosophique, le pôle *critique* et le pôle *théorique*, c'est au pôle critique que Socrate accorde sa préférence. Socrate s'est fait un devoir de passer au crible les idées reçues et les opinions courantes qui circulaient dans la population athénienne. S'il adhérait à des *principes*, il n'a jamais pris la peine de les élaborer, de les fonder et de les organiser de façon systématique, comme le font généralement les théoriciens de la philosophie. Malgré cela, il est possible pour nous d'essayer de reconstituer cette théorie éthique que Socrate n'a peut-être jamais formulée explicitement mais qui transpire à travers ses propos.

IL EXISTE DES PRINCIPES MORAUX ABSOLUS ET UNIVERSELS

Il semble évident que Socrate a cru en l'existence de principes éthiques absolus et universels. Socrate tenait pour acquis que le bien et la justice existent et que la

> [...] ce n'est pas parler comme il faut que d'imaginer [...] qu'un homme qui vaut quelque chose, si peu que ce soit, doive, lorsqu'il pose une action, mettre dans la balance ses chances de vie et de mort, au lieu de se demander seulement si l'action qu'il pose est juste ou injuste, s'il se conduit en homme de bien ou comme un méchant.
>
> **Platon**[20]

question de savoir si notre conduite est bonne ou mauvaise, juste ou injuste, était la question primordiale qui devrait toujours être au centre de nos préoccupations. C'était pour lui une conviction inébranlable, mais il ne se souciait pas d'expliquer son origine, de la soutenir par une argumentation soignée ou d'en préciser les fondements. La force de cette conviction explique certainement le fait qu'il ait déployé tant d'énergie à combattre l'influence des sophistes. Il la jugeait néfaste parce que ses postulats relativistes minaient toute confiance dans l'existence de vérités morales. Socrate était farouchement opposé au relativisme de Protagoras, qui affirmait que « l'homme est la mesure de toute chose ». Voici ce qu'il en dit :

> Eh bien, voyons, Hermogène, crois-tu qu'il en soit ainsi des êtres et que leur essence soit relative à chaque individu, comme le disait Protagoras, quand il affirmait que l'homme est la mesure de toute chose, et que par conséquent tels ils me paraissent à moi, tels ils sont pour moi, et que tels ils te paraissent à toi, tels ils sont pour toi ; ou bien crois-tu qu'ils ont en eux-mêmes et dans leur essence quelque chose de permanent ?
>
> [...] puisque la raison et la déraison existent, il est absolument impossible que Protagoras ait dit vrai. Car un homme ne serait jamais plus sage qu'un autre, si la vérité n'était pour chacun que ce qui lui semble[21].

---

20. Platon, *Apologie de Socrate*, op. cit., p. 105-106.
21. Platon, *Cratyle*, op. cit., p. 394-395.

Il existe, Socrate en est convaincu, des vérités *permanentes* que la raison peut nous permettre de découvrir.

Le bien ne dépend pas de nos préférences

Un passage célèbre de l'*Euthyphron* de Platon illustre bien la foi de Socrate en l'existence de principes moraux absolus. Dans ce dialogue, Socrate discute avec Euthyphron de la définition de la piété et, fidèle à son habitude, il demande à Euthyphron de l'instruire sur ce sujet. Euthyphron répond que la piété consiste à « faire ce qui est aimé des dieux ». Socrate poursuit avec cette question : « Ce qui est pieux est-il aimé des dieux parce qu'il est pieux, ou est-ce parce qu'il est aimé qu'il est pieux[22] ? »

Cette question permet de bien comprendre le point de vue éthique de Socrate. Il suffit de transposer la question, qui porte ici sur la piété, sur la vertu ou sur la morale en général, pour en bien saisir les implications.

- **La position relativiste.** Le deuxième terme de l'alternative, « est-ce parce qu'il est aimé qu'il est pieux ? », peut être transformé en « est-ce parce qu'il est aimé qu'il est bon ou qu'il est juste ? ». Ce point de vue correspond à une position *relativiste*, comme celle des sophistes. Le bien ou la justice dépendrait des préférences des dieux. Si les dieux trouvaient la vengeance agréable, alors la vengeance serait une bonne chose, si le mensonge avait leur faveur, alors le mensonge serait une bonne chose.
- **La position universaliste.** Le premier terme de l'alternative, « ce qui est pieux est-il aimé des dieux parce qu'il est pieux ? », correspond plutôt à un point de vue *universaliste*, car dire que les dieux aiment une chose parce qu'elle est bonne indique que la qualité d'être bonne est intrinsèque à cette chose, qu'elle ne dépend pas des caprices des dieux. Socrate conclut : « ce qui est pieux est aimé parce qu'il est pieux, et n'est pas pieux parce qu'il est aimé[23] ». Cela signifie ceci, qui est capital : les dieux eux-mêmes n'ont pas le loisir de déterminer ce qui est bien et mal ! Le bien est bien en lui-même et par lui-même ; il n'est pas *relatif* aux désirs des dieux et ne *dépend* pas de leurs désirs. C'est en cela qu'il participe de l'*absolu* (tableau 3.1).

Tableau 3.1

L'ANALYSE DE L'*EUTHYPHRON*		
Relativisme	Ce qui est bon est bon parce qu'il est aimé.	Donc le bon est *relatif* et varie selon nos préférences.
Universalisme	Ce qui est bon est aimé parce qu'il est bon.	Donc le bon est bon en lui-même, d'une manière *absolue* et permanente.

Les dieux ne peuvent décréter, suivant leur bon plaisir, que mentir serait honnête ou que voler serait correct. Eux-mêmes doivent se soumettre à l'ordre moral

---

22. Platon, *Euthyphron, op. cit.*, p. 198.
23. *Ibid.*, p. 201.

contenu dans ces préceptes. Dans l'*Apologie*, Socrate l'affirme sans détour : « Que veut donc dire le dieu, quand il affirme que je suis le plus savant ? En tout cas, il ne peut mentir, car cela ne lui est pas permis[24]. »

Si l'on cherche un motif à la réprobation que les idées révolutionnaires de Socrate ont pu inspirer aux Athéniens, celui-ci paraît particulièrement important. Il était certainement révolutionnaire de subordonner les dieux à un système de normes morales universelles, compte tenu des croyances populaires des Athéniens, qui concédaient aux dieux le droit de satisfaire tous leurs caprices. Cette position s'inscrit dans la logique de la critique philosophique de la religion que nous avons vue précédemment. Nous avions alors mentionné que Socrate affirmait qu'il était impossible que les dieux se livrent à tous les actes ignobles que leur prêtent certains mythes traditionnels : les dieux sont parfaits et ne peuvent pour cette raison s'adonner au viol, au mensonge, à l'adultère et à l'injustice.

Nous pouvons encore appliquer toute cette argumentation à la vie humaine. Une conduite peut-elle avoir une valeur morale tout simplement parce qu'elle me plaît ? Son caractère bon ou mauvais ne repose-t-il pas plutôt sur des critères qui existent *indépendamment de moi* et qui s'imposent à moi avec une autorité incontestable ? À travers ces questions, Socrate apparaît radicalement opposé au relativisme des sophistes dans le domaine moral.

LES DEUX AXIOMES DE L'ÉTHIQUE SOCRATIQUE

Nous savons donc que Socrate croyait en des principes d'ordre éthique. Mais nous devons maintenant aller plus loin et donner un contenu plus substantiel à sa pensée. Rappelons quelques-unes des idées sur lesquelles nous avons insisté à la fin de la section sur les paradoxes au chapitre 1 :

- il faut poser un *point de départ* lorsqu'on développe une série de raisonnements ;
- les prémisses de départ sont toujours cruciales dans l'évaluation d'une théorie, car elles orientent toute la suite de son développement ;
- chaque philosophe cherche à se donner le point de départ le plus sûr possible sous la forme d'*axiomes* qu'il considère évidents.

Dans le cas qui nous occupe, nous pouvons dire que le point de départ de la pensée éthique de Socrate se trouve dans une combinaison de deux axiomes.

L'humain est rationnel

D'abord, Socrate est convaincu que *l'essence de l'humanité est sa rationalité*. L'être humain use naturellement de sa raison pour trouver les meilleures réponses ou les meilleures solutions, tant sur le plan de la connaissance que sur celui de l'action. Voilà, aux yeux de Socrate, le trait qui démarque le plus clairement l'humain de l'animal. Ceci constitue un *axiome* de la pensée socratique, une vérité évidente qui n'a même pas besoin d'être démontrée. Socrate croit que le but de la raison sur le plan *théorique*, qui est celui des connaissances, est la recherche de la vérité. Qu'en est-il sur le plan *pratique*, le plan de l'action ? Que dit la raison à celui qui se pose les questions : Que dois-je faire ? Comment dois-je agir ?

---

24. Platon, *Apologie de Socrate, op. cit.*, p. 92.

L'humain veut être heureux

Il est impossible de répondre quoi que ce soit à ces questions sans ajouter un deuxième axiome, spécifiquement pratique, qui conférera un contenu et une direction à l'activité de la raison. Quel est le but de l'homme sur le plan pratique? La réponse de Socrate est: le bonheur. *Le but des humains dans tout ce qu'ils font est d'être heureux et de ne pas être malheureux.* Ceci est un deuxième axiome qui n'a pas besoin de démonstration. Nous pouvons demander, à propos de toute chose que nous faisons: «Pourquoi la faisons-nous?» Inévitablement, nous arriverons à un point où nous dirons: «Pour être heureux.» Et notre questionnement s'arrête nécessairement à ce point, car il n'y a plus de réponse à donner à la question «Pourquoi voulons-nous être heureux?». Le bonheur est bon, en lui-même et par lui-même, un point c'est tout.

Joignons maintenant nos deux axiomes: nous sommes rationnels, et le but fondamental de nos actions est le bonheur. Qu'en résulte-t-il? Simplement que notre vie pratique est une recherche rationnelle du bonheur et que la raison, lorsqu'elle fonctionne correctement, va nous conduire au bonheur, soit par le discernement des buts particuliers qui peuvent le mieux assurer notre bonheur, soit par la découverte des meilleurs moyens et des meilleures stratégies pour les atteindre. La raison aurait donc pour finalité de produire une «science» du bonheur.

La pensée éthique de Socrate

POINTS À RETENIR

1. Socrate croyait en l'existence de principes moraux absolus et universels et s'opposait avec véhémence à la position relativiste des sophistes en cette matière. Ces principes universels sont rationnels, car c'est la raison qui nous permet de découvrir et de comprendre ce qui est bien.

2. La pensée éthique de Socrate repose sur deux axiomes: l'humain est rationnel et l'humain veut être heureux. Il en découle que notre vie pratique est une recherche rationnelle du bonheur et que la raison pratique a pour finalité de produire une «science» du bonheur.

UNE ÉTHIQUE DE PARADOXES

L'éthique est un domaine concret, puisqu'elle s'intéresse à l'action humaine. Quels principes d'action concrets Socrate a-t-il tirés de ses axiomes de départ? C'est ici que nous réalisons jusqu'à quel point le *paradoxe* est le mode d'expression caractéristique de la philosophie de Socrate. Après nous avoir décontenancés par sa profession d'ignorance, Socrate continue de nous dérouter lorsqu'il dévoile ses convictions éthiques. En effet, toutes les thèses éthiques de Socrate sont des *paradoxes*. Ses thèses ont en effet quelque chose d'étrange et d'excessif, qui ne manquait pas de susciter une réaction d'incrédulité chez ses interlocuteurs, mais, plus

Tel qu'il apparaît dans les dialogues de Platon, Socrate est un vivant paradoxe.
Alfonso Gomez-Lobo[25]

25. Alfonso Gomez-Lobo, *Les fondements de l'éthique socratique*, Paris, Presses universitaires du Septentrion, 1996. p. 31.

important encore, qui a suscité l'opposition de la plupart des philosophes qui l'ont suivi! Voici ces paradoxes:

- Personne ne se fait du mal à lui-même volontairement.
- Les bons sont nécessairement heureux et les méchants sont nécessairement malheureux.
- Commettre l'injustice est pire que la subir.
- Celui qui fait le mal est moins malheureux s'il est puni pour ses méfaits que s'il ne l'est pas.

Il suffit de réfléchir un tant soit peu à ces affirmations pour constater qu'elles sont éminemment problématiques. Ce sont pourtant, selon ce que nous pouvons déduire des sources dont nous disposons, les thèses que Socrate défendait.

LE PARADOXE DE LA FAIBLESSE DE LA VOLONTÉ

> Ne voulons-nous pas tous, tant que nous sommes, être heureux? Mais n'est-ce pas une de ces questions ridicules que j'appréhendais tout à l'heure? Car le fait même de poser de telles questions est absurde, assurément. Qui, en effet, ne désire pas être heureux?
>
> **Platon**[26]

Commençons par le premier paradoxe, qui porte sur la problématique de «la faiblesse de la volonté» et qui est aussi celui auquel nous accorderons le plus d'attention:

Personne ne se fait du mal à lui-même volontairement.

L'impossibilité de l'irrationalité sur le plan pratique

Partant de ses deux axiomes, Socrate soulève un problème important, qui concerne ce que les philosophes contemporains appellent la «théorie de l'action». La question est la suivante, et elle est cruciale pour le rationaliste qu'est Socrate: jusqu'à quel point la raison peut-elle commander aux passions? Socrate prétend s'attaquer à une opinion courante que tout le monde (et encore aujourd'hui) semble prendre comme une évidence, à savoir: les humains n'écoutent pas toujours la voix de leur raison parce que leurs désirs ou leurs émotions l'emportent sur elle. Or, cela les conduit souvent à faire leur propre malheur. C'est, dit Socrate, ce que croit le «peuple»:

> [...] il est persuadé que souvent la science a beau se trouver dans un homme, ce n'est point elle qui le gouverne, mais quelque autre chose, tantôt la colère, tantôt le plaisir, tantôt la douleur, quelquefois l'amour, souvent la crainte. Il regarde tout bonnement la science comme une esclave que toutes les autres choses traînent à leur suite. [...] la plupart des hommes [...] prétendent qu'on a souvent beau connaître ce qui est le meilleur, on ne veut pas le faire, bien qu'on le puisse, et on fait tout autre chose[27].

Bref, les hommes savent ce qui est bon pour eux, mais souvent ils ne le font pas, parce que *leur volonté est trop faible*. Socrate conteste cette idée. Il est convaincu que la «science» rationnelle du bien «est une belle chose, capable de commander à l'homme, que lorsqu'un homme a la connaissance du bien et du mal, rien ne peut le vaincre et le forcer à faire autre chose que ce que la science lui ordonne, et que l'intelligence est pour l'homme une ressource qui suffit à tout[28]».

---

26. Platon, *Euthydème, op. cit.*, p. 117.
27. Platon, *Protagoras, op. cit.*, p. 83.
28. *Ibid.*, p. 83.

Celui qui se fait du mal est un ignorant

La thèse de Socrate est donc celle-ci : *tout être humain cherche le bonheur en tout ce qu'il fait ; il est donc insensé de croire qu'un humain puisse volontairement et délibérément faire une action mauvaise pour lui-même en sachant qu'elle est mauvaise.* Qu'un homme cherche délibérément à être malheureux est illogique, irrationnel et contradictoire aux yeux de Socrate. Si cela existait, ce serait un paradoxe ! L'argument de Socrate n'est pourtant pas de nier que les hommes fassent parfois ce qui est nuisible pour eux-mêmes. Quelle est alors son explication ? C'est que celui qui agit contre ses propres intérêts le fait par « erreur ». Au moment où il fait une erreur, il *ignore* que son action est mauvaise pour lui-même, il la croit bonne. *Celui qui fait ce qui est mal pour lui-même ne fait donc pas ce mal volontairement, il le fait par « ignorance ».* Et il s'ensuit que cette ignorance peut être corrigée, puisque son faux savoir peut être remplacé par un vrai savoir. Ainsi, il lui faut comprendre, au moyen de sa raison, ce qui est véritablement la meilleure ligne de conduite pour lui, et il devra nécessairement l'adopter puisqu'il veut être heureux !

L'argument de Socrate repose sur la logique rationnelle. Il repose sur la connexion qu'il a établie entre ses deux axiomes, soit celui de la rationalité humaine et celui de la recherche du bonheur. Partant de ces axiomes, Socrate pense que tout agent doit nécessairement opérer selon la *déduction* logique suivante :

(1) Je veux être heureux.
(2) Je vais donc toujours choisir l'action que ma raison m'indique être la meilleure pour moi.
(3) Ma raison me dit que l'action *x* promet d'être la meilleure pour moi.
(C) Donc je vais faire *x*.

Socrate a donc décrété que ce que les philosophes appellent « la faiblesse de la volonté » (*akrasia*, en grec) était *impossible*. C'est ce que résume la formule célèbre, qui lui a été attribuée : « Nul ne fait le mal volontairement. » La **faiblesse de la volonté** est *le fait d'agir parfois à l'encontre de notre meilleur intérêt parce que nous manquons de la volonté nécessaire pour résister à certains désirs ou émotions.* Socrate adopte ici une position que l'on a qualifiée d'« intellectualiste », car elle paraît surestimer le pouvoir des capacités intellectuelles chez l'humain : l'intelligence rationnelle commande la conduite de l'homme et elle est plus forte que les émotions ou les passions (« elle est une ressource qui suffit à tout », dit Socrate). Selon cette conception, l'être humain ne supporte pas l'incohérence et il n'acceptera jamais de faire quelque chose qu'il sait être mauvaise pour lui-même. *Il croit toujours que ce qu'il fait sera bon pour lui.* Le paradoxe réside donc ici dans l'affirmation de Socrate voulant que *l'être humain ne peut jamais être irrationnel sur le plan pratique*, qu'il peut seulement être ignorant. Et, comme nous l'avons déjà vu lors de notre étude de l'irrationalité, l'ignorance n'est pas une condition suffisante pour déclarer une personne irrationnelle.

L'évidence des faits contre Socrate ?

L'opinion populaire à laquelle Socrate disait s'opposer est aussi répandue dans le milieu philosophique. En effet, la plupart des philosophes pensent que l'opinion populaire est correcte dans ce cas et ils rejettent l'argumentation de Socrate. Ils la considèrent elle-même comme paradoxale parce que, comme l'a dit Aristote, « la

Portrait de l'écrivain Walter Mehring, tableau (1925) de George Grosz (1893-1959).

Personne n'aurait pensé en 1925 que fumer pouvait être un acte *irrationnel*. Mais beaucoup le croient aujourd'hui.

théorie socratique est visiblement en désaccord avec les faits[29]» et qu'il est important pour toute théorie de l'action de respecter l'évidence des faits. Il est facile de mentionner des comportements qui contredisent la position de Socrate. Par exemple, fumer tout en sachant très bien que c'est mauvais pour la santé; ou avoir des relations sexuelles non protégées, tout en connaissant les risques encourus et les mesures qui permettent de les éviter; ou s'endetter inconsidérément durant des années, tout en sachant qu'on se dirige vers la faillite. Ces comportements sont le fait de personnes qui n'ont manifestement pas écouté la voix de leur raison! Elles ont été irrationnelles, car elles ont littéralement fait *le choix du pire* et provoqué leur propre malheur en toute connaissance de cause. Socrate semble nier qu'une telle chose puisse exister: sa thèse est donc aussi paradoxale que celle qu'elle prétend contrer. Socrate n'aurait-il fait rien de plus que de remplacer un paradoxe par un autre?

LA DISCUSSION CONTEMPORAINE SUR LA FAIBLESSE DE LA VOLONTÉ

La pertinence de la discussion amorcée par Socrate est attestée par le fait que la problématique de la faiblesse de la volonté fait encore aujourd'hui l'objet de nombreux travaux, que la controverse à son sujet est toujours vivante et qu'aucune solution à ce paradoxe socratique ne fait encore l'unanimité dans le milieu philosophique. Il n'est pas facile d'expliquer comment les humains arrivent à être irrationnels au point de se faire du mal à eux-mêmes, en toute connaissance de cause.

C'est le philosophe Donald Davidson qui a relancé le débat sur la faiblesse de la volonté lorsqu'il a publié, en 1969, un fameux article intitulé justement «Comment la faiblesse de la volonté est-elle possible?». D'autres philosophes contemporains ont également abordé la question, dont Richard Hare (1919-2002), John Searle et Ruwen Ogien. Sans entrer dans le détail de la discussion, nous allons poser les jalons d'une clarification du problème. Notons ici que cette discussion est limitée, comme l'a souligné Davidson, à un cadre non moral ou «égoïste», celui de la recherche du bonheur. Le «mal» dont il est question est le mal qu'un agent peut se faire «à lui-même». Le problème de la faiblesse de la volonté peut également être abordé d'un point de vue «moral» (pourquoi ai-je menti, alors que je savais que c'était «moralement mal»?), mais c'est une autre question. Elle met en jeu les rapports entre la morale et le bonheur, et nous en reparlerons plus loin.

La thèse de Socrate est donc que personne ne fait ce qui est mauvais *pour lui* en croyant que cela est mauvais. Il faut avouer que cette affirmation est convaincante. C'est pourquoi, contrairement à ce que l'on peut croire, elle n'est pas facile à réfuter.

---

29. Aristote, *Éthique à Nicomaque*, trad. par J. Tricot, Paris, Vrin, 1990, p. 321.

L'irrationalité n'est pas une panne de la raison

Il faut écarter de la discussion que nous amorçons les exemples où la raison de l'agent est pour ainsi dire tombée en panne. Ainsi, Aristote a donné des exemples comme l'ivresse ou la folie. Ces exemples sont inappropriés, car ils écartent un élément clé de l'argument sur la faiblesse de la volonté : pour agir de façon irrationnelle, l'agent doit savoir que ce qu'il fait est mauvais pour lui, comme c'est le cas du fumeur qui fume tout en connaissant très bien les méfaits du tabac. Rappelons ce que nous avons mentionné lors de notre étude de la notion d'irrationalité : *il faut d'abord être rationnel pour être irrationnel*. Le fou ou l'ivrogne sont temporairement dépourvus de leurs facultés rationnelles. Mais ce n'est pas ce genre d'expérience qui est visé par le concept de la faiblesse de la volonté. Les cas pertinents, dit Davidson, sont plutôt ceux où l'agent fait le mauvais choix d'action d'une façon *délibérée*. Celui qui a perdu momentanément l'usage de sa raison ne peut être déclaré irrationnel.

Les limites de la raison sur le plan de la motivation

La position de Socrate soulève plusieurs difficultés, notamment le fait qu'elle est trop abstraite. Elle énonce un principe général : tout le monde veut être heureux. Ensuite, elle semble supposer que la raison dispose d'un pouvoir de contrôle total sur les désirs et les émotions. Mais ce n'est pas ainsi que les choses se passent dans la réalité. D'abord, nous ne visons pas simplement ce but général et vague d'être heureux. Nous sommes habités par une multitude de désirs particuliers, concrets et potentiellement conflictuels. Chacun de ces désirs contient une promesse de bonheur, mais lorsque plusieurs désirs concurrents coexistent et s'avèrent incompatibles, lequel devons-nous privilégier ? La réponse à cette question n'a rien de simple, même pour la raison.

Les désirs sont multiples et parfois incompatibles

Ensuite, ce sont les désirs qui sont au cœur de notre *motivation* à agir et qui déterminent les *buts* de nos actions. *Mais la raison ne contrôle ni l'apparition des désirs ni leur intensité, mais seulement leur destin.* La raison n'a rien à voir avec ma peur de me brûler, ma faim, mon désir d'apprendre le piano ou mes désirs sexuels particuliers. Bien sûr, la raison joue un rôle important dans nos décisions d'action. Elle s'efforce, en particulier, d'évaluer chaque désir en regard de l'intérêt général de la personne. Mais cet intérêt général est lui-même composé de désirs (par exemple, le désir de réussir une entreprise, de prouver sa valeur, de ne pas faire de mal aux autres, de ne pas compromettre sa santé). Les problèmes de l'action viennent généralement du fait qu'il y a des conflits ou des incompatibilités entre divers désirs. La fonction de la raison est de comprendre ces enjeux, de les clarifier, d'analyser leurs implications, en mesurant par exemple les conséquences éventuelles de chaque possibilité d'action.

Un rapport de forces entre désirs et raison

Mais, comme elle n'a aucun contrôle sur la naissance et la persistance des désirs, il ne reste à la raison au fond qu'à faire jouer un désir contre un autre. Elle ne peut contrer un désir qu'en suscitant elle-même un désir (comme le désir de ne pas agir en contradiction avec ses résolutions ou ses principes) ou en renforçant un désir. Par exemple, mon désir de manger un fruit exotique s'évanouira dès que j'apprendrai qu'il contient un poison mortel. Ma raison renforce dans ce cas mon désir de rester en vie pour étouffer mon désir alimentaire. Mais les choses sont rarement aussi simples et aussi faciles. Chaque désir possède une intensité propre, sur laquelle la raison peut exercer une certaine influence. Cependant, au-delà d'un certain seuil d'intensité, il n'est plus possible à la raison de contrôler un désir. Cela explique en partie la faiblesse de la volonté. Quand le désir qui s'empare d'une personne est plus puissant que tous les désirs qu'elle pourrait lui opposer au moyen de sa raison, il ne lui reste que très peu de recours. C'est peut-être ce qu'illustre le cas de ces pédophiles et prédateurs sexuels qui demandent eux-mêmes à être castrés. On peut croire qu'une telle demande émane de leur raison, mais c'est en même temps et paradoxalement un aveu de leur impuissance à maîtriser leurs pulsions.

Les limites de la raison en tant que « science » du bien

Une deuxième difficulté de la position de Socrate réside dans sa croyance en la capacité de la raison d'en arriver à des conclusions claires et certaines dans le domaine pratique, c'est-à-dire de produire une véritable « science » du bien. La plupart des philosophes contemporains considèrent que cette capacité est douteuse.

Selon Ruwen Ogien[30], Socrate a fait l'erreur de concevoir les opérations de la raison pratique sur le mode de la *déduction* logique. Nous avons vu que la déduction ne tolère pas les approximations, qu'elle produit des conclusions certaines en établissant un lien d'inférence purement logique entre les jugements. « Je veux être heureux ; je serai plus heureux si je fais *x* que si je fais *y* ; donc je vais faire *x*. » Ainsi s'exprime selon Socrate le mode d'opération de la raison pratique.

Là où l'on ne procède pas par déduction

Mais il y a tout lieu de penser qu'il y a une différence essentielle entre ces deux plans et que nos raisonnements pratiques ne suivent pas en général le mode déductif, mais un mode *non déductif*, comme celui de l'induction ou du raisonnement convergent. Les diverses *raisons* qui entrent en ligne de compte dans nos décisions ont simplement un poids relatif, plus ou moins grand. Elles sont le résultat de généralisations approximatives et ressemblent plutôt à un énoncé de la forme : « Il est généralement avantageux dans ce genre de situation d'agir de telle ou telle manière. » Elles pèsent *plus ou moins* lourd dans la balance, et les conclusions auxquelles elles nous mènent quand nous optons pour une action ou une autre ont seulement une certaine *probabilité* d'être justes. Elles ne sont pas *nécessairement* justes.

Par exemple, Socrate soutient, dans le *Protagoras* de Platon, que nous devrions logiquement toujours renoncer à un plaisir immédiat (par exemple, celui de fumer une cigarette) lorsque sa contrepartie est un désagrément futur plus grand (avoir le cancer du poumon). Mais, par définition, toute prévision d'un événement est probable à un certain degré. Il est donc injustifié de parler ici, comme semble le faire Socrate, d'une conclusion *logiquement nécessaire*. Il n'est pas *certain* que tout fumeur aura le cancer du poumon et il est *possible* que le fumeur meure d'autre chose bien avant d'être atteint du cancer. Le fumeur pourrait aussi évaluer que la somme des plaisirs que lui aura procurés la cigarette tout au long de sa vie excédera finalement la somme des déplaisirs que pourrait entraîner un éventuel cancer du

---

30. Ruwen Ogien, *La faiblesse de la volonté*, Paris, P.U.F., 1993.

poumon. Cette marge d'incertitude est souvent suffisante pour justifier dans l'esprit du fumeur une dérogation à ce qui peut sembler être le choix le plus rationnel.

Rationnel ou raisonnable ?

La démarcation entre les bonnes et les mauvaises raisons n'est pas toujours facile à tracer, et c'est ici que le terme « raisonnable » peut s'avérer un substitut adéquat à celui de rationalité. Comme nous l'avons déjà indiqué, l'idée de « raisonnable » a le sens d'une exigence de rationalité limitée et imparfaite. Chaque individu est différent et chaque situation est différente. Comment déterminer ce qui est une bonne et une mauvaise raison pour un agent dans sa situation ?

Le jeune délinquant qui se joint à un gang de rue, quitte sa famille, abandonne l'école, renonce à travailler et poursuit des activités criminelles fait-il un choix que l'on pourrait objectivement qualifier d'*irrationnel* ? C'est peut-être le cas pour un citoyen honnête, qui aura de nombreuses bonnes raisons de changer de comportement à lui proposer. Par exemple : « Tu risques de te retrouver en prison. Tu vas vivre avec la peur constante d'être poignardé par un membre de gangs rivaux, voire par tes amis. Tu vas faire souffrir des innocents. » Que pourrait répondre un délinquant à ces arguments ?

Il pourrait avoir des motifs *raisonnables* d'agir comme il le fait. Essayons de les imaginer : « J'ai quitté la maison familiale parce que la vie y était infernale. De toute façon, je n'ai jamais été bon à l'école. En menant des activités criminelles, je gagne plus en une semaine qu'en plusieurs mois de travail au salaire minimum. Et puis, grâce à mon gang, je me sens apprécié et accepté par mon entourage pour la première fois de ma vie. Avant, j'étais un nul. Maintenant, les gens me respectent. Je sais que je vis avec une épée de Damoclès au-dessus de ma tête, mais cette vie est excitante, je suis prêt à prendre des risques. Cela donne plus de valeur à ma vie. Ça vaut mieux que de mener une petite vie insignifiante. Personne ne s'est jamais soucié de moi, alors je ne dois rien à personne…»

On peut bien sûr imaginer d'autres arguments en réponse à ceux-ci. L'important est que la ligne de démarcation ne passe pas entre le *rationnel* (logique) et l'*irrationnel* (illogique), mais entre des positions plus ou moins *raisonnables* qui font intervenir une multiplicité de *motifs*. L'alcoolique qui décide d'en finir avec sa dépendance peut le faire pour diverses raisons, par exemple la honte, des problèmes de santé, la peur de perdre sa femme et ses enfants, la peur de se retrouver à la rue. Cependant, aucun n'apparaît plus *logique* que les autres. Il est donc difficile de déterminer ce qui s'avérera un motif déterminant pour un individu dans un contexte particulier.

L'explication par le morcellement de la personnalité

Donald Davidson a écrit un deuxième article sur le sujet de la faiblesse de la volonté intitulé « Les paradoxes de l'irrationalité ». Il y propose une autre avenue d'explication de l'*akrasia* : l'hypothèse

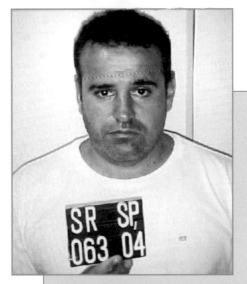

Fabio Franco, caïd de la mafia italienne.

Arrêté à São Paulo au Brésil en 2004 alors qu'il tentait de fuir la justice. N'ayant pas eu le temps de se faire faire une chirurgie plastique pour changer son apparence, il a tenté désespérément d'élimer ses empreintes digitales.

La vie de criminel est certes trépidante, mais est-elle un choix de vie irrationnel ? Certainement, aux yeux du citoyen ordinaire. Reste à expliquer pourquoi celui-ci est si intéressé, voire fasciné, par les films et les romans qui racontent ses péripéties…

d'un *morcellement* du système psychique humain. Un des présupposés essentiels de la thèse de Socrate, quand il affirme la domination de la rationalité dans l'agir humain, est que le psychisme ou l'esprit humain serait *unifié*. Pour que de mauvaises raisons d'agir entrent en contradiction avec les bonnes, il faut qu'elles soient toutes appréhendées et confrontées dans une sorte de centre de contrôle psychique que Socrate associe à la raison. C'est ce centre de contrôle qui est censé rejeter les mauvaises raisons au profit des bonnes.

Mais Davidson fait l'hypothèse que l'esprit humain n'est peut-être pas unifié et qu'il est plutôt organisé en sous-systèmes séparés, *relativement indépendants*. Cette hypothèse est d'ailleurs supportée par certaines recherches récentes sur le cerveau humain, qui font état de l'existence de modules à l'intérieur du cerveau. Cette compartimentation du psychisme pourrait expliquer l'irrationalité apparente d'un agent qui choisit une option d'action qu'une autre partie de son esprit juge mauvaise pour lui. Cela suppose également que l'être humain soit capable, dans des conditions normales, de s'accommoder d'une telle division à l'intérieur de sa personnalité (figure 3.1).

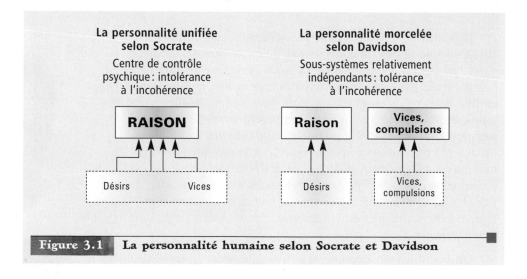

Figure 3.1   **La personnalité humaine selon Socrate et Davidson**

Par exemple, même une personne très rationnelle, un esprit scientifique, peut continuer malgré soi de succomber à certaines superstitions. Une personne généralement raisonnable et bien disciplinée s'abandonnera peut-être au désordre, à l'insouciance ou à des vices particuliers dans certains contextes de sa vie. Le mafieux qui n'hésite pas à recourir au meurtre dans le milieu criminel peut se révéler être un bon mari et un père aimant à la maison. Plusieurs joueurs de hockey, qui jouent le rôle de policier sur la glace et se bagarrent régulièrement, sont par ailleurs des personnes tout à fait paisibles et courtoises dans le quotidien. Beaucoup de vices communs (fumer, s'empiffrer, boire avec excès, jouer compulsivement, visionner des films pornos, aller au bordel) sont vus par leurs adeptes comme une manière de jeter du lest, de se libérer de pressions intérieures. On pourrait toujours dire à ces personnes qu'elles ne sont pas conséquentes avec elles-mêmes, mais elles pourront répondre qu'elles peuvent vivre avec leur vice, que des conduites contradictoires coexistent en elles sans poser de problème insurmontable. Elles seraient donc conscientes de l'existence d'une certaine incohérence dans leurs conduites, mais elles seraient capables de la tolérer.

Il n'y aurait donc pas vraiment d'irrationalité dans de tels cas, qu'il faudrait distinguer de cas plus graves ou pathologiques, comme celui d'un alcoolique qui n'arrive plus à fonctionner normalement au travail ou d'un joueur compulsif qui en est réduit à voler ses amis et à dilapider sa fortune au jeu. Il faudrait peut-être parler alors simplement d'une pulsion trop puissante, qui déborde la raison et met vraiment en péril l'équilibre entier de la personne. La voix de la raison n'est pourtant jamais complètement éteinte même dans ces cas extrêmes. C'est elle qui dit à l'agent : « Tu ne peux t'en sortir tout seul. Va chercher de l'aide ! »

La faiblesse de la volonté

1 Socrate nie l'existence du phénomène de la faiblesse de la volonté, c'est-à-dire l'idée que notre volonté serait parfois impuissante devant la puissance de certains désirs ou émotions. Selon lui, celui qui se fait du mal à lui-même ne le fait pas volontairement, ce qui serait irrationnel, mais le fait par erreur ou par ignorance.

2 On peut opposer à Socrate que la raison n'a pas de contrôle sur l'apparition et la force des désirs, et qu'il est possible que, dans certains cas, elle n'arrive pas à les maîtriser.

3 On peut aussi mettre en cause la possibilité d'une « science » rationnelle du bien opérant sur le mode déductif ; les raisonnements pratiques semblent plutôt être de type non déductif et produisent donc des conclusions seulement probables ou approximatives qui relèvent souvent davantage du raisonnable que du rationnel.

4 Une dernière explication alternative est d'admettre que le psychisme humain n'est pas unifié autour d'un centre de contrôle rationnel, mais serait plutôt compartimenté en sous-systèmes, ce qui expliquerait qu'un sujet puisse tolérer un certain niveau d'incohérence dans sa conduite.

LES RAPPORTS ENTRE BONHEUR ET VERTU

Jusqu'ici, nous n'avons traité qu'une seule dimension de la rationalité pratique, à savoir celle qui touche le bonheur considéré du point de vue égoïste, soit du bien ou du mal que l'on peut se faire *à soi-même*. Nous avons ignoré la dimension plus large de la morale, qui englobe la considération d'autrui. Quand Socrate parle de la *vertu*, il est clair qu'il a en tête un idéal moral très élevé, composé d'exigences comme la justice, le courage ou le respect des engagements. Il semble donc inévitable que nous examinions la question des rapports entre ces deux dimensions de la vie humaine : le bonheur et la morale. Sont-elles identiques, opposées, complémentaires, compatibles ? Ici encore, Socrate a défendu des thèses controversées, qui se trouvent dans les trois autres paradoxes de sa pensée éthique.

[...] je prétends que quiconque est honnête, homme ou femme, est heureux, et quiconque est injuste et méchant, malheureux.

Platon[31]

---

31. Platon, *Gorgias, op. cit.*, p. 204.

Considérons l'expérience courante selon laquelle faire ce qui est le mieux sur le plan moral entre parfois en conflit avec ce qui est le mieux sur le plan de l'intérêt personnel ou du bonheur. S'il est plus avantageux et utile pour moi de trahir un engagement que de le respecter, qu'est-ce que ma raison va me conseiller de faire? Nous avons vu que, pour Socrate, la position rationnelle est de toujours choisir l'action qui me rendra le plus heureux possible, mais il semble juger tout aussi rationnel l'action moralement bonne ou vertueuse. S'il y a conflit entre les deux, comment la raison va-t-elle trancher?

La vertu procure le bonheur

Commençons par le deuxième paradoxe de l'éthique socratique qui est le jugement suivant:

**Les bons sont nécessairement heureux et les méchants
sont nécessairement malheureux.**

Nous avons vu que le relativisme des sophistes les avait amenés à considérer *l'utilité* comme le critère ultime, qui pouvait souvent, mais pas toujours, coïncider avec l'intérêt d'autrui. Le concept de vertu morale, qui englobe des valeurs comme l'honnêteté ou la justice, pourrait donc être un fondement valable de notre décision, mais seulement dans la mesure où il coïncide avec l'intérêt personnel. C'était aussi le sens par exemple de l'attachement des Grecs anciens à la valeur de la réputation: si un comportement honnête ou courageux peut contribuer à me donner une bonne réputation aux yeux de mes concitoyens et que cette bonne réputation sert ensuite mes intérêts, je devrais adopter la meilleure conduite morale pour cette raison, qui n'est pas «morale».

Il dépendrait donc des circonstances que la vertu coïncide ou non avec le bonheur: il est souvent avantageux d'être honnête, mais il peut parfois être plus avantageux d'être malhonnête. Socrate, nous le savons, prend le parti de l'absolu et refuse par principe ce genre de relativisme. Pour lui, l'honnêteté ou la justice ont une priorité absolue sur toute autre considération. C'est tout ce problème qu'il va résoudre, et d'une manière étonnante, par le paradoxe qui nous occupe ici. Pour Socrate, *la vertu morale est une condition nécessaire du bonheur; celui qui fait le bien sera donc nécessairement heureux, alors que celui qui fait le mal sera nécessairement malheureux.* Comment justifie-t-il cette affirmation?

La vertu procure un bonheur intérieur

Il faut revenir ici à ce que nous avons vu au sujet de la mission de Socrate, qui était d'amener les Athéniens à accorder plus d'importance à leur âme intérieure qu'aux plaisirs extérieurs. Socrate affirme que la clé du bonheur se trouve dans l'état de notre âme *intérieure* et que seule une vie vertueuse procure ce bonheur intérieur qui importe plus que tout. Selon Socrate, l'homme vertueux jouit de la paix intérieure, car il n'a rien à se reprocher, alors que le méchant qui a gagné son butin ou son plaisir en faisant du mal à autrui va nécessairement ressentir un malaise intérieur. *C'est donc toujours un mauvais choix, du strict point de vue de l'intérêt personnel, que de violer les principes de la morale.* Socrate réconcilie ainsi totalement bonheur et vertu et il réaffirme le caractère absolu des vérités morales en affirmant *qu'il est toujours bon, et donc utile, d'être vertueux.* Pour lui, il n'y a aucune contradiction possible entre bonheur et vertu, puisque la vertu est une condition nécessaire du bonheur. Et nous revenons encore une fois à la thèse de l'impossibilité de l'irrationalité humaine. Si les humains choisissent parfois le vice plutôt que la vertu, ce n'est pas parce qu'ils veulent faire le mal, c'est parce qu'ils sont *ignorants* d'une vérité cruciale : ils n'ont pas compris que c'est en étant vertueux qu'ils ont le plus de chances d'être heureux.

C'est en ce sens que l'on peut dire que Socrate ne rejette pas vraiment l'utilité comme critère éthique. Il maintient que le but fondamental de tout être humain est le bonheur, ce qui est à la base une motivation égoïste, mais il transfigure ce présupposé égoïste en établissant un lien nécessaire entre bonheur et vertu. Ce qui est le plus avantageux est aussi ce qui est moral ou vertueux. Bien sûr, on pourrait croire que Socrate prend ici le rêve pour la réalité et que son principe n'est qu'une solution verbale ou gratuite. Sur quoi se base-t-il pour faire cette affirmation : « je prétends que quiconque est honnête, homme ou femme, est heureux, et quiconque est injuste et méchant, malheureux » ? Socrate semble dire qu'il n'est jamais avantageux pour le méchant de faire le mal, mais ce jugement est paradoxal, car on ne comprend plus alors ce qui peut motiver tous les criminels à commettre leurs méfaits ! Les dictateurs de certains pays pauvres, qui ont mené une vie de luxe en puisant effrontément dans les fonds publics, ou les caïds du crime organisé, qui ont réussi à échapper à la police et au fisc, ont-ils nécessairement eu, comme le prétend Socrate, une vie misérable et ont-ils été plus malheureux que les honnêtes gens qu'ils ont exploités ?

L'analogie avec la santé et la maladie

Malheureusement, nous avons peu d'indications sur l'idée que se faisait Socrate de ce bonheur intérieur que procure la vertu. Les seules précisions qu'il apporte sont que l'âme du juste serait belle, ordonnée, harmonieuse, en accord avec elle-même, alors que celle de l'injuste serait laide, déréglée, en désordre, rongée par les tensions internes. Celui qui fait le bien serait en paix avec lui-même, et cette paix serait inaccessible au méchant. Certains commentateurs pensent que cette idée vient de Platon et non de Socrate. Mais ce qui a plus de chances d'être propre à Socrate est une analogie entre le corps et l'âme (tableau 3.2) qui revient constamment dans ses propos : elle associe la vertu et la santé de l'âme, d'une part, le vice et la maladie, d'autre part. Cette maladie doit être soignée, et cela mène aux deux paradoxes suivants.

Tableau 3.2

L'ANALOGIE SOCRATIQUE ENTRE L'ÂME ET LE CORPS	
Corps	**Âme**
Santé	Vertu
Maladie	Vice
Soins	Punition

Commettre l'injustice est pire que la subir

La thèse sur l'effet dommageable du vice sur l'âme du méchant a poussé Socrate à lui adjoindre deux autres paradoxes tout aussi étonnants, mais qui en découlent logiquement. Voici le premier :

Commettre l'injustice est pire que la subir.

En effet, une fois que l'on a admis que la bonté morale intérieure était une condition nécessaire du bonheur, il devient évident que celui qui fait le mal compromet ses chances d'être heureux et que celui qui est victime de la méchanceté de l'autre ne peut subir de dommage important, s'il est une honnête personne, car les malheurs *extérieurs* dont il est victime ne peuvent ébranler la paix *intérieure* qui est le lot du juste. Socrate est clair là-dessus : lui-même préfère subir l'injustice plutôt que de la commettre. C'est pourquoi, lors de son procès, il a fait une déclaration étonnante à ses juges : « Sachez-le bien en effet, si vous me condamnez à mort, ce n'est pas à moi, si je suis bien l'homme que je dis être, que vous ferez le plus de tort, mais à vous-mêmes[32]. »

Les bienfaits de la punition

Le dernier paradoxe découle du précédent :

**Celui qui fait le mal est moins malheureux s'il est puni
pour ses méfaits que s'il ne l'est pas.**

Socrate poursuit ici sa comparaison entre âme et corps, et dit que l'âme du méchant est malade et que la médecine de l'âme est la punition ou le châtiment : « C'est qu'en effet, la punition assagit et rend plus juste, et que la justice est comme la médecine de la méchanceté[33]. » Donc, celui qui n'a pas été châtié pour sa faute est plus malheureux que celui qui a été châtié. Mieux encore, comme il est rationnel de vouloir être en santé plutôt que malade, *le méchant devrait logiquement souhaiter le châtiment*, quand il a commis une faute morale, pour extirper la maladie de son âme et retrouver l'harmonie intérieure ! C'est même rendre service à tous ceux qui ont fait du mal que de les dénoncer et de les exposer au châtiment :

> Donc, pour nous défendre d'une accusation d'injustice, lorsque nous en avons commis une nous-mêmes, ou nos parents, ou nos amis, ou nos enfants, ou notre patrie, la rhétorique n'est pour nous d'aucun usage […] à moins qu'on admette au contraire qu'il faut s'accuser soi-même le premier, puis ses parents et ses amis, toutes les fois qu'ils ont commis quelque injustice, qu'il ne faut point cacher sa faute, mais l'exposer au grand jour, afin de l'expier et de recouvrer la santé, qu'on doit se faire violence à soi-même et aux autres pour ne pas reculer, mais pour s'offrir les yeux fermés et avec courage, comme on s'offre au médecin pour être amputé ou cautérisé, qu'il faut poursuivre le bon et le beau, sans tenir compte de la douleur, et, si la faute qu'on a commise mérite des coups, aller au-devant des coups ; si elle mérite la prison, aller au-devant des chaînes ; si elle mérite une amende, la payer ; l'exil, s'exiler ; la mort, la subir ; être le premier à déposer contre soi-même et contre ses proches et pratiquer la rhétorique uniquement pour se délivrer, par la manifestation de ses crimes, du plus grand des maux, l'injustice[34].

Ces propos peuvent paraître excessifs. Ils le paraissaient sûrement aux auditeurs de Socrate, comme en fait foi cette réaction de l'un d'entre eux : « Dis-moi, Socrate, faut-il croire que tu parles sérieusement en ce moment, ou que tu badines ? Car, si tu parles sérieusement et si ce que tu dis est vrai, c'est de quoi renverser notre vie sociale, et nous faisons, ce me semble, tout le contraire de ce qu'il faudrait[35]. » Il est difficile de trouver cette réconciliation entre bonheur et vertu convaincante lorsqu'elle demande à l'être humain d'aller contre son aversion naturelle pour la souffrance. Pire encore, sa proposition heurtait de plein fouet la culture de la honte des Grecs anciens et leur souci de sauvegarder leur réputation à tout prix !

---

32. Platon, *Apologie de Socrate*, op. cit., p. 109.
33. Platon, *Gorgias*, op. cit., p. 219.
34. *Ibid.*, p. 222.
35. *Ibid.*, p. 223.

D'autre part, la thèse de Socrate trouve un support dans le fait que celui qui éprouve du remords est souvent porté à se punir lui-même et à rechercher une manière d'expier sa faute pour remettre son âme en ordre et pour retrouver une certaine harmonie intérieure. Cependant, le problème est que bien des criminels endurcis ne semblent pas ressentir ce penchant. Le remords présuppose, chez celui qui le ressent, des tendances vertueuses et un amour sincère du bien. Socrate semblait croire à la bonté intrinsèque de tout être humain. Mais est-il possible que toute conscience morale soit absente d'une âme humaine? Est-il possible que le méchant puisse vivre en paix avec lui-même? Voilà une question troublante, car elle remet en question la solidité du sens moral humain.

La problématique bonheur/vertu: d'hier à aujourd'hui

La question des rapports entre bonheur et morale est une problématique éthique classique et fondamentale. Il y a là une question qui nous interpelle tous. Pourquoi agir moralement? Pourquoi faire le bien? Y a-t-il vraiment un sens à être vertueux, si les méchants sont finalement plus heureux que les bons? Ces questions surgissent quand des gens bons et honnêtes sont victimes des pires malchances ou voient leur vie détruite par des criminels, ou encore lorsque nous constatons que le châtiment infligé à un criminel est dérisoire en comparaison du mal parfois irréparable qu'il a causé à sa victime, comme dans des cas de meurtre et d'agression sexuelle. Il s'agit d'une question fondamentale, qui peut entraîner l'*éthique* du côté de la *métaphysique*: Y a-t-il une justice en ce monde?

Cette question n'intervient pas dans les philosophies relativistes comme celle des sophistes, où les choses ne sont jamais posées dans l'absolu. Pour un esprit relativiste, l'imperfection de la justice et le fait que la vertu ne soit pas toujours avantageuse font partie des aléas de la vie. Mais cette question constitue un problème de taille pour les éthiques comme celle de Socrate, qui sont tournées vers l'absolu. L'exigence de toujours agir en conformité avec la morale et d'obéir inconditionnellement à ses commandements peut devenir excessive lorsque cela implique de sacrifier son bonheur et de vivre dans la souffrance. N'est-ce pas trop demander à des êtres de chair et de sang?

Platon qui adopta une position similaire à celle de Socrate ne semble pas avoir trouvé d'argumentation assez convaincante pour démontrer que la vertu procurait le bonheur à coup sûr. À trois reprises, dans le *Gorgias*, le *Phédon* et *La République*, il évoque des mythes concernant le sort de l'âme après la mort dans lesquels les bons sont récompensés et les méchants sont punis au nom des lois divines. C'est seulement là que l'équivalence entre vertu et bonheur paraît atteindre sa pleine réalisation. On trouve évidemment une issue semblable dans le christianisme avec son Enfer et son Paradis, et l'idée que la valeur morale de notre vie sur terre sera inexorablement sanctionnée par Dieu lors du Jugement dernier. Contrairement à Socrate, le christianisme ne promet nullement le bonheur sur terre aux âmes vertueuses; il leur demande au contraire d'accepter les souffrances et les épreuves comme des occasions de démontrer leur valeur morale.

Le philosophe moderne Emmanuel Kant adoptera une position similaire en dissociant totalement la morale de la recherche du bonheur et en soutenant qu'aucun raisonnement ne peut prouver que la vertu assure nécessairement le bonheur. Il écrit: «La morale n'est donc pas à proprement parler la doctrine qui nous enseigne comment nous devons nous *rendre* heureux, mais comment nous devons nous rendre *dignes* du bonheur. C'est seulement lorsque la religion s'y ajoute qu'entre en nous l'espérance de participer un jour au bonheur dans la mesure où nous avons essayé de n'en être pas indignes[36].»

En 2001, la philosophe anglaise Philippa Foot a publié un ouvrage intitulé *Natural Goodness*. Un des sujets qu'elle aborde dans ce livre est la question des rapports entre vertu et bonheur, dont elle dit qu'il s'agit d'un «problème vraiment profond». Elle avoue candidement dans une entrevue qu'elle n'est pas parvenue à le résoudre[37]. Elle ne nie pas qu'il existe des scélérats heureux, mais elle pense que, pour celui qui a une âme vertueuse, il y a une incompatibilité de principe entre bonheur et méchanceté. L'homme juste est précisément celui qui ne pourrait vivre une vie heureuse quand ses bienfaits auraient été acquis en maltraitant autrui.

---

36. Emmanuel Kant, *Critique de la raison pratique*, trad. par F. Picavet, Paris, P.U.F., coll. «Quadrige», p. 139.
37. *Philosophy Now*, mai-juin 2003, p. 32-36.

POINTS
À RETENIR

Les rapports entre bonheur et vertu

1 Socrate résout le problème du rapport entre la morale et le bonheur en affirmant que la vertu morale engendre une paix intérieure, alors que le vice jette le trouble dans l'âme du méchant; il en conclut que le bon est nécessairement heureux et que le méchant est nécessairement malheureux.

2 Il soutient également qu'il est pire de commettre l'injustice que de la subir, car celui qui la commet souffre d'un malaise intérieur, alors que celui qui la subit ne voit pas sa paix intérieure troublée par l'injustice.

3 Le vice est une maladie de l'âme qui peut être soignée par la punition, de sorte que celui qui fait le mal devrait désirer être puni, car il sera moins malheureux s'il est puni pour ses méfaits que s'il ne l'est pas.

Exercices

La faiblesse de la volonté

1. Selon vous, peut-on dire que la morale est un savoir ou une «science» au sens socratique et qu'il existe des «experts» dans ce domaine comme dans tous les autres domaines pratiques, tels que la médecine ou la musique? Qui pourrait être considéré comme un expert dans le domaine moral selon vous?

2. La problématique de la faiblesse de la volonté revêt une grande pertinence à notre époque. On ne compte plus en effet les campagnes publiques d'information et d'éducation portant sur les dangers de pratiques nuisibles, comme les relations sexuelles non protégées, la consommation de tabac, la conduite automobile en état d'ébriété ou avec vitesse excessive, la mauvaise alimentation, le manque d'exercice, le jeu compulsif.

Beaucoup de ces campagnes ciblent tout particulièrement les jeunes. Or, on constate qu'elles sont souvent peu efficaces. Pourquoi donc? Pourquoi tant de gens s'entêtent-ils à adopter des comportements dont ils savent qu'ils sont nuisibles et qu'ils risquent de faire leur malheur? Ou, pour reprendre le slogan d'une campagne de prévention contre le SIDA: «Pourquoi prend-on de mauvaises décisions quand on est nu?» Cela paraît d'autant plus incompréhensible qu'il n'y a jamais eu autant d'information publique sur ces sujets. On remarquera également que plusieurs de ces campagnes semblent dénoter chez leurs concepteurs un aveu de l'inefficacité du discours rationnel, car elles font manifestement appel à des émotions primaires, plutôt qu'à des arguments rationnels (photos répugnantes sur les paquets de cigarettes, cris de désespoir du chauffard qui a causé la mort d'un être cher dans un message télévisé, etc.).

Campagne de prévention des MTS. Comment convaincre les jeunes d'utiliser le condom? Par des arguments rationnels ou en employant le truc de la mascotte?

a) Y a-t-il, parmi les explications du phénomène de la faiblesse de la volonté que nous avons passées en revue (l'ignorance, la faiblesse de la raison face à la force des désirs, la justification seulement «raisonnable» des choix d'action, le morcellement de la personnalité), des explications qui vous paraissent aptes à bien expliquer ce phénomène? En voyez-vous d'autres?

b) Certaines campagnes d'information auprès des jeunes ont connu un succès relatif. Elles étaient axées sur des motifs auxquels les jeunes sont particulièrement sensibles. Imaginez que vous soyez chargé de concevoir une campagne d'information destinée aux jeunes et portant sur le problème de la consommation de tabac. Quelle serait votre stratégie pour la rendre persuasive et efficace?

Les procédés que vous avez choisis font-ils appel à la rationalité ou à l'émotivité ou à un mélange des deux?

3. Dans son livre *Rationality in Action*, le philosophe contemporain John R. Searle relate une discussion qu'il a eue avec une de ses étudiantes au sujet de son obstination à continuer de fumer du tabac. L'étudiante lui dit: «Je sais que je risque de mourir plus jeune, mais cela m'est indifférent, je préfère goûter au plaisir que me donne maintenant la cigarette[38].» Searle pense que cette position est *irrationnelle* parce que, dit-il, à soixante ans elle ne sera pas de cet avis et regrettera ce qu'elle a fait. L'étudiante admet qu'il est sans doute vrai qu'elle réagira ainsi à l'âge de soixante ans. Mais elle rétorque que cela ne change rien à ce qu'elle pense maintenant, à vingt ans. Searle persiste à trouver la position irrationnelle et son argument est le suivant: la personne qui a vingt ans maintenant et celle qui aura soixante ans plus tard forment une seule et même personne. Ce que l'étudiant fait maintenant, c'est compromettre la vie de cette même personne. Autrement dit, il est incohérent, aux yeux de Searle, de dire que ce que je penserai et ressentirai à soixante ans ne me concerne pas, pour la simple raison qu'*il s'agit de moi-même*!

Qu'en pensez-vous? Qui a raison, selon vous, dans cette discussion: le prof de philo ou l'élève?

4. Prenons le cas d'un toxicomane invétéré. Admettons que l'individu parvienne, à un moment donné, à jeter un regard lucide sur sa situation et à admettre qu'il court à sa perte en persistant à assouvir son besoin. Imaginons deux raisonnements différents qui pourraient lui venir à l'esprit:

a) Il pourrait se dire qu'il doit essayer de s'en sortir, mais qu'étant donné son état il ne peut y arriver seul et qu'il doit donc chercher de l'aide.

b) Il pourrait se dire que sa dépendance est trop forte, qu'il n'a pas le courage d'affronter les tourments d'une cure de désintoxication, qu'il ne s'en sortira jamais et que le mieux qu'il puisse faire est de rendre le temps qui lui reste le moins pénible possible... en continuant de se droguer.

Selon vous, est-il possible de dire qu'une de ces deux positions est plus *rationnelle* ou logique que l'autre? Faut-il plutôt dire qu'une des deux positions est seulement plus *raisonnable* que l'autre? Ou faut-il conclure qu'aucune des deux positions n'est plus *rationnelle* que l'autre? Expliquez votre choix parmi ces trois options.

5. À votre avis, est-il rationnel, irrationnel ou raisonnable de vouloir tomber en amour? Veillez en répondant à cette question à respecter les définitions que nous avons données de ces concepts.

Le bonheur et la vertu

6. La paix intérieure et la conscience d'avoir vécu une vie honnête peuvent-elles suffire au bonheur? Jusqu'à quel point la paix intérieure est-elle indépendante des facteurs extérieurs? Socrate semblait penser que les malheurs provenant de causes extérieures, tout en ayant une certaine importance, ne pouvaient entacher le bonheur du juste. Aristote n'était pas d'accord et il n'a pas mâché ses mots lorsqu'il écrivit contre Socrate: «Ceux qui prétendent qu'un homme qu'on torture et qui a subi de terribles infortunes est heureux à condition d'être un homme bon, qu'ils le veuillent ou non, disent une absurdité[39].» On dit parfois que le «vrai» bonheur est une affaire intérieure et qu'il ne dépend pas de facteurs extérieurs, ce qui implique qu'il est toujours possible de rester heureux même dans les pires situations. Que pensez-vous de cette idée? A-t-elle un fond de vérité?

7. Revenons à la thèse de Socrate: les gens bons sont heureux et les gens méchants sont malheureux à cause

---

38. John R. Searle, *Rationality in Action*, Cambridge (Mass.), The MIT Press, 2001, p. 129 (notre traduction).

39. Aristote, *Éthique à Nicomaque*, cité dans Gregory Vlastos, *Socrate: ironie et philosophie morale*, trad. de l'anglais par Catherine Dalimier, Paris, Aubier, 1994, p. 309.

de l'état dans lequel se trouve leur âme intérieure. Que pensez-vous de cela? Peut-on être méchant et heureux? Le méchant peut-il vivre en paix avec lui-même? Et, à l'inverse, peut-on être bon et malheureux? Le bon qui est moralement sans tache peut-il malgré tout vivre des conflits intérieurs qui le rendent malheureux pour des raisons non morales? Mieux encore: le souci d'être bon et de satisfaire les exigences de la morale peut-il nous rendre malheureux?

Développez une argumentation claire qui résume vos positions sur ces questions connexes.

8. Socrate prétend que «la punition assagit et rend plus juste». Cependant, l'usage de la punition est une affaire controversée. Certains pensent qu'elle est souvent contre-productive et n'a pas les bénéfices moraux que lui attribue Socrate. Réfléchissez à cette question.

Dans quelles conditions la punition peut-elle être bénéfique et véritablement contribuer à l'amélioration morale du méchant?

Dans quelles conditions risque-t-elle au contraire d'être improductive ou même contre-productive dans la perspective de l'amélioration morale du méchant?

3.5

LE *CRITON*

Le *Criton* serait un des premiers dialogues écrits par Platon. C'est un dialogue tout à fait singulier, particulièrement intéressant pour connaître la pensée de Socrate. Contrairement aux dialogues comme le *Ménon*, dans lesquels Socrate applique sa méthode réfutative de façon obstinée, en dissimulant à ses interlocuteurs le fond de sa pensée, le *Criton* nous donne l'impression d'entendre réellement la voix de Socrate. C'est le contexte qui l'explique. L'action se situe après la condamnation à mort de Socrate. Celui-ci est en prison, en attente de son exécution. Criton, un ami d'enfance de Socrate, vient le trouver pour lui annoncer que sa mort est imminente et pour le convaincre de s'évader. Il s'agit pour Socrate de décider s'il va s'évader. Il se trouve donc dans l'obligation d'arriver à une décision, ce qui explique que la discussion se termine sur une conclusion claire plutôt que sur la confusion et sur le constat d'ignorance qui clôt habituellement les entretiens de Socrate: Socrate refuse de s'évader et choisit de boire la ciguë.

Le dialogue peut être divisé en quatre parties:

1. Le prologue.

2. Les arguments de Criton en faveur du projet d'évasion.

3. La réplique de Socrate qui porte sur la manière dont le problème doit être traité et les principes de base qui devront être respectés dans la discussion.

4. La discussion en tant que telle, qui est présentée par Platon comme un dialogue entre Socrate et un personnage fictif appelé les «Lois» qui représente la cité, dans lequel les Lois présentent des arguments contre le projet d'évasion. Il faut considérer ici que l'interlocuteur appelé les Lois exprime en réalité la pensée de Socrate.

Exercices

Lisez les questions qui suivent avant de lire le *Criton* (reproduit ci-dessous). Relisez les parties 2, 3 et 4 du *Criton* à deux reprises.

Répondez aux questions suivantes :

1. a) Résumez les principaux arguments de Criton en faveur de l'évasion, qui se trouvent dans la deuxième partie.

b) Montrez que ces arguments sont surtout basés sur le critère de *l'utilité* et recommandent la décision qui servira au mieux les *intérêts* des personnes concernées.

2. a) Montrez, à partir du texte de la troisième partie, que Socrate trouve important, de manière générale, de se baser sur des principes éthiques *absolus et universels*, c'est-à-dire valables pour tous et en toutes circonstances. Citez et commentez une phrase pertinente du texte à cet égard.

b) Trouvez au moins *quatre* de ces principes qui sont d'abord formulés à la fin de la troisième partie, avant d'être appliqués dans la quatrième partie.

Note : Trouvez des principes qui sont vraiment *distincts*, car certains sont répétés à plusieurs endroits du texte et ne sont en fait qu'une application ou une variante d'un autre principe.

Un indice : Le dernier principe n'est mentionné qu'à la toute fin de la troisième partie.

3. Trouvez dans les deuxième et troisième parties du texte un passage qui correspond à chacun des trois points suivants et citez-le :

a) L'idée qu'il y a des experts ou des spécialistes dans le domaine moral, comme dans d'autres domaines spécialisés, et qu'il vaut mieux s'en remettre à des experts plutôt qu'à l'opinion populaire.

À votre avis, qui est l'expert dans le *Criton* ?

b) L'importance que prenaient dans la culture grecque ancienne le souci de la réputation et la crainte de l'opinion négative des autres.

4. Résumez les *quatre* principaux arguments formulés par les « Lois » contre le projet d'évasion dans la quatrième partie. Comme certains des arguments sont mentionnés à plusieurs reprises et dans des formulations différentes, voici des indices pour vous aider à les reconnaître :

- le premier n'est mentionné qu'une fois et se trouve au tout début de la quatrième partie ;

- le deuxième fait appel à la notion d'*accord* et est répété plusieurs fois ;

- le troisième compare la cité à des parents et est aussi répété plusieurs fois ;

- le quatrième porte sur les *conséquences* prévisibles de l'évasion pour les personnes concernées et rassemble une série d'arguments courts et variés vers la fin de la quatrième partie.

Expliquez en vos mots le sens de chacun de ces quatre arguments et citez une phrase du texte où il est clairement formulé.

5. Certains commentateurs du *Criton* pensent qu'il y a une incohérence entre le *deuxième* et le *troisième* des quatre arguments des « Lois ». Essayez de la trouver et de l'expliquer.

6. Le quatrième argument des Lois fait appel à *l'utilité* plutôt qu'à des principes moraux absolus, à l'instar des arguments de Criton. Il répond d'ailleurs directement à plusieurs des arguments avancés par Criton dans la première partie du dialogue.

Trouvez-vous que les arguments des Lois sont meilleurs que ceux de Criton ?

7. Socrate manifeste clairement dans le *Criton* son opposition à une pratique chérie des Grecs anciens qui est la vengeance.

a) Citez une phrase du texte où cette opposition se trouve clairement exprimée.

b) Nous avons vu par ailleurs que Socrate affirmait que la punition était bénéfique au méchant car elle contribuait à améliorer son âme sur le plan moral. Or, il y a clairement un élément de punition dans la vengeance. Mais il doit aussi y avoir une distinction entre punition et vengeance, puisque Socrate préconise l'une et dénonce l'autre.

Réfléchissez à cette question et essayez de formuler le plus clairement possible les traits qui à votre avis distinguent la vengeance de la punition.

8. Socrate semble défendre dans ce texte l'idée qu'il faille toujours obéir aux lois. Cette problématique suscite encore des débats à l'époque moderne. Martin Luther King a, par exemple, organisé des campagnes de désobéissance civile dans le cadre de sa lutte pour la reconnaissance des droits des Noirs américains. Elles comportaient des actions interdites, telles que s'asseoir dans les zones réservées aux Blancs dans les restaurants ou dans les bus pour protester contre la ségrégation. Pendant la guerre du Vietnam dans les années 1960 et 1970, de jeunes Américains ont déserté l'armée et leur pays pour ne pas participer à une guerre qu'ils trouvaient injuste. Actuellement, des médecins canadiens et américains pratiquent en secret l'euthanasie active dans des cas où ils l'estiment moralement justifiée, violant ainsi la loi qui interdit l'euthanasie.

Faut-il toujours obéir aux lois? Faut-il obéir à une loi même si elle est injuste? Si oui, à quelles conditions? Le fait qu'une loi ait été votée, selon les règles de la démocratie, par les élus du peuple interdit-il toute violation?

Élaborez une position argumentée sur cette question.

LE *CRITON*[40]

1. PROLOGUE

SOCRATE. — Que viens-tu faire à cette heure, Criton? Il est encore très tôt, ne vois-tu pas?

CRITON. — Oui, il est encore très tôt.

SOCRATE. — Quelle heure est-il au juste?

CRITON. — Le jour va se lever.

SOCRATE. — Je m'étonne que le gardien de la prison ait répondu quand tu as frappé.

CRITON. — Nous nous connaissons bien lui et moi, Socrate, en raison de mes fréquentes visites, et notamment parce que je me suis montré généreux envers lui.

SOCRATE. — Viens-tu d'arriver ou es-tu là depuis longtemps?

CRITON. — Je suis là depuis un bon bout de temps déjà.

SOCRATE. — Comment expliquer alors que tu ne m'aies pas réveillé tout de suite et que tu sois resté assis sur le bord de mon lit en silence?

CRITON. — Non, par Zeus, je ne t'ai pas réveillé, Socrate. Je n'aurais pas supporté, moi, de rester si longtemps éveillé avec un tel chagrin, si depuis un long moment je n'avais été le témoin étonné de ton sommeil paisible. Et c'est bien exprès que je me suis retenu de te réveiller, pour te laisser goûter un moment agréable. Au reste, bien souvent au cours de toute ton existence, j'ai pu, dans le passé, admirer ton heureuse humeur, mais jamais autant que dans le malheur qui te frappe maintenant et dont tu supportes le poids avec une telle aisance et une telle douceur.

SOCRATE. — Le fait est, Criton, que, à mon âge, il ne serait pas raisonnable de m'irriter parce que je dois déjà mourir.

CRITON. — Il en est d'autres, Socrate, qui, au même âge que toi, sont soumis à de semblables épreuves, et leur âge ne les dispense en rien de s'insurger contre le sort qui les frappe.

SOCRATE. — C'est exact. Mais enfin qu'es-tu venu faire ici de si bonne heure?

CRITON. — T'apporter, Socrate, une nouvelle pénible et accablante non pas pour toi, je le vois bien, mais pour moi et pour tous tes amis; oui, pénible et accablante, et aucune autre, me semble-t-il, ne pourrait me plonger dans un accablement plus grand.

SOCRATE. — Quelle est cette nouvelle? Il s'agit, n'est-ce pas, du retour de Délos du bateau, à l'arrivée duquel je dois mourir[41]?

CRITON. — Il n'est pas encore arrivé, mais, à mon avis, il sera là aujourd'hui même, si j'en crois ce que racontent les gens qui viennent de Sounion et qui en ont débarqué là-bas. Suivant leurs témoignages, il devrait rentrer au port aujourd'hui. Et, Socrate, c'est demain que tu seras forcé de mettre un terme à ta vie.

[...]

2. LES ARGUMENTS DE CRITON

CRITON. — Mais, divin Socrate, une dernière fois, suis mon conseil et assure ton salut. Car, vois-tu, si tu meurs, plusieurs malheurs s'abattront sur moi: non seulement je serai privé d'un ami tel que jamais je n'en trouverai de pareil, mais, de plus, beaucoup de gens qui nous connaissent mal, toi et moi, estimeront que j'aurais pu te sauver si j'avais consenti à payer ce qu'il fallait et que j'ai négligé de le faire. Est-il pourtant rien de plus honteux que d'avoir la réputation de

---

40. Platon, *Criton, op. cit.*, p. 203-228.

41. Socrate fait allusion ici à un rite annuel à l'occasion duquel une délégation se rendait en bateau à Délos. La coutume voulait qu'aucune exécution capitale n'ait lieu entre le départ et le retour du bateau.

paraître attacher plus d'importance à l'argent qu'à ses amis? Les gens ne croiront jamais en effet que c'est toi qui as refusé de t'échapper d'ici, alors que nous le désirions ardemment.

SOCRATE. — Mais, pourquoi, excellent Criton, nous soucier à ce point de l'opinion des gens? Les meilleurs, ceux dont il faut faire le plus de cas, ne douteront pas que les choses se sont passées comme elles se sont réellement passées.

CRITON. — Mais, Socrate, tu ne vois que trop bien qu'il faut aussi se soucier de l'opinion des gens. La situation dans laquelle tu te trouves présentement montre assez que les gens sont capables de faire du mal – non pas le moindre, mais le pire en fait – quand, auprès d'eux, on a été calomnié.

[...]

Mais dis-moi, Socrate. N'est-ce pas le souci de ce qui pourrait nous arriver à moi et à tes autres amis qui t'empêche de partir d'ici? Tu crains que les sycophantes[42] ne nous suscitent des tracas en nous accusant de t'avoir fait échapper, qu'ils arrivent à nous déposséder de tous nos biens ou, à tout le moins, qu'ils nous fassent perdre beaucoup d'argent, et peut-être même qu'ils parviennent à nous faire condamner à quelque autre peine encore. Si telle est ta crainte, envoie-la promener. Car, pour te sauver, j'estime qu'il est de notre devoir de courir ce risque, et même de risquer pire s'il le faut. Allons, laisse-toi convaincre, et ne dis pas non.

SOCRATE. — C'est ce souci qui me retient, Criton, et bien d'autres choses encore.

CRITON. — Ne crains rien de tel pourtant, car c'est pour une somme d'argent qui n'est même pas considérable que des gens sont disposés à te sauver la vie en te faisant échapper d'ici. Et puis, ces sycophantes, ne vois-tu pas qu'on les achète à bon marché, et qu'il n'y aura vraiment pas à débourser beaucoup d'argent pour les acheter. Or, tu peux disposer de ma fortune et je crois qu'elle y suffira. Au reste, si par égard pour moi tu te fais scrupule de dépenser mon argent, il y a ici des étrangers qui sont tout prêts à cette dépense. L'un d'eux a même apporté avec lui la somme nécessaire à la réalisation de ce plan: c'est Sirnmias de Thèbes. Cébès y est tout prêt aussi, sans parler d'autres en grand nombre. Par suite, je te le répète, écarte cette crainte qui t'empêche de réaliser ton salut et ne te préoccupe pas non plus de cette difficulté que tu évoquais devant le tribunal, à savoir que tu ne saurais comment vivre si tu

partais en exil. En effet, partout où tu pourras te rendre à l'étranger, on te fera bon accueil. En Thessalie notamment, si tu veux t'y rendre, j'ai des hôtes qui auront pour toi beaucoup d'égards et qui assureront ta sécurité, en veillant à ce que personne là-bas ne te fasse de tort.

Il y a plus, Socrate. J'estime que ce que tu entreprends de faire n'est même pas conforme à la justice, quand tu te trahis toi-même, alors que tu peux assurer ton salut, et quand tu mets tous tes soins à mettre en œuvre contre toi ce que souhaiteraient tant réaliser et ce qu'ont tant souhaité réaliser ceux qui sont décidés à te perdre. Est-ce tout? J'estime encore que ce sont tes propres fils que tu trahis, eux que, en partant, tu abandonnes, alors que tu pourrais les élever et assurer leur éducation jusqu'au bout, non, pour ce qui te concerne, tu ne t'inquiètes pas de ce qui pourra leur arriver. Et leur sort, tout porte à le croire, ce sera d'être exposé à ce genre de malheurs auxquels on est exposé quand on est orphelin. Or, de deux choses l'une: ou bien il faut éviter de faire des enfants ou bien il faut peiner ensemble pour les élever et pour assurer leur éducation. Or, tu me donnes l'impression, toi, de choisir le parti qui donne le moins de peine, tandis que le parti qu'il faut prendre, c'est le parti que prendrait un homme de bien et un homme courageux, surtout lorsqu'on fait profession de n'avoir souci dans toute sa vie que de la vertu!

Pour ma part, je ressens, pour toi comme pour nous qui formons ton entourage, de la honte à la pensée qu'on impute à une certaine lâcheté de notre part la conduite de toute l'affaire, ta comparution devant le tribunal alors que tu pouvais ne pas y comparaître, le cours même qu'a pris le procès et, enfin, le dénouement de l'action qui fut dérisoire, si je puis dire; bref, à la pensée qu'on estime que par indignité et par manque de courage nous nous sommes dérobés, nous qui pas plus que toi-même n'avons su te sauver, alors que cela était possible et qu'on pouvait y parvenir si nous avions été bons à quelque chose, si peu que ce fût. Une telle conduite, songes-y bien Socrate, ne risque-t-elle pas d'être tenue à la fois pour indigne et déshonorante pour toi comme pour nous?

Allons délibère, ou plutôt non, ce n'est pas le moment de délibérer, il faut avoir pris une décision. Il ne reste qu'un parti. Car la nuit prochaine, il faut que toute l'opération soit menée à son terme. Si nous tardons encore, c'est impossible, il n'y a plus rien à faire. Allons, Socrate, de toute façon, suis mon conseil et ne dis pas non.

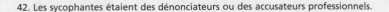

42. Les sycophantes étaient des dénonciateurs ou des accusateurs professionnels.

3. LA RÉPLIQUE DE SOCRATE

SOCRATE. — Mon cher Criton, si tes instances s'accordaient avec le devoir, elles mériteraient une grande considération. Si ce n'est pas le cas, elles sont d'autant plus fâcheuses qu'elles sont plus pressantes. Il nous faut donc examiner la question de savoir si nous devons nous conduire ainsi, oui ou non.

Je suis homme, vois-tu (et pas seulement aujourd'hui pour la première fois, mais de tout temps), à ne donner son assentiment à aucune règle de conduite qui, quand j'y applique mon raisonnement, ne se soit révélée à moi être la meilleure. Or, les règles que j'ai jusqu'ici mises en avant je ne puis les jeter maintenant par-dessus bord, sous prétexte qu'il m'est arrivé quelque chose d'imprévu. Non, ces règles n'ont à mes yeux pratiquement pas changé. Et ces règles qu'aujourd'hui je vénère et je respecte, ce sont exactement celles dont l'autorité s'imposait à moi auparavant.

[...]

À ton avis, n'est-ce pas parler comme il convient que de dire ceci : parmi les jugements que portent les êtres humains, tous ne sont pas dignes de considération, les uns le sont et les autres non ; et parmi tous les êtres humains qui formulent ces jugements, les uns sont dignes de considération, les autres non ? Qu'en dis-tu ? On a raison de parler ainsi, n'est-ce pas ?

CRITON. — On a raison.

SOCRATE. — Ce sont les jugements utiles qui méritent considération, et non ceux qui sont dommageables, n'est-ce pas ?

CRITON. — Oui.

SOCRATE. — Les jugements utiles sont ceux que portent les gens sensés, tandis que les jugements dommageables viennent des insensés ?

CRITON. — Comment le nier ?

SOCRATE. — Poursuivons donc. Où veut-on en venir en disant cela ? Celui qui s'entraîne et dont c'est l'occupation, fait-il cas de la louange, du blâme ou du jugement, que lui adresse le premier venu ou bien seulement de l'avis d'une seule et unique personne, qui se trouve être un médecin ou un entraîneur ?

CRITON. — D'une seule et unique personne.

SOCRATE. — Les blâmes qu'il doit redouter et les éloges qu'il doit rechercher, ce sont les éloges et les blâmes d'une seule et unique personne et non pas de tout un chacun, n'est-ce pas ?

CRITON. — Évidemment.

SOCRATE. — Par conséquent, pour savoir comment faire ce qu'il a à faire, s'entraîner, manger et boire, il prendra l'avis d'un seul individu, celui qui s'occupe de lui et qui s'y connaît, et non pas celui du grand nombre en bloc.

CRITON. — C'est clair.

[...]

SOCRATE. — Par conséquent, mon cher, il est évident que nous devons prendre en considération non pas ce que diront les gens, mais ce que dira celui qui s'y connaît en fait de justice et d'injustice, lui qui est unique et qui est la vérité elle-même.

S'il en est bien ainsi, tu nous as engagés, dans un premier temps, sur une mauvaise voie, en nous invitant à prendre en considération l'opinion des gens sur ce qui est juste, sur ce qui est comme il faut, sur ce qui est avantageux et leurs contraires. Il n'en reste pas moins vrai, pourra-t-on rétorquer, que les gens sont à même de nous faire périr.

CRITON. — Cela aussi est clair. C'est bien ce qu'on pourra rétorquer, Socrate.

SOCRATE. — Tu as raison. Et pourtant, homme admirable, le principe que nous venons d'alléguer me paraît, pour ma part, rester aussi vrai qu'il l'était auparavant. Et celui-ci encore, à savoir que l'important n'est pas de vivre, mais de vivre dans le bien. Ce principe tient-il toujours pour nous, oui ou non ?

CRITON. — Il tient.

SOCRATE. — Et soutenir que vivre dans le bien, comme il faut et dans la justice, c'est la même chose, ce principe tient-il oui ou non ?

CRITON. — Il tient.

SOCRATE. — C'est donc à partir de ces principes sur lesquels nous sommes tombés d'accord qu'il faut examiner la question de savoir s'il est juste ou non que je tente de partir d'ici sans l'autorisation des Athéniens. Si cet acte apparaît juste, il nous faut l'entreprendre, sinon, il faut laisser tomber. Quant aux considérations alléguées par toi, dépense d'argent, réputation, éducation des enfants, j'ai bien peur en vérité, Criton, que ce soient là des considérations qui ne sont bonnes que pour ceux qui, à la légère, condamnent des gens à mort et qui les feraient revenir à la vie, s'ils en étaient capables, le tout sans aucune réflexion, je veux parler du grand nombre.

Pour nous, en revanche, puisque c'est ce à quoi nous amène la discussion, il ne reste qu'une seule question à examiner, celle que j'évoquais à l'instant : poserons-nous un acte juste, toi en versant de l'argent à ceux qui me feront sortir d'ici pour les en remercier, moi en partant d'ici et eux en me laissant partir ? ou plutôt ne commettrons-nous pas, en réalité, un acte injuste en agissant ainsi ? Et s'il apparaît que nous commettons un acte injuste en agissant ainsi, avons-nous encore à balancer en nous demandant si, en restant ici tranquille et en n'entreprenant rien, il me faudra mourir ou subir n'importe quelle autre peine plutôt que de commettre l'injustice ?

CRITON. — Ce que tu dis, Socrate, paraît juste, vois donc ce que nous devons faire.

SOCRATE. — Examinons ensemble ce qu'il en est, mon bon ; et si tu as quelque objection à soulever, ne te gêne pas, j'en tiendrai compte. Sinon, renonce, bienheureux Criton, à me tenir sans cesse les mêmes propos, à savoir que je dois partir d'ici, même si les Athéniens ne sont pas d'accord. Je tiens beaucoup, vois-tu, à agir comme je vais le faire, avec ton approbation et non contre ton gré. Eh bien, en ce qui concerne le point de départ de notre examen, vois s'il te satisfait et essaie de répondre à mes questions en fonction de ce que tu penses vraiment.

CRITON. — Oui, je vais essayer.

SOCRATE. — Nous avons admis qu'il ne faut jamais commettre l'injustice de son plein gré. Est-ce que, dans certains cas, on peut le faire et dans d'autres non ? Ou est-ce que commettre l'injustice n'est jamais chose avantageuse ou convenable, comme nous en sommes tombés d'accord plusieurs fois antérieurement ? Tous ces principes sur lesquels nous étions tombés d'accord jusqu'ici se sont-ils dissous en si peu de jours ? Est-ce que, pendant si longtemps, Criton, étant donné l'âge qui est le nôtre, nous avons pu nous entretenir ensemble sérieusement sans nous apercevoir que nous nous comportions tout comme des enfants ? Quoi, n'en va-t-il pas bien plutôt exactement comme nous l'avons dit, indépendamment du fait que les gens acceptent ces principes ou les rejettent ? Qu'il faille nous attendre à être plus mal traités ou mieux, il n'en reste pas moins que commettre l'injustice est, en toutes circonstances, chose mauvaise et blâmable pour celui qui commet l'injustice. Admettons-nous ce principe, oui ou non ?

CRITON. — Nous l'admettons.

SOCRATE. — Par conséquent, il ne faut jamais commettre l'injustice.

CRITON. — Non, assurément.

SOCRATE. — Il s'ensuit que même à l'injustice il ne faut en aucune façon répondre par l'injustice, comme se l'imaginent les gens, dès lors que l'on admet qu'il ne faut jamais commettre l'injustice.

CRITON. — C'est évident.

SOCRATE. — Autre question, Criton : doit-on faire du tort à quelqu'un, oui ou non ?

CRITON. — Certes non, Socrate.

SOCRATE. — Mais quoi ! Rendre le mal pour le mal, comme le recommande le grand nombre, est-ce un acte juste ou un acte injuste ?

CRITON. — Ce n'est d'aucune manière un acte juste.

SOCRATE. — Car faire du tort à quelqu'un, cela revient à commettre un acte injuste, je suppose.

CRITON. — Tu dis vrai.

SOCRATE. — Par conséquent, il ne faut pas répondre à l'injustice par l'injustice et faire de tort à qui que ce soit, quel que soit le mal subi. Et ne va pas, Criton, me donner ton accord sur ce point en allant contre l'opinion qui est la tienne. Je sais bien, en effet, que fort peu de gens partagent cette opinion, et qu'il continuera d'en être ainsi. Or, suivant qu'ils partagent cette opinion ou qu'ils ne la partagent pas, les gens prennent tel ou tel parti, et ceux qui prennent un parti ou l'autre éprouvent forcément du mépris les uns pour les autres en constatant le résultat de leurs délibérations. Examine donc avec beaucoup d'attention si toi aussi, tu partages mon sentiment, si tu t'accordes avec moi et si, au point de départ de toute délibération, nous posons comme principe qu'il n'est jamais bien d'agir injustement, de répondre à l'injustice par l'injustice et de rendre le mal pour le mal ; ou si tu t'écartes de ce principe et t'en dissocies. Telle est, en effet, depuis longtemps mon opinion et telle elle reste encore maintenant. Mais si toi, tu es d'un autre avis, dis-le et explique-toi. Si, au contraire, tu persévères dans cette voie, écoute ce qui s'ensuit.

CRITON. — Oui, je persévère dans cette voie et je partage ton avis. Eh bien, parle.

SOCRATE. — En ce cas, je vais t'expliquer ce qui s'ensuit. Ou plutôt je vais t'interroger. Lorsqu'on est convenus avec quelqu'un d'une chose, à condition qu'elle soit juste, faut-il la faire ou peut-on le décevoir ?

CRITON. — Il faut la faire.

SOCRATE. — Cela posé, fais attention maintenant à ce qui en découle. Si nous partons d'ici sans avoir obtenu l'assentiment de la cité, faisons-nous du tort à des gens, et précisément à des gens à qui il faudrait le moins en faire, oui ou non ? Et persévérons-nous dans la voie dont nous sommes convenus qu'elle était celle de la justice, oui ou non ?

CRITON. — Je ne puis répondre à ta question, Socrate, car je ne la comprends pas.

4. LA DISCUSSION AVEC LES LOIS

SOCRATE. — Eh bien, considère la chose sous le jour que voici. Suppose que, au moment où nous allons nous évader d'ici – peu importe le nom qu'il faille donner à cet acte –, viennent se dresser devant nous les Lois et l'État et qu'ils nous posent cette question :

[LOIS]. — Dis-moi, Socrate, qu'as-tu l'intention de faire ? Ce que tu entreprends de faire, est-ce autre chose que de tramer notre perte à nous, les Lois et l'État, autant qu'il est en ton pouvoir ? Crois-tu vraiment qu'un État arrive à subsister et à ne pas chavirer, lorsque les jugements rendus y restent sans force, et que les particuliers se permettent d'en saper l'autorité et d'en tramer la perte ?

SOCRATE. — À cela, et à d'autres propos du même genre, que répondrons-nous, Criton ? Combien de raisons ne pourraient être avancées – par un orateur entre autres – pour plaider contre l'abolition de cette loi qui prescrit que la chose jugée a une autorité souveraine. Allons-nous rétorquer aux Lois : « La cité a commis contre nous une injustice et le jugement qu'elle a posé va contre le bon droit. » Est-ce là ce que nous dirons, ou quoi ?

CRITON. — C'est cela même, par Zeus, Socrate.

SOCRATE. — Mais supposons qu'alors les Lois répliquent :

[LOIS]. — Socrate, est-ce là ce qui était convenu entre nous et toi ? n'est-ce pas plutôt que tu tiendrais pour valables les jugements de la cité, quels qu'ils fussent ?

SOCRATE. — Et si nous nous étonnions d'entendre ces paroles, elles pourraient bien nous dire :

[LOIS]. — Socrate, ne t'étonne pas de notre langage, réponds-nous plutôt, puisque c'est ton habitude de procéder par questions et par réponses. Allons donc, que nous reproches-tu à nous et à la cité pour entreprendre de nous détruire ? N'est-ce pas à nous, en premier lieu, que tu dois ta naissance, n'est-ce pas nous qui avons marié ta mère et ton père et leur avons permis de t'engendrer ? Dis-nous donc si tu blâmes celles d'entre nous qui règlent les mariages ? Les tiens-tu pour mal faites ?

SOCRATE. — Je n'ai contre elles aucun blâme à soulever, répondrais-je.

[LOIS]. — Et aux lois qui règlent les soins de l'enfant venu au monde, et son éducation, cette éducation qui fut la tienne à toi aussi ? Étaient-elles mauvaises les lois qui s'y rapportent, elles qui prescrivaient à ton père de faire de la gymnastique et de la musique la base de ton éducation ?

SOCRATE. — Elles étaient bonnes, répondrais-je.

[LOIS]. — Bien, et une fois que tu as été mis au monde, que tu as été élevé et que tu as été éduqué, tu aurais le culot de prétendre que vous n'êtes pas toi, aussi bien que tes parents, à la fois nos rejetons et nos esclaves ! Et s'il en va bien ainsi, t'imagines-tu qu'il y ait entre toi et nous égalité de droits, t'imagines-tu que ce que nous pouvons entreprendre de te faire, tu puisses, toi, en toute justice entreprendre de nous le faire en retour ? Quoi, tu serais égal en droit à ton père et à ton maître, si par hasard tu en avais un, et cela te permettrait de lui faire subir en retour ce qu'il t'aurait fait subir, de lui rendre injure pour injure, coup pour coup, etc. À l'égard de la cité et à l'égard des Lois, en revanche, cela te serait permis, de sorte que, si nous entreprenons de te faire périr parce que nous estimons que cela est juste, tu pourrais, toi, entreprendre, dans la mesure de tes moyens, de nous faire périr, nous, les Lois, et ta cité, et, en agissant de la sorte, tu pourrais dire que ce que tu fais est juste, toi qui as de la vertu un souci véritable ! Posséderais-tu un savoir qui te ferait oublier que, en regard d'une mère et d'un père et de la totalité des ancêtres, la patrie est chose plus honorable, plus vénérable, plus digne d'une sainte crainte et placée à un rang plus élevé, tant aux yeux des dieux qu'à ceux des hommes sensés ; qu'il faut donc vénérer sa patrie, lui obéir et lui donner des marques de soumission plus qu'à un père, en l'amenant à changer d'idée ou en faisant ce qu'elle ordonne et en supportant sans se révolter le traitement qu'elle prescrit de subir, que ce soit d'être frappé, d'être enchaîné, d'aller au combat pour y être blessé ou pour y trouver la mort ; oui, cela il faut le faire, car c'est en cela que réside la justice et on ne doit ni se dérober, ni reculer, ni abandonner son poste, mais il faut, au combat, au tribunal, partout, ou bien faire ce qu'ordonne la cité, c'est-à-dire la patrie, ou bien l'amener à changer d'idée en lui montrant en quoi consiste la justice. N'est-ce pas au contraire une chose impie que de faire violence à une mère, à un père, et l'impiété serait-elle moindre lorsqu'il s'agit de la patrie ?

SOCRATE. — Que répliquerons-nous à ce discours, Criton ? Les Lois ont-elles tort ou ont-elles raison ?

CRITON. — Pour ma part, je crois qu'elles ont raison.

[LOIS]. — Considère donc, Socrate, pourraient-elles ajouter, si nous n'avons pas raison de dire qu'il est injuste d'entreprendre de nous traiter comme tu projettes de le faire. Nous qui t'avons mis au monde, nourri, instruit, nous qui vous avons, toi et tous les autres citoyens, fait bénéficier de la bonne organisation que nous étions en mesure d'assurer, nous proclamons pourtant, qu'il est possible à tout Athénien qui le souhaite, après qu'il a été mis en possession de ses droits civiques et qu'il a fait l'expérience de la vie publique et pris connaissance de nous, les Lois, de quitter la cité, à supposer que nous ne lui plaisons pas, en emportant ce qui est à lui, et aller là où il le souhaite. Aucune de nous, les Lois, n'y fait obstacle, aucune non plus n'interdit à qui de vous le souhaite de se rendre dans une colonie, si nous, les Lois et la cité, ne lui plaisons pas, ou même de partir pour s'établir à l'étranger, là où il le souhaite, en emportant ce qu'il possède.

Mais si quelqu'un de vous reste ici, expérience faite de la façon dont nous rendons la justice et dont nous administrons la cité, celui-là, nous déclarons que désormais il est vraiment d'accord avec nous pour faire ce que nous pourrions lui ordonner de faire. Et nous affirmons que, s'il n'obéit pas, il est coupable à trois titres : parce qu'il se révolte contre nous qui l'avons mis au monde, parce que nous l'avons élevé, et enfin parce que, ayant convenu de nous obéir, il ne nous obéit pas sans même chercher à nous faire changer d'avis, s'il arrive que nous ne nous conduisions pas comme il faut, et donc que, même si nous lui proposons cette alternative au lieu de prescrire brutalement de faire ce que nous prescrivons de faire, même si nous lui laissons le choix entre les deux possibilités suivantes : nous convaincre ou nous obéir, il ne se résout ni à l'une ni à l'autre. Voilà donc à quels griefs tu t'exposes, Socrate, si tu réalises le projet que tu médites, oui toi plus que tout autre Athénien, oui toi tout particulièrement.

SOCRATE. — Et si alors je leur demandais : Pourquoi donc dire cela ? Sans doute auraient-elles bien raison de me faire remarquer que, parmi les Athéniens, je suis celui qui me trouve avoir pris cet engagement à un degré tout particulier. Elles me pourraient en effet me dire :

[LOIS]. — Socrate, des preuves sérieuses peuvent être invoquées qui montrent que nous te plaisons, nous et la cité. En effet, si la cité ne t'avait pas tellement plu, tu n'y serais pas resté plus longtemps que tous les autres Athéniens, sans jamais en sortir ni pour aller à une fête, sinon une fois à l'Isthme, ni pour aller dans aucun pays étranger, sauf dans le cadre d'une expédition militaire, ni pour entreprendre un voyage, comme le font les autres gens ; tu n'as même pas conçu le désir de prendre connaissance d'une autre cité et d'autres lois, pleinement satisfait que tu étais de nous et de la cité qui est la nôtre. Ta prédilection à notre égard était si grande, ton accord pour vivre dans la cité en conformité avec nous était si fort, que, entre autres choses, c'est dans cette cité que tu as fait tes enfants, prouvant par là à quel point cette cité te plaisait. Il y a plus. Pendant ton procès, tu pouvais, si tu le souhaitais, proposer l'exil comme peine de substitution ; ainsi, ce que précisément aujourd'hui tu projettes de faire contre son assentiment, tu l'aurais alors fait avec l'assentiment de la cité. Mais alors tu te donnais le beau rôle de celui qui affronte la mort sans en concevoir aucune irritation, et tu déclarais préférer la mort à

l'exil, tandis qu'aujourd'hui, sans rougir de ces propos et sans montrer aucune considération pour nous, les Lois, tu projettes de nous détruire, entreprenant de faire ce que précisément ferait l'esclave le plus vil, puisque tu projettes de t'enfuir en violant les contrats et les engagements que tu as pris envers nous de vivre comme citoyen. Cela posé, réponds-nous sur ce premier point : disons-nous, oui ou non, la vérité, lorsque nous déclarons que tu t'es engagé à vivre sous notre autorité non pas en paroles, mais dans les faits ?

SOCRATE. — Que répondre à cela, Criton ? Est-il possible de n'en point convenir ?

CRITON. — Force est d'en convenir, Socrate.

SOCRATE. — Sur ce, les Lois diraient :

[LOIS]. — Dans ces conditions, tu transgresses les contrats et les engagements que tu as pris avec nous, des accords et des engagements que tu as conclus sans y avoir été contraint, sans avoir été trompé par une ruse ni avoir été forcé de prendre une décision précipitée, puisque, effectivement, tu as eu pour y réfléchir soixante-dix ans, pendant lesquels il t'était permis de t'en aller, si nous ne te plaisions pas et si nos accords ne te paraissaient pas justifiés. Or, tu n'as donné ta préférence ni à Lacédémone ni à la Crète, dont tu vantes la Constitution chaque fois que l'occasion s'en présente ni à aucune autre cité, grecque ou barbare : bien au contraire, tu t'es abstenu de t'en éloigner plus encore que les boiteux, les aveugles et les autres infirmes, tant il était évident que la cité et nous, les Lois, nous te plaisions, à toi plus qu'à tous les autres Athéniens. Car comment une cité plairait-elle à qui n'aimerait pas ses lois ? Et voilà que maintenant tu ne vas pas respecter les termes de notre accord ! Cela, Socrate tu t'en garderas, si tu te laisses convaincre par nous ; et ainsi tu éviteras de devenir la risée de tous en quittant la cité.

Considère, en effet, maintenant ceci. Une fois que tu auras transgressé ces engagements et que tu auras commis une faute sur un point ou sur un autre, quel avantage apporteras-tu à toi-même ou à tes amis ? Que ces gens qui sont tes amis courent bien eux aussi le risque d'être exilés, d'être privés de leur droit de cité ou de perdre leurs biens, la chose est assez claire. Et toi-même, à supposer que tu te rendes dans l'une des villes les plus proches, Thèbes ou Mégare, deux villes qui ont de bonnes lois, tu y arriveras, Socrate, en ennemi de leur Constitution, et tous ceux qui là-bas ont souci de leur cité te regarderont avec soupçon en te considérant comme un corrupteur des lois. Quant à tes juges, tu les confirmeras dans leur opinion, en faisant qu'ils estimeront que c'est à bon droit qu'ils ont rendu leur jugement. En effet, quiconque est un corrupteur des lois a, je suppose, de fortes chances de passer pour un corrupteur de jeunes gens et d'esprits faibles. Faudra-t-il donc que tu évites les cités qui ont de bonnes lois et les hommes qui sont attachés au bon ordre? Et si tu te conduis ainsi, ta vie vaudra-t-elle d'être vécue? Peut-être approcheras-tu ces gens-là et auras-tu le front de discuter avec eux. De quoi, Socrate? De ce qui faisait ici l'objet de tes discussions, à savoir que la vertu et la justice sont ce qu'il y a de plus estimable pour l'homme, et qu'il en va de même pour les coutumes et pour les lois. Et ne crois-tu pas que le comportement de ce Socrate paraîtrait indécent? Qui pourrait en douter?

Mais peut-être te détourneras-tu de ces cités-là pour te rendre en Thessalie, chez les hôtes de Criton? C'est là en effet, que le dérèglement et le désordre sont à leur comble. Et peut-être y prendrait-on plaisir à t'entendre raconter de quelle façon bouffonne tu t'es évadé de prison, revêtu d'un déguisement, d'une peau de bête ou d'un autre travestissement habituellement utilisé par les esclaves qui s'enfuient, bref en ayant modifié l'aspect qui est le tien. Que vieux déjà, alors qu'il te reste vraisemblablement peu de temps à vivre, tu aies l'audace de t'accrocher avec une telle avidité à la vie, en transgressant les lois les plus importantes, est-ce là quelque chose dont personne ne parlera? Peut-être, à la rigueur, si tu n'offenses personne? Autrement, Socrate, il te faudra entendre raconter beaucoup d'indignités sur ton compte. Ce sera donc en flattant tout le monde et en te conduisant comme un esclave que tu vivras dès lors. Et en faisant quoi, sinon en festinant en Thessalie, comme si tu étais allé là-bas invité à un banquet. Et ces propos que tu nous tenais sur la justice et sur les autres vertus, où seront-ils?

Mais, diras-tu, c'est pour tes enfants que tu souhaites vivre, pour les élever et pour assurer leur éducation.

Quoi? Tu comptes les amener en Thessalie pour les élever et pour assurer leur éducation, en faisant d'eux des étrangers, pour qu'ils te doivent aussi cet avantage! Ou bien ce n'est pas ton intention. Élevés ici sans que tu sois auprès d'eux, estimes-tu qu'ils seront mieux élevés et mieux éduqués, parce que tu seras en vie? Ce seront, en effet, tes amis qui prendront soin d'eux. Est-ce qu'ils en prendront soin si c'est pour aller en Thessalie que tu pars, tandis que, si c'est pour aller dans l'Hadès, ils n'en prendront pas soin? Si vraiment tu peux compter sur ceux qui se prétendent tes amis, tu dois croire qu'ils prendront soin de tes enfants.

Allons, Socrate, fais nous confiance à nous, les Lois qui t'avons élevé, ne mets ni tes enfants, ni ta vie, ni quoi que

La mort de Socrate, tableau (1787) de Jacques Louis David (1748-1825).

ce soit d'autre au-dessus de la justice, afin de pouvoir, à ton arrivée dans l'Hadès, alléguer tout cela pour ta défense devant ceux qui là-bas gouvernent. En ce monde-ci en effet, une conduite de ce genre ne se révélera être ni plus avantageuse, ni plus juste, ni plus pieuse, pas plus pour toi que pour aucun de tes amis, et, une fois que tu seras arrivé là-bas, cela ne te réussira pas mieux. Mais en l'état actuel des choses si tu t'en vas, tu t'en iras condamné injustement, non pas par nous, les Lois, mais par les hommes tandis que, si tu t'évades en répondant de façon aussi répréhensible à l'injustice par l'injustice et au mal par le mal, en transgressant les engagements et les contrats que tu avais toi-même pris envers nous, et en faisant du tort à ceux à qui tu dois le moins en faire, à toi-même, à tes amis, à ta cité et à nous, tu susciteras contre toi notre courroux durant cette vie, et là-bas, les lois en vigueur dans l'Hadès et qui sont nos sœurs ne te feront pas bon accueil, en apprenant que, pour ta part, tu as entrepris de nous détruire nous aussi. Non, ne te laisse pas convaincre par Criton de faire ce qu'il propose, laisse-toi plutôt convaincre par nous.

SOCRATE. — Voilà, sache-le bien, mon cher ami Criton, ce que moi je crois entendre […]. Sache-le bien toutefois, pour autant que j'en puisse juger, tout ce que tu pourras alléguer là contre sera peine perdue. Pourtant, si tu t'imagines pouvoir prendre l'avantage, parle.

CRITON. — Non, Socrate, je n'ai rien à dire.

SOCRATE. — Qu'il en soit ainsi, Criton, et faisons comme je dis, puisque c'est de ce côté-là que nous conduit le dieu.

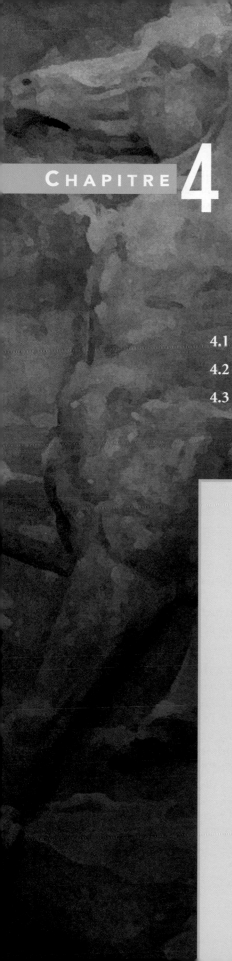

CHAPITRE 4

PLATON

4.1   Épistémologie et métaphysique

4.2   Surmonter le dualisme

4.3   La cité idéale

Nous allons poursuivre notre parcours d'initiation générale à la philosophie par un chapitre consacré à Platon.

Platon est né vers 428 av. J.-C. et il est mort vers 348 av. J.-C. Contrairement à son maître, Socrate, il a laissé une œuvre écrite abondante dont la grandeur et le style inimitable ont fait de lui un des monuments de l'histoire de la philosophie. À la différence de Socrate également, Platon s'est intéressé à la plupart des grands domaines de la philosophie. La pensée de Platon est ambitieuse et complexe. Nous ne visons pas à en donner un compte-rendu exhaustif. Nous allons plutôt concentrer notre attention sur quelques aspects de cette pensée qui trouvent encore aujourd'hui des échos dans la discussion philoso-phique, en particulier dans les domaines de l'épistémologie, de la métaphysique, de l'anthropologie philosophique et de la politique.

Platon appartenait à l'une des familles les plus anciennes et les plus influentes d'Athènes. Il avait des liens de parenté avec plusieurs figures politiques dominantes de son temps. Tout semblait le destiner à une brillante carrière politique. Au lieu de cela, il devint philosophe et fonda une école célèbre, l'Académie, qu'on peut considérer comme la première université d'Occident. La rencontre avec Socrate, son maître, et la fin tragique de celui-ci, condamné à mort par ses concitoyens, fut l'événement déterminant qui explique ce changement de trajectoire.

4.1

ÉPISTÉMOLOGIE ET MÉTAPHYSIQUE

> Dirons-nous [...] que l'ensemble des êtres et ce qu'on appelle l'univers est gouverné par une puissance irrationnelle et fortuite, et comme il plaît au hasard, ou, au contraire, dirons-nous, comme nos devanciers, que c'est l'intelligence et une sagesse admirable qui l'ordonnent et la dirigent ?
>
> **Platon**[1]

Nous savons déjà que Platon a emprunté la forme du dialogue dialectique pour exprimer sa pensée et que ses écrits mettent presque toujours en scène Socrate discutant avec d'autres personnages. Il en résulte qu'il n'est pas toujours facile de discerner le contenu exact de la pensée de Platon, car celui-ci ne s'exprime jamais à la première personne. Cependant, il est généralement admis que cette pensée se démarque progressivement de celle de Socrate au fil des dialogues.

LA FILIATION AVEC SOCRATE

Socrate fut le maître à penser de Platon, mais celui-ci s'affirma rapidement comme un philosophe original et d'une largeur de vues exceptionnelle. Au départ, il partageait avec Socrate un intérêt privilégié pour l'éthique. La notion de *bien* est d'ailleurs le concept central de toute sa philosophie. Il rejoignait également Socrate dans sa croyance en l'existence de vérités absolues et universelles, et dans son combat acharné contre l'influence pernicieuse des sophistes. On trouve aussi chez Platon le même attachement au religieux que chez Socrate. Comme Socrate, Platon avait une conception *rationnelle* du divin et il ne voyait pas de fossé entre religion et philosophie, car, à ses yeux, la conviction que l'univers est régi par une intelligence divine rationnelle donnait son sens à l'entreprise philosophique, qui vise à en comprendre les fondements. Platon croyait à l'immortalité de l'âme et à la réincarnation. Il a aussi élaboré, dans le *Timée*, une sorte de mythe de la création du monde par une divinité bienveillante. Le religieux est l'horizon ultime de la pensée de Platon, et cela explique en partie sa foi en l'existence d'absolus.

Buste de Platon (428-348 av. J.-C.). Marbre romain d'après l'original grec exécuté par Silanion au IVᵉ siècle av. J.-C.

Socrate s'était cantonné dans une tâche d'éducateur auprès des Athéniens, refusant généralement de s'aventurer à formuler les vérités et les principes qu'il les invitait à chercher en eux-mêmes. Platon se montra beaucoup plus ambitieux. Tout en restant inspiré par le style de Socrate, marqué par un sens critique impitoyable, Platon voulut donner un contenu positif à sa philosophie. Il esquissa certaines formulations de ces vérités fondamentales évoquées par Socrate et il chercha à préciser leur contenu, leurs relations et leurs fondements. Bref, sa pensée fait une part plus égale aux deux pôles de la pensée philosophique, le pôle *critique* et le pôle *théorique*. Mais la philosophie de Platon n'est pas un système achevé et fermé. Il faut plutôt la voir comme un programme de recherche inspiré par des convictions très fortes.

---

1. Platon, *Sophiste, Politique, Philèbe, Timée, Critias*, trad. par Émile Chambry, Paris, GF Flammarion, 1969, p. 300.

La théorie de la connaissance : l'intelligible et le sensible

Nous entamerons notre étude de la pensée de Platon par une présentation de sa théorie de la connaissance, son « épistémologie ». Nous verrons, chemin faisant, que celle-ci est indissociable de sa métaphysique, car toutes deux sont inspirées par une même conception fondamentale des choses.

> Et nous disons ensuite que les choses multiples sont vues, mais qu'elles ne sont pas pensées, alors que les formes sont pensées mais ne sont pas vues.
> **Platon[2]**

Platon partage avec Socrate la certitude qu'il existe des vérités absolues et universelles, mais il tente de fonder cette conviction en essayant de comprendre comment l'esprit humain procède dans son activité de connaissance de la réalité et comment il peut atteindre ces vérités absolues. Platon est un pionnier dans le domaine de la théorie de la connaissance. Il a établi une distinction cruciale entre deux modes de connaissance, qu'il a appelés « intelligible » et « sensible ». Cette distinction lui a été inspirée par Socrate.

Nous avons vu en effet que les enquêtes de Socrate étaient le plus souvent des tentatives de définition de concepts très généraux, tels que la vertu, la justice, la piété ou le courage. Dans sa recherche d'une définition juste, Socrate insistait sur l'identification des caractères communs aux cas particuliers que pouvait coiffer le concept en question. Le but de la connaissance était donc de cerner les caractères *essentiels* et *généraux* des choses, par exemple les traits essentiels de la vertu ou de la beauté qui font qu'un acte est vertueux ou qu'une chose est belle. Cette *essence intellectuelle pure d'une chose contenue dans sa définition*, Platon l'appellera **Forme** et il la considérera comme *universelle et immuable*. Socrate avait mis en évidence l'opposition entre le général et le particulier, et son rôle fondamental dans la pensée humaine. Platon a approfondi cette distinction et en a tiré cette idée qu'il existe deux modes de connaissance.

1. **La connaissance intelligible.** Nous avons une idée de ce qu'est la beauté en général, la vertu en général, une maison en général, le courage en général. Une idée générale est ce que nous appelons un « concept ». C'est au moyen des concepts que nous comprenons vraiment l'essence des choses. Nous appréhendons les concepts par l'entremise d'une faculté intellectuelle que nous appellerons *l'intelligence rationnelle*. La connaissance intelligible est donc un *mode de connaissance intellectuel qui a pour objet des concepts,* et les concepts contiennent l'essence véritable des choses.

2. **La connaissance sensible.** Nous possédons par ailleurs un autre mode de connaissance important, qui ne relève pas de l'intelligence rationnelle et qui ne procède pas par concepts. Ce deuxième mode de connaissance *passe par nos cinq sens et nous donne une connaissance des choses particulières qui existent dans le monde matériel.* En effet, la grande différence entre les perceptions sensorielles et les concepts est que les premières sont toujours *particulières*, jamais générales, contrairement aux secondes. Elles nous livrent toujours une représentation particulière d'une chose singulière, vue sous un aspect précis à un

---

2. Platon, *La République*, trad. par Georges Leroux, Paris, GF Flammarion, 2002, p. 350.

L'imagination sensible

Notons que la connaissance sensible est également associée à la faculté de *l'imagination* et aux représentations mentales non verbales que nous appelons «images mentales», même si celles-ci ne sont pas des perceptions de choses matérielles extérieures. Quand nous imaginons mentalement une chose, nous nous la représentons toujours sous des traits concrets et particuliers, comme elle nous apparaîtrait perçue de l'extérieur. Si je forme dans mon esprit *l'image* mentale d'une maison, je verrai une maison singulière dotée de traits concrets (couleur, style, forme, revêtement, etc.). Quand j'entends la voix d'une personne à la radio, mon imagination la dote spontanément d'une apparence physique très concrète et singulière, généralement très éloignée de la réalité d'ailleurs.

moment donné. C'est ce qui arrive lorsque je vois cette belle maison en pierres grises de l'autre côté de la rue par un temps ensoleillé. Pour reprendre un terme avec lequel nous sommes maintenant familiers, nous pourrions dire que la connaissance sensible a pour objet la réalité *empirique*.

La supériorité de l'intelligible sur le sensible

Platon part de cette distinction pour poser une problématique fondamentale en théorie de la connaissance: lequel de ces deux modes de connaissance doit-on considérer comme le plus important? La grande idée de Platon est que la connaissance intelligible et la connaissance sensible ne sont pas deux modes de connaissance complémentaires et d'une importance égale, mais que la connaissance intelligible est *supérieure* à l'autre.

Les déficiences de la connaissance sensible

La thèse de Platon est que seule la connaissance intelligible mérite véritablement d'être appelée connaissance ou «science» parce qu'*elle nous procure des certitudes*. Par contre, nos sens nous livrent toujours des informations partielles, fragmentaires et changeantes sur les choses. Il n'y a jamais d'identité parfaite entre deux de nos perceptions sensorielles ou entre les perceptions de deux personnes différentes. Les perceptions sensorielles sont toujours disparates, différentes les unes des autres, et donc empreintes de subjectivité et de relativité. Tous les arbres, toutes les maisons ou tous les actes de courage que je pourrais percevoir seront toujours différents, variés, singuliers. Chacune de mes perceptions sensorielles est toujours une *expérience particulière*. Nos sens eux-mêmes sont multiples, et les angles sous lesquels nous pouvons percevoir une chose sont innombrables. Il est clair pour Platon qu'aucune connaissance solide ne peut être fondée sur des bases aussi fragiles et instables. Il n'y a de connaissance véritable que si l'objet de la connaissance reste stable et constant, et c'est le cas de la connaissance intelligible par concepts. C'est seulement à partir du moment où je saisis en mon esprit l'idée générale, unique et simple, de courage ou de table ou de beauté, que je puis affirmer connaître vraiment ces choses. Cela survient par exemple lorsque j'ai compris qu'une «table» est «un objet formé d'une surface plane supportée par des pieds, sur lequel on peut poser des objets». En dehors de cela, je fais une multitude d'expériences éparses, sans «forme», qui ne me permettent pas d'avoir une représentation organisée et stable de la réalité.

La perfection de la connaissance intelligible

La supériorité du concept sur la sensation tient au fait qu'il a un contenu simple et clair qui peut être ramassé dans une définition *unique*. Ce contenu est stable, il ne change pas. Prenons l'exemple préféré de Platon, celui des concepts géométriques, comme le cercle ou le triangle. Un cercle est une figure plane dont tous les points sont à égale distance d'un centre. Un triangle est une figure plane fermée à trois côtés. Voilà son *essence*. De tels concepts ou formes sont *immuables* et *universels*, c'est-à-dire qu'ils sont vrais et resteront toujours vrais pour toute personne, en tout temps et en tous lieux. Le concept pur est en quelque sorte *parfait*. Il contient une vérité *absolue*: un cercle est toujours un cercle, toujours identique à lui-même sur le plan purement conceptuel.

Mais il n'en est pas ainsi sur le plan sensoriel, où deux perceptions de cercles concrets ne sont jamais identiques. De plus, les cercles que nous percevons ne sont jamais parfaits comme l'est le concept de cercle. Par exemple, les points d'un cercle matériel percevable par les sens ne sont jamais à une distance *parfaitement égale* au point central, comme le révèle un examen à la loupe. Le concept d'égalité qui fait partie de la définition du cercle est lui aussi, comme celui de cercle, parfait seulement sur le plan conceptuel. L'équation « 2 = 2 » est une égalité parfaite, car elle est formée de concepts purs. Mais si je cherche dans la réalité deux pommes matérielles parfaitement égales quant à leur poids, à leur forme ou à leur couleur, je n'en trouverai pas.

Les choses concrètes sont toujours *multiples* et *particulières*, de grandeur et d'apparence variables et *changeantes*. Leur nature est toujours *relative* au contexte particulier dans lequel elles sont apparues. Un cercle est toujours un cercle sur le plan intelligible, mais la perception d'une succession de cercles matériels est une perception d'un objet qui change continuellement sous nos yeux. Or, soutient Platon, *le changement est l'ennemi de la connaissance*: « […] on ne peut même pas dire […] qu'il y ait connaissance, si tout change et si rien ne demeure fixe[3]. » La connaissance intelligible vise plutôt « […] ce qui est pur et qui est toujours, qui est immortel et toujours semblable à soi[4]. » C'est pourquoi, pour Platon, une véritable science de la nature est par définition impossible. La nature est tout simplement trop instable pour se prêter à une connaissance certaine.

Le tableau 4.1 récapitule les éléments de l'opposition entre l'intelligible et le sensible. On remarquera la ressemblance entre les traits de l'intelligible et la liste des attributs du *divin*. Pour Platon, effectivement, la connaissance des Formes nous rapproche du divin et donc de l'absolu.

La connaissance de l'absolu par les Formes

Platon tire de toute cette analyse une conclusion centrale: le but réel de la connaissance humaine est d'appréhender ces concepts purs et immuables qu'il appelle les Formes. Parmi les Formes dont parle Platon, il faut compter, en plus des concepts mathématiques ou géométriques, des grands concepts d'un très haut niveau de généralité comme

Tableau 4.1

LA THÉORIE DE LA CONNAISSANCE DE PLATON	
La connaissance intelligible: le concept	**La connaissance sensible: la perception**
Absolu	Relative
Parfait	Imparfaite
Universel et général	Particulière
Immuable	Changeante
Unique	Multiple

3. Platon, *Protagoras, Euthydème, Gorgias, Ménexène, Ménon, Cratyle*, trad. par Émile Chambry, Paris, Garnier-Flammarion, 1967, p. 472.

4. Platon, *Phédon*, trad. par Monique Dixsaut, Paris, GF Flammarion, 1991, p. 242.

la beauté, la justice, le bien, la vertu. Si les sophistes pouvaient prétendre que toutes les affirmations, même les plus contradictoires, pouvaient être démontrées, c'est parce qu'ils exploitaient la diversité et l'hétérogénéité des données de la connaissance sensible. Toute connaissance qui fait appel à l'expérience sensible est nécessairement imparfaite et incertaine, et appartient à ce que nous avons appelé la sphère de l'«opinion», c'est-à-dire la sphère des connaissances mal fondées.

Les meilleures raisons, si elles proviennent de l'expérience sensible, restent imparfaites et sujettes à l'erreur. La preuve judiciaire, sur laquelle s'appuient les jurés dans un procès, n'est jamais une garantie de vérité, puisqu'elle se fonde sur des témoignages de leurs sens qui sont faillibles. La connaissance sensible des choses matérielles est donc toujours *relative*. Quand vient le temps d'appliquer les idées générales à des choses concrètes, les humains sont le plus souvent en désaccord sur ce qui est beau ou laid, juste ou injuste, égal ou inégal. Une personne me paraît belle à un moment donné, mais mon jugement peut varier au gré des circonstances, par exemple si elle se trouve à côté d'une personne plus belle, si je regarde son visage de profil, si je la revois dix ans plus tard.

La beauté en soi

Mais, pense Platon, tout n'est pas relatif sur le plan de la connaissance intelligible, et le vrai peut y être clairement distingué du faux. Ainsi, il existe une idée pure et simple de beauté parfaite qui contient l'essence idéale de la beauté. Platon n'en donne pas une définition claire et précise, mais il lui associe des idées comme celles d'harmonie, d'équilibre, de symétrie et de proportion. Les figures géométriques sont belles, un visage ou un palais peuvent également être jugés beaux, et il en va de même d'une idée ou d'un raisonnement. Le concept pur et général de beauté englobe toutes ces sortes de beauté.

Ce que nous sommes portés à voir comme des *outils* de notre entreprise de connaissance de la réalité matérielle, les concepts, Platon en a donc fait, une *fin en soi*. Tout se passe comme si le but d'un concept, tel que la beauté, n'était pas de comprendre et d'apprécier ce qu'est la beauté dans le monde concret, mais simplement de comprendre l'idée de beauté en elle-même et pour elle-même. Voici en quels termes Platon caractérise la Forme pure de la «beauté» dans son célèbre dialogue *Le banquet*:

> [...] beauté éternelle, qui ne connaît ni la naissance ni la mort, qui ne souffre ni accroissement ni diminution, beauté qui n'est point belle par un côté, laide par un autre, belle en un temps, laide en un autre, belle sous un rapport, laide sous un autre, belle en tel lieu, laide en tel autre, belle pour ceux-ci, laide pour ceux-là; beauté qui ne se présentera pas à ses yeux comme un visage, ni comme des mains, ni comme une forme corporelle, ni comme un raisonnement, ni comme une science, ni comme une chose [...] beauté qui, au contraire, existe en elle-même et par elle-même, simple et éternelle, de laquelle participent toutes les autres belles choses, de telle manière que leur naissance ou leur mort ne lui apporte ni augmentation, ni amoindrissement, ni altération d'aucune sorte[5].

---

5. Platon, *Le banquet, Phèdre,* trad. par E. Chambry, Paris, Garnier-Flammarion, 1964, p. 72.

DE L'ÉPISTÉMOLOGIE À LA MÉTAPHYSIQUE

Il ressort de ce qui précède qu'il s'est passé quelque chose d'étrange dans la pensée épistémologique de Platon, une sorte de glissement de sens insidieux par lequel la théorie de la *connaissance* de la réalité s'est transformée en une théorie de la *réalité elle-même*. C'est que Platon fait le raisonnement suivant : puisque le monde matériel est la sphère du particulier, du multiple, du changement incessant, du relatif, les concepts qui sont immuables, absolus et stables n'ont pas pour but et pour fonction la connaissance de cette réalité matérielle, mais la connaissance *d'autre chose* qui est *étranger à la sphère matérielle*, quelque chose de purement intellectuel et donc *d'immatériel*.

Deux réalités : matérielle et immatérielle

Platon en vient ainsi, après avoir opposé *deux modes de connaissance*, à opposer deux mondes, *deux réalités*, l'une matérielle, l'autre immatérielle (tableau 4.2). Comme nous l'avons vu, le domaine de la philosophie qui traite de la *réalité* des choses est la métaphysique, et c'est pourquoi nous disons que *l'épistémologie de Platon s'est transformée en une métaphysique*. Le rapport hiérarchique qui attribuait une supériorité à l'intelligible sur le sensible se trouve transposé, sur le plan de la « réalité », en un rapport de supériorité du monde immatériel (le monde purement intellectuel des Formes, des idées pures) sur le monde matériel (le monde des objets et des événements concrets). Ce n'est plus seulement l'outil de connaissance, les sens, qui se trouve rabaissé par Platon, mais aussi *la réalité matérielle et concrète elle-même*, dans la mesure où tout ce qui s'y trouve est nécessairement particulier, changeant, multiple, imparfait et relatif. Rien dans le monde matériel n'est éternel et immuable. Tout change, tout est éphémère, tout dépérit et finalement tout meurt.

Tableau 4.2

LA MÉTAPHYSIQUE PLATONICIENNE	
La réalité immatérielle : les Formes	**La réalité matérielle : objets, événements**
Absolues, parfaites, universelles, immuables, uniques.	Relatifs, imparfaits, particuliers, changeants, multiples.

La dimension religieuse de la philosophie de Platon

En introduisant dans sa philosophie l'idée d'une réalité immatérielle, il est clair que Platon l'a inscrite dans un horizon religieux. La connaissance rationnelle parfaite que cherche à atteindre Platon n'est rien d'autre, au fond, qu'une connaissance *divine*. Comment une telle chose pourrait-elle être accessible à l'humain ? C'est que l'intelligence rationnelle est un attribut de l'âme et que l'âme est elle-même immatérielle et éternelle. Platon pensait d'ailleurs, conformément à cette croyance, qu'il y avait un nombre fixe d'âmes dans le monde.

L'âme humaine est toutefois imparfaite et doit lutter pour s'approcher le plus près possible de l'idéal incarné par les dieux. Platon adopte à ce propos une croyance que l'on retrouve dans une religion comme l'hindouisme, celle de la réincarnation. L'âme aurait le pouvoir de se réincarner successivement dans des corps différents. Il a raconté le destin de l'âme après la mort dans plusieurs mythes dont il est l'auteur. L'âme comparaît devant un tribunal qui porte un verdict sur la qualité morale de sa vie terrestre. L'âme va ensuite se réincarner dans un autre être matériel de niveau supérieur ou inférieur au précédent, qui pourra être animal ou humain.

La dévaluation de la recherche empirique

La thèse de Platon l'a conduit à des conclusions lourdes de conséquences et très discutables, qui sont d'ailleurs diamétralement opposées tant au sens commun qu'à toute la conception moderne de la science. C'est que Platon en est venu à penser qu'il fallait, pour réaliser son idéal de connaissance, *s'éloigner de la réalité empirique*. L'objet véritable de la connaissance n'était plus pour lui le monde concret et matériel, comme en font foi certaines déclarations étonnantes dans lesquelles il dévalorise la recherche empirique, l'observation et l'expérimentation. Platon a beaucoup contribué à détourner les Anciens de la recherche empirique. C'est ainsi que, dans *La République*, il suggère d'étudier l'astronomie comme la géométrie sans s'occuper des phénomènes visibles, donc d'une manière purement *théorique*. Cela implique par exemple que l'on accordera peu d'importance aux observations du mouvement des astres, même s'ils n'apparaissent pas être parfaitement circulaires, puisqu'il est certain que ce mouvement doit *nécessairement* être circulaire. Platon reproche même aux disciples de Pythagore, qui tentaient d'élaborer une mathématique de la musique, d'essayer de mesurer les intervalles entre les notes de la gamme sur des cordes, car cela équivalait à faire passer «les oreilles bien avant l'intellect[6]»!

Mais, comme nous le verrons dans la suite de ce chapitre, Platon n'est pas resté enfermé dans cette position extrémiste.

POINTS À RETENIR

L'épistémologie et la métaphysique de Platon

1 Platon a établi une distinction entre le mode de connaissance intelligible, qui est la connaissance purement intellectuelle d'idées générales ou concepts (aussi appelées Formes), et le mode de connaissance sensible, qui est la connaissance sensorielle des choses concrètes et particulières.

2 Il a soutenu ensuite que la connaissance intelligible était supérieure à la connaissance sensible, étant donné que les concepts étaient absolus, immuables et parfaits, tandis que les perceptions sensorielles étaient relatives, changeantes et imparfaites.

3 Il a transposé la distinction épistémologique entre les deux modes de connaissance sur le plan métaphysique en disant que la connaissance intelligible avait pour objet une réalité immatérielle, celle des Formes, alors que la connaissance sensible avait pour objet la réalité matérielle et concrète. Il a attribué à ces deux réalités les mêmes traits de perfection et d'imperfection qui lui avaient servi à établir la supériorité des concepts sur les perceptions sensorielles.

LES IDÉES INNÉES

La théorie de Platon que nous venons d'exposer a été sévèrement critiquée par beaucoup de philosophes, y compris par ses élèves à l'Académie et par le plus brillant d'entre eux, Aristote. Ces critiques reposent généralement sur le sens commun. Pour

---

6. Platon, *La République, op. cit.*, p. 384.

le sens commun, l'objet de la connaissance est la réalité matérielle, et les concepts sont les outils que nous utilisons pour l'appréhender. Il est sans doute vrai qu'il faut comprendre les concepts généraux pour connaître la réalité, par exemple qu'il faut savoir ce qu'est un chien en général, la couleur noire en général et le concept d'âge en général, pour comprendre la phrase : « Ce chien est noir et il est âgé de trois ans. » Mais il reste que le but réel de l'entreprise de connaissance n'est pas de comprendre ces concepts pour eux-mêmes. On ne voit pas l'utilité de connaître le sens des concepts de chien ou de justice, si on ne les applique jamais à une chose qui existe réellement, c'est-à-dire concrètement. On voit que le sens commun emprunte une direction opposée à la théorie de Platon en donnant au monde matériel une priorité sur le monde des idées.

Aristote et d'autres philosophes soutiendront donc, à l'encontre de Platon, que *le monde matériel possède une priorité à la fois logique et réelle sur celui des idées.* Après tout, comment puis-je savoir ce qu'est une maison en général tant que je n'ai pas vu de mes yeux au moins quelques exemplaires de maisons concrètes et sans que j'aie pu observer à quoi elles servent ? Et n'est-ce pas à force de voir des maisons particulières que l'on en est venu à former l'idée générale de maison ? Bref, les choses matérielles précéderaient les idées dans l'ordre de la « réalité », ce qui n'est pas négligeable et semble suffire à remettre en cause l'idée d'une supériorité absolue de l'intelligible sur le sensible.

Le processus d'abstraction

À la suite de l'analyse d'Aristote, le processus de production de concepts à partir de la réalité matérielle a été défini comme un **processus d'abstraction**. Il consiste pour l'esprit à *isoler les traits communs qu'une chose partage avec d'autres choses particulières, traits qui forment le contenu de l'idée générale (ou concept) sous laquelle ils peuvent être rangés.* Après avoir observé plusieurs chiens, l'esprit arrive à déterminer ce qu'ils ont en commun et à construire l'idée générale correspondante, par exemple, qu'un chien est un mammifère apparenté au loup, qui aboie, qui a été domestiqué par l'homme et qui a un instinct hiérarchique (des rapports de domination ou de soumission avec les autres chiens ou avec son maître).

Platon renversait l'ordre de priorité entre intelligible et sensible qui vient d'être exposé et niait que les idées générales prennent leur origine dans un processus d'abstraction opéré à partir de plusieurs choses concrètes. Pour Platon, *le concept universel préexiste à l'expérience particulière.* Il est présent dans l'esprit au départ, et c'est précisément ce concept qui rend l'esprit capable de reconnaître dans une chose particulière la présence de l'essence contenue dans le concept. L'expérience concrète ne me révélerait pas par elle-même la nature de la chose perçue ; elle ne ferait qu'activer ou stimuler

Le concept d'abstraction

Étymologiquement, le verbe « abstraire », qui vient du latin *abstractio*, a le sens d'isoler, de séparer. Une idée abstraite est une idée dans laquelle seuls les traits communs essentiels d'un ensemble de choses particulières ont été isolés et séparés de leurs autres traits concrets, accidentels et particuliers. Dans le concept de chien, les traits « aboiement » et « domestiqué » sont séparés de tous les traits particuliers des chiens concrets, tels que l'âge, la couleur, la grosseur, l'état de santé, etc. Plus un concept est général, plus il est abstrait, moins il contient de traits concrets. La magie du langage fait que nous acquérons, par l'apprentissage d'une langue, un stock de concepts désignés par des mots. Mais les *images* peuvent aussi être abstraites, comme les dessins schématiques qui apparaissent sur les panneaux de signalisation routière et qui ne retiennent que quelques traits pour symboliser une route glissante. « Abstrait » s'oppose donc à « concret » et « général » s'oppose à « particulier ».

un concept déjà présent en mon esprit. L'âme immatérielle posséderait une connaissance des Formes pures qu'elle apporterait avec elle lorsqu'elle s'incarne dans un corps matériel, ce qui ferait en sorte que notre esprit posséderait des idées *innées*. Notre expérience concrète des choses ne ferait en quelque sorte que stimuler et rappeler à notre mémoire des idées qui seraient présentes dès la naissance dans notre esprit.

Ce qui fortifie Platon dans cette conviction est son présupposé de la perfection des Formes : si tous les cercles matériels sont imparfaits, ce n'est pas de leur perception sensible que peut provenir le concept géométrique d'un cercle absolument parfait dont les points sont exactement à égale distance du centre. De même, si l'égalité et la beauté matérielles sont toujours imparfaites, ce n'est pas de l'expérience concrète que peut venir la Forme parfaite de l'égalité ou de la beauté. Il dit par exemple à propos du concept d'égalité :

> Avant d'avoir commencé à voir, à entendre, à user de nos autres sens, il fallait bien que de quelque manière nous nous trouvions en possession d'un savoir de ce qu'est l'égal en soi, si nous devions par la suite lui rapporter les égalités perçues à partir des sensations, puisqu'elles s'efforcent toutes avec une belle ardeur de ressembler à ce qu'il est, lui, alors que, comparées à lui, elles sont bien imparfaites[7].

Mais quelles idées innées ?

Platon croit donc que l'esprit possède des idées innées. Bien sûr, la question est de savoir quelles sont ces idées innées. Quel est leur nombre, quelle est leur nature exacte ? Là-dessus, Platon n'avait pas de certitude et a envisagé plusieurs possibilités. Est-ce que tous les concepts sont innés ? Cela paraît insoutenable, surtout si l'on pense que notre esprit emploie des milliers de concepts dont la majorité désigne des choses matérielles, comme la boue ou la neige, ou des objets inventés par l'humain, comme la charrue, le téléphone ou les *raves*. Il est clair que ces concepts doivent découler de notre expérience matérielle des choses et qu'il est impensable qu'ils soient inscrits dans notre esprit dès la naissance et encore moins qu'ils soient éternels et immuables. On voit mal également en quoi ces concepts auraient un quelconque caractère de *perfection*, en quoi le concept de boue serait parfait par rapport à la boue dans laquelle je viens de mettre les pieds.

Mais les exemples favoris de Platon ne sont généralement pas de ce type. Ce sont plutôt des concepts d'un très haut degré de généralité qui composent, pourrait-on dire, *un cadre de fonctionnement général de la pensée*, des notions de base qui organisent de larges pans de notre univers mental. Ce sont des concepts comme le bien, le beau, le vrai, l'égalité, l'amour, la justice et tout particulièrement les concepts géométriques ou mathématiques et les principes de logique. Or, l'affirmation du caractère inné de ces concepts est loin d'être dénuée de sens, bien au contraire. À l'heure actuelle, de nombreuses disciplines scientifiques étudient cette question. La psychologie, la neurologie et la linguistique modernes cherchent à déterminer

---

7. Platon, *Phédon, op. cit.*, p. 233.

certains schémas mentaux présents dans le cerveau humain dès la naissance. L'idée que le cerveau posséderait une structure, une organisation et des prédispositions innées, comme des notions mathématiques et géométriques élémentaires, une grammaire de base ou encore un sens esthétique de la beauté est considérée par plusieurs chercheurs comme une hypothèse très plausible.

À la recherche d'idées innées

L'innéisme est un courant de pensée important en théorie de la connaissance. Plusieurs philosophes ont épousé cette thèse après Platon, en particulier René Descartes (1596-1650) et W.G. Leibniz (1646-1716). Mais aujourd'hui l'innéisme trouve de plus en plus de défenseurs dans le milieu scientifique. L'innéisme repose sur un raisonnement simple : *l'esprit ne pourrait apprendre et développer un stock de connaissances s'il devait partir à zéro*, s'il ne possédait pas au départ au moins un minimum d'outils intellectuels disponibles. Cette thèse est défendue par exemple par le linguiste contemporain Noam Chomsky. Celui-ci prétend qu'il serait impossible aux enfants d'apprendre une langue aussi facilement et rapidement qu'ils le font si leur cerveau ne possédait pas au départ une sorte de grammaire de base universelle permettant de comprendre et d'assimiler la structure et les règles d'une langue. L'idée que l'enfant apprendrait la syntaxe de sa langue par simple imitation et répétition paraît peu plausible lorsqu'on constate qu'un enfant est rapidement capable de produire une multitude de phrases qu'il n'a jamais entendues auparavant et qu'il parvient par ses propres moyens à comprendre intuitivement les règles de syntaxe complexes de sa langue sans que celles-ci ne lui aient jamais été expliquées. Rappelons-nous que nous savons parler *avant* d'entrer à l'école !

Il est difficile cependant de démontrer scientifiquement le caractère inné d'une capacité intellectuelle. La tendance actuelle est de faire des recherches sur les aptitudes intellectuelles des bébés dans les tout premiers mois de la vie, de façon à minimiser le rôle joué par un apprentissage progressif et par une influence de l'environnement. Or, des recherches récentes suggèrent que les nourrissons auraient des aptitudes mentales beaucoup plus développées que ce que l'on supposait jusqu'ici, notamment dans les domaines préférés de Platon : les mathématiques et la beauté. On a constaté la présence chez les bébés de quatre à cinq mois de notions mathématiques élémentaires, comme le concept de nombre et les opérations d'addition ou de soustraction : « 1 + 2 = 3 », « 2 − 1 = 1 ».

Par exemple, si l'on pose un objet dans une boîte devant les yeux du bébé, puis un autre objet, puis que l'on soulève la boîte pour en dévoiler le contenu, le bébé sera surpris si le nombre d'objets n'est pas deux, s'il est un ou trois. La réaction de surprise est d'ailleurs le critère généralement utilisé dans les tests pour déceler la présence d'une aptitude mentale chez le bébé.

Sur le plan esthétique, on a constaté l'existence d'une préférence innée des nourrissons pour les musiques consonantes et une réaction négative aux musiques dissonantes, ainsi qu'une préférence pour les beaux visages aux traits réguliers. Il y aurait donc un sens esthétique inné chez le bébé humain, une préférence innée pour certaines formes. On peut d'ailleurs se poser une question simple à ce sujet : faut-il vraiment « apprendre » qu'un coucher de soleil aux couleurs spectaculaires est « beau » ou ne le ressent-on pas intuitivement dès la première expérience ?

Cependant, ces recherches mettent en cause la séparation nette entre connaissance intelligible et connaissance sensible, ce qui va directement à l'encontre de la théorie platonicienne. Elles suggèrent plutôt qu'il existe une mise en ordre *intellectuelle* des choses par des catégories de pensée dès *le niveau de la perception sensorielle*. Il semble clair que la vue et l'ouïe opèrent une structuration du champ de perception avant toute intervention d'une pensée plus réfléchie ou rationnelle. On dit souvent que la vue, qui est le sens dominant chez l'humain, est aussi le sens le plus « abstrait », le plus capable de schématiser les choses. *La perception sensorielle serait donc, selon cette perspective, un support de la pensée rationnelle et non son opposé.* Des recherches neurologiques récentes ont établi par exemple que les régions du cerveau qui s'activent dans la résolution de problèmes mathématiques ne sont pas les zones associées au langage, mais les zones dédiées à la perception visuelle et spatiale.

De très jeunes bébés, de quelques mois et même de quelques jours, manifestent les mêmes préférences que les adultes lorsqu'on leur présente des paires de photos de visages dont l'un est très attrayant et l'autre peu attrayant, ce qui peut laisser croire que nous naissons avec un sens inné de la beauté. D'autres recherches montrent qu'il existe, au-delà de certaines variations culturelles et historiques, des standards universels de la beauté. Mais, contrairement à ce que pensait sans doute Platon, même les plus beaux visages ne sont jamais parfaitement *symétriques*. En revanche, comme Platon, nous posons spontanément une *équivalence entre beau et bien*. Nous sommes enclins en effet à attribuer arbitrairement aux personnes qui ont un beau visage toutes sortes de qualités supplémentaires de tous ordres (intelligence, sociabilité, santé, etc.)[8].

Lequel de ces deux visages est le plus symétrique ? Lequel est le plus beau à votre avis ? Pourriez-vous expliquer pourquoi ?

POINTS À RETENIR

Le processus d'abstraction et les idées innées

1 Selon Aristote, le monde matériel a une priorité sur le monde des idées, car les concepts seraient le produit d'un processus d'abstraction qui consiste à former une idée générale en isolant les traits communs de plusieurs choses particulières existant dans la réalité matérielle.

2 Platon croyait que certaines Formes fondamentales (comme le beau, le bien, des notions mathématiques) ne sont pas le résultat d'un processus d'abstraction, mais sont inscrites dans l'esprit humain de façon innée, ce que des recherches scientifiques récentes tendraient à confirmer.

Exercices

1. Maintenant que vous connaissez les grandes lignes de la théorie de la connaissance de Platon, revenez à la citation placée en épigraphe : « Et nous disons ensuite que les choses multiples sont vues, mais qu'elles ne sont pas pensées, alors que les formes sont pensées mais ne sont pas vues. » Expliquez le sens de cette phrase de Platon.

2. Voici quelques exercices qui visent à explorer le concept de « concept ». Le schéma en arbre qui suit représente les liens logiques à l'intérieur d'un réseau

de concepts apparentés. Les symboles employés dans ce schéma ont le sens suivant :

■ Une case placée plus haut qu'une autre contient un concept plus *général* que le concept situé plus bas.

■ Les cases qui sont situées au même niveau sont dans un rapport d'*exclusion*.

■ Les flèches qui unissent une case inférieure à une case supérieure indiquent un lien d'*inclusion* que l'on peut traduire par l'expression « une sorte de ».

8. J.-Y. Baudouin et G. Tiberghien, « Visage, ô beau visage », *Sciences humaines*, juillet 2005, p. 26-30 ; Nancy Etcoff, *Survival of the Prettiest: The Science of Beauty*, New York, Doubleday, 1999. On trouvera des informations fort intéressantes sur le sujet sur le site suivant : http://beautyanalysis.com/.

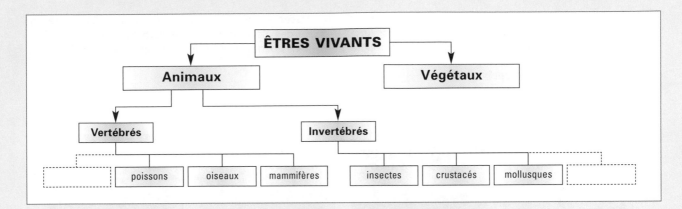

On voit par exemple dans le schéma ci-dessus que le concept «être vivant» est placé au-dessus de «animaux» parce qu'il est plus général que lui et qu'il l'englobe. On remarque ensuite que «animal» inclut les deux catégories inférieures, qui sont «vertébrés» et «invertébrés». Les catégories «vertébrés» et «invertébrés» s'excluent l'une l'autre, puisqu'elles sont au même niveau. Enfin, chaque flèche peut être remplacée mentalement par l'expression «une sorte de…»: les animaux sont des «sortes» d'êtres vivants, les mammifères sont des sortes de vertébrés, etc.

Voici maintenant une liste de concepts apparentés: **cabanon, à logement unique*, triplex, logeant des animaux, hangar, appartement, chambre, résidence secondaire, en pierres, de plusieurs pièces, centre d'accueil, construction, mobile, roulotte, logeant des choses, écurie, igloo, résidence principale, logeant des humains, chalet, entrepôt, à logements multiples*, cuisine, en briques, immobile, studio, maison, d'une seule pièce.**

* «À logement unique» signifie «servant à loger un seul ménage (famille, colocataires ou personne seule)»; «à logements multiples» signifie «servant à loger plusieurs ménages».

a) Explorez d'abord la liste pour constituer les cellules de base d'un éventuel schéma d'ensemble. Pour ce faire, regroupez les concepts qui vous paraissent directement liés par un rapport d'inclusion ou par un rapport d'exclusion.

b) Il y a dans cette liste deux éléments qui ne sont pas à leur place, en ce sens qu'ils ne pourraient ni constituer le terme de départ d'une classification, ni être intégrés à une classification comme étant «une sorte de…». Quels sont-ils?

c) Il y a dans la liste des éléments qui peuvent être intégrés à une classification, mais qui sont *les seuls de leur* classe et qui ne pourraient donc pas faire partie d'une division exclusive avec un ou plusieurs autres termes. Trouvez-en deux.

d) Construisez d'abord un schéma à trois niveaux comme le suivant.

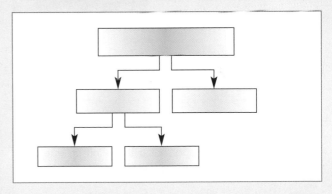

e) Construisez un schéma deux niveaux comme le suivant.

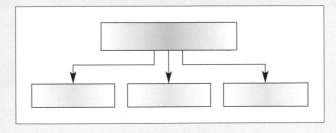

f) Construisez maintenant des schémas à *quatre* niveaux ou plus, en insérant au moins une division à au moins deux termes dans chacun des niveaux. Voyez jusqu'où vous pouvez aller en visant à compléter le schéma comprenant le maximum de niveaux et le maximum de concepts de la liste. *Note*: chaque terme ne peut être utilisé qu'une seule fois.

3. Après ces exercices, vous devriez maintenant savoir avec exactitude ce qu'est et ce que n'est pas une *maison*. Essayez donc de formuler la *définition* la plus claire et la plus précise possible du concept de «maison». (Qu'est-ce qu'une maison?)

4. Classez les quatre dessins de la figure 4.1, représentant des maisons, par ordre d'*abstraction*, en allant du moins abstrait au plus abstrait, et expliquez les raisons de votre classement.

1

Diana Ong, *Le temps des fêtes.*

2

Gerald Bustamante, *Ferme et silo dans un champ de blé.*

3

Christopher Zacharow, *Maison de campagne.*

4

Alexej von Jawlensky (1864-1941), *Variation sur maison et lac* (1916).

Figure 4.1   **Représentations d'une maison**

5. À votre avis, qu'est-ce qui est le plus «abstrait»: les mathématiques ou la philosophie? Expliquez votre réponse en vous rapportant à la définition que nous avons donnée du concept d'abstraction.

4.2

SURMONTER LE DUALISME

Revenons sur la démarche d'ensemble de Platon. Celui-ci est parti de la conviction qu'il existe des vérités et des réalités absolues, parfaites et immuables. Il a déterminé ensuite que l'absolu ne pouvait vraiment exister que sur le plan des idées, qu'aucun absolu n'était possible dans la sphère de la réalité concrète et matérielle. Ce faisant, il a radicalement divisé le monde en deux domaines séparés et exclusifs: le monde immatériel des idées pures, ou Formes, et le monde matériel. C'est ce qui nous permet de caractériser la philosophie de Platon comme un «dualisme» et comme un «idéalisme».

- Le **dualisme** est une *doctrine philosophique qui divise les choses en deux principes ou en deux réalités irréductibles, comme l'esprit et la matière, l'âme et le corps, le matériel et l'immatériel.* Le contraire du dualisme est le **monisme** (du grec *monos*, «seul», «unique»), qui est une *doctrine qui pose un principe unique pour la réalité entière.* Le **matérialisme** philosophique est un monisme puisqu'il *soutient que tout ce qui existe est matériel.*

- L'**idéalisme** est un *courant de pensée caractérisé par la priorité et la supériorité qu'il accorde à la pensée et aux «idées» par rapport à la réalité matérielle.* Pour Platon, les idées pures, ou Formes, sont parfaites et elles existent *préalablement* à toute expérience concrète dans la réalité matérielle.

Le danger de l'idéalisme est qu'il peut nous amener à la limite à nous désintéresser du monde matériel et concret. Le dualisme idéaliste de Platon est une position malaisée à tenir, car, après tout, l'idéal a beau être du côté du monde immatériel, il reste que nous sommes des êtres matériels et que c'est notre existence terrestre qui nous préoccupe avant tout. On sent parfois chez Platon un découragement face au spectacle désolant de la vie humaine. Mais cela ne l'a pas empêché de multiplier les efforts pour rapprocher les deux mondes que son épistémologie et sa métaphysique l'inclinaient à séparer. Pour cela, il lui fallait supposer que le monde matériel, et particulièrement le monde humain, n'était pas imperméable à celui des Formes, que les Formes pouvaient y jouer un rôle, même si c'était de façon imparfaite. Platon a ouvert la porte à ce rapprochement et a ainsi tenté de surmonter son dualisme de trois manières différentes que nous allons maintenant examiner.

1. D'abord, sur le plan *théorique*, Platon a trouvé une manière de jeter un pont entre les deux réalités au moyen des *mathématiques*.

2. Ensuite, il a élaboré un deuxième rapprochement en esquissant une *anthropologie philosophique*, c'est-à-dire une théorie de la personnalité humaine, qui fait appel à *trois* principes plutôt qu'à deux.

3. Enfin, et surtout, il a élaboré un projet ambitieux de *réforme politique* visant à insuffler à la société humaine un peu de cette harmonie idéale qu'incarnent les Formes pures.

Nous nous attarderons plus longuement à ce troisième projet dans la dernière section de ce chapitre. Voyons d'abord les deux premières tentatives.

UNE FASCINATION POUR LES MATHÉMATIQUES

Platon a fait graver au seuil de l'Académie la phrase suivante: «Que nul n'entre ici s'il n'est géomètre.» Ses écrits laissent transparaître un véritable engouement pour les mathématiques. Ainsi, il leur attribuait une grande place dans l'éducation, y voyant le meilleur entraînement à la pensée rationnelle. Cet engouement est facile à comprendre. En effet, les mathématiques correspondent parfaitement

> Par rapport en effet à l'administration, tant domestique que politique, par rapport à tous les arts, aucun objet d'étude ne possède une vertu éducative comparable en importance à celle du temps que l'on passe dans l'étude des nombres.
>
> **Platon**[9]

---

9. Platon, *Les Lois*, dans *Œuvres complètes*, vol. 2, trad. par L. Robin, Paris, Gallimard, coll. «La Pléiade», 1950, p. 808.

aux critères de la connaissance intelligible fixés par Platon. Elles sont totalement dépourvues de tout contenu concret et peuvent être étudiées sans aucune référence à la réalité empirique. Elles sont, nous l'avons déjà indiqué, le royaume de la *déduction logique* et elles réalisent parfaitement l'idéal platonicien d'*une connaissance qui ne doit rien aux sens et tout à l'intelligence rationnelle*. Enfin, les lois mathématiques sont parfaites et immuables.

Mais, en disant tout cela, nous restons enfermés dans la perspective dualiste, pour laquelle le monde des Formes serait un monde idéal sans rapport avec le monde matériel. Comment les mathématiques peuvent-elles servir de pont entre le monde immatériel et le monde matériel ? La réponse est que leur caractère purement formel comporte, si on regarde les choses par l'autre bout de la lorgnette, un avantage extraordinaire : étant dépourvues de tout contenu déterminé, elles peuvent s'appliquer littéralement à n'importe quel contenu concret. On peut les utiliser pour compter des pommes et des oranges, pour calculer le prix d'une marchandise, pour dresser un calendrier, mais aussi pour formuler des lois physiques universelles ou pour expliquer la trajectoire des astres. Bref, elles peuvent être un outil précieux dans toute science du monde matériel, et c'est ainsi que Platon va leur donner un rôle privilégié dans sa philosophie.

Pythagore : « Tout est nombre »

L'intérêt de Platon pour les mathématiques aurait été alimenté par des voyages au cours desquels il aurait rencontré des penseurs pythagoriciens, dont Archytas (430-348 env. av. J.-C.) à Tarente, une cité du sud de l'Italie. Pythagore, qui vécut au VIe siècle, fut un personnage de légende dans l'Antiquité. Son œuvre nous est mal connue, et il est loin d'être certain qu'il ait été l'auteur du fameux théorème qui porte son nom. Philosophe et mathématicien, il fonda une secte à la fois savante et religieuse dans laquelle l'enseignement d'un savoir mystérieux revêtait un caractère initiatique. La grande idée des pythagoriciens est que « tout est nombre », ce qui signifie que *les principes fondamentaux de l'univers sont des lois mathématiques*. Cette croyance les amena à chercher dans toutes sortes de phénomènes, physiques, musicaux ou astronomiques, des analogies avec les nombres.

Platon a repris à sa manière cette grande idée dans son *Timée*. Il y propose un récit de la création du monde dans lequel un dieu bienveillant a donné une forme aux choses en amalgamant les quatre éléments matériels (eau, air, terre, feu) suivant des modèles provenant des Formes et des idées mathématiques. Les mathématiques servaient ainsi d'intermédiaire entre le monde parfait des Formes purement intellectuelles et le monde des choses matérielles. C'est par elles que le dieu aurait insufflé un ordre et une structure à la nature. Cependant, cet ordre était imparfait, car la matière contient un principe propre, que Platon appelle « nécessité », qui la rend imparfaite et qui oppose une résistance aux Formes intelligibles. Platon a ainsi trouvé une manière ingénieuse d'expliquer l'imperfection du monde sans mettre en cause la perfection de la divinité ou des Formes.

Les formes mathématiques du monde matériel

Les nombres ont cette propriété de suggérer l'idée d'une organisation, d'une régularité dans les choses. La possibilité de constituer un calendrier annuel suivant le mouvement des astres et ordonnant le cycle des saisons ne manquait pas d'impressionner les Anciens. Mais la fascination pour les nombres s'explique aussi par des motifs qui tiennent davantage de la superstition. Par exemple, nous sommes portés à voir quelque chose d'incroyable dans le fait qu'un numéro gagnant de la loterie soit le 123456 ou le 242424. En réalité, le tirage du nombre 487260 est tout aussi étonnant et improbable que ceux-là.

Les pythagoriciens attribuaient ainsi toutes sortes de propriétés occultes à certains nombres. Pour eux, le 2 symbolisait la femme, le 3, l'homme, et le 5, le mariage. Ils associaient nombres et formes géométriques en construisant des carrés, des rectangles et des triangles à l'aide de points. Le 10, qui est la somme des quatre premiers nombres entiers, symbolisait pour eux l'univers entier (figure 4.2). Le 4 symbolisait la justice, mais il s'imposait aussi comme structure de base de la nature, car celle-ci se divise très souvent en quatre parties : les quatre éléments, les quatre humeurs, les quatre saisons, les quatre points cardinaux. Les Anciens n'ont jamais cessé d'ajouter des pièces à ce dossier.

On trouve plusieurs exemples de ce penchant à appliquer les nombres et les figures géométriques à toutes sortes de phénomènes dans l'œuvre de Platon. Par exemple, il laisse entendre dans *La République* qu'il existe un nombre mystérieux, le «nombre nuptial», déterminant le moment idéal pour procréer, nombre qui varierait selon les différentes espèces et qui est basé sur l'hypothèse que tout phénomène naturel obéit à des lois cycliques. Les enfants conçus à ce moment idéal donneraient les plus beaux spécimens (notons qu'il ne révèle pas la nature précise du nombre en question, ce qui a alimenté les spéculations des fanatiques de numérologie pendant des siècles!). Dans *Les Lois*, il a précisé que la population idéale d'une cité était de 5040 foyers, nombre obtenu par la multiplication successive des nombres 1 à 7.

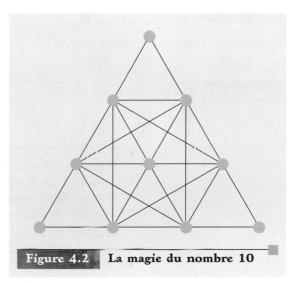

Figure 4.2 **La magie du nombre 10**

Dans le *Timée*, il a échafaudé une physique de la matière fondée strictement sur la géométrie. Il y suit le même mode de pensée *déductif* qui prévalait dans l'astronomie ancienne. Partant de l'idée que le monde naturel avait été créé à partir de formes mathématiques, il en conclut que la matière *devait nécessairement* avoir une forme géométrique, et tous les corps existants *devaient* donc être construits à partir de minuscules formes géométriques, telles que des triangles, des carrés ou des pentagones. Or, il existe seulement quatre éléments fondamentaux (eau, air, terre, feu) et seulement cinq solides réguliers ou polyèdres, c'est-à-dire des corps tridimensionnels dont les faces sont des polygones réguliers. Les quatre éléments devaient donc *logiquement* correspondre à ces polyèdres. C'est ainsi que, selon Platon, la terre est faite de minuscules cubes (car le cube est le solide le plus stable), le feu est fait de pyramides à quatre faces (tétraèdres), l'air, d'octaèdres (figures à huit faces constituées de deux pyramides collées) et l'eau, d'icosaèdres (figures à vingt faces). Il reste un cinquième solide, le dodécaèdre, comprenant douze pentagones. À quoi sert-il? Eh bien, c'est la forme de l'univers entier! Évidemment, cette théorie est complètement fantaisiste, mais Platon aurait au moins été heureux d'apprendre qu'il existe des cristaux en forme de cube, de tétraèdre et d'octaèdre dans la nature (figure 4.3, p. 164)!

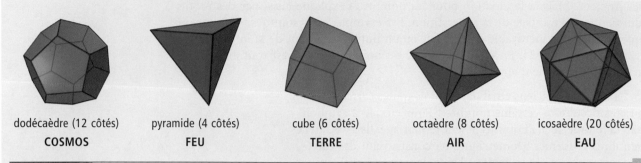

dodécaèdre (12 côtés)   pyramide (4 côtés)   cube (6 côtés)   octaèdre (8 côtés)   icosaèdre (20 côtés)
COSMOS   **FEU**   **TERRE**   **AIR**   **EAU**

Figure 4.3   **Les polyèdres de Platon**

Les mathématiques dans les sciences modernes

Il faut prendre garde de ne voir dans cette idéalisation des mathématiques qu'une obsession de Platon. En réalité, les sciences modernes apportent ici de l'eau au moulin de la théorie platonicienne. Si la théorie de la connaissance de Platon se situe aux antipodes de la recherche scientifique moderne par sa dévalorisation de la recherche empirique, elle la rejoint par sa valorisation des mathématiques. Or, nous avons déjà indiqué que l'idée d'appliquer systématiquement les mathématiques aux phénomènes naturels constituait la principale contribution des Grecs anciens à l'avancement des sciences.

La physique ou l'astronomie modernes sont essentiellement des sciences mathématiques, qui travaillent sur des objets définis dans un langage mathématique et qui expriment donc les lois fondamentales de la nature dans ce langage. Les particules élémentaires de la physique moderne (électrons, neutrons, protons) sont de pures constructions mathématiques, inaccessibles à toute connaissance « sensible » et impossibles à représenter en images concrètes (un neutron est une particule de masse égale à $1,674\,95 \times 10^{-27}$ kg). Galilée a formulé le credo de cette vision mathématique de la nature dans un texte célèbre qui a des accents tout à fait platoniciens :

> La philosophie est écrite dans ce livre immense perpétuellement ouvert devant nos yeux (je veux dire : l'univers), mais on ne peut le comprendre si l'on n'apprend pas d'abord à connaître la langue et les caractères dans lesquels il est écrit. Il est écrit en langue mathématique et ses caractères sont des triangles, des cercles, et d'autres figures géométriques, sans l'intermédiaire desquels il est humainement impossible d'en comprendre un seul mot. Si on ne les comprend pas, on tourne vainement en rond dans un labyrinthe obscur[10].

Le problème de cette conception mathématique de la nature est cependant que les choses matérielles n'ont que rarement la simplicité et la clarté des nombres et des figures géométriques envisagés par Platon. Et la question se pose de savoir s'il est justifié de croire que les imperfections et la diversité apparentes des choses matérielles cachent des lois simples et claires ou si ces dernières ne sont pas simplement une fiction ou un rêve de philosophe.

---

10. Cité dans Yves Gingras, Peter Keating et Camille Limoges, *Du scribe au savant*, Montréal, Boréal, 1998, p. 262.

Des mathématiciens modernes... et platoniciens

Même à l'époque moderne, les mathématiciens professionnels subissent encore la fascination qu'avait éprouvée Platon. Les mathématiques semblent permettre de découvrir un monde qui a une telle cohérence et une telle logique interne qu'il semble exister indépendamment d'eux et *avant* même qu'ils ne le découvrent. Cela les amène parfois à adopter le point de vue idéaliste de Platon. Le mathématicien Charles Hermite (1822-1901) écrivit par exemple :

> Les nombres et les fonctions ne sont pas le produit arbitraire de notre esprit. Ils existent indépendamment de nous avec le même caractère de nécessité que les objets de la réalité objective. Nous les découvrons et nous les étudions comme le font les physiciens, les chimistes ou les zoologues[11].

Plus récemment, le mathématicien Alain Connes déclarait dans un livre paru en 1989 :

> [...] il existe indépendamment de l'homme une réalité mathématique brute et immuable [...] le monde mathématique existe indépendamment de la manière dont nous le percevons, et n'est pas localisé dans le temps et l'espace[12].

Platon n'aurait pas dit mieux !

Il est possible de faire un usage intensif des mathématiques en sciences sans épouser cependant la vision idéaliste de Platon. C'est sans doute le cas de la majorité des scientifiques d'aujourd'hui, qui voient les mathématiques simplement comme un *outil* de compréhension qui permet de représenter de façon efficace et précise certaines lois ou régularités du monde matériel, sans penser pour autant que les mathématiques auraient une existence indépendante en dehors de l'esprit humain ou que la nature matérielle soit *dans son essence même une réalité mathématique.*

LES CONCEPTS ONT-ILS UNE RÉALITÉ ?

Nous avons vu que Platon soutenait la thèse suivante fort étonnante : les Formes, qui sont des idées pures, ont une réalité propre. On utilise parfois l'expression « réalisme des idées » pour désigner cette position métaphysique. Le plus étonnant est cependant que Platon n'est pas le

> L'esprit de Platon a la vie dure. Nous sommes incapables d'échapper à cette tradition philosophique qui veut que ce que nous voyons et mesurons dans le monde ne soit que la représentation superficielle d'une réalité cachée.
>
> **Stephen Jay Gould**[13]

seul à avoir succombé à cette tendance à *accorder une réalité aux idées*. Nous venons de mentionner certains mathématiciens qui le suivent dans cette voie, mais il s'agit en fait d'une propension presque naturelle de la pensée humaine : quand un concept est très important pour nous ou quand il nous est devenu très familier, nous sommes portés à lui attribuer une réalité effective, en oubliant qu'il ne s'agit malgré tout que d'une idée générale.

---

11. Cité dans Stanislas Dehaene, « Les bases biologiques de l'arithmétique élémentaire », *Pour la science*, avril 2005, p. 70.

12. J.-P. Changeux et Alain Connes, *Matière à pensée*, Paris, Odile Jacob, 1989, p. 48 et 62.

13. Stephen Jay Gould, *La mal-mesure de l'homme*, trad. par J. Chabert et M. Blanc, Paris, Odile Jacob, 1997.

Nominalisme et réalisme

Cette problématique des rapports entre les idées et la réalité a fait l'objet d'un important débat au Moyen-Âge à l'occasion de ce que l'on a appelé la «querelle des universaux» et elle continue de soulever la controverse aujourd'hui. Plusieurs philosophes médiévaux, dont le plus célèbre fut Guillaume d'Ockham (fin XIIIᵉ-1349), attaquèrent de front la théorie *réaliste* de Platon en défendant une théorie adverse que l'on appelle «nominalisme» (du mot «nom»). Le terme «universaux» équivaut ici à celui de concept (ou de Forme chez Platon), dans le sens où un concept contient une définition «universelle» d'une chose.

Le **nominalisme** *soutient que les concepts n'ont aucune réalité, car seuls les objets concrets, singuliers et particuliers existent réellement.* Le **réalisme** *soutient que les concepts ont une réalité propre ou existent effectivement dans la réalité.* Le réalisme a tendance à «chosifier» les concepts, c'est-à-dire à prendre les concepts pour des «choses».

Selon le nominalisme, un concept est une idée générale. Or, il n'y a que des objets individuels et matériels, différents et séparés les uns des autres dans la réalité. Par exemple, un chien «en général» n'existe pas; il n'existe que des chiens individuels et matériels. Les concepts n'ont donc en ce sens aucune «réalité» propre et ne sont que des noms que l'on donne à des séries ou à des collections de choses, d'où le terme «nominalisme». Platon pensait que les concepts contenaient *l'essence* même des choses, alors que pour le nominaliste ils ne sont que des *outils* commodes mais artificiels que l'esprit emploie pour simplifier les choses, pour mettre de l'ordre dans ses représentations de la réalité et pour désigner approximativement les choses. Prendre les concepts pour des réalités serait donc une illusion de l'esprit. Selon le nominaliste, les concepts ne seraient que des raccourcis de la pensée, et Platon se serait trompé lorsqu'il parlait de la «réalité» des Formes.

Pourtant, il semble évident que certains concepts généraux correspondent bien à des *réalités* précises et bien délimitées. Par exemple, les concepts de mâle et de femelle, de vivant et de mort, de jaune et de bleu. Mais beaucoup d'autres concepts n'ont pas cette correspondance claire avec une réalité, en particulier ceux qui désignent *des ensembles de choses ou des processus.*

Mais où est l'université?

Le philosophe anglais Gilbert Ryle (1900-1976) a donné un exemple amusant qui illustre bien le problème qui est posé ici. Il considère le cas d'un touriste qui visite le campus de l'Université d'Oxford en Angleterre et qui, après avoir vu les pavillons, la bibliothèque, les laboratoires, le personnel administratif, la cafétéria, les professeurs et les élèves, demande à son hôte: «D'accord, mais où est *l'université?*» L'exemple de Ryle nous fait comprendre que le mot «université» n'est qu'une façon commode de *nommer* la collection de choses connexes qui forment l'université (bibliothèque, laboratoires, personnel, etc.), mais que seules ces choses éparses existent *réellement*. «L'Université d'Oxford» en tant que telle n'existe pas réellement comme entité. Le mot qui la désigne ne fait que diriger l'esprit vers un ensemble de choses très diverses interconnectées par une variété de liens. C'est ce qui fait que chaque individu fréquentant cette université a une expérience particulière de cette «université», selon la faculté à laquelle il est inscrit, les pavillons qu'il fréquente, son horaire de cours, les professeurs qu'il choisit, etc. Cela ne l'empêchera pas l'un de déclarer qu'il aime beaucoup cette université, alors qu'un autre affirmera la détester. Chacun pourra livrer un témoignage différent sur ce qu'est «l'Université d'Oxford», mais en réalité ils ne parleront probablement pas de la même chose.

Les pseudo-choses

Bien sûr il faut accepter au départ le caractère général des concepts. Mais la «chosification» des concepts est plus que cela: elle conduit à attribuer une fausse unité et de fausses propriétés à de pseudo-choses. C'est le cas par exemple d'expressions comme «*la* science» ou «*la* méthode scientifique». Ces choses n'existent pas au sens strict. Il existe une grande diversité de sciences particulières et de méthodes associées. Il y a bien quelques points communs entre toutes les pratiques scientifiques, mais en réalité le travail scientifique d'un géologue n'a pas grand-chose à voir avec celui d'un psychologue ou celui d'un économiste.

«Société» et stéréotypes

Bien d'autres concepts se prêtent au même traitement. Par exemple, quand un jeune dit qu'il est en révolte contre *la société* qui lui impose des valeurs qu'il n'endosse pas, il parle d'une chose, la «société», qui n'existe pas. Il en parle comme si c'était une personne dotée d'une conscience et d'une volonté. Mais il s'agit là au plus d'une métaphore. En disant «société», il confère une unité et une réalité factices à une multitude d'expériences et de phénomènes interconnectés. Les jugements stéréotypés négatifs et caricaturaux constituent un autre exemple malheureux et courant de cette tendance. Lorsque nous qualifions «les Noirs», «les homosexuels», «les jeunes» ou «les baby-boomers», nous parlons d'un groupe rassemblant une diversité de personnes concrètes toutes singulières, comme s'il s'agissait d'une entité unique possédant des traits essentiels spécifiques.

«Conscience» et «raison»

Beaucoup de grands concepts philosophiques continuent de faire l'objet de critiques d'inspiration nominaliste, portant sur le fait qu'on les «chosifie». Par exemple, le philosophe contemporain Daniel C. Dennett s'en prend à des concepts comme la «conscience» ou la «raison». Nous sommes souvent portés à imiter Socrate en regardant la conscience ou la raison comme un centre unifié de contrôle de nos pensées et de nos conduites. Mais, selon Dennett, un tel centre n'existe pas. Nous sommes victimes d'une illusion du langage. Notre vie psychique serait plutôt constituée d'un ensemble de processus mentaux hétérogènes dont le caractère conscient ou inconscient varie grandement. Mais il n'est pas justifié de les réunir dans un tout unifié et de parler d'une «chose» qui serait «*la* conscience».

Le mot «raison» donne lieu au même genre de dérive. Nous sommes portés à croire, à tort, qu'il y a une entité logée dans notre tête qui correspondrait à la raison et qui gouvernerait nos pensées et nos conduites. Un concept mieux adapté serait celui de *rationnel*, qui qualifie simplement un aspect de nos processus mentaux qui, dans la réalité, se trouve toujours mêlé à d'autres (il n'y a pas de processus de pensée rationnelle qui ne soit accompagné d'émotions, d'attitudes, d'intuition et d'imagination). Il n'y a donc aucun motif de croire qu'il existe un module indépendant et central dans notre cerveau qui serait le siège de la raison.

La chosification de l'intelligence

Stephen Jay Gould
(1941-2002).

Dans *La mal-mesure de l'homme*[14], Stephen Jay Gould a fait une critique nominaliste du concept d'intelligence. Certains jugements sur l'intelligence laissent penser que l'intelligence est une « chose », logée quelque part dans notre cerveau, que l'on peut posséder en plus ou moins grande quantité et qui expliquerait les performances des génies et des cancres. Ce genre de préjugés intervient dans les analyses de certains chercheurs qui prétendent mesurer l'intelligence. Cela témoigne d'une véritable mystique des nombres, qui fait croire qu'il est possible de quantifier un niveau d'intelligence, par exemple au moyen d'un QI. Cela concourt à lui donner ainsi un semblant d'unité et de réalité objective. Pourtant, il n'y a actuellement aucune raison sérieuse de croire qu'il existe une chose, un dispositif, un module quelconque de notre cerveau correspondant à l'intelligence et il n'existe même aucun accord sur la nature exacte de l'intelligence, sur ses composantes et sur son véritable rôle dans le fonctionnement de l'esprit.

L'aveu d'un des pionniers de la recherche sur l'intelligence, Arthur Jensen, est éloquent à cet égard : « L'intelligence, a-t-il déclaré, c'est ce que mesurent les tests d'intelligence. » Plusieurs gagnants de prix Nobel en sciences ont eu des résultats désastreux à des tests d'intelligence. En fait, on peut associer l'intelligence à une multitude d'aptitudes impliquant diverses formes de compréhension des choses, par exemple à la logique, à la mémoire, à la créativité, à la vitesse de réaction, à l'imagination, à la résolution de problèmes, à l'esprit d'analyse ou à l'esprit de synthèse, aux habiletés relationnelles, comme celles de décoder les états d'âme des autres ou de se comprendre soi-même. Ainsi, le spécialiste R. Sternberg distingue trois formes différentes d'intelligence qu'il appelle analytique, pratique et créative. D'autres, comme H. Gardner, en distinguent jusqu'à huit ! On assiste ainsi, et depuis longtemps, à des gloses sans fin sur une *chose* qui, à proprement parler, n'existe pas. Le mot « intelligence » n'est qu'un raccourci pour désigner une certaine facilité dans une variété de performances cognitives.

POINTS À RETENIR

Réalisme et nominalisme

1. Platon défend une théorie réaliste des concepts, c'est-à-dire qu'il attribue aux concepts une réalité propre ou il croit qu'ils correspondent à des choses réelles.

2. Une doctrine opposée, le nominalisme, soutient au contraire que les concepts ne sont que des outils de pensée, qu'ils n'ont aucune réalité en tant que telle et que seuls les objets concrets et particuliers ont une réalité.

3. On peut observer chez les philosophes, mais aussi dans la population en général, une tendance réaliste, qui conduit à inventer des pseudo-choses, comme la raison ou l'intelligence.

L'ANTHROPOLOGIE PHILOSOPHIQUE : LA STRUCTURE DE L'ÂME HUMAINE

Nous poursuivons notre étude de Platon par l'examen d'une deuxième tentative de réconciliation entre l'intelligible et le sensible. Platon a développé une « théorie de l'âme » que l'on peut considérer comme la première théorie de la personnalité de l'histoire et comme une première esquisse de cette science que nous appelons aujourd'hui « psychologie ».

---

14. Stephen Jay Gould, *op. cit.*

Pour les Grecs anciens, le terme « âme » (du grec *psukhê* et du latin *anima*, « souffle ») était synonyme de principe vital, de source de vie et de mouvement. Tout être vivant possède une âme, l'âme est ce qui l'« anime ». En ce sens, même les animaux ont une âme. La théorie de l'âme humaine de Platon s'inscrit dans le domaine de la philosophie que nous avons appelé « anthropologie philosophique » et qui est une réflexion sur les traits fondamentaux de la nature humaine ou de la condition humaine. Cette théorie est intéressante, car elle permet de démarquer Platon de Socrate. Elle montre que, malgré ses fortes tendances idéalistes, Platon avait finalement une vision de l'être humain plus pessimiste mais aussi plus vraisemblable que celle de son maître, au sens où sa vision s'avère plus fidèle à la réalité concrète de la vie humaine.

La structure ternaire de l'âme

Quand il parle de l'être humain, Platon met souvent de l'avant une conception « dualiste », à deux termes, opposant la partie rationnelle de l'âme à une autre partie, irrationnelle, associée au corps et constituée des désirs et des passions. Mais il a également développé une théorie *ternaire* de l'âme, qui semble finalement mieux rendre compte de la complexité de l'expérience humaine et qui lui permet de surmonter quelque peu les tendances dualistes de sa philosophie. Cette théorie n'oppose pas l'âme au corps mais distingue et met en rapport trois parties de l'âme associées à trois parties du corps. Selon Platon, « il y a en nous trois espèces d'âmes logées en trois endroits différents [...] elles ont chacune leurs mouvements séparés[15] ». Lui-même n'utilise pas de terminologie fixe pour désigner ces trois parties de l'âme, mais on peut les appeler ainsi :

- l'âme désirante,
- l'âme ardente,
- l'âme raisonnante.

Ces trois parties de l'âme sont trois forces, trois sources de motivation fonctionnant suivant des modes différents et dont les rapports sont potentiellement conflictuels.

Deux images : le corps et l'attelage ailé

Une image concrète de cette structure, suggérée par Platon lui-même, associe donc ces trois parties de l'âme à trois parties du corps humain : l'âme désirante est associée au ventre, l'âme ardente, au cœur, et l'âme raisonnante, à la tête. Les trois âmes ont un degré de perfection gradué, l'âme raisonnante étant la plus parfaite, et l'âme désirante, la moins parfaite.

Platon a également illustré cette structure ternaire au moyen d'une métaphore célèbre : celle d'un attelage de deux chevaux, un blanc et un noir, dirigé par un cocher. Le cocher est la tête, le cheval blanc, le cœur, et le cheval noir, le ventre. Platon suggère que l'attelage de l'âme est doté d'ailes lorsqu'il se trouve dans la sphère immatérielle. Il en est ainsi pour l'âme des dieux. C'est ce qui lui permet de s'élever sans effort vers les hauteurs des cieux. De plus, les trois parties de l'attelage sont également parfaites dans cette âme ailée : les deux chevaux sont dociles et

---

15. Platon, *Timée, op. cit.*, p. 466.

travaillent à l'unisson en se conformant à la volonté du cocher (figure 4.4). Mais l'âme perd ses ailes lorsqu'elle s'associe à un corps matériel, et les deux chevaux sont alors affligés d'imperfections. On a ici un bon exemple de la manière dont Platon concevait le rapport entre une Forme pure parfaite et son incarnation dans une forme matérielle imparfaite. La Forme confère un ordre et une structure aux choscs, dans le cas présent une structure en trois parties chargées chacune d'une fonction précise, mais la sphère matérielle introduit des conflits, de l'instabilité et des frictions dans les rapports entre ces parties.

Figure 4.4   La métaphore de l'attelage ailé

Ajoutons enfin que, conformément à ses principes d'ordre et d'unité, et aussi d'organisation selon les Formes générales du *Bien*, Platon met en relation cette structure de l'âme avec la structure éthique des quatre *vertus* fondamentales dont nous avons déjà établi la liste : la justice, la sagesse, le courage et la modération. Voyons maintenant l'agencement de tous ces éléments.

L'âme désirante

L'**âme désirante** *correspond aux besoins et appétits naturels du corps*, tels que la faim, la soif, le plaisir des sens. Platon ajoute à ces exemples le goût de l'argent et les plaisirs du jeu sous toutes ses formes. Ces désirs sont puissants et primaires. Ils ne peuvent être éliminés, mais ils peuvent être domptés ou contrôlés. L'âme désirante n'est pas réceptive à la voix de la raison. Ses désirs sont irrationnels, aux yeux de Platon, car l'âme désirante est incapable de limiter elle-même ses appétits, ce qui peut causer de grands torts à l'individu. Le cheval noir qui la symbolise est rétif, indiscipliné, et le cocher a du mal à le maîtriser.

La seule vertu qui puisse être attribuée à l'âme désirante est la **modération**, c'est-à-dire la *capacité de se contrôler soi-même, de modérer ses désirs, de les satisfaire avec mesure* en étant sensible aux directives de la raison. Mais cette vertu ne peut être atteinte par le cheval noir que par l'influence des deux autres acteurs, le cheval blanc et le cocher. Notons toutefois que la modération n'est pas assignée de façon exclusive à l'âme désirante. Elle est également appliquée par Platon à l'ensemble de l'âme.

L'âme ardente

L'**âme ardente** *représente une force morale intérieure positive*, cette « ardeur » qui est évoquée par l'expression « avoir du cœur ». Cette force intérieure se manifeste principalement dans des émotions d'ordre *moral*, telles que la colère, l'indignation devant l'injustice, le sens de l'honneur, la fierté, la pudeur, la honte. L'âme ardente est motivée par l'affirmation de soi, le souci d'affirmer sa valeur, le sens de l'honneur et la recherche de l'estime d'autrui. Elle marque un attachement à des idéaux moraux. La vertu propre à l'âme ardente est bien évidemment le **courage**, c'est-à-dire *la force intérieure qui nous fait rester ferme devant le danger ou la souffrance.*

Mais cette âme a un aspect volontaire et même agressif qui peut faire dévier son sens de l'honneur vers la recherche du pouvoir ou le souci de la réputation et du prestige. La faiblesse de l'âme ardente réside dans son impétuosité et son impulsivité ; elle s'emporte facilement et peut donc faire du mal en voulant bien faire. Elle se met rapidement en colère et peut alors pécher par orgueil, par crainte de mal paraître aux yeux des autres. Elle peut encore succomber à l'envie ou se livrer à des vengeances abusives.

Le cheval blanc, qui symbolise l'âme ardente, a besoin d'être guidé, mais il a de bonnes dispositions. Il est plus docile que le cheval noir, de sorte que le cocher a plus de facilité à le maîtriser. Il peut le prendre comme intermédiaire pour exercer une influence positive sur le cheval noir. Comme l'âme ardente parle le langage des émotions, elle a une plus forte emprise sur l'âme désirante, par exemple lorsqu'elle sollicite son désir de prouver sa valeur ou la honte de ses excès. Le cœur est attiré par le Bien et est donc plus ouvert à l'influence de la raison, plus enclin à se conformer à ses directives. L'âme raisonnante a plus de facilité à s'allier avec l'âme ardente qu'avec l'âme désirante. *L'âme ardente sert en quelque sorte de médiateur entre la rationalité de la tête et l'irrationalité du ventre. Au fond, c'est elle qui permet à Platon de dépasser son dualisme.*

L'âme raisonnante

L'**âme raisonnante** *est le siège de la raison et est orientée vers la recherche du bien et de la vérité.* C'est la partie de l'âme humaine la plus proche de ce que Platon appelle le monde intelligible et de la perfection des Formes. Elle guide la conduite suivant les grands idéaux du bien, du beau, de la vérité et de la justice. Elle doit lutter avec les deux autres parties de l'âme pour arriver à les contrôler, à les guider et à les mettre au service de ces idéaux. La raison correspond évidemment à la partie du corps la plus haute, la tête, et elle est symbolisée par le cocher qui dirige l'attelage des deux chevaux.

> ### Pourquoi la tête est ronde...
>
> Notons que Platon a bien vu que la tête et le cerveau étaient le siège de la pensée, contrairement à Aristote, qui affirmait que ce siège se trouvait dans le cœur et que le cerveau servait essentiellement de système de refroidissement du sang ! L'âme raisonnante est donc associée à la tête, et Platon voit toutes sortes de significations symboliques dans cette association. La tête est au sommet du corps et semble donc naturellement destinée à une fonction de direction et de gouvernement de la personnalité. Il suggère, dans le *Timée*, que la tête humaine a une forme arrondie, car, étant le siège de l'esprit et de la raison, elle est la partie du corps qui se rapproche le plus de la perfection géométrique de la sphère (et donc d'une Forme mathématique) : « À l'imitation de la forme de l'univers qui est ronde, les dieux enchaînèrent les révolutions divines, qui sont au nombre de deux, dans un corps sphérique, que nous appelons maintenant la tête, laquelle est la partie la plus divine de nous et commande toutes les autres[16]. »
>
> Il suggère également que le créateur a pris soin de placer la tête le plus loin possible du ventre pour qu'elle soit dérangée le moins possible par lui !

---

16. *Ibid.*, p. 423.

La vertu propre de la raison est la **sagesse**, qui est la *capacité d'avoir une vision juste des choses, en raison d'une réflexion et d'une connaissance approfondies.* La raison est habitée par un amour de la connaissance et un désir d'apprendre. Elle a la mission de chercher le bien de l'ensemble de la personne.

L'état d'harmonie de l'âme : la justice

Cette structure ternaire permet à Platon de définir un état idéal d'ordre, d'équilibre et d'harmonie de la personnalité pour cet être imparfait qu'est l'humain. Cet état n'est pas la perfection que pourrait connaître une âme immatérielle pure, séparée du corps, mais il est quelque chose auquel l'être humain peut aspirer et qu'il peut travailler à atteindre. C'est celui où la raison parvient à dominer, à contrôler et à guider les deux autres parties de l'âme : le cœur et surtout les désirs. Platon associe parfois cet état d'harmonie de l'ensemble de la personnalité à la vertu de modération : si aucune partie de l'âme ne commet d'excès, l'harmonie de l'ensemble sera évidemment préservée. Mais il l'associe surtout à la justice. Pour lui, la **justice** *est atteinte lorsque chaque partie d'un tout remplit parfaitement la fonction qui lui est assignée en se coordonnant adéquatement aux autres parties.* Cette dénomination paraît étrange, car nous n'avons pas coutume d'associer la notion de justice à la structure de la personnalité individuelle. Mais nous verrons dans la prochaine section, consacrée au domaine politique, que Platon va établir un parallèle étroit entre la structure de l'âme individuelle et celle de la cité, où la justice trouve un cadre d'application plus naturel.

L'ordre d'une âme bien ordonnée prend donc un sens *éthique*. Elle correspond à la *vertu*, puisque, comme nous venons de le voir, Platon a pris soin d'associer les fonctions des parties de l'âme et leur agencement global aux grandes vertus de courage, sagesse, modération et justice (tableau 4.3). Ordre et vertu sont finalement synonymes de bonheur, et Platon semble partager sur ce point l'opinion de Socrate, qui voyait le bonheur comme un état d'ordre de l'âme, d'absence de conflit et de paix intérieure.

Tableau 4.3

LA STRUCTURE DE L'ÂME SELON PLATON			
Âme	Désirante	Ardente	Raisonnante
Corps	Ventre	Cœur	Tête
Attelage	Cheval noir	Cheval blanc	Cocher
Vertu	Modération	Courage	Sagesse
Vertus de l'ensemble	Justice et modération		

DIVERGENCES ENTRE PLATON ET SOCRATE

Il faut remarquer toutefois une différence notable entre la vision de l'être humain de Platon et celle de Socrate. Platon semble avoir une vision plus concrète de l'âme humaine que Socrate. Il paraît mieux apprécier que Socrate la force des parties irrationnelles de l'âme et la difficulté que peut avoir la tête à imposer sa loi au ventre et au cœur. Il assigne à chacune des trois âmes des motivations et même des plaisirs. L'âme raisonnante conçue par Platon n'est pas une raison froide, purement intellectuelle. C'est une « âme » au sens propre, donc un principe de vie et de mouvement, une source de motivation. Elle est assoiffée de perfection, elle est passionnée par le Bon, le Beau et le Vrai. C'est ce qui lui donne un certain pouvoir sur les deux autres. Bien sûr, ce pouvoir reste limité, car les désirs et les passions du ventre et du cœur sont très puissants. Platon n'adopte donc plus la conception étroitement « intellectualiste » de Socrate.

La conception ternaire de l'âme de Platon indique clairement qu'il entrevoyait la possibilité de conflits intérieurs chez un être habité par trois forces distinctes. Il reconnaissait que les forces irrationnelles pouvaient parfois avoir le dessus sur la raison. L'homme est ainsi fait. Platon semblait admettre également la possibilité que le savoir ne puisse fournir à lui seul la motivation et l'énergie indispensables à l'action, phénomène que nous avons appelé « faiblesse de la volonté ». Pour Socrate, la volonté de faire le bien ne faisait pas problème, puisque l'homme veut toujours faire le bien : si la raison lui dit correctement ce qu'est le bien, il va le faire car « nul ne fait le mal volontairement ». Pour Platon, le savoir rationnel possède une force de motivation propre, mais celle-ci ne suffit pas toujours à l'engager dans la voie du bien. L'homme est un être imparfait, et il lui est difficile d'atteindre l'état idéal d'équilibre et de parfaite harmonie. Platon était plus pessimiste que Socrate à ce sujet. Il en est venu à la conclusion qu'« il est donc impossible […] que la multitude soit philosophe[17] ». Le peuple ne sera jamais sage. Seule une minorité d'individus supérieurs le peuvent. Cette conviction sera d'ailleurs au centre de sa théorie politique.

D'autres théories ternaires

La théorie de l'âme de Platon date de plus de deux millénaires et pourtant elle ne manque pas de pertinence et de mérite. Sa structure ternaire de la personnalité trace un portrait de l'être humain qui a été repris et développé par beaucoup d'autres auteurs par la suite. Au XXᵉ siècle, le père de la psychanalyse, Sigmund Freud, a élaboré une des plus célèbres théories de la personnalité, et celle-ci présente plusieurs points communs avec celle de Platon.

Les trois parties de la personnalité sont, selon la théorie de Freud : le Ça, le Surmoi et le Moi. Le Ça est le siège des désirs et des instincts, et constitue une structure primitive dominée par la recherche du plaisir. Il correspond en gros à l'âme désirante de Platon. Le Surmoi est une instance morale qui impose des règles de conduite et des idéaux. Il est basé sur des émotions puissantes de culpabilité et de honte, et on peut y voir le pendant de l'âme ardente. Le Surmoi de Freud joue, comme le cœur de Platon, un rôle déterminant dans le développement d'un contrôle sur les pulsions primitives du Ça. Finalement, le Moi est le siège de la pensée consciente, de la raison et de ce que Freud appelle le principe de réalité ; c'est lui qui doit assurer l'équilibre de la personnalité et qui tente de contrôler les forces en provenance du Ça et du Surmoi. Il est le pendant de l'âme raisonnante. Comme l'âme raisonnante de Platon, le Moi freudien a du mal à établir son autorité sur les deux autres forces.

Platon		Freud
Âme désirante	↔	Ça
Âme ardente	↔	Surmoi
Âme raisonnante	↔	Moi

Il est intéressant de noter que Freud prétendait que les rêves nocturnes exprimaient nos désirs refoulés. Or, dans *La République*, Platon explique les rêves déréglés qui peuplent nos nuits comme une intrusion de désirs primaires et d'émotions puissantes qui

17. Platon, *La République*, op. cit., p. 329.

n'ont pas été satisfaits durant le jour, avec la conséquence que « la partie bestiale et sauvage [...] repoussant le sommeil cherche à se frayer un chemin et à assouvir ses penchants habituels[18] ». Elle profite du fait que la partie rationnelle de l'âme soit endormie pour envahir l'imagination et s'exprimer librement. Selon Platon, celui qui a maintenu un bon équilibre et qui a su satisfaire ses désirs avec modération aura des nuits paisibles !

Une autre théorie ternaire analogue à celle de Platon provient du neurologue Paul D. Maclean. Celui-ci a proposé une représentation schématique de l'organisation du cerveau humain en trois parties, ou sous-systèmes, qu'il a mises en parallèle avec trois modes de conduite de l'humain. Ces trois parties du cerveau sont disposées dans un ordre qui va, comme chez Platon, de bas en haut. Maclean a fait l'hypothèse supplémentaire que ces parties sont apparues successivement au fil de l'évolution naturelle des espèces sur terre. Le plus ancien serait le cerveau reptilien, qui assure les fonctions vitales de l'organisme (digestion, circulation, température corporelle, équilibre, etc.) et gère les comportements instinctifs liés à nos besoins fondamentaux et à la survie (agression/fuite, sexualité, instinct territorial, etc.). On reconnaît ici l'âme désirante. Ce cerveau est rigide et compulsif. Le deuxième cerveau est le cerveau limbique, plus récent et plus évolué, doté de capacités de mémoire beaucoup plus grandes ; il serait le siège des émotions, des liens affectifs, de la vie sociale et des apprentissages complexes. Son lien avec l'âme ardente de Platon est plus lâche, puisqu'il a des fonctions plus diversifiées. Enfin, le troisième sous-système, hiérarchiquement supérieur, est le néocortex qui est la couche extérieure du cerveau (plus des trois quarts du cerveau humain), comprenant les deux gros hémisphères cérébraux. Il est le siège de la pensée évoluée, du langage, de la culture et, bien entendu, de la pensée rationnelle. Il correspond donc à l'âme raisonnante.

Ces trois cerveaux interagissent de façon complexe mais possèdent néanmoins une organisation donnée. La théorie de Maclean a été élaborée dans les années 1950-1980. Elle est un peu grossière et aujourd'hui contestée sur certains points, en particulier sur l'idée que les trois sous-systèmes se soient développés de façon *successive*. En réalité, les trois sous-systèmes en question sont présents dès le départ même chez les vertébrés les plus primitifs, mais se sont développés de façon variable d'une espèce à l'autre. Son schéma général d'une division ternaire du psychisme humain reste néanmoins pertinent, tout comme celui de Platon.

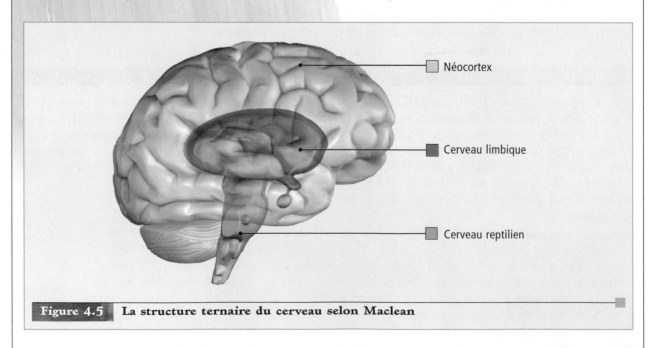

Néocortex

Cerveau limbique

Cerveau reptilien

Figure 4.5   **La structure ternaire du cerveau selon Maclean**

---

18. *Ibid.*, p. 446.

POINTS À RETENIR

La théorie de l'âme de Platon

1 Platon a produit une théorie de l'âme humaine qui surmonte quelque peu l'aspect dualiste de sa pensée, car elle attribue à l'âme une structure ternaire dont l'originalité est la position de l'âme ardente qui sert d'intermédiaire entre l'âme raisonnante et l'âme désirante.

2 Cette structure est mise en parallèle avec les quatre vertus fondamentales de modération, courage, sagesse et justice, la justice définissant l'état idéal d'une personnalité dans laquelle chaque partie de l'âme remplit parfaitement le rôle qui lui est assigné, sous la gouverne de l'âme raisonnante.

3 Platon propose ainsi une vision de l'humain qui paraît plus vraisemblable et concrète que la vision intellectualiste de Socrate, en ce qu'elle admet la possibilité de conflits à l'intérieur de la personnalité et la difficulté pour l'être humain d'atteindre l'harmonie et l'équilibre intérieurs.

Exercices

1. Nous avons étudié dans cette division deux manières dont Platon aurait surmonté le dualisme inhérent à sa pensée. Expliquez d'abord la nature de ce dualisme, puis expliquez comment il a néanmoins essayé de surmonter ce dualisme par l'entremise des mathématiques et de sa théorie de l'âme.

2. Nous avons vu qu'un des traits de la philosophie platonicienne est l'adhésion au *réalisme* des idées et que le courant de pensée *nominaliste* se distingue lui par sa critique sévère du réalisme des idées. Le nominalisme critique en particulier le fait de prendre des concepts ou idées générales pour des « choses » réelles.

Considérez la structure de l'âme de Platon et montrez comment elle prête le flanc à cette critique nominaliste.

3. Imaginez que vous êtes un partisan du *nominalisme* en philosophie et que vous entendez quelqu'un dire au cours d'une discussion politique : « Le peuple québécois a le droit de décider s'il veut ou non que le Québec devienne indépendant. » En bon nominaliste, vous engagez une discussion avec l'auteur de cette déclaration pour lui démontrer qu'il parle d'une chose qui n'existe pas dans la réalité « le peuple québécois ». Quels seraient vos arguments ?

4. Retournez au passage du chapitre 3 dans lequel nous avons présenté la mission de Socrate (p. 108). Revoyez les propos que Socrate tenait aux Athéniens et montrez qu'on y trouve une stratégie qui rejoint le modèle de l'âme humaine de Platon en ce sens que Socrate fait appel à l'*âme ardente* des Athéniens pour les amener à écouter la voix de leur *âme raisonnante*, plutôt que celle de leur *âme désirante*.

4.3

LA CITÉ IDÉALE

Platon a écrit plusieurs ouvrages sur la politique. Ce sont *La République*, *Politique* et *Les Lois*. De ces trois ouvrages, le plus important, le plus ambitieux et le plus célèbre est *La République*, qui est considéré comme un des monuments de l'histoire de la philosophie. Nous allons d'ailleurs limiter notre étude de la pensée politique de Platon à cette œuvre, dans laquelle celui-ci a tenté de définir le mode d'organisation d'une cité idéale. Ce projet de réforme politique – « révolution » serait peut-être un terme plus approprié – est le troisième exemple que nous voulons donner de l'effort qu'a fait Platon pour réconcilier le monde idéal et parfait des Formes et le monde imparfait de la vie humaine. La cité idéale de Platon, il faut le dire, n'est pas démocratique.

> À moins que [...] les philosophes n'arrivent à régner dans les cités, [...] il n'y aura pas, mon ami Glaucon, de terme aux maux des cités ni, il me semble, à ceux du genre humain.
>
> **Platon**[19]

Le rejet de la démocratie est d'ailleurs un des points sur lesquels la pensée de Platon n'a jamais fluctué. Essayons d'abord de comprendre les motifs de ce rejet, qui peut paraître étonnant de la part d'un natif d'Athènes.

L'IRRATIONALITÉ DE LA DÉMOCRATIE

Le jugement critique de Platon sur la démocratie est radical et sans appel. Pour lui, la démocratie est une véritable horreur. La condamnation à mort de Socrate par le peuple athénien a sans doute contribué à discréditer à ses yeux le concept d'un gouvernement « populaire » de la cité. Cet événement a pu renforcer, dans l'esprit de Platon, l'idée que la démocratie athénienne souffrait d'un mal profond. Les symptômes de ce mal étaient visibles dans la vie politique athénienne de la fin du Vᵉ siècle, dominée par les conflits, les dissensions, l'arrivisme et la quête de puissance plutôt que par le souci de justice et la recherche du bien commun. La fondation d'un nouvel ordre social fut la grande préoccupation de Platon. Elle joua un rôle central dans sa pensée philosophique et l'amena même à formuler des projets de réforme détaillés, qui sont rapportés dans deux œuvres monumentales, *La République* et *Les Lois*. Platon aurait même eu l'occasion de mettre à exécution ses projets lorsqu'il fut invité par le tyran Denys l'Ancien, puis par son successeur, Denys II, à réformer les institutions politiques de la cité de Syracuse en Sicile. Ces deux expériences se terminèrent malheureusement par des échecs.

Les périls de la liberté

Pour Platon, la liberté, qui est la valeur centrale de la démocratie, ne peut être la pierre d'assise d'une société. Elle est synonyme de refus de toute autorité. Elle conduit au mépris des lois et favorise l'expression d'un égoïsme primaire. Livré à lui-même, le peuple est enclin à gouverner sans principes directeurs et à changer les lois au gré de ses humeurs et de ses caprices. Il est esclave de ses émotions. Il n'a à cœur que ses intérêts privés immédiats. Il est une proie facile pour les « démagogues », ceux qui savent flatter le peuple pour gagner ses faveurs, en le bernant et

---

19. *Ibid.*, p. 301.

en lui faisant endosser des politiques qui vont à l'encontre de ses vrais intérêts. Ceci explique l'acharnement de Platon à combattre l'influence des sophistes, puisque ceux-ci se targuaient précisément de fournir aux hommes politiques les instruments de persuasion les plus efficaces. Pour Platon, tout régime démocratique est condamné à sombrer dans le désordre, ce qui est le terrain idéal pour l'apparition d'une tyrannie. Le tyran est le sauveur auquel le peuple s'en remettra pour restaurer l'ordre une fois que la liberté sans frein aura jeté la société dans le chaos.

Le « pouvoir du peuple » ou le pouvoir des aveugles

Dans *La République*, Platon a formulé un argument célèbre et puissant contre la démocratie. Partant d'une analogie entre le gouvernement de la cité et le pilotage d'un navire, Platon demande : Laisseriez-vous le navire sur lequel vous vous embarquez être piloté par n'importe qui, par le matelot novice qui ignore l'art du pilotage,

ou ne préféreriez-vous pas qu'il soit piloté par un expert compétent, le capitaine ? Il dit encore de manière encore plus cinglante : « Entre un aveugle et quelqu'un à la vue perçante, à qui faut-il confier la garde de quoi que ce soit[20] ? » L'idée de Platon est que la démocratie équivaut à *laisser la société être dirigée par le premier venu, par n'importe qui, par des aveugles.* Car on trouve de tout dans le peuple, y compris des criminels, des ignorants, des imbéciles, des indifférents et des ambitieux. La notion même de démocratie est donc carrément *irrationnelle* aux yeux

Adolf Hitler (1889-1945) en uniforme, tableau (1933) de B. Jacobs.

L'exemple le plus célèbre d'aveuglement d'un peuple dans une démocratie est donné par la montée au pouvoir d'Adolf Hitler.

Ayant d'abord échoué à prendre le pouvoir par la force lors d'un putsch en 1923, Hitler résolut d'y arriver en jouant le jeu de la démocratie. Sans doute le plus grand « démagogue » de tous les temps, orateur exceptionnel, doté d'un incroyable magnétisme, manipulateur hors pair, Hitler a littéralement envoûté le peuple allemand. Et il a gagné son pari. En 1934, le peuple allemand vota à 90 %, lors d'un référendum, en faveur d'une loi lui permettant de cumuler les fonctions de chancelier et de président du Reich. Le « peuple » venait de lui octroyer *démocratiquement* le pouvoir absolu.

de Platon. Elle revient à « choisir la pire option », à confier le gouvernement à n'importe qui, alors que la raison nous indique clairement qu'il serait mieux avisé de confier la direction de la cité à des gens intellectuellement et moralement supérieurs. C'est la voie qu'a empruntée Platon.

La République : la cité idéale de Platon

Platon croyait que la sagesse ou la « science véritable » passait par une connaissance des Formes intelligibles, mais il ne croyait pas que cette connaissance fût accessible au commun des mortels. De plus, il concevait la personnalité humaine comme une structure ternaire comprenant les trois parties de l'âme, désirante, ardente et raisonnante, et définissait l'équilibre idéal de la personnalité comme un rapport

---

20. *Ibid.*, p. 315.

hiérarchique de domination de la tête raisonnante sur le cœur ardent et le ventre désirant. Mais, encore une fois, il ne pensait pas qu'un tel équilibre fût à la portée de tous.

Dans *La République*, il a échafaudé un projet de cité idéale conforme aux principes que lui inspirait sa philosophie idéaliste. C'est une des productions les plus audacieuses et les plus étonnantes de toute l'histoire de la philosophie. Ce projet a suscité des critiques sévères. Certaines de ses propositions sont choquantes pour notre sensibilité moderne, d'autres sont tout à fait révolutionnaires pour l'époque. Nous allons présenter ce projet dans le détail.

Le parallèle entre l'individu et la cité

Tout au long de sa présentation, Platon établit un parallèle étroit entre la structure de sa cité idéale et la structure de l'âme individuelle. Fidèle à sa conviction que *l'univers entier possède une unité fondamentale logée dans des Formes immuables*, il fait donc cette hypothèse audacieuse que l'individu et la société ont des lois de fonctionnement et d'équilibre identiques. Il écrit : « [...] l'individu lui aussi est sage de la même manière et en fonction du même principe que la cité [...] je crois que nous affirmerons qu'un homme est juste de la même manière que la cité l'est[21]. »

Les trois classes sociales

Platon commence son analyse en se demandant pourquoi les humains vivent en société. Sa réponse est qu'ils ont besoin les uns des autres pour survivre, ce qui implique qu'il y ait une coopération et donc une *division du travail* entre les humains. Selon Platon, les trois fonctions principales à assumer dans un groupe social sont la production de biens, la défense contre les troubles intérieurs et extérieurs (armée et police) et le gouvernement ou l'administration générale. On voit immédiatement qu'il y a une hiérarchie de pouvoir entre ces trois fonctions. Le gouvernement est en haut de l'échelle de pouvoir, suivi par les responsables de la sécurité et finalement par la fonction de production. Selon les caractéristiques qu'il a attribuées au monde intelligible des Formes immuables, Platon souhaite que sa cité idéale soit protégée le plus possible contre le changement, l'instabilité et les conflits. C'est une petite cité indépendante et autarcique, sans commerce extérieur. Il la veut unifiée, bien ordonnée, stable et harmonieuse. Voici comment il prétend y arriver.

D'abord, chacune des trois grandes fonctions est assumée par une classe sociale particulière :

- La classe inférieure est celle des *producteurs* (agriculteurs, artisans et marchands), qui sont chargés de produire les biens nécessaires à la subsistance de la population.
- La deuxième, celle des *guerriers*, a la responsabilité de défendre la cité et d'y faire régner l'ordre.
- La troisième, celle des *gardiens*, est chargée de la gouverner et de l'administrer.

---

21. *Ibid.*, p. 252.

Ces trois classes sociales forment une structure analogue à celle de la personnalité individuelle (tableau 4.4). La classe des producteurs correspond à l'âme désirante et aux besoins primaires. Sa vertu doit être la *modération*. Comme pour l'âme individuelle, cette vertu est attribuée aux trois classes, mais en pratique il paraît clair qu'elle est particulièrement pertinente pour les producteurs, car ceux-ci sont moins raisonnables et ils doivent surmonter leurs tendances primaires naturelles pour obéir à la volonté des dirigeants. La classe des guerriers correspond au cœur, et sa vertu caractéristique est le *courage*. Quant aux gardiens, ils sont la tête de la cité et ils doivent gouverner la cité avec *sagesse*, de la même manière que l'âme raisonnante doit gouverner la personnalité de l'individu. «Il existe, dit Platon, trois genres d'hommes principaux, le philosophe, l'ami de la victoire et l'ami du profit[22]», ce qui correspond aux trois classes des gardiens, des guerriers et des producteurs. Mentionnons qu'il y a des esclaves dans la cité de Platon mais que ceux-ci ne font pas l'objet d'une analyse particulière. Comme tous les penseurs anciens, Platon voyait dans l'esclavage une chose normale et naturelle.

Tableau 4.4

L'ANALOGIE ENTRE L'ÂME INDIVIDUELLE ET LA CITÉ		
Âme individuelle	**Vertus**	**Cité**
Âme désirante	Modération	Producteurs
Âme ardente	Courage	Guerriers
Âme raisonnante	Sagesse	Gardiens
Ensemble de l'âme	Justice et modération	Ensemble de la cité

Par définition, une société dans laquelle chacun remplit parfaitement le rôle auquel il est destiné est une société où règne la *justice*. Elle consiste «pour chaque classe […] à exercer ses propres activités dans la cité[23]». Il n'y a pas de conflits et de discordes dans un tel système, ce qui implique que les producteurs acceptent finalement d'être soumis à l'autorité des guerriers et des gardiens. *La clé est que les gardiens gouvernent la cité de façon parfaitement désintéressée, en n'ayant en vue que le bien commun.* Il est alors plus facile pour les subordonnés, guerriers et producteurs d'accepter leur domination.

Pour Platon, la cité idéale doit donc s'assurer que chacun soit à sa place et que les plus aptes à remplir chacune des trois fonctions occupent les places qui leur reviennent. Il importe surtout que les sujets les plus doués sur les plans intellectuel et moral accèdent aux postes de gardiens. Il n'est donc pas question de suivre le modèle démocratique et de permettre au peuple et aux moins doués de gouverner

22. *Ibid.*, p. 462.
23. *Ibid.*, p. 239.

directement, et pas davantage d'élire les gouvernants. La clé du projet de Platon est l'importance accordée à l'éducation et à la formation du caractère des citoyens. C'est pourquoi l'éducation est prise en charge par l'État.

L'éducation des citoyens

Au départ, tous les citoyens reçoivent une éducation commune dans des institutions publiques. Les agents responsables de l'éducation sont attentifs à déceler très tôt les qualités naturelles de chaque enfant, de manière à le diriger vers les fonctions et la classe sociale qui lui conviennent. Les individus les plus doués sont sélectionnés pour former l'élite des guerriers et des gardiens et ils reçoivent ensuite une éducation particulière plus poussée. Les moins bien dotés sur le plan moral et intellectuel sont relégués aux tâches de production et de commerce. Les plus courageux sont assignés aux tâches de défense. Les meilleurs, c'est-à-dire les plus sages et les plus savants, se voient confier la tâche de gouverner la cité. Or, les plus sages sont, aux yeux de Platon, les *philosophes*. C'est pourquoi on a dit que la cité platonicienne était dirigée par des « rois philosophes ». Notons que les classes ne sont pas inamovibles ou héréditaires ; ce sont seulement les qualités et les talents propres des individus qui les désignent pour une fonction ou pour une autre.

Platon considère que l'éducation ne concerne pas seulement l'intelligence et la raison, mais qu'elle doit aussi former les éléments non rationnels de la personnalité, soit le cœur et les appétits corporels. Cela n'est possible que si l'on commence l'éducation en très bas âge. L'éducation donnée aux producteurs n'est pas explicitée, mais il est clair que la musique, la gymnastique et les mathématiques élémentaires en sont les pièces majeures, de même que l'apprentissage de la langue. Ces disciplines développent l'harmonie, l'ordre et la justesse des mouvements du corps et de l'âme. Puis vient une formation militaire de deux à trois ans. Guerriers et gardiens vont pour leur part approfondir l'étude des mathématiques, de la géométrie et des sciences en général jusqu'à l'âge de trente ans. La formation de l'élite des gardiens se prolonge très tard et comprend l'étude de la philosophie pendant cinq ans et celle des divers aspects du gouvernement pendant quinze ans. Ce n'est qu'à l'âge de cinquante ans qu'un individu est enfin qualifié pour occuper la fonction de gardien !

Un régime de vie communiste pour les guerriers et les gardiens

Platon ne dit presque rien du mode de vie des producteurs qui, manifestement, l'intéresse fort peu. Mais il a conçu un régime de vie tout à fait révolutionnaire pour les guerriers et les gardiens. Pour Platon, un des plus grands problèmes de la politique est le fait bien connu que *le pouvoir politique tend à corrompre ceux qui l'exercent*, à cause de tous les avantages qu'ils peuvent en tirer (richesse, prestige, privilèges). C'est pourquoi il impose aux classes supérieures un régime de vie qui s'apparente sur plusieurs points à un système *communiste*, c'est-à-dire un système égalitaire fondé sur le partage. Platon veut assurer la perfection morale des dirigeants en faisant en sorte *qu'ils ne retirent aucun avantage personnel de l'exercice du pouvoir*. Il veut que ceux-ci ne se soucient que de la vérité, de la justice et du bien commun.

L'abolition de la propriété privée

Le premier volet de ce régime est économique. Platon sait qu'un des plus gros obstacles à la réalisation de son idéal est l'attrait de la richesse. Il permet la propriété privée chez les producteurs mais soumet les guerriers et les gardiens à un véritable communisme économique, c'est-à-dire qu'il abolit pour eux toute propriété privée. Ceux-ci ne possèdent rien à titre privé et leur subsistance est assurée par l'État. Ils n'ont ni terre, ni maison, ni fortune, hormis les biens de première nécessité, et leurs fonctions ne leur offrent aucun privilège ni aucune possibilité de s'enrichir.

L'abolition de la famille et le contrôle de la reproduction

Le deuxième volet du régime concerne la famille. Aux yeux de Platon, la famille rend les individus bornés et leur fait nourrir des ambitions personnelles et limitées au lieu d'avoir à cœur les intérêts de l'ensemble de la cité. De plus, l'autorité des parents sur leurs enfants pourrait empêcher que les individus soient dirigés là où les destinent leurs capacités naturelles. C'est pourquoi toute la reproduction humaine et l'éducation des enfants sont prises en charge par l'État, et les unions amoureuses et la famille sont soumises à un véritable régime communiste. Platon préconise en effet un système révolutionnaire qu'il formule ainsi : « Que ces femmes soient toutes communes à tous ces hommes, et qu'aucune ne cohabite avec aucun en privé ; que les enfants également soient communs, et qu'un parent ne sache pas lequel est sa progéniture, ni un enfant son parent[24]. » Bref, il préconise l'abolition de la famille au profit d'une communauté des adultes et des enfants. Dans ce système, les enfants ne connaissent pas leurs parents biologiques. Tous les adultes font pour eux figure de parents et ils sont frères ou sœurs des uns et des autres. Il n'y a pas de couples ou de familles privés stables chez les guerriers et les gardiens.

Le mariage est obligatoire avant trente-cinq ans. Les couples ne sont réunis qu'à des fins de reproduction et selon les conditions imposées par l'État, qui arrange les unions et fixe leur moment. Les unions sexuelles sont contrôlées et planifiées par l'État de façon à gérer la démographie et à optimiser l'héritage génétique des enfants. L'État va s'assurer en particulier que les plus doués se reproduisent le plus souvent possible entre eux. Ce système s'apparente à ce que nous appelons aujourd'hui l'« eugénisme », qui est une politique qui vise à améliorer une race par le contrôle de la transmission des traits héréditaires des géniteurs à leurs descendants.

L'égalité des sexes

Autre innovation révolutionnaire : Platon instaure l'égalité entre hommes et femmes, mais seulement chez les guerriers et les gardiens. Il juge, comme ses contemporains, que les femmes sont généralement inférieures aux hommes, mais pas nécessairement à tous les hommes. Il soutient également que rien ne devrait les empêcher d'occuper les mêmes fonctions que les hommes, y compris les fonctions militaires, si elles possèdent les compétences requises. Notons que Platon n'est nullement motivé ici par une quelconque volonté de reconnaître aux femmes un « droit » à l'égalité. Il pense simplement qu'une telle politique égalitaire serait plus *utile* pour la cité et il n'envisage pas de l'étendre à la classe des producteurs. Garçons et filles sont mêlés jusqu'à l'âge de sept ans. Les filles ont le même entraînement physique que les garçons, et celles qui le veulent peuvent apprendre le maniement des armes et s'entraîner nues au gymnase, comme les hommes. Hommes et femmes peuvent occuper les mêmes fonctions, en tenant compte des capacités physiques moindres des femmes.

---

24. *Ibid.*, p. 274.

Tête de femme: l'Aphrodite de Cnide (IIe siècle av. J.-C.).

La condition des femmes dans la Grèce classique et particulièrement à Athènes était peu reluisante. Exclues de la citoyenneté, elles ne participaient pas à la vie sociale, sauf pour les cérémonies religieuses ou les funérailles. On les mariait dès l'âge de quatorze ou quinze ans et elles se consacraient essentiellement aux tâches domestiques. Étant donné ce contexte, on peut affirmer sans se tromper que les propositions de Platon qui se disait prêt à les admettre dans la classe dominante des guerriers et des gardiens étaient véritablement révolutionnaires!

Mensonge et censure

De façon surprenante, Platon permet aux dirigeants de la cité de mentir pour arriver à leurs fins. Il soutient que le mensonge est acceptable, s'il est fait «dans l'intérêt de ceux qui sont dirigés[25]». Par exemple, il parle d'utiliser un faux tirage au sort pour cacher aux futurs gardiens et guerriers le fait que les unions sexuelles sont contrôlées et planifiées par les gouvernants. Cependant, il n'est pas mentionné clairement qui, parmi les gardiens, contrôlerait ce faux tirage au sort et qui en serait informé. Platon propose aussi de répandre un mythe sur l'origine de la cité pour faire accepter aux citoyens (et surtout aux producteurs) la division de la population en trois classes hiérarchiques. Ce mythe raconte que les dieux ont créé à l'origine trois classes différentes d'humains, en mêlant du métal de qualité inégale à leur âme: de l'or pour les gardiens, de l'argent pour les guerriers et du fer ou du bronze pour les producteurs.

L'État doit imposer également aux citoyens sa culture artistique et sa religion. La liberté d'expression en musique et en poésie est presque nulle. L'État impose un modèle de beau chant et établit une liste des chants et des danses permis. La diversité des goûts est vue par Platon comme une source de dissension. Platon adopte une position très dure à l'égard des artistes. Il semble hésiter entre le bannissement complet et un contrôle sévère de leurs activités.

Projet ou utopie?

En résumé, la cité de Platon est partiellement communiste (pour les classes supérieures). Elle est généralement élitiste et autoritaire, mais elle vise à confier le gouvernement à des dirigeants véritablement désintéressés et voués à la promotion du

25. *Ibid.*, p. 277.

bien commun. Il faut remarquer que les gardiens qui dominent la cité n'ont en effet pas d'avantages à tirer de leur fonction et que leur mode de vie est, à maints égards, moins enviable que celui des producteurs, qui jouissent de la propriété privée de leurs biens et qui peuvent mener une vie plus « normale », puisqu'ils ne sont pas soumis au régime communiste.

Il y a, encore aujourd'hui, bien des incertitudes sur la manière dont il faut interpréter le projet de cité de Platon. S'agissait-il d'un exercice purement théorique, d'une pure utopie? À quel point Platon a-t-il pu croire réellement à la possibilité de l'implanter concrètement? Chose certaine, sa mise en œuvre aurait posé des problèmes énormes, et Platon lui-même mentionne souvent dans son texte que personne au fond ne possède le pouvoir de le faire. Son projet indique ce qui devrait être fait, « si cela était en notre pouvoir ». Par exemple, il ne précise jamais à qui reviendrait le choix des premiers gardiens.

D'autres divergences entre Platon et Socrate

Le projet de cité idéale de Platon ne laisse aucun doute: celui-ci a carrément tourné le dos à la démocratie. Il confie le gouvernement de la cité à une sorte d'aristocratie de sages intellectuellement et moralement supérieurs. Il semble qu'il se soit ainsi éloigné de la pensée de son maître, Socrate. Celui-ci s'était voué à l'éducation des Athéniens et il semblait croire à la possibilité pour la plupart des individus d'accéder à un certain niveau de rationalité, de sagesse et de vertu. S'il a critiqué à l'occasion certains traits de la démocratie athénienne, comme le tirage au sort des magistrats et le manque de clairvoyance du peuple, il ne paraît pas avoir envisagé sa destruction, lui qui défendait dans le *Criton* l'idée que le citoyen doit en toutes circonstances respecter les lois de la cité. Ce qui opposait Socrate à la masse était une position morale, une question de valeurs: il était à ses yeux plus important de s'occuper de la vertu de son âme intérieure que de rechercher la richesse et le pouvoir. Mais Socrate ne se posait pas en expert face au peuple, bien au contraire; loin de se prétendre détenteur d'un savoir supérieur, il proclamait ironiquement son ignorance!

Platon, désillusionné, semble avoir perdu confiance en la nature humaine et en être venu à la conclusion que seul un système politique contraignant pouvait corriger ses carences. Ce constat l'a amené à la conclusion qu'il valait mieux confier le gouvernement à une élite soigneusement formée, détentrice d'un savoir supérieur. Platon ne semble plus croire qu'il soit possible d'amener la majorité des individus au niveau de savoir, de rationalité et de vertu auquel Socrate rêvait de les élever. L'être humain est trop faible et trop imparfait. Il a un corps matériel, des désirs et des sens qui l'aveuglent et l'éloignent inévitablement du bien et de la vérité.

Le Platon des *Lois*

La pensée politique de Platon a continué d'évoluer après *La République*. Platon a écrit une autre œuvre monumentale dans laquelle il présente un deuxième projet modifié de cité idéale et qui s'intitule *Les Lois*. Dans *Les Lois*, Platon semble avoir fait le deuil de sa cité idéale et avoir réduit ses ambitions. Il admet, devant la difficulté de trouver des dirigeants parfaitement sages et vertueux, qu'il vaut peut-être mieux accorder plus d'importance aux *lois*. Dans ce nouveau modèle de cité, les philosophes ne remplissent pas les fonctions de gouvernement, mais travaillent à formuler les lois de la cité. Platon semble maintenant croire qu'un système de lois rigides et très précises serait un gage de stabilité pour une organisation politique, en particulier dans l'éventualité où ses dirigeants ne seraient pas des modèles de vertu. L'obligation de respecter eux-mêmes les lois limiterait les dommages qu'ils pourraient causer. De plus, dans *Les Lois*, Platon crée sa nouvelle cité à partir d'une cité existante au lieu de la créer *ex nihilo*. Cependant, le régime qu'il propose demeure très autoritaire, et les lois de l'État emprisonnent les citoyens dans un carcan qui peut sembler excessif: les femmes enceintes doivent faire de la gymnastique tous les jours, tout le monde doit s'entraîner à être ambidextre, se lever tôt et dormir le moins possible; l'athéisme est passible de la peine de mort, et personne n'a le droit de voyager hors de la cité avant l'âge de quarante ans, et encore, seulement dans le cadre de fonctions officielles!

CONCLUSION

Comme nous venons de le voir, la pensée philosophique de Platon a une envergure considérable. Elle était sans doute trop ambitieuse, mais elle a fait faire des pas de géant à la philosophie en élargissant ses perspectives et en posant toute une série de problématiques qui ont traversé les siècles. La plus grande difficulté du système de Platon est le raccordement entre les domaines les plus abstraits, l'épistémologie et la métaphysique, et les domaines concrets comme l'éthique et la politique. Ce dont rêvait Platon, comme Socrate avant lui d'une certaine manière, c'était d'atteindre dans ces domaines *pratiques* la même perfection et le même degré de certitude que dans le domaine *théorique* des mathématiques. Cela n'est pas facile. Ce qui rend les mathématiques si parfaites, c'est qu'elles sont totalement abstraites et qu'elles peuvent, pour cette raison, construire des chaînes de raisonnement fondées sur la pure logique de la déduction. Mais en éthique et en politique, cela paraît impossible.

POINTS À RETENIR

La cité idéale de Platon

1 Platon a rejeté la démocratie comme régime politique, considérant qu'il était irrationnel de confier le gouvernement de la cité au peuple, c'est-à-dire à n'importe qui, plutôt qu'à une élite formée des individus les plus sages et les plus vertueux.

2 S'appuyant sur un parallèle entre l'organisation de la cité et la structure de l'âme individuelle, Platon a déterminé que sa cité idéale serait formée de trois classes sociales, celle des producteurs, celle des guerriers et celles des gardiens qui en seraient les dirigeants.

3 Il prétend assurer la vertu et le dévouement des guerriers et des gardiens en les soumettant à une éducation longue et très poussée. Il prône également pour eux un régime de vie communiste dont les traits sont l'abolition de la propriété privée et de la famille, le contrôle de la reproduction et l'égalité entre hommes et femmes.

Exercices

1. Certains commentateurs prétendent que l'argument de Platon, qui invoque l'analogie entre le pilotage d'un navire et le gouvernement de la cité pour disqualifier la démocratie, est un *sophisme de la fausse analogie*. Qu'est-ce qui serait faux, croyez-vous, dans l'analogie de Platon?

2. Le projet de cité de Platon dans *La République* est extrêmement controversé et a fait l'objet de nombreuses critiques, tant de la part de philosophes anciens, comme Aristote, que de philosophes contemporains comme Karl R. Popper qui, dans son ouvrage *La société ouverte et ses ennemis*, a qualifié la cité de Platon de régime «totalitaire». Mais on y trouve également des propositions qui ne sont pas dénuées de valeur. Voici une série de questions qui vous permettront de procéder à une évaluation critique de ce projet.

Aristote a fait une critique sévère de la cité idéale de Platon dans *La politique*. Voici quelques points sur lesquels il a insisté. Réfléchissez à chacun de ces points et formulez une opinion argumentée à son sujet.

a) Platon a écrit dans *La République*: «Or, existe-t-il pour une cité un mal plus grand que celui qui la déchire et la morcelle au lieu de l'unifier? Existe-t-il un plus grand bien que ce qui en assure le lien et l'unité[26]?» Or justement, le principal reproche que lui adresse Aristote est d'avoir donné trop d'importance à cette recherche d'unité: «[...] si elle avance trop sur la voie de l'unité, une cité n'en sera plus une, car la cité a dans sa nature d'être une certaine sorte de multiplicité [...][27].» Aristote croit qu'il faut respecter une multiplicité à la base et favoriser l'esprit communautaire par l'éducation publique et par les lois, ainsi que par des coutumes comme les repas en commun.

Les questions que vous devez discuter sont les suivantes: Comment Platon s'y est-il pris pour assurer l'unité de sa cité? Les moyens qu'il a choisis étaient-ils susceptibles de permettre d'atteindre cet objectif?

b) Aristote soulève des objections intéressantes au sujet de la difficulté pratique de garder l'origine biologique des enfants secrète. Essayez de les trouver.

c) L'abolition de la propriété privée est un des principes de base du communisme. Sa prémisse est que la propriété privée rend les individus égoïstes, envieux et mesquins. Platon faisait le pari que son abolition allait effectivement amener l'harmonie et le sens du partage chez les membres des deux classes supérieures. Aristote n'est pas d'accord. D'abord, il soutient une thèse controversée en philosophie politique, à savoir que l'idée de la propriété privée correspondrait à une tendance «naturelle» de l'humain. De plus, il pense, à l'inverse de Platon, qu'il y a moins de conflits quand chacun possède ses propres biens et fait ses propres affaires, que lorsqu'il faut tout partager avec les autres. Il va plus loin et affirme que la propriété privée peut même favoriser les tendances au partage et à la générosité.

Quelle est votre opinion sur ces questions?

d) Aristote défend un point de vue semblable au sujet de la famille. Platon pensait que l'esprit de famille referme les cellules familiales sur elles-mêmes et nuit au développement d'un esprit civique et du souci du bien commun. Aristote croit plutôt que la famille habitue les individus à nouer des liens forts et indéfectibles avec autrui et que ces tendances risquent de s'affaiblir en l'absence de familles. Que pensez-vous du rôle accordé à la famille par ces deux philosophes?

e) Aristote reproche aussi à Platon de ne pas avoir assez réfléchi à la situation des producteurs, qui forment quand même la majorité des citoyens, et à leurs conditions de vie dont il dit fort peu de choses, alors que le sujet paraît crucial pour la viabilité de la cité.

Que pensez-vous de la situation des producteurs dans cette cité révolutionnaire?

f) Aristote soulève encore un point concernant le problème de la motivation des gardiens, qui ont une vie de labeur et de dévouement extrême devant eux. Où trouveront-ils la motivation si leur poste ne leur procure en plus aucun avantage? Si vous aviez à choisir l'une des trois classes de la cité de Platon pour y passer votre vie, laquelle choisiriez-vous?

---

26. *Ibid.*, p. 281.
27. Aristote, *Les politiques*, trad. par Pierre Pellegrin, Paris, GF Flammarion, 1993, p. 139. Ce traducteur a pris le parti de modifier le titre habituel de l'ouvrage d'Aristote, *La politique*, pour *Les politiques*, mais il s'agit du même ouvrage.

3. Voici maintenant quelques autres sujets de réflexion.

a) Que pensez-vous des conditions faites aux femmes dans le régime de Platon ?

b) Que pensez-vous de l'abolition de la famille et du couple ? Vivre en famille avec ses parents biologiques et vivre en couple sont-ils des besoins naturels de l'humain ? La famille et le couple sont-ils au contraire une création culturelle modifiable et d'une valeur relative ?

c) Que pensez-vous du contrôle des unions sexuelles et des naissances proposé par Platon et de sa politique eugéniste, visant à améliorer génétiquement la population ?

d) Que pensez-vous de l'idée que les dirigeants puissent recourir au mensonge ? Est-ce moralement justifiable ? Peut-il être moralement justifiable pour un gouvernement de mentir à la population dans certaines circonstances si c'est « pour son propre bien » ?

e) Une des plus grandes difficultés du projet de Platon est celle du *commencement*. Comment lancer la création d'une telle cité ? Où recruter ses membres ? Comment se ferait la sélection des premiers dirigeants ? N'y a-t-il pas ici un problème de « régression à l'infini » ? Expliquez-le.

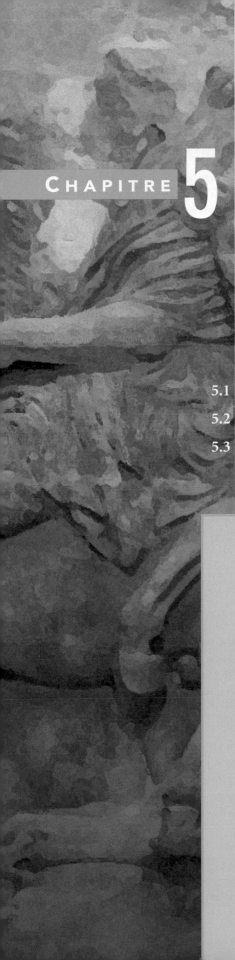

CHAPITRE 5

LA PHILOSOPHIE POLITIQUE :

LA QUESTION DE LA DÉMOCRATIE

N ous avons vu que la philosophie politique est un des grands domaines de la philosophie. Ses objets d'étude principaux sont le phénomène du pouvoir dans la vie sociale, les institutions politiques ainsi que les questions de justice et de droit.

Dans ce chapitre, nous allons poursuivre la réflexion politique que nous avons amorcée dans le chapitre précédent en nous penchant tout particulièrement sur la question des forces et des faiblesses de la démocratie. Platon a prononcé une condamnation sans appel contre la démocratie. Nous allons donc nous poser les questions suivantes :

Quelle est l'opinion d'Aristote – le deuxième grand nom de la philosophie politique antique – sur la question des mérites et des faiblesses de la démocratie ?

Est-il possible de faire une démonstration philosophique irréfutable de la supériorité de la démocratie sur les autres régimes politiques ?

Peut-on considérer la démocratie moderne comme une authentique démocratie, même s'il s'agit d'une démocratie représentative et indirecte ?

LA PHILOSOPHIE POLITIQUE D'ARISTOTE

Les deux plus grands philosophes grecs, Platon et Aristote, sont aussi les fonda-teurs de la philosophie politique et même, dans le cas de ce dernier, de la science politique. En effet, Aristote n'a pas seulement fait œuvre de théoricien en cette matière, mais il a également mené, avec ses collaborateurs, une grande enquête empirique sur toutes les constitutions politiques qui avaient existé dans le passé et qui existaient encore à son époque, tout cela dans le but d'en faire une évaluation comparative. Il faut voir dans cet intérêt pour la politique quelque chose d'assez naturel, car l'existence d'une grande diversité de régimes politiques dans le monde grec ancien ne pouvait qu'inciter les penseurs de l'Antiquité à s'intéresser à leurs caractéris-tiques et à leurs mérites respectifs.

> La cité se forme parce que chacun d'entre nous se trouve dans la situation de ne pas se suffire à lui-même, mais au contraire de manquer de beaucoup de choses. Y a-t-il, d'après toi, une autre cause à la fondation d'une cité?
>
> **Platon**[1]

Platon et Aristote ont tous les deux formulé la même explication à l'existence des groupes organisés humains : l'individu humain isolé n'est pas autosuffisant et ne peut survivre qu'en s'associant et en coopérant avec les autres. La vie sociale humaine implique une coopération plus poussée que la vie sociale animale, car les humains inventent pour une large part leur mode de vie et d'interaction. Les membres d'une société doivent donc s'entendre sur les modalités de fonctionne-ment de leur association. De plus, la vie en commun des humains requiert un système de règles permettant de gérer les conflits qui surgissent inévitablement entre des êtres qui ont des intérêts différents. L'organisation politique d'une société fixe le cadre institutionnel dans lequel s'exerceront cette coopération et cette gestion des conflits.

La classification des régimes politiques

Les philosophes anciens ont adopté une classification similaire des régimes poli-tiques en trois grandes catégories : la royauté, l'aristocratie et la démocratie. Mais, dans le cas de Platon et d'Aristote, cette classification n'est pas seulement *descrip-tive*, elle est aussi *normative*, c'est-à-dire qu'elle vise à fixer les « normes » d'un bon gouvernement. Platon et Aristote se sont livrés en effet à une évaluation critique des mérites et des défauts de chacun de ces trois régimes.

Aristote a élaboré une théorie politique substantielle et complexe dans son ouvrage *La politique*. De manière générale, la pensée politique d'Aristote est plus pragmatique et plus nuancée que celle de Platon, et cette différence transparaît tout particulièrement dans son évaluation critique de la démocratie. Même s'il lui trou-vait de graves défauts, Aristote lui reconnaissait également des mérites.

---

1. Platon, *La République*, trad. par Georges Leroux, Paris, GF Flammarion, 2002, p. 137.

Aristote distingue donc au départ trois types de régimes politiques, ou «constitutions», une constitution étant un ensemble de lois et d'institutions. Ces trois régimes sont celui d'une personne, celui d'un petit nombre et celui d'un grand nombre. Puis, il subdivise chacun de ces types en deux catégories, l'une étant sa forme positive, et l'autre, sa forme négative. La forme positive correspond au cas où les dirigeants gouvernent *en fonction du bien commun,* et la forme négative, à celui où ils gouvernent *en fonction de leurs intérêts particuliers et privés* (tableau 5.1). Pour Aristote, le bien commun est le bien-être de l'ensemble des membres de la société, et cela inclut leur épanouissement humain et moral. La condition fondamentale pour que les dirigeants gouvernent en vue de l'intérêt collectif est qu'ils soient vertueux et sages. Notons ici que cette typologie ternaire a eu, comme tant d'autres systèmes de concepts de la philosophie ancienne, une très longue vie. Les penseurs modernes du XVIIIe siècle continuaient de l'utiliser.

Manuscrit de la *Constitution d'Athènes*, d'Aristote.

Aristote, qui avait autant d'intérêt pour la recherche empirique que pour la théorie philosophique, aurait constitué avec une équipe de collaborateurs un recueil de 158 constitutions classées par ordre alphabétique. On croyait ce texte irrémédiablement perdu, jusqu'à ce qu'un fragment considérable inscrit sur un papyrus soit trouvé en Égypte en 1879. Il porte sur la constitution d'Athènes.

Tableau 5.1

LA CLASSIFICATION DES CONSTITUTIONS SELON ARISTOTE		
	Bien commun	**Intérêts particuliers**
Un seul	Royauté	Tyrannie
Petit nombre	Aristocratie	Oligarchie
Grand nombre	République	Démocratie

Voyons brièvement les traits caractéristiques qu'Aristote attribuait à ces six régimes politiques en commençant par les trois régimes positifs.

Les régimes positifs

La royauté. Le roi est un homme d'honneur, sage et vertueux, qui veut le bien de son peuple. La royauté serait peut-être le régime idéal aux yeux d'Aristote, mais c'est un cas très improbable, car les rois vertueux et sages sont rares. De plus, c'est un régime qui peut difficilement se perpétuer, puisque, d'une part, il est très rare d'observer une succession de plusieurs rois vertueux et sages et que, d'autre part, les rois tendent à vouloir que leurs descendants les remplacent. Or, rien ne garantit que les enfants d'un roi sage hériteront de ses qualités.

L'aristocratie. Dans une aristocratie, la société est gouvernée par un petit groupe d'hommes formant une élite de nobles dotés des plus grandes qualités morales et intellectuelles, et qui méritent, pour cette raison, de gouverner. Leur richesse leur donne en plus le loisir de se consacrer aux tâches politiques.

La république. Ce terme désigne une démocratie dans laquelle la majorité du peuple est formée d'individus libres, moyennement riches. Cette majorité sert de tampon entre deux minorités extrêmes, celle des riches et celle des pauvres.

Considérons maintenant les régimes négatifs correspondants.

Les régimes négatifs

La tyrannie. La tyrannie est le pire des régimes. Le tyran est un égoïste et un manipulateur qui gouverne en fonction de son intérêt personnel. La seule chose qui lui importe est son propre plaisir.

L'oligarchie. L'oligarchie est un régime où le pouvoir est aux mains d'un petit nombre de riches, qui n'ont comme souci principal que d'accroître leur richesse personnelle. Aux yeux d'Aristote, la richesse ne confère aucun mérite moral à son possesseur et ne suffit donc pas à le qualifier pour diriger la société en vue du bien commun.

La démocratie. Dans la démocratie, la majorité du peuple est constituée de pauvres libres, qui useront de leur pouvoir majoritaire pour retirer aux riches leurs privilèges. Pour Aristote, la liberté à elle seule ne confère aucun mérite moral à ceux qui la détiennent. Le peuple, constitué de pauvres sans éducation, est à la merci des démagogues qui savent le manipuler à leur guise, attiser leur haine envers les riches et lui faire voter des lois et règlements qui desservent ses véritables intérêts. La démocratie est un régime instable, car le peuple change les lois de façon irréfléchie, au gré de ses impulsions. Cette analyse ressemble, on le voit, à celle de Platon.

Les principes d'une bonne constitution

Il y a beaucoup de divergences d'opinions parmi les commentateurs de *La politique* sur la question suivante : quel est le régime politique idéal selon Aristote ? Certains pensent que c'est l'aristocratie, alors que pour d'autres, c'est la république. D'autres enfin nient qu'Aristote considère véritablement un système comme idéal dans l'absolu. Il faut avouer que le texte d'Aristote fourmille d'ambiguïtés.

Peut-être Aristote nourrit-il des préférences pour un type de régime sur le plan théorique, mais sa pensée est clairement pragmatique, c'est-à-dire axée sur la prise en compte des circonstances concrètes et de la faisabilité des choses. Il écrit : « [...] souvent, alors qu'une autre constitution est plus digne d'être préférée, rien n'empêche une constitution différente d'être plus avantageuse pour certains[2]. » Il croit que chacun des trois régimes positifs est viable à la base et il prodigue même des conseils pour améliorer les trois régimes négatifs. Il croit aussi qu'un type de régime peut mieux convenir à une population qu'à une autre, selon son histoire et ses caractéristiques propres. Par exemple, la royauté peut convenir à une société aristocratique

---

2. Aristote, *Les politiques*, trad. par Pierre Pellegrin, Paris, GF Flammarion, 1993, p. 315.

dans laquelle un individu ou une famille s'impose à un moment donné comme clairement supérieur aux autres. Il est aussi possible que la démocratie ne soit pas adaptée à une population dont les niveaux d'éducation et de richesse sont très bas. Il y a donc un certain *relativisme* dans la théorie d'Aristote. Mais cela ne l'empêche pas de défendre des *principes* fondamentaux.

En effet, Aristote met de l'avant un certain nombre de critères de base pour évaluer les constitutions, et ces critères permettent de tracer les contours de ce que devrait être à ses yeux un bon régime politique. Les signes les plus clairs de la qualité d'une organisation politique sont sa *durabilité* et sa *stabilité*. Les mauvais régimes nourrissent le mécontentement et la dissension, et ne durent pas. Aristote voit les meilleurs gages de stabilité dans les quatre principes suivants :

1. *Tous les membres de la société doivent retirer des bénéfices du système politique en place.* C'est au fond le critère fondamental du « bien commun » : une bonne constitution doit rendre les citoyens heureux. C'est pourquoi les régimes où un seul individu ou un seul groupe (fût-ce la majorité !) use du pouvoir pour ses seuls intérêts sont mauvais. Quand un groupe a l'impression qu'il ne retire aucun avantage du régime en place, il est fortement motivé à le contester et même à le renverser.

2. *Tout le monde doit respecter les lois.* Les lois sont un facteur d'ordre, de justice et de stabilité. Deux choses sont particulièrement importantes à cet égard. D'abord, ceux qui gouvernent doivent eux-mêmes respecter les lois. Ensuite, même si certaines améliorations peuvent être apportées aux lois, les gouvernants ne doivent pas les changer à leur guise. Un régime où ceux qui ont le pouvoir changent les lois au gré de l'humeur ou de l'intérêt du moment (même si c'est le « peuple » comme dans une démocratie) est un mauvais gouvernement.

3. *Ceux qui gouvernent doivent être ceux qui sont les plus sages et les plus vertueux.* Aristote adopte ici le point de vue de Platon, même si, comme nous le verrons plus loin, il n'en tire pas les mêmes conclusions. Il serait *irrationnel* de confier le gouvernement à des incompétents ou à des gens à la moralité douteuse. User du pouvoir en vue du bien commun et résister à la tentation de violer ou de changer les lois à son avantage requiert de toute évidence les plus hautes qualités morales.

4. *Ceux qui gouvernent ne doivent pas tirer de profit personnel de l'exercice de leurs fonctions.* Aristote vise ici ceux qui gouvernent directement, c'est-à-dire ceux qui occupent des postes dans les magistratures (que nous appellerions « ministres » et « hauts fonctionnaires » aujourd'hui). Ils doivent être nommés pour des mandats d'une durée limitée. Mais Aristote va plus loin en exigeant qu'ils ne soient pas rémunérés, afin d'éviter qu'ils utilisent leur fonction à leur avantage ou à celui de leurs alliés et amis. Il soutient que « [...] ce n'est pas tant d'être écartés du pouvoir qui irrite la majorité des gens (au contraire, ils sont contents si on leur permet de s'occuper à loisir de leurs affaires personnelles), que de penser que les magistrats pillent le bien public [...][3] ». Une des

---

3. *Ibid.*, p. 377.

implications importantes de ce principe est que seuls les riches pourront être magistrats, car eux seuls peuvent se passer d'une rémunération.

LA TENTATION DE LA SOLUTION ARISTOCRATIQUE

Y a-t-il un régime politique qui satisfasse les critères que nous venons de présenter plus que tout autre? Il est évident que la réponse n'est pas simple, car des régimes différents peuvent satisfaire un critère à des degrés variables.

Aristote écartait la royauté parce qu'il lui apparaissait très improbable de trouver l'individu d'exception qui serait le modèle de vertu requis pour le rôle de roi et encore plus improbable de lui trouver une lignée de successeurs d'égale qualité. Par contre, le principe voulant que l'État soit gouverné par les individus les plus vertueux et les plus sages rendait l'aristocratie très attrayante aux yeux d'Aristote. Il était convaincu que la noblesse produisait des hommes de valeur, bien éduqués et dotés des plus grandes vertus. Il affichait également son mépris pour le travail manuel, qui empêcherait selon lui le développement des qualités intellectuelles et même morales. Pour Aristote, la poursuite d'un travail ou d'un commerce dans le seul but de faire de l'argent était l'activité la plus basse et la plus indigne qui soit! Il y a aussi un aspect pratique à ce choix: en interdisant toute rémunération importante pour les dirigeants de la cité, il est clair que seuls les nobles avaient les moyens matériels de se consacrer entièrement aux tâches politiques. La majorité des gens ont besoin de travailler pour vivre; ils ont peu de temps à consacrer aux affaires politiques et ne demandent pas mieux que d'en confier à d'autres la gestion.

Mais Aristote voyait aussi les dangers de l'aristocratie. La concentration de tout le pouvoir dans les mains d'une petite élite minoritaire nous éloigne du principe selon lequel «tous doivent tirer profit de l'organisation du pouvoir». Un régime aristocratique menace de diviser dangereusement la société et ne peut éviter de créer du mécontentement dans la masse de la population. Aristote croyait également qu'il est difficile d'éviter que les aristocrates, ambitieux, compétitifs et orgueilleux de nature, ne finissent par se laisser entraîner dans des luttes de pouvoir intestines qui les éloignent de la recherche du bien commun. Pour ces raisons, Aristote a tourné son attention vers le troisième type de bonne constitution que nous avons appelé «république».

ENTRE RICHES ET PAUVRES: LA CLASSE MOYENNE

Soulignons d'abord que, pour Aristote, la distinction cruciale n'était pas tant celle du nombre (petit groupe/grand groupe) que celle de la richesse (riches/pauvres). Les pauvres et les riches formaient à ses yeux la principale division à l'intérieur d'une société. Il pensait de plus qu'une inégalité de richesse trop marquée constituait un dangereux ferment de dissension sociale. Pour lui, l'idéal était qu'une société soit fondée sur *une relation de coopération et même d'amitié entre gens égaux ou à tout le moins relativement égaux*. C'est pourquoi il en est venu à penser qu'une bonne formule serait une combinaison

> De plus, la constitution qui s'appuie sur les classes moyennes est plus proche du régime populaire que du gouvernement du petit nombre, et c'est elle la plus stable des constitutions.
>
> **Aristote[4]**

---

4. *Ibid.*, p. 345.

de démocratie et d'aristocratie. Cela correspond à la constitution qu'il a appelée « république », dont il dit qu'elle est sans doute « la plus stable des constitutions ».

L'éthique du juste milieu

Il est évidemment impossible d'éviter toute inégalité de richesse dans une société, mais le cas le plus heureux, pensait Aristote, serait celui où la majorité de la population formerait la « classe moyenne ». Aristote utilise ici une idée forte qu'il a mise de l'avant dans ses ouvrages portant sur l'éthique, à savoir que la *vertu* correspond, dans une situation donnée, à la conduite la mieux appropriée aux circonstances. Une telle conduite se trouve généralement à mi-chemin entre deux extrêmes, qui sont le trop et le trop peu, donc *dans un juste milieu ou dans une moyenne.*

La vertu comme milieu entre deux vices

Aristote propose dans son *Éthique à Nicomaque* une définition originale de la vertu, qui n'est pas bâtie sur l'opposition habituelle entre vertu et vice, mais sur un système qui place la vertu au milieu de deux vices qui sont l'excès et le manque, le trop et le trop peu. Il existe des actions et des émotions qui sont mauvaises en elles-mêmes, comme le vol, l'envie ou la cruauté. Mais, pour Aristote, dans la plupart des situations de la vie courante, il est possible de réagir de façon trop vive ou trop faible. Par exemple, le courage serait le juste milieu entre la témérité et la lâcheté ; la juste colère se situerait entre l'irascibilité et l'indifférence, l'amabilité, entre la flatterie et la hargne, et le plaisir sain, entre l'abstinence et l'abus (par exemple, pour l'alimentation : entre l'anorexie et la gloutonnerie). Mais, en même temps, il n'y a rien de fixe dans tout cela, car la clé selon Aristote consiste à ressentir l'émotion *appropriée à la situation.* Ainsi, il y a des situations où il est approprié de s'indigner avec vigueur et d'autres où cela ne l'est pas, des circonstances où il convient d'être aimable et d'autres pas. Ici encore, on voit que la philosophie d'Aristote cherche un équilibre entre la formulation de *principes* et la prise en compte de la *relativité* des choses.

Aristote transpose cette idée à la sphère politique et soutient que la classe moyenne, qui rassemble une majorité de gens relativement égaux, doit jouer un rôle de tampon entre les deux extrêmes que sont les très riches et les très pauvres, qu'il est toujours risqué de voir se dresser l'une contre l'autre (tableau 5.2). De plus, quand les citoyens possèdent les moyens de vivre d'une façon décente, ils se concentrent sur leur travail et sur l'amélioration de leur condition, et ont naturellement tendance à obéir aux lois, contrairement aux très pauvres qui ont davantage de raisons de contester le système en place. C'est d'ailleurs pourquoi Aristote conseillait même aux riches d'aider les pauvres à vivre d'une manière décente :

Tableau 5.2

LE JUSTE MILIEU D'ARISTOTE			
Éthique	**Vice** trop peu ←	**Vertu** appropriée →	**Vice** trop
Politique	pauvres ←	classe moyenne →	riches

[…] mais le gouvernement véritablement populaire doit prendre garde à ce que la masse ne soit pas trop démunie, car c'est là une cause qui vicie la démocratie. Il faut donc s'ingénier à ce que l'aisance devienne durable, et puisque cela est aussi à l'avantage des gens aisés, il faut, après avoir rassemblé les recettes publiques, les répartir en une seule fois entre les gens modestes, avant tout pour qu'ils accèdent à la propriété d'un petit domaine foncier s'il est possible de leur donner une somme suffisante, sinon comme mise de fond pour un commerce ou une exploitation agricole[5].

Une classe moyenne nombreuse était considérée par Aristote comme un facteur de stabilité dans une société et elle caractérisait le régime qu'il appelait « république ».

Relativement satisfaite de son sort, occupée à travailler et à améliorer ses conditions de vie, la classe moyenne est respectueuse des lois et n'a pas l'esprit contestataire, car elle n'a pas de raison de vouloir chambarder le système en place.

Notre société serait-elle la réalisation de la république d'Aristote ?

L'égalité proportionnelle

Mais qu'en est-il de la vertu des dirigeants qui est, il faut le rappeler, un trait essentiel de tout bon gouvernement ? Donner le pouvoir aux membres de cette classe moyenne semble contraire au principe selon lequel le gouvernement revient aux plus sages et aux plus vertueux. Aristote restait convaincu que la société devait être dirigée par une élite éclairée. La démocratie est fondée au contraire sur l'idée que tous les membres de la société ont un droit égal à participer aux décisions politiques.

La principale critique qu'Aristote adresse à la démocratie est justement qu'elle met tous les acteurs sociaux libres sur un même pied d'égalité. Mais *la liberté est un état social qui ne confère à son possesseur aucune qualité particulière*. Plus important encore, un tel système fait l'impasse sur les inégalités réelles qui existent entre les membres de la société sur le plan des compétences et de la vertu. Aristote utilise à ce propos l'expression « égalité proportionnelle ». L'**égalité proportionnelle** est *une égalité qui prend en compte les qualités des personnes et qui donne à chacun les prérogatives qui lui reviennent en fonction de ses mérites*, qu'il s'agisse d'avantages ou de pouvoirs. Un système politique juste doit reconnaître cette inégalité de qualités et de capacités entre les citoyens et donner plus de pouvoir à ceux qui le méritent, tout en respectant une égalité absolue sur le plan des droits politiques. L'**égalité absolue** *consiste à attribuer des prérogatives identiques à tous les individus, sans égard au mérite ou à tout autre critère*, comme le droit de vote ou la liberté d'expression (figure 5.1).

Un compromis équitable

Que faire alors ? On sent la pensée d'Aristote osciller sur cette question, mais il penche finalement pour une solution de compromis que nous pourrions qualifier de

5. *Ibid.*, p. 432.

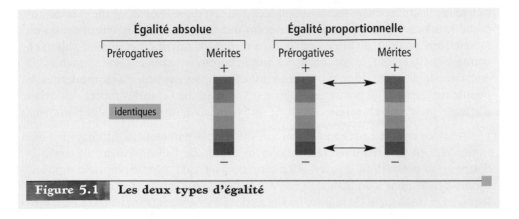

Figure 5.1   Les deux types d'égalité

« raisonnable » ou d'« équitable », plutôt que de « rationnelle ». Il ne reconnaît pas au peuple les qualités nécessaires pour gouverner directement, mais il lui reconnaît le droit de voter aux Assemblées, d'élire ses dirigeants, de leur demander des comptes et de participer au processus judiciaire à titre de juges. Il propose donc une sorte de démocratie *limitée* et *indirecte*, dans laquelle les citoyens confient l'exercice quotidien et continu du pouvoir à une élite dirigeante. Remarquons ici que, dans l'esprit d'Aristote, l'élection de dirigeants correspond à un système aristocratique, puisque les élus sont des gens choisis pour leur valeur supérieure, alors que c'est le procédé du tirage au sort, tel qu'il était largement pratiqué à Athènes, qui était considéré par lui comme le plus égalitaire et propre à la démocratie. À cet égard, une objection vient immédiatement à l'esprit : si le peuple ne possède pas les qualités nécessaires pour gouverner, n'est il pas logique de conclure qu'il n'a pas non plus les qualités requises pour choisir les meilleurs dirigeants et pour évaluer leur performance ? Aristote offre plusieurs réponses très intéressantes à cette objection de taille.

La sagesse du peuple

Sa première réponse n'est rien de plus au fond que le vieux dicton « deux têtes valent mieux qu'une ». Les citoyens ordinaires ne sont pas en général des personnes dotées de grandes qualités intellectuelles et morales, mais tout change lorsqu'ils sont réunis et que leurs qualités restreintes s'additionnent les unes aux autres. Aristote souligne que les citoyens individuels possèdent tous certaines aptitudes et certaines expertises sur tel ou tel aspect des choses et qu'au total leur sagesse peut être plus grande que celle d'un petit groupe d'experts, de la même manière que la richesse totale de toute la classe moyenne peut excéder la richesse totale de l'aristocratie, même si pris individuellement les nobles sont immensément plus riches que le citoyen ordinaire.

Son deuxième argument a une résonance plus moderne : c'est l'idée que ceux qui subissent les conséquences concrètes des décisions des dirigeants sont bien placés pour évaluer la performance de ces derniers, même s'ils ne possèdent pas leur expertise. Il n'est pas nécessaire de savoir comment un objet a été fabriqué pour l'évaluer ; il suffit d'en faire usage et de vérifier son efficacité. Celui qui habite une maison peut être un meilleur juge de la qualité de son habitation que l'architecte qui l'a conçue ; il en est de même pour celui qui mange le repas préparé par un expert cuisinier. Les personnes directement et concrètement concernées par une nouvelle loi sont souvent les mieux placées pour en juger le bien-fondé, et la démocratie leur permet de faire valoir leur point de vue. Même s'ils ignorent toutes les raisons qui ont pu justifier une décision gouvernementale et même s'ils n'en connaissent pas tous les détails et les implications, les citoyens sont capables de constater si elles fonctionnent. Pour prendre quelques exemples bien modernes, le peuple est capable de porter des jugements fondés sur l'état des routes, les délais d'attente pour une chirurgie cardiaque ou les délais d'intervention des pompiers.

Aristote croyait ce régime de compromis viable parce que, les fonctions politiques n'étant pas rémunérées, seuls les membres de l'élite seraient susceptibles d'aspirer au pouvoir. Et il voyait aussi d'un bon œil qu'il donne plus de temps aux moins nantis pour s'occuper de leurs affaires, car cela leur permettait d'améliorer leur sort et finalement de réduire les écarts de richesse dans la société. Quant à eux, les membres de l'élite seraient satisfaits de ne pas être dirigés par des gens qu'ils jugent incompétents et inférieurs à eux-mêmes. Remarquons enfin que le pouvoir qu'Aristote attribue aux aristocrates n'est pas absolu, car, selon les principes énoncés précédemment, ceux-ci ne sont pas au-dessus des lois et ils sont nommés pour un temps limité.

Aristote voyait-il un rôle particulier pour les philosophes dans la cité? Pas vraiment, sinon celui de contribuer à l'éducation des futurs dirigeants, ce que lui-même eut l'occasion de faire, puisqu'il fut responsable de l'éducation du fils de Philippe de Macédoine, qui allait devenir le célèbre Alexandre le Grand.

POINTS À RETENIR

La philosophie politique d'Aristote

1. Aristote classe les régimes politiques en trois catégories (pouvoir d'un seul, du petit nombre et du grand nombre) et attribue à chacune une forme positive et une forme négative.

2. Il établit quatre principes d'une bonne constitution: tous les citoyens doivent en retirer des bénéfices et tous doivent respecter les lois, y compris les dirigeants; les dirigeants doivent être choisis parmi les citoyens les plus sages et les plus vertueux et ils ne doivent pas tirer de profit personnel de l'exercice de leurs fonctions.

3. Aristote exprime sa préférence pour le régime appelé «république», qui joint démocratie et aristocratie. Dans ce régime, les citoyens ne gouvernent pas la cité, mais élisent leurs dirigeants. La république d'Aristote se caractérise par la prédominance de la classe moyenne qui incarne le juste milieu et qui joue le rôle de tampon entre les classes antagonistes des riches et des pauvres.

4. Aristote défend le principe de l'égalité proportionnelle, qui distribue les prérogatives non selon une règle d'égalité absolue, mais selon les qualités et les mérites des individus.

5. Enfin, Aristote reconnaît au peuple une certaine sagesse qui vient du fait que l'addition de la sagesse de milliers d'individus finit par avoir un poids considérable et également parce que les citoyens ordinaires, étant ceux qui subissent les conséquences concrètes des décisions des dirigeants, sont bien placés pour les évaluer.

Exercices

1. Nous avons déjà expliqué l'opposition qui existe entre les deux grands courants de pensée que sont le *relativisme* et l'*universalisme* (chapitre 3). Fidèle à sa doctrine du juste milieu, Aristote se situe un peu à mi-chemin entre ces deux positions opposées. Trouvez les points de sa théorie politique qui justifient ce jugement.

2. Revenez au *quatrième* principe d'Aristote: *ceux qui gouvernent ne doivent pas tirer de profit personnel de l'exercice de leurs fonctions.* Comparez la manière dont Aristote interprète ce principe à la solution que Platon avait choisie pour sa cité idéale dans *La République* et précisez ce qui les différencie.

3. Considérez les quatre principes d'une bonne constitution formulés par Aristote (p. 191).

   a) Appliquez ces quatre principes à la société d'aujourd'hui et indiquez dans quelle mesure le système politique dans lequel nous vivons actuellement respecte ces quatre principes.

   b) À votre avis, un système politique qui respecterait intégralement ces principes serait-il le système idéal? Pensez-vous que certains de ces principes devraient être modifiés? Y a-t-il d'autres principes que vous voudriez ajouter à ceux d'Aristote?

4. La solution raisonnable à laquelle arrive Aristote et que celui-ci appelle «république» conjugue aristocratie et démocratie. Ce régime est proche à certains égards du système politique et social dans lequel nous vivons aujourd'hui, bien qu'il s'en écarte également sur des points importants.

   a) Nommez les traits de notre système politique qui correspondent au système préconisé par Aristote ainsi que les traits qui n'y correspondent pas. Expliquez sur quoi vous basez vos affirmations.

   b) Faites une évaluation critique personnelle de la solution proposée par Aristote. Quels en sont à votre avis les mérites et les faiblesses?

5. Lisez l'extrait suivant de *La politique* d'Aristote dans lequel celui-ci passe en revue les principaux défauts des divers régimes politiques.

   a) Repérez dans le texte le plus de régimes politiques possible parmi les six régimes de la classification d'Aristote en précisant la manière dont Aristote les désigne dans ce texte.

   b) Nommez en plus les défauts qu'il trouve à chacun d'eux.

   c) Vous devriez trouver qu'il manque un régime parmi les six: lequel? Et pourquoi, pensez-vous?

À QUI DONNER LE POUVOIR?

(EXTRAIT DE *LA POLITIQUE* D'ARISTOTE[6])

Mais un problème se pose: qui sera le pouvoir souverain de l'État? C'est assurément soit la masse, soit la classe des riches, soit celle des gens de valeur, soit un seul homme, le plus vertueux de tous, soit enfin un tyran. Mais chacune de ces solutions entraîne des difficultés manifestes. Quoi donc? Si les pauvres, parce qu'ils ont le nombre pour eux, se partagent les biens des riches, n'est-ce pas là une chose injuste? – Non, par Zeus! dira-t-on, puisqu'il en a été ainsi décidé par l'autorité souveraine, ce qui ne saurait être que juste. – Que devons-nous alors appeler le suprême degré de l'injustice! – Prenons maintenant la population dans sa totalité, et supposons que la majorité se partage les biens de la minorité: il est clair qu'ils détruisent l'État; or il est sûr que ce n'est pas la vertu qui détruit ce en quoi elle réside, et la justice n'est pas non plus un facteur de destruction de la cité! On voit, par conséquent, que la loi du nombre aussi ne peut être juste. Ajoutons que si elle l'est, tous les actes accomplis par le tyran seront eux-mêmes nécessairement justes, puisque son recours à la violence est fondé sur le droit du plus fort, ce qui est exactement le cas de la masse quand elle s'attaque aux riches.

Mais alors, est-il juste que le pouvoir soit aux mains de la minorité des riches? Supposons donc que ceux-ci aussi fassent ce qu'ont fait les précédents, et se mettent à piller les biens de la masse et à l'en dépouiller: cela est-il juste? Dans l'affirmative, il faut admettre qu'il en est de même dans l'autre cas. – Concluons que ces solutions sont toutes condamnables et injustes: cela saute aux yeux.

Mais alors, faut-il confier aux gens de valeur l'autorité et le pouvoir souverain sur tous? Il s'ensuivra nécessairement que tous les autres seront privés des droits civiques, écartés

---

6. Aristote, *La politique*, tome I, trad. par J. Tricot, Paris, Vrin, 1962, p. 211-213. Traduction légèrement retouchée à partir de celle de P. Pellegrin, pour faciliter la compréhension.

qu'ils sont de l'honneur d'exercer les charges publiques : car nous appelons *honneurs* les fonctions officielles, et quand ce sont toujours les mêmes qui sont au pouvoir, il en résulte forcément que le reste de la population est frappé d'indignité.

Vaut-il mieux alors confier le pouvoir à un seul individu, le plus vertueux de tous ? Mais cette solution est de type encore plus oligarchique que la précédente, puisque les individus exclus des honneurs sont en plus grand nombre. On objectera peut-être que de toute façon c'est un mal de remettre le pouvoir suprême, non pas à la loi, mais à un homme, quel qu'il soit, puisque l'âme de cet homme peut être sujette aux passions. Soit. Mais si c'est la loi qui gouverne et qu'elle soit de tendance oligarchique ou démocratique, qu'y aurons-nous gagné en ce qui concerne les difficultés qui nous occupent ? Il arrivera la même chose que ce que nous avons dit plus haut.

6. Voici un deuxième extrait de *La politique* dans lequel Aristote explique les avantages d'un régime caractérisé par une classe moyenne nombreuse.

a) Trouvez au moins deux passages du texte dans lesquels Aristote formule clairement sa doctrine du « juste milieu ».

b) Quels sont, aux yeux d'Aristote :

- les défauts particuliers de ceux qui appartiennent à la classe des très riches ?

- les défauts particuliers de ceux qui appartiennent à la classe des très pauvres ?

- les qualités particulières de ceux qui appartiennent à la classe moyenne ?

- les avantages pour un État d'avoir une classe moyenne très nombreuse ?

c) Trouvez parmi tous les arguments donnés ici par Aristote :

- deux arguments avec lesquels vous êtes d'accord et expliquez pourquoi ;

- deux arguments avec lesquels vous êtes en désaccord et expliquez pourquoi.

L'EXCELLENCE DU GOUVERNEMENT DE LA CLASSE MOYENNE
(EXTRAIT DE *LA POLITIQUE* D'ARISTOTE[7])

Mais quelle est la meilleure constitution, et quel est le meilleur genre de vie pour la plupart des États et pour la grande majorité des hommes, quand on ne prend comme terme de comparaison, ni une vertu dépassant les forces des gens ordinaires, ni une éducation nécessitant des dispositions naturelles accompagnées d'un cortège de ressources dues à la bonne fortune, ni une constitution répondant pleinement à nos vœux, mais bien un mode d'existence dont l'accès soit ouvert à la grande majorité des hommes, et une constitution que la plupart des cités puissent adopter ? [...]

Et dès lors le jugement à porter sur tous ces problèmes dépend des mêmes principes. Si, en effet, ce que nous avons dit dans *L'Éthique* est bien exact, à savoir que la vie heureuse est celle qui se poursuit conformément à la vertu, et cela sans entraves, et que la vertu est une moyenne, il s'ensuit nécessairement que la vie qui se tient dans la juste moyenne est la meilleure, je veux dire une moyenne que chaque individu soit en mesure d'atteindre. Et ces mêmes principes de détermination doivent nécessairement aussi s'appliquer à l'excellence ou à la perversité d'un État et d'une constitution, la constitution étant en quelque manière la vie de l'État.

Ceci posé, dans tous les États sans exception, il existe trois classes de citoyens : l'une est composée des gens très riches, l'autre des gens très pauvres, et la troisième tient le milieu entre les précédentes. Puis donc qu'on admet couramment que le mesuré et le juste milieu est ce qu'il y a de mieux, il est manifeste aussi que la possession en quantité modérée des dons de la fortune est la meilleure de toutes les façons de posséder : c'est alors, en effet, qu'on peut le plus facilement obéir à la raison, tandis qu'un excès de beauté, de force, de noblesse de race ou de richesse, ou, au contraire, de pauvreté, de faiblesse ou de bassesse de condition, rend difficile la soumission à la raison : dans le premier cas, les hommes deviennent plus aisément d'une violence

---

7. Aristote, *La politique*, tome I, *op. cit.*, p. 301-305. Traduction légèrement retouchée à partir de celle de P. Pellegrin, pour faciliter la compréhension.

démesurée et capables des plus grands forfaits, et, dans le second, d'une malignité et d'une perversité qui s'exerce davantage dans les petites choses, et les injustices découlant de cette situation sont commises les unes par démesure et les autres par malignité. De plus, les gens de condition moyenne sont les moins enclins à se dérober aux emplois publics ou à les solliciter avec trop d'ardeur, deux tendances également préjudiciables aux cités.

Outre cela, ceux qui ont en excès les dons de la fortune, force, richesse, amis et autres avantages de ce genre, ne veulent ni ne savent obéir à l'autorité (et c'est là un mal contracté dès le début, à la maison paternelle, quand ils sont encore enfants : la mollesse où ils ont grandi ne leur a pas fait prendre, même à l'école, l'habitude d'obéir), tandis que ceux qui sont démunis à l'extrême de ces avantages sont dans un état d'abjection trop marqué. Le résultat, c'est que ces derniers ne savent pas commander, mais savent seulement obéir à une autorité qui les traite en esclaves, et que les premiers, en revanche, ne savent obéir à aucune autorité, et savent seulement gouverner en maîtres despotiques. On obtient ainsi un État de maîtres et d'esclaves mais non d'hommes libres, les uns pleins de mépris et les autres d'envie : or rien n'est plus éloigné de l'amitié, ainsi que d'une communauté politique, car la communauté est d'essence affective, puisque, même en voyage, les hommes désirent n'avoir rien de commun avec leurs ennemis. En tout cas, un État veut être composé le plus possible d'individus égaux et semblables, ce qui se rencontre surtout dans la classe moyenne. Il suit nécessairement que le mieux gouverné de tous est cet État qui est composé des éléments dont, selon nous, l'État est naturellement constitué. Ce sont aussi les citoyens de la classe moyenne qui, dans les États, jouissent de la sécurité personnelle la plus grande : ils ne convoitent pas, comme les pauvres, le bien des autres, et les autres ne convoitent pas non plus le leur, comme les pauvres convoitent le bien des riches ; et du fait que personne ne cherche à les inquiéter et qu'ils ne cherchent à inquiéter personne, leur vie se passe à l'abri de tout risque. [...]

On voit donc également que la communauté politique la meilleure est celle où le pouvoir est aux mains de la classe moyenne, et que la possibilité d'être bien gouverné appartient à ces sortes d'États dans lesquels la classe moyenne est nombreuse, et plus forte, de préférence, que les deux autres réunies, ou tout au moins que l'une d'entre elles, car par l'addition de son propre poids elle fait pencher la balance et empêche les extrêmes opposés d'arriver au pouvoir. Aussi le plus grand bonheur qui puisse arriver à un État, c'est que les citoyens à la tête des affaires aient une fortune moyenne et suffisante pour vivre, attendu que là

où les uns possèdent d'immenses richesses et les autres rien, on tombe dans une démocratie extrême ou une oligarchie sans frein ; même une tyrannie peut avoir pour cause l'un ou l'autre des deux extrêmes, car une tyrannie peut naître de la démocratie la plus exubérante aussi bien que d'une oligarchie, alors que pour les constitutions de forme moyenne et de celles qui s'en rapprochent, cela a lieu beaucoup moins fréquemment. La raison de cette différence sera indiquée ultérieurement, quand nous parlerons des révolutions politiques. Mais que la constitution de type moyen soit la meilleure, c'est une chose manifeste, car seule elle est à l'abri des factions : là où la classe moyenne est nombreuse, c'est là aussi qu'il naît le moins de factions et de dissensions parmi les citoyens. Et si les grands États sont moins exposés aux factions, c'est pour la même raison, à savoir que la classe moyenne y est nombreuse ; dans les petits États, au contraire, il est facile de diviser la totalité des citoyens en deux classes, de façon à ne rien laisser au milieu, et à peu près tous les habitants sont ou riches ou pauvres. Ajoutons que les démocraties sont mieux protégées à cet égard que les oligarchies, et aussi plus durables, grâce aux classes moyennes (qui sont plus nombreuses et ont une plus grande part aux honneurs dans les démocraties que dans les oligarchies), car lorsque, en l'absence de classe moyenne, les pauvres sont en nombre excessif, les affaires prennent une mauvaise tournure, et l'État ne tarde pas à périr.

[...]

Ces considérations font apparaître clairement aussi la raison pour laquelle les constitutions de la majeure partie des États sont soit démocratiques soit oligarchiques : c'est parce que la classe moyenne étant souvent peu nombreuse dans ces États, toujours, quel que soit celui des deux partis qui l'emporte, que ce soient les détenteurs de la richesse ou le menu peuple, ceux qui dépassent le niveau moyen conduisent l'État selon leurs vues propres, de sorte qu'il devient ou une démocratie ou une oligarchie. Outre cela, en raison des dissensions et des luttes qui opposent l'un à l'autre l'élément populaire et la classe riche, quel que soit des deux partis celui à qui il arrive de triompher de son adversaire, il n'établit pas un gouvernement fondé sur le bien commun et l'égalité, mais il se taille la part du lion dans l'organisation politique, comme s'il s'agissait d'un prix attaché à la victoire, et réalise, dans un cas, une démocratie, et, dans l'autre, une oligarchie. De plus, les peuples qui, dans le passé, se sont disputés l'hégémonie en Grèce, tournant l'un comme l'autre leurs regards vers les institutions sous lesquelles ils vivaient eux-mêmes, établissaient dans les autres États soit des démocraties soit des oligarchies, sans considérer l'intérêt des cités, mais ne pensant qu'à leur propre avantage. Il en résulte, pour toutes ces raisons, que le gouvernement du juste milieu se réalise, sinon jamais, du moins rarement, et seulement dans un petit nombre d'États. [...] maintenant c'est devenu dans les États une habitude invétérée de n'avoir même pas le désir de l'égalité, mais de chercher uniquement soit à s'assurer la domination, soit, en cas de défaite, à se résigner au joug.

Ainsi donc, ces considérations montrent avec évidence quelle est la meilleure constitution, et pour quelles raisons elle l'est. Et parmi les autres constitutions (puisque, selon nous, il y a plusieurs espèces de démocratie et plusieurs espèces d'oligarchie), il n'est pas difficile de voir quelle espèce doit occuper le premier rang, quelle autre le second, et ainsi de suite dans leur ordre de perfection et d'imperfection, une fois déterminé quelle est la meilleure. Car à chaque étape, il faut nécessairement admettre que la constitution qui se rapproche le plus de celle-ci est elle-même supérieure aux autres, et que celle qui est la plus éloignée de la constitution du juste milieu est elle-même pire, à moins que notre jugement ne soit relatif à certaines conditions déterminées. Je dis *relatif à certaines conditions déterminées* : rien n'empêche, en effet, que souvent, bien qu'une autre forme de constitution soit préférable, certains peuples ne trouvent plus avantageux d'adopter un régime différent.

5.2

LES FONDEMENTS FRAGILES DE LA DÉMOCRATIE

C'est un lieu commun de dire que la démocratie a été inventée par les Grecs anciens et qu'elle fait partie de l'héritage qu'ils nous ont légué. Certains auteurs prétendent que cet héritage a été redécouvert à l'aube de l'ère moderne et a inspiré le nouveau système politique implanté dans les sociétés occidentales à partir du XVIIIe siècle, qui semble être devenu un modèle obligé pour l'humanité entière. Ce scénario est toutefois simpliste, car la réalité des choses est passablement plus embrouillée.

Les plus grands philosophes grecs étaient très critiques à l'égard de la démocratie, comme nous venons de le voir. Ils étaient loin d'y voir le régime idéal et ils n'ont jamais produit, pour cette raison, de justification philosophique de sa supériorité. En fait, l'idée de démocratie n'est pas facile à fonder sur le plan philosophique. D'éminents philosophes, tels que John Locke, Jean-Jacques Rousseau, Emmanuel Kant et John Stuart Mill, se sont penchés sur la question et, malgré les progrès qu'ils ont réalisés, ils sont loin d'avoir résolu tous les problèmes. On constate qu'ils ne parviennent pas à un résultat unanime ou même très probant.

QUATRE FONDEMENTS

Il est néanmoins possible de cerner les principales idées généralement invoquées pour justifier la supériorité de la démocratie sur les autres régimes politiques. Ces fondements sont au nombre de quatre. Ce sont :

- la liberté autonome,
- l'égalité,

- la souveraineté du peuple,
- le bien commun.

Nous allons d'abord expliquer brièvement ces quatre principes et ensuite soulever quelques-unes des difficultés que pose leur utilisation comme fondements de la démocratie.

La liberté autonome

Nous avons vu que, pour Platon et Aristote, le critère de base de la démocratie était la liberté. Cette idée de liberté est toujours aussi fondamentale dans la philosophie moderne de la démocratie, mais elle y prend un sens différent. Au temps des Grecs, la liberté était surtout un *état social* opposé à l'esclavage. De plus, la liberté n'était pas conçue par les Anciens, comme elle l'est aujourd'hui, comme un *droit individuel fondamental*, en particulier parce que les Grecs avaient un sens très fort de la communauté et que, pour eux, il était clair que le bien de la cité passait avant tout droit individuel. Dans la philosophie et la culture modernes, la liberté a pris un sens plus radical et plus individualiste, celui d'un droit primordial et universel, c'est-à-dire reconnu à tous les individus sans distinction.

Mais nous considérons ici la liberté dans un cadre politique, et elle prend dans ce cadre un sens particulier. Il ne s'agit pas du droit de faire ce qui nous plaît, mais d'un droit intimement lié à l'idée d'*autonomie*. Il faut comprendre la **liberté autonome** comme *le droit de prendre soi-même les décisions pour ce qui nous concerne*. Elle s'oppose au règne de la force, à l'oppression, à l'assujettissement à la volonté d'un autre et aussi au fait d'être traité comme un enfant, comme un mineur, ainsi que l'étaient, par exemple, les femmes ou les domestiques dans les sociétés prémodernes. L'individu autonome est un adulte responsable et il est « son propre maître ».

Pour que la liberté ait une portée proprement politique, il faut aussi bien entendu qu'elle ait une dimension *collective*. Cette dimension apparaît si l'on conçoit la société comme un rassemblement d'individus libres et autonomes qui acceptent de s'associer pour former une communauté et qui *consentent* à se soumettre à l'autorité politique et aux lois. Ils agissent ainsi parce que ce sont eux qui auront le dernier mot sur les décisions d'ordre politique. Le principe qu'ils suivent est, comme l'expliquera Jean-Jacques Rousseau, qu'en se soumettant aux lois de l'État, les individus « n'obéissent à personne, mais seulement à leur propre volonté[8] ». Pour l'expliquer dans les termes de Kant, la liberté autonome est la liberté « de n'obéir à aucune autre loi que celle à laquelle le citoyen a donné son assentiment[9] ».

L'égalité

Le deuxième principe fondamental de la démocratie est l'égalité démocratique, qui veut que tous les citoyens jouissent d'un pouvoir égal sur le plan politique. Égalité et liberté forment en fait un couple indissociable, car la liberté est nécessairement un droit *également* reconnu à tous les citoyens. Si la liberté autonome est le pouvoir

---

8. Jean-Jacques Rousseau, *Du contrat social et autres textes*, Paris, Garnier Frères, 1962, p. 255.
9. Emmanuel Kant, *Métaphysique des mœurs II*, trad. par Alain Renaut, Paris, GF Flammarion, 1994, p. 129.

de prendre soi-même les décisions pour tout ce qui nous concerne, aucun individu ne peut être *plus libre* qu'un autre et aucun individu ne peut jouir d'un pouvoir plus grand qu'un autre lorsque vient le temps de prendre des décisions collectives.

Concrètement, l'égalité démocratique s'incarne dans l'égalité des droits politiques, dont le plus important est le droit de vote. Elle comprend aussi le droit de participation aux Assemblées, le droit de se présenter pour des postes publics. Que chaque vote individuel compte pour un est une loi essentielle de la démocratie. Le résultat de tout le système est que *tous ont un pouvoir égal de décider des lois et tous sont également soumis aux lois*. Comme le formule Rousseau, c'est un système où « chacun se soumet nécessairement aux conditions qu'il impose aux autres[10] ».

La souveraineté du peuple

Les principes de liberté et d'égalité conduisent tout naturellement au troisième principe fondamental de la démocratie, soit l'idée de « souveraineté du peuple ». Dans la terminologie politique, la **souveraineté** est *l'autorité politique suprême dans un État*. Le **souverain** est *la personne ou le groupe qui détient cette autorité*. Dans une démocratie, c'est le peuple, qui est la réunion de tous les individus libres et égaux, qui est le souverain. Ce pouvoir du peuple s'exerce concrètement à travers l'**assemblée du peuple**, qui est le *lieu où les citoyens libres se réunissent, expriment leurs opinions, discutent et votent les lois*.

Le bien commun

Le quatrième principe vient coiffer les trois autres en cristallisant la *finalité* de la démocratie et en scellant encore plus nettement son caractère *collectif*. C'est l'idée de « bien commun », qui était déjà au centre de la philosophie politique d'Aristote. Comme tout système politique, la démocratie détermine la manière dont une société globale se gouverne. Son but ultime est donc la vie et le fonctionnement de la collectivité. Mais comme elle est fondée sur la liberté et la volonté des individus, il faut la concevoir comme un système qui *rassemble toutes les volontés individuelles pour en faire un tout unifié* et pour orienter ce tout unifié vers un objectif collectif fondamental que l'on appellera le « bien commun ». Le **bien commun** est *le bien de tous les individus réunis*. Pour prétendre être le meilleur régime politique, la démocratie doit pouvoir s'afficher comme *le régime le plus apte à servir le bien commun*. Or, il paraît justifié d'affirmer que l'intérêt de l'ensemble des citoyens est certainement mieux servi dans un système où tous les citoyens peuvent exprimer leur volonté que dans des systèmes où cette prérogative n'est reconnue qu'à un petit groupe ou à un seul individu, comme c'est le cas pour l'aristocratie ou la royauté.

Jean-Jacques Rousseau est le philosophe qui est allé le plus loin dans l'explication de ce principe en disant qu'un intérêt commun est un intérêt où *le bien de l'un est le bien de tous et où tous les citoyens ont à la fois les mêmes avantages et les mêmes obligations*. Dans le cas d'un intérêt particulier, ni l'intérêt, ni l'avantage, ni

---

10. Jean-Jacques Rousseau, *op. cit.*, p. 255.

l'obligation de l'un ne sont ceux de tous. *Le peuple souverain ne saurait donc défendre des intérêts préjudiciables à l'un ou l'autre des individus qui le composent.* La démocratie doit promouvoir et défendre ces seuls intérêts qui sont *les intérêts de tous.* De la même manière qu'un individu rationnel ne devrait jamais rien faire qui lui fasse du tort à lui-même, un gouvernement démocratique, qui est l'expression de la volonté de l'ensemble des individus libres, ne devrait rien faire qui nuise à quelque individu ou à quelque groupe que ce soit.

Par ailleurs, il est clair qu'il existe, pour chaque individu, à la fois des intérêts communs et des intérêts particuliers, et le problème se pose de savoir comment l'intérêt commun peut émerger d'une multitude d'intérêts individuels. Il faut aussi considérer qu'il existe des groupes à l'intérieur de la société qui posent le même problème de conciliation des intérêts dans une perspective de bien commun. Il est facile de pressentir ici les problèmes qui risquent de miner la mise en œuvre de l'idéal démocratique…

DES FONDEMENTS FRAGILES…

Voilà donc pour les principes. À première vue, ces quatre idées fondatrices paraissent à la fois solides et cohérentes. On voit qu'elles sont soudées en plusieurs points par des rapports d'implication logique. Égalité et liberté sont indissociables : la liberté est un droit fondamental et doit à ce titre être également répartie. Bien commun et égalité sont également logiquement soudés : le bien commun étant le bien de tous et non celui de quelques-uns, il est inconciliable avec toute forme de favoritisme dans la prise en compte des intérêts des citoyens. La souveraineté du peuple conjugue liberté et égalité en rassemblant tous les citoyens sans exception et en leur reconnaissant la liberté

> À prendre le terme dans la rigueur de l'acception, il n'a jamais existé de véritable démocratie, et il n'en existera jamais […]. S'il y avait un peuple de dieux, il se gouvernerait démocratiquement. Un gouvernement si parfait ne convient pas à des hommes.
>
> **Jean-Jacques Rousseau**[11]

et l'autonomie dans l'exercice de leur pouvoir de décision. Mais, en fait, un examen plus attentif de la pensée des penseurs de la démocratie révèle que ces principes n'ont peut-être pas la clarté et la solidité qu'on leur prête.

L'égalité facultative ?

Revenons d'abord à l'Athènes ancienne. Il est difficile de voir dans la démocratie athénienne une réalisation achevée de la démocratie lorsque l'on songe par exemple qu'elle violait le principe d'égalité en refusant les droits politiques aux femmes, aux étrangers et aux esclaves. Le suffrage universel est, au contraire, un principe reconnu dans toutes les démocraties d'aujourd'hui. Mais la réalité est que le suffrage universel est une acquisition très récente des États modernes. Les femmes et même les hommes non propriétaires, analphabètes ou pauvres ne se sont vus reconnaître le droit de vote, dans la plupart des pays occidentaux, que dans la première moitié

11. *Ibid.*, p. 280-281.

du XXe siècle. Chose encore plus étonnante, les grands penseurs de la démocratie que nous venons de citer trouvaient tous normal qu'un groupe ou un autre soit privé du droit de vote. Tous, sauf Mill, refusaient le droit de vote aux femmes; d'autres, comme Kant, en privaient les non-propriétaires ou, comme Mill, ceux qui ne payaient pas de taxes et les analphabètes sans éducation.

La souveraineté avant la démocratie

Deuxième point à signaler : ces philosophes ne posaient pas d'équivalence stricte entre l'idée de souveraineté du peuple et celle de démocratie. En réalité, *c'est le concept de souveraineté du peuple qui leur semblait le plus fondamental, pas celui de démocratie*. La souveraineté du peuple était le fondement de l'État de droit ou de ce que John Locke appelait le « gouvernement civil ». *C'était l'idée qu'une autorité politique n'a de légitimité que si elle s'exerce avec le consentement du peuple.* Ce nouveau fondement venait remplacer, dans l'esprit des philosophes, l'ancien fondement religieux qui faisait émaner la souveraineté du roi de la volonté de Dieu et il visait surtout à faire obstacle au régime de la monarchie absolue dans lequel le roi n'a de comptes à rendre à personne. Cependant, ils considéraient que la souveraineté du peuple était compatible avec les trois régimes de la typologie d'Aristote : la monarchie, l'aristocratie et la démocratie. Le peuple souverain avait la prérogative de se donner le type de gouvernement qu'il voulait, et rien n'empêchait en théorie qu'il choisisse de confier le gouvernement de l'État à une élite supérieure ou à un roi.

Évidemment, le peuple pouvait également, comme dans le système en vigueur aujourd'hui, déléguer le pouvoir de gouverner à un petit groupe de *représentants élus*. Mais voilà, y a-t-il lieu de parler de démocratie dans un tel cas ?

DÉMOCRATIE DIRECTE ET DÉMOCRATIE REPRÉSENTATIVE

Si la démocratie athénienne souffre de la comparaison avec la démocratie actuelle sur la question du suffrage universel, elle semble en revanche bien plus fidèle à l'idéal démocratique parce qu'elle était un système de **démocratie directe**, c'est-à-dire *un système dans lequel les citoyens exercent directement le pouvoir*, soit en participant à titre individuel à l'Assemblée, soit en y prenant la parole, soit en occupant des postes dans les magistratures ou au Conseil (en particulier par le procédé très égalitaire du tirage au sort).

La démocratie représentative : une aristocratie déguisée ?

La démocratie moderne est plutôt un système de **démocratie indirecte ou représentative** *dans laquelle les citoyens élisent des « représentants » qui exercent le pouvoir en leur nom*. Bien sûr, il est clair que l'étendue territoriale et la démographie des États modernes rendent impossible un système de démocratie directe. On ne tient pas une assemblée de millions de citoyens venant des quatre coins d'un pays comme le Canada ! Mais, pour Rousseau et pour beaucoup d'autres penseurs des derniers siècles, *seule la démocratie directe méritait d'être appelée « démocratie »*. (Rousseau est même allé jusqu'à dire que la vraie démocratie n'avait jamais et ne pourrait jamais exister.) La démocratie représentative n'était à leurs yeux qu'*une aristocratie ou une oligarchie déguisée*, puisque le peuple y confie le pouvoir politique tant législatif (le pouvoir de faire les lois) qu'exécutif (celui de les faire appliquer) à un « petit groupe ». Ce trait s'est d'ailleurs accentué depuis le XIXe siècle avec l'apparition des « partis » qui dominent aujourd'hui la scène politique. Les partis politiques forment une structure intermédiaire entre les citoyens et le gouvernement. Leur développement a entraîné la formation d'une classe de « professionnels de la politique », c'est-à-dire de gens qui font « carrière » dans la sphère politique. Il est difficile de ne pas voir dans ce phénomène l'émergence d'une certaine *aristocratie*.

Il n'y avait pas de partis politiques à Athènes, et la démocratie y était certainement axée sur une participation plus directe des citoyens ordinaires. Malgré tout, beaucoup d'auteurs contestent aujourd'hui que la démocratie athénienne ait constitué une authentique démocratie directe. La société athénienne, de par sa population nombreuse et la complexité de son organisation, ne permettait pas une pleine participation de ses citoyens au gouvernement de la cité. Ce jugement est sévère, mais il faut admettre que la majorité des citoyens athéniens ne participaient pas aux Assemblées et que la très grande majorité de ceux qui y participaient n'y prenait jamais la parole. De plus, les Athéniens élisaient un conseil et des magistrats auxquels ils déléguaient une grande partie de la gestion des affaires publiques. Même si cela se faisait dans certains cas par tirage au sort, cela était loin de constituer un système dans lequel *tous* les individus exerceraient directement le pouvoir.

Jean-Jacques Rousseau (1712-1778), tableau (1843) d'Édouard Lacretelle (1817-1900).

Rousseau a expliqué de façon lumineuse ce qu'était la démocratie dans son essence pure. Et il en a conclu… qu'elle n'avait jamais existé et qu'elle n'existerait jamais !

La démocratie primitive

Selon le sociologue Jean Baechler[12], c'est seulement à l'aube de l'humanité, dans des bandes nomades vivant de la chasse et de la cueillette, qu'une authentique démocratie directe a pu exister. Ces bandes regroupaient quelques familles et ne dépassaient pas cinquante personnes. Elles avaient une organisation souple et fluide, sans structure de pouvoir fixe, sans chef désigné, donc sans État ou gouvernement. C'est pourquoi on peut dire qu'elles n'avaient pas véritablement d'organisation *politique*. Et pourtant, elles incarnent la démocratie dans sa plus pure expression. *Tous les membres du groupe y étaient des pairs, y jouissaient d'un statut égal et participaient de façon constante, directe et personnelle à toutes les décisions.* Les conflits se réglaient à l'amiable ou par la rupture, une famille pouvant quitter la bande pour en joindre une autre quand les relations se détérioraient. Hormis ces groupes minuscules pratiquant un mode de vie nomade, aucun peuple n'aurait jamais vraiment connu la démocratie directe. Cette analyse conduit à une conclusion étonnante et paradoxale qui est que toute forme d'État rendrait impossible la démocratie !

---

12. Jean Baechler, *Démocraties*, Paris, Calmann-Lévy, 1985, et *Précis de la démocratie*, Paris, Calmann-Lévy, 1994.

Le vote plural de John Stuart Mill

John Stuart Mill (1806-1873). Tableau (1874) de George Frederic Watts (1817-1904).

Voici un exemple plus détaillé qui illustre le fait que les philosophes des XVIIIe et XIXe siècles ne comprenaient pas la démocratie dans les mêmes termes que nous. John Stuart Mill a été un des philosophes les plus progressistes de son époque. Grand humaniste, il fut le plus ardent défenseur du droit de vote des femmes et travailla à l'amélioration des conditions de vie des pauvres. Pourtant, sa pensée politique suit d'étranges méandres qui le rapprochent sur plusieurs points de la pensée d'Aristote. Mill a vécu au XIXe siècle, à une époque d'industrialisation galopante marquée par un « capitalisme sauvage ». L'effet social de ce bouleversement économique fut l'apparition d'un clivage profond entre deux classes aux intérêts antagonistes, les riches et les pauvres, les patrons et les ouvriers, avec au centre une classe moyenne encore très minoritaire et peu influente.

Pour Mill, la démocratie basée sur le principe de l'égalité du droit de vote présentait le danger que les pauvres majoritaires votent seulement selon leurs *intérêts de classe* sans pouvoir prendre en compte le *bien commun*. Il constatait également qu'une grande partie des masses populaires étaient analphabètes, sans instruction, et ne possédaient tout simplement pas les connaissances et la sagesse requises pour exercer judicieusement son droit de vote.

Conformément à cette analyse, Mill suggéra d'abord de ne pas accorder le droit de vote aux analphabètes. Ensuite, il proposa une formule compliquée de « vote plural », dont le principe était de distribuer *inégalement* les nombres de voix selon le niveau de connaissances et d'instruction des individus. Il s'agissait d'accorder plus de voix à « ceux dont l'opinion doit avoir plus de poids ». Dans la proposition de Mill, les membres des professions libérales, les artistes, les intellectuels, les universitaires, les fonctionnaires, les scientifiques avaient le plus de votes, soit cinq ou six ; les patrons, hommes d'affaires, exploitants agricoles et commerçants en avaient trois ou quatre ; les contremaîtres trois, les ouvriers qualifiés deux et, finalement, les ouvriers non qualifiés un seul.

Son objectif principal était d'éviter que la classe des ouvriers non qualifiés détienne au total plus de votes que les classes supérieures. Il est clair que le vote plural de Mill violait le principe d'*égalité* fondamental « une personne, un vote ». Mais, pour Mill, ce principe n'était pas absolu. Il était *relatif* et inférieur en importance à celui de la poursuite du *bien commun*, d'où l'on voit que la cohérence entre les divers fondements de la démocratie ne va pas de soi. Le passage suivant en fait foi :

> Je ne considère pas l'égalité du vote comme une chose foncièrement bonne, à la simple condition qu'on puisse en écarter les inconvénients. Je ne la considère que relativement bonne […]. Il n'est pas utile mais nocif, en effet, que la constitution d'un pays reconnaisse à l'ignorance le même pouvoir politique qu'à la connaissance[13].

Mill était malgré tout un véritable esprit progressiste. Il ne voyait pas son vote plural comme un système définitif. Il souhaitait que la condition économique et le niveau d'éducation des pauvres s'améliorent et que l'égalité de compétence advienne un jour, et il s'engagea personnellement en ce sens. Mill espérait que les gens moins éduqués en viennent à s'intéresser davantage aux affaires publiques en exerçant leur droit de vote et que les exclus soient un jour admis dans la communauté des citoyens à part entière à mesure qu'un système d'éducation publique leur aurait donné les qualifications requises. Il est permis de douter toutefois que le rabaissement des classes populaires sur le plan des droits politiques ait des effets bénéfiques sur leur sens civique ! La proposition de Mill ne fut jamais appliquée.

POINTS À RETENIR

Les fondements de la démocratie

1 Quatre grands principes sont généralement employés pour fonder la démocratie : la liberté autonome, l'égalité, la souveraineté du peuple et le bien commun.

▼

---

13. Cité dans C.B. Macpherson, *Principes et limites de la démocratie libérale*, trad. de l'anglais par André D'Allemagne, Montréal, Boréal Express, 1985, p. 75.

❷ On trouve dans la pensée des grands philosophes de la démocratie des ambiguïtés qui révèlent la fragilité de ces fondements. D'abord, ils ne voyaient pas un principe absolu dans la règle égalitaire du suffrage universel. Ensuite, le principe le plus fondamental était pour eux celui de la souveraineté du peuple, mais ils ne voyaient pas de lien de nécessité logique entre ce principe et la démocratie. Il leur paraissait également compatible avec l'aristocratie ou la monarchie. Enfin, ils considéraient la démocratie indirecte et représentative, qui est la forme de démocratie propre à l'époque moderne, comme un régime de type aristocratique plutôt que démocratique.

❸ Même la démocratie athénienne ancienne n'était pas une authentique démocratie directe. C'est qu'en effet la forme pure de la démocratie est la démocratie directe, qui n'aurait existé, selon le sociologue Jean Baechler, que dans les sociétés nomades des débuts de l'humanité.

Exercices

1. La démocratie fait partie de la culture moderne dans un sens très général qui déborde le cadre strictement politique. Aujourd'hui, on juge important de fonctionner d'une manière *démocratique* dans beaucoup de contextes de la vie sociale. Souvent, le seul terrain viable pour une démocratie *directe* apparaît être celui de petits groupes, comme il en existe dans plusieurs secteurs de notre vie sociale.

a) Trouvez quelques exemples de contextes ou de secteurs de la vie d'aujourd'hui où règne une forme de démocratie *directe* en justifiant vos choix à partir des quatre fondements de la démocratie.

b) Trouvez des exemples de contextes ou de secteurs où l'on retrouve à l'inverse un fonctionnement *non démocratique* et justifiez également ces choix à partir des mêmes fondements.

2. À votre avis, qu'est-ce qui est le plus *juste* et le plus *démocratique* dans une assemblée où l'on tient un débat dans lequel deux positions fondamentales s'affrontent : laisser tout le monde parler à tour de rôle sans restriction ou installer deux micros, un pour chaque camp, et donner la parole alternativement à ceux qui sont en faveur de la proposition débattue et à ceux qui s'y opposent ? Justifiez votre choix en vous aidant des quatre fondements de la démocratie que nous avons passés en revue plus haut.

3. Quelle est, à votre avis, la procédure la plus *démocratique* parmi les quatre suivantes, pour la nomination de dirigeants dans un groupe donné :

- Choisir quelqu'un par *tirage au sort parmi tous les membres* du groupe.
- Procéder par *rotation*, de sorte que tout le monde se trouve à tour de rôle à occuper le poste de direction.
- Choisir quelqu'un par *tirage au sort parmi une liste de volontaires* (ce qui était la pratique courante dans l'Athènes ancienne).
- Procéder par une *élection libre* à partir d'une liste de candidats volontaires.

a) Expliquez votre choix en vous aidant des quatre fondements de la démocratie.

b) La procédure la plus démocratique vous apparaît-elle également être la meilleure ou la plus souhaitable ?

4. Les propositions de John Stuart Mill au sujet du droit de vote sont assez surprenantes. Mais elles correspondent sur plusieurs points à la philosophie politique d'Aristote que nous avons étudiée dans la section précédente. Cherchez, dans les propositions de Mill, des éléments qui correspondent à chacun des points suivants de la théorie d'Aristote :

a) Sa définition du régime de «démocratie» dans sa classification des six types de régime.

b) Le *troisième* de ses quatre principes d'une bonne constitution.

c) Son principe de l'«égalité proportionnelle».

d) La philosophie générale d'Aristote, qui consiste à admettre une relativité dans l'application des principes à une situation particulière.

5. Mill croyait préférable de ne pas accorder le droit de vote aux analphabètes parce qu'ils ne possédaient pas les compétences minimales pour exercer le droit de vote.

a) Considérant qu'il y a des centaines de milliers d'analphabètes dans un pays comme le Canada, pensez-vous que nous devrions appliquer cette mesure?

b) Que pensez-vous maintenant de la mesure suivante : faire passer un test à chaque citoyen avant qu'il exerce son droit de vote pour s'assurer qu'il possède le minimum de connaissances requises pour voter d'une manière responsable et rationnelle?

Prenez encore une fois position sur ces deux questions en vous référant aux quatre fondements de la démocratie.

6. Considérez le texte suivant, d'un des grands philosophes de la philosophie politique, John Locke (1632-1704). Locke eut une grande influence sur le développement des idées politiques modernes. Il inspira tout particulièrement les auteurs de la *Déclaration d'indépendance* des États-Unis. Le texte qui suit est composé d'extraits de son *Traité du gouvernement civil*. Locke y défend le principe fondamental de la souveraineté du peuple. À l'époque de la rédaction de cet ouvrage, son plus grand souci était de faire obstacle au régime de la «monarchie absolue», qui est un régime dans lequel le roi exerce un pouvoir total et n'a de comptes à rendre à personne. Lisez ce texte et répondez aux questions suivantes.

a) Expliquez l'importance du critère du consentement dans la théorie de Locke.

b) Citez une phrase qui énonce clairement le principe de la souveraineté du peuple.

c) Trouvez au moins un endroit où les trois autres fondements de la démocratie sont mentionnés ou évoqués (parfois en d'autres termes) : la liberté, l'égalité et le bien commun.

d) Pour Locke, en pratique, le pouvoir du peuple (ou, comme il le dit du «corps politique» formé par le peuple) n'est pas le pouvoir de tous les citoyens mais «le pouvoir du plus grand nombre». Comment justifie-t-il cela?

e) Montrez que l'expression «pouvoir du plus grand nombre» n'a pas pour Locke le sens qu'elle avait chez Aristote puisque celui-ci en faisait la définition même de la démocratie. Montrez, par le fait même, que pour Locke la souveraineté du peuple n'est pas nécessairement liée à la démocratie.

f) Concilier le principe de la souveraineté du peuple avec un régime de type monarchique n'est pas évident. Cette problématique a donné lieu à un important débat chez les philosophes des XVIIe et XVIIIe siècles sur la question suivante : Existe-t-il un droit légitime à la rébellion? Si le peuple est le véritable souverain, a-t-il le droit de renverser son roi? Expliquez la position et les arguments de Locke sur cette question.

Note: Dans ce texte, le mot «Prince» a le même sens que «Roi».

LA SOUVERAINETÉ DU PEUPLE

(EXTRAITS DU *TRAITÉ DU GOUVERNEMENT CIVIL*[14])

Les hommes, ainsi qu'il a été dit, étant tous naturellement libres, égaux et indépendants, nul ne peut être tiré de cet état, et être soumis au *pouvoir politique* d'autrui, sans son

John Locke (1632-1704). Gravure (1750) de Jean-Charles François (1717-1769), d'après un portrait de Joseph Marie Vien (1716-1809).

---

14. John Locke, *Traité du gouvernement civil*, trad. par D. Mazel, Paris, GF Flammarion, 1984, p. 250-251, 278-279, 292, 314, 334-335 et 358.

propre consentement, par lequel il peut convenir, avec d'autres hommes, de se joindre et s'*unir en société* pour leur conservation, pour leur sûreté mutuelle, pour la tranquillité de leur vie, pour jouir paisiblement de ce qui leur appartient en propre, et être mieux à l'abri des insultes de ceux qui voudraient leur nuire et leur faire du mal. [...] Quand un certain nombre de personnes sont convenues ainsi de *former une communauté et un gouvernement*, elles sont par là en même temps incorporées, et composent un seul *corps politique*, dans lequel le plus grand nombre a droit de conclure et d'agir.

Car lorsqu'un certain nombre d'hommes ont, par le consentement de chaque individu, formé une *communauté*, ils ont par là fait de cette *communauté*, un corps qui a le pouvoir d'agir comme un corps doit faire, c'est-à-dire, de suivre la volonté et la détermination du *plus grand nombre*; ainsi une *société* est bien formée par le consentement de chaque individu; mais cette *société* étant alors un corps, il faut que ce corps se meuve de quelque manière: or, il est nécessaire qu'il se meuve du côté où le pousse et l'entraîne la plus grande force, qui est le *consentement du plus grand nombre* [...].

Le *plus grand nombre*, comme il a déjà été prouvé, ayant, parmi ceux qui sont unis en société, le pouvoir entier du corps politique, peut employer ce pouvoir à faire des lois, de temps en temps, pour la communauté, et à faire exécuter ces lois par des officiers destinés à cela par ce *plus grand nombre*, et alors la forme du gouvernement est une véritable *démocratie*. Il peut aussi remettre entre les mains de peu de personnes choisies, et de leurs héritiers ou successeurs, le pouvoir de faire des lois; alors c'est une *oligarchie*[15] : ou le remettre entre les mains d'un seul, et c'est une *monarchie*. Si le pouvoir est remis entre les mains d'un seul et de ses héritiers, c'est une *monarchie héréditaire*; s'il lui est commis seulement à vie, et à condition qu'après sa mort le pouvoir retournera à ceux qui le lui ont confié, et qu'ils lui nommeront un successeur: c'est une *monarchie élective*[16]. Toute société qui se forme a la liberté d'établir un gouvernement tel qu'il lui plaît, de le combiner et de le mêler des différentes sortes que nous venons de marquer, comme elle juge à propos. Que si le pouvoir législatif a été donné par *le plus grand nombre*, à une personne ou à plusieurs, seulement à vie, ou pour un temps autrement limité; quand ce temps-là est fini, le pouvoir souverain retourne à la société; et quand il y est retourné de cette manière, la société en peut disposer comme il lui plaît, et

le remettre entre les mains de ceux qu'elle trouve bons, et ainsi établir une nouvelle forme de gouvernement.

Par une communauté ou un État, il ne faut donc point entendre, ni une démocratie, ni aucune autre forme précise de gouvernement, mais bien en général une société indépendante [...].

Les gouvernements n'ont pu avoir d'autre origine que celle dont nous avons parlé, ni les *sociétés politiques* n'ont été fondées sur autre chose que sur le *consentement du peuple*.

[...]

Ainsi, le peuple garde toujours le *pouvoir souverain* de se délivrer des entreprises de toutes sortes de personnes, même de ses *législateurs*, s'ils venaient à être assez fous ou assez méchants, pour former des desseins contre les *libertés* et les propriétés des sujets.

[...]

Partout où les lois cessent, ou sont violées au préjudice d'autrui, la *tyrannie* commence et a lieu. Quiconque, revêtu d'autorité, excède le pouvoir qui lui a été donné par les lois, et emploie la force qui est en sa disposition à faire, à l'égard de ses sujets, des choses que les lois ne permettent point, est, sans doute, un *véritable tyran*; et comme il agit alors sans autorité, on peut s'opposer à lui tout de même qu'à tout autre qui envahirait de force le droit d'autrui. [...]

Quoi, dira-t-on, on peut donc s'opposer aux commandements et aux ordres d'un Prince? On peut lui résister toutes les fois qu'on se croira maltraité, et qu'on s'imaginera qu'il n'a pas droit de faire ce qu'il fait? S'il était permis d'en user de la sorte, toutes les sociétés seraient bientôt renversées et détruites; et, au lieu de voir quelque gouvernement et quelque ordre, on ne verrait qu'anarchie et que confusion.

[...]

Qu'on doive résister à des sujets, ou à des étrangers qui entreprennent de se saisir, par la force, de ce qui appartient en propre à un peuple, c'est de quoi tout le monde demeure d'accord; mais qu'il soit permis de faire la même chose à l'égard des Magistrats et des Princes qui font de semblables entreprises, c'est ce qu'on a nié dans ces derniers temps: comme si ceux à qui les lois ont donné de plus grands privilèges qu'aux autres, avaient reçu par là le pouvoir d'enfreindre ces lois, desquelles ils avaient reçu un rang et des biens plus considérables que ceux de leurs frères; au

---

15. Ou encore une *aristocratie*, selon la terminologie d'Aristote.
16. Le monarque ou le roi serait dans ce cas « élu » par le peuple.

lieu que leur mauvaise conduite est plus blâmable, et leurs fautes deviennent plus grandes, soit parce qu'ils sont ingrats des avantages que les lois leur ont accordés, soit parce qu'ils abusent de la confiance que leurs frères avaient prise en eux..

Quiconque emploie la force sans droit, comme font tous ceux qui, dans une société, emploient la force et la violence sans la permission des lois, se met en *état de guerre* avec ceux contre qui il l'emploie; et dans cet état, *tous les liens, tous les engagements précédents sont rompus; tout autre droit cesse, hors le droit de se défendre et de résister à un agresseur.* Cela est si évident, que Barclay[17] lui-même, qui est un grand défenseur du pouvoir sacré des Rois, est contraint de confesser que les peuples, dans ces sortes de cas, peuvent légitimement résister à leurs Rois [...].

5.3

LES PARADOXES DE LA DÉMOCRATIE REPRÉSENTATIVE

Dans la dernière section de ce chapitre consacré à la philosophie politique, nous allons compléter ce que nous avons amorcé dans la section précédente en procédant à un examen critique systématique des justifications philosophiques de la *démocratie représentative*, qui est la seule forme de démocratie concevable pour nous aujourd'hui. Nous désignerons désormais la démocratie représentative dans la suite du texte par l'abréviation « DR ». Nous verrons que les fondations philosophiques de la DR posent d'énormes difficultés sur le plan théorique et que ces difficultés ouvrent un important débat sur l'orientation que nous devrions donner à nos institutions politiques.

> Toute loi que le peuple en personne n'a pas ratifiée est nulle; ce n'est point une loi. Le peuple anglais pense être libre, il se trompe fort; il ne l'est que durant l'élection des membres du parlement: sitôt qu'ils sont élus, il est esclave, il n'est rien.
>
> **Jean-Jacques Rousseau**[18]

Un indice de ces difficultés est le *paradoxe* suivant. Aujourd'hui, notre régime démocratique est louangé par tout le monde, et on s'accorde à dire qu'il détient une supériorité incontestable sur tous les autres systèmes de gouvernement, mais, étrangement, ce même régime ne cesse de susciter les plaintes et les critiques tant de la part des intellectuels que de la population en général. Les uns dénoncent le fait que les campagnes électorales se soient transformées en campagnes de marketing, alors que les autres parlent d'un désabusement et d'une crise de confiance de la population à l'égard de ses dirigeants politiques. Il semble y avoir un gouffre entre l'idéal et la réalité en ce qui a trait à la démocratie; celle-ci apparaît à la fois comme le meilleur des systèmes et comme un idéal impossible à réaliser.

---

17. William Barclay était un juriste écossais (1546-1608), auteur de *De Regno el Regali Potestate* (1600), plaidoyer en faveur des droits absolus des rois.

18. Jean-Jacques Rousseau, *op. cit.*, p. 302.

Pour aller aux sources de ces problèmes, nous commencerons notre analyse en procédant à un examen systématique de la concordance entre la DR et les quatre fondements de la démocratie que nous avons mis en place à la section précédente : la liberté, l'égalité, la souveraineté du peuple et le bien commun. Nous verrons qu'en réalité le système de DR est traversé de *paradoxes* et qu'il repose sur des concepts fondamentaux que l'on peut considérer comme des *fictions*.

Nous examinerons en particulier les quatre paradoxes suivants :

- le paradoxe du maître qui choisit son maître,
- le paradoxe du pouvoir qui n'appartient à personne,
- le paradoxe du pouvoir comme soumission à la volonté d'autrui,
- le paradoxe de l'égalité qui dissout le pouvoir.

Nous verrons également que deux concepts fondamentaux de la DR apparaissent comme des fictions de l'esprit ou des pseudo réalités :

- le concept de peuple,
- le concept de bien commun.

Réunion de chefs d'État du monde entier.

Dans les sondages portant sur le degré de confiance que la population accorde à divers groupes sociaux, les politiciens se retrouvent généralement au bas de l'échelle, avec des taux de plus de 75 % des répondants qui disent ne pas leur faire confiance. Plusieurs voient dans cette perte de crédibilité une menace pour nos démocraties. Pourquoi nos politiciens ne sont-ils pas ces hommes sages et vertueux auxquels Platon et Aristote destinaient le pouvoir politique ?

LE PARADOXE DU MAÎTRE QUI CHOISIT SON MAÎTRE

Il y a au départ une ambiguïté dans la notion de DR. On affirme d'une part que la démocratie est le pouvoir du peuple, ce qui doit signifier que le peuple comme entité collective *se gouverne lui-même*. D'autre part, la démocratie réside tout autant dans le fait que chaque individu composant ce peuple jouit *d'un pouvoir égal à tous les autres*. Le peuple est en effet constitué d'individus. Un examen superficiel pourrait nous faire croire que le pouvoir du peuple et celui de chacun des individus qui le composent se confondent et sont équivalents. Une analyse plus approfondie montre qu'il n'en est rien et même que ces deux idées, le pouvoir du peuple et le pouvoir individuel, sont également problématiques.

Considérons d'abord le point de vue collectif et l'idée que la démocratie serait le pouvoir du *peuple*. Le peuple étant *souverain*, il détiendrait l'autorité suprême et il gouvernerait réellement. Nous nous trouvons ici devant un modèle théorique qui fait des représentants élus de simples exécutants de la volonté du peuple. Mais, dans une DR, il est évident que ce n'est pas le cas. En vérité, le peuple ne fait que *désigner* des gouvernants. À ce titre, on pourrait considérer qu'il a l'autorité sur eux, mais en fait il ne fait que les désigner, et une fois qu'il les a désignés, *il accepte de se placer lui-même sous leur autorité*. Le peuple gouvernerait donc à travers des représentants qui le gouvernent, et c'est seulement de cette manière indirecte qu'il se gouvernerait « lui-même ». Le peuple serait maître de son maître en quelque sorte. Ceux qui sont gouvernés seraient en même temps ceux qui gouvernent.

> Il est absurde et contradictoire que le souverain se donne un supérieur.
>
> **Jean-Jacques Rousseau**[19]

19. *Ibid.*, p. 304.

Mais cette idée de se gouverner soi-même en se laissant gouverner par un autre est en vérité très étrange et elle conduit à ce que l'économiste et théoricien de la démocratie James M. Buchanan a appelé «le paradoxe de la souveraineté[20]», paradoxe que Rousseau avait déjà clairement décrit en disant qu'une fois qu'il a élu ses représentants, le peuple devient son «esclave». Ou comme il le dit dans *Du contrat social*: «Quoi qu'il en soit, à l'instant qu'un peuple se donne des représentants, il n'est plus libre; il n'est plus[21].» On ne considère généralement pas le fait de demander à une autre personne de prendre une décision à notre place comme une marque d'*autonomie*. De la même manière, si le peuple nomme des gouvernants pour le gouverner, c'est parce qu'il n'est pas capable de se gouverner par lui-même, c'est parce qu'il est incapable d'être autonome. Il doit donc abandonner totalement à ses représentants élus son supposé «pouvoir» pendant une période de temps déterminé.

En vérité, la DR a pour but de dispenser le peuple du fardeau de se gouverner lui-même, car on ne peut dire d'aucune manière qu'il *gouverne*. Une fois les élections terminées, le peuple se soumet *totalement* à l'autorité de ses représentants, et ce, peu importe ce qu'ils décident une fois au pouvoir. Tout ce que le peuple peut faire en pratique, c'est de démettre et de remplacer les dirigeants qu'il a précédemment élus, quand il n'est pas satisfait de leur performance. *Il a simplement le loisir de changer de maître, jamais d'être lui-même le maître et d'exercer l'autorité.* L'idée que le pouvoir d'un maître ne serait rien d'autre que celui de choisir celui qui sera son maître est véritablement *paradoxale* (figure 5.2). Pour cette raison, l'idée de souveraineté du peuple serait, à proprement parler, une fiction.

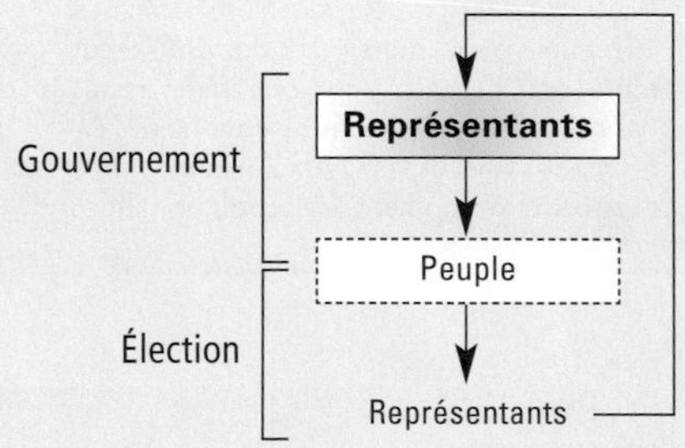

Figure 5.2   **Le paradoxe du maître qui choisit son maître**

LE PARADOXE DU POUVOIR QUI N'APPARTIENT À PERSONNE

Dans son ouvrage, *Essais sur le politique*, le philosophe français contemporain Claude Lefort a formulé ce paradoxe d'une façon originale et différente en disant que, dans une DR, le pouvoir est un «lieu vide[22]», qu'il n'appartient réellement à… personne. Ni les gouvernants, ni les gouvernés ne *possèdent* réellement le pouvoir. Les gouvernants ne le possèdent pas réellement, car celui-ci leur est seulement *prêté* sous condition et pour un temps limité. Les gouvernés ne le possèdent pas non plus, parce que, comme nous venons de le voir, ils ne l'*exercent* jamais. Le peuple n'a de pouvoir que sur l'*accès au pouvoir*. Il prête aux élus une chose qu'il ne peut jamais lui-même s'approprier. Il en découle que le pouvoir reste constamment *disponible* et est un objet de convoitise permanent pour ceux qui aspirent à l'exercer, c'est-à-dire les politiciens et les partis politiques. Il fait l'objet d'une *compétition* réglée, ouverte et permanente entre les aspirants au pouvoir. On peut le gagner, mais il faudra le remettre en jeu à la fin du mandat et on peut toujours ensuite le perdre.

20. Jean Hampton, *Political Philosophy*, Oxford, Westview Press, 1997, p. 63-64.

21. Jean-Jacques Rousseau, *op. cit.*, p. 303.

22. Claude Lefort, *Essais sur le politique*, Paris, Seuil, 1986, p. 27.

En même temps, il faut voir l'aspect positif et le grand avantage de ce système : personne ne peut monopoliser ou accaparer le pouvoir de façon durable, car celui-ci est indéfiniment remis en jeu. Les partis politiques sont comme des équipes sportives en perpétuelle quête d'un championnat : ils doivent l'emporter dans un concours de popularité dont l'enjeu est l'exercice du pouvoir pendant un temps limité. Mais, dès qu'un parti a pris le pouvoir, il subit déjà la pression d'offrir une performance qui lui conservera l'appui des électeurs. C'est ainsi que l'horizon de la prochaine élection est toujours présent dans l'esprit des dirigeants politiques. *Il n'y a pas meilleur système pour empêcher l'avènement d'une tyrannie*, et c'est là, aux yeux de plusieurs, la grande force de la DR.

Les effets pervers de la compétition politique

Malgré cet avantage capital, ce système comporte également sa part d'effets pervers, soulignés par Lefort, et bien d'autres. C'est qu'il transforme la politique en une sorte de sport de compétition et fait en sorte que la préoccupation principale et continuelle des partis en lutte reste toujours l'objectif de gagner ou de conserver le pouvoir. La classe politique a pour cette raison tendance à attirer non pas « les plus savants et les plus sages », mais une certaine classe de personnes qu'il convient d'appeler « des politiciens de carrière », qui sont des gens qui, sans être dénués de qualités, peuvent difficilement être considérés comme les plus grands experts ou comme des modèles de vertu. Ils ont cependant des traits communs, un attrait pour le pouvoir et un certain talent dans l'art de la compétition politique. La plupart d'entre eux poursuivent d'ailleurs une carrière essentiellement axée sur l'obtention de fonctions de direction à divers échelons de la hiérarchie politique.

Un effet malheureux d'un tel système est que l'impératif de gagner le pouvoir (ou de ne pas le perdre) incite les politiciens à user de procédés déplorables qui alimentent les critiques et le scepticisme général de la population quant à la légitimité du processus démocratique : campagnes électorales transformées en campagnes publicitaires axées sur l'image du candidat et sur des slogans simplistes, promesses non tenues, tendance à gouverner au gré des sondages d'opinion, manque de courage quand vient le moment de prendre les décisions difficiles qui risqueraient de susciter le mécontentement, débats politiques vidés de leur substance du fait qu'ils sont dominés par les intérêts partisans et par l'obligation de déprécier ses adversaires aux yeux de la population (la logique de cette compétition voulant que le parti adverse ait a priori *toujours tort*), ce qui conduit au spectacle déplorable de débats parlementaires où se mêlent les attaques personnelles, les sophismes, la démagogie, la mauvaise foi et le négativisme.

Le fait d'être menacé de façon permanente de perdre le pouvoir qu'ils viennent de conquérir a donc malheureusement beaucoup d'effets nuisibles sur la conduite des dirigeants politiques. Il les détourne trop facilement de ce qui devrait être leur seul et unique souci : bien gouverner. De ce point de vue, il est donc loin d'être évident que la DR constitue le meilleur système de gouvernement.

La critique nominaliste du concept de « peuple »

Une des sources des paradoxes que nous venons d'analyser se trouve dans la notion de « peuple », et ceci nous permet de revenir à la problématique platonicienne de la *réalité* des concepts ou des idées générales. Rappelons ici le sens de la critique *nominaliste* qui consistait à opposer à Platon que *les idées générales n'ont aucune réalité et que tout ce qui existe dans la réalité, ce sont les objets concrets, singuliers et particuliers*. Nous avons une illustration éloquente de cela avec le concept de peuple et l'idée de pouvoir du peuple. Le sociologue Jean Baechler écrit à ce propos : « D'abord le peuple, et encore moins le Peuple n'existe pas, c'est une abstraction, un collectif, qui, en tant que tel, est parfaitement muet et dépourvu de toute volonté et capacité d'agir [...]. Car les sièges du pouvoir, ce sont les gens, les citoyens, pris individuellement et en groupes privés, des êtres concrets et non pas des abstractions[23]. » Une partie des paradoxes que nous avons mentionnés découle en effet de l'opposition entre l'idée abstraite que le peuple se gouverne lui-même et la réalité des choses qui est que *seuls des individus peuvent exprimer une volonté et voter*. Il faudrait peut-être alors réviser notre manière de concevoir la démocratie et parler du pouvoir des citoyens individuels ou encore de petits groupes plutôt que du pouvoir du peuple. Malheureusement, ce changement de perspective mène à son tour à de nouveaux paradoxes.

LE PARADOXE DU POUVOIR COMME SOUMISSION À LA VOLONTÉ D'AUTRUI

Délaissons maintenant le point de vue du peuple comme collectivité pour considérer celui du citoyen individuel. En théorie, dans cette perspective, c'est chaque individu membre d'une démocratie qui est détenteur d'un pouvoir. La clé de ce pouvoir réside dans la notion de liberté autonome. Dans une démocratie, chaque individu est théoriquement libre de décider ce qu'il veut et de faire le choix qu'il estime le meilleur parmi ceux qui lui sont offerts. Cependant, en pratique, c'est essentiellement par le truchement de la procédure du vote que s'exerce ce pouvoir. Or, l'exercice du droit de vote ne constitue pas, pour l'électeur individuel, une décision autonome, car *la décision finale ne lui appartient pas*. Elle sera le résultat de l'addition de tous les choix individuels des participants au vote. Si cette décision contredit son choix, il devra s'y soumettre et l'accepter.

Mais alors, en quoi consiste sa liberté ? Dans le fait d'*exprimer* sa volonté, pas dans le *pouvoir* de la faire prévaloir. Et c'est ici que le principe d'*autonomie* est transgressé une fois de plus. Dans sa vie personnelle, tout individu autonome a le pouvoir réel de prendre lui-même les décisions qui le concernent, comme quitter un emploi, s'acheter une maison, avoir un enfant. Il n'a pas dans ces décisions à se plier à la volonté des autres : c'est là tout le sens de la notion d'autonomie ! Mais, en démocratie, l'exercice de la liberté autonome réalisé par la procédure du vote aboutit paradoxalement au fait que *chacun doit systématiquement se soumettre à la volonté des autres*. Chaque fois que la volonté générale entre en contradiction avec la volonté propre de l'individu, c'est toujours la première qui prévaut.

Ce dernier paradoxe s'applique d'ailleurs autant à la démocratie directe qu'à la DR. Prenons le cas d'un citoyen qui, après avoir bien réfléchi à la question, vote pour un parti, alors que la majorité des votants appuie le parti adverse. Que se passe-t-il ? En bon démocrate, le citoyen en question doit accepter cette décision et

---

23. Jean Baechler, *Précis de la démocratie, op. cit.*, p. 176.

donc *vouloir* que le parti adverse soit porté au pouvoir. Mais, d'autre part, il continue d'être personnellement convaincu que c'est l'autre parti qui était le meilleur. Il est donc forcé de soutenir deux positions contradictoires, et c'est en cela qu'il y a *paradoxe*. S'il adhère entièrement au processus démocratique en soutenant que le parti qui a mérité le plus de votes doit gouverner, il renie sa conviction personnelle réelle et profonde. Bien sûr, il dispose d'une liberté réelle qui lui a permis d'exprimer son opinion et de tenter de convaincre les autres de voter pour le parti qui avait sa préférence. Mais alors, encore une fois, il faudrait définir le droit de vote comme un droit d'*exprimer* son opinion, incluant le droit d'exprimer son désaccord avec le point de vue majoritaire, mais non comme la détention d'un *pouvoir*, car l'expression de ma volonté peut n'avoir aucun effet… si je n'ai pas voté avec la majorité. Par définition, un pouvoir qui n'a aucun effet est nul, ce n'est pas un pouvoir.

Finalement, le citoyen individuel n'a d'autre choix que de se soumettre à *la loi du plus fort, celle de la majorité*. Et participer au processus démocratique signifie au bout du compte que *l'on accepte systématiquement de sacrifier sa volonté individuelle à une volonté collective*. L'autonomie garantie aux individus par la démocratie serait donc une illusion puisqu'elle conduit en fait à une négation de l'autonomie. Ce paradoxe n'est cependant pas une *aporie*. On peut comprendre que quelqu'un accepte que la volonté de la majorité prévale, surtout s'il a joui d'une réelle liberté dans l'exercice du vote. Mais alors, il faut admettre que *le droit de vote n'est rien de plus qu'une règle de procédure* permettant de trancher un différend. Il faut renoncer au beau principe selon lequel le vote permettrait aux citoyens d'exercer un réel pouvoir.

La tyrannie de la majorité

Bien sûr, le cas sur lequel s'appuie l'argumentation qui précède est celui de la minorité perdante. Ne pourrait-on pas dire qu'à tout le moins ceux qui font partie de la majorité détiennent un pouvoir réel ? Celui qui a voté avec la majorité pourrait prétendre légitimement que l'expression de sa volonté a eu l'effet réel qu'il recherchait. Mais cela revient à admettre que le pouvoir du *peuple* est plutôt le pouvoir de la *majorité*. Et encore là, il faut parler d'une majorité de *votants*. Car, en tenant compte de la multiplicité des partis politiques et du fait que tous les citoyens ne participent généralement pas au vote, la plupart des gouvernements dans les démocraties occidentales sont portés au pouvoir par une *minorité*. Un taux de participation aux élections de 70 % est généralement considéré comme très élevé et un parti peut aisément remporter l'élection avec moins de 50 % des votes. Cela signifie qu'il a reçu l'appui réel de moins de 35 % de tous les citoyens. Cela soulève un autre problème grave : le principe d'égalité se trouve bafoué, car il est évident que le vote de ceux qui font partie de la majorité a plus de poids réel que celui des membres de la minorité. *En fait, lui seul a du poids et l'autre n'en a aucun.* Plusieurs penseurs de la démocratie comme John Stuart Mill et Alexis de Tocqueville (1805-1859) ont employé l'expression « tyrannie de la majorité » pour désigner ce problème et la menace qu'il représente.

La procédure du vote majoritaire est utile et efficace pour trancher les débats dans un contexte où il est pratiquement impossible d'avoir l'accord unanime de tous les citoyens. Mais la réalité de notre vie politique nous fournit plusieurs exemples des dangers que comporte le pouvoir de la majorité. Une majorité peut par exemple criminaliser les pratiques sexuelles des homosexuels ou leur interdire le mariage, interdire le port de symboles religieux dans les écoles, interdire ou permettre l'avortement (dans les deux cas, une minorité risque de voir ses convictions bafouées).

La protection de la minorité : la démocratie libérale

La plupart des démocraties occidentales ont tenté de remédier à ces problèmes en instituant un système de protection juridique des droits des minorités. Ils le font généralement en inscrivant dans leur Constitution un certain nombre de droits fondamentaux que l'État lui-même est obligé de respecter. L'instrument ultime de cette protection est une cour de justice, appelée «Cour suprême» dans des pays comme le Canada et les États-Unis. La Cour suprême veille à ce que les droits de tous les individus soient respectés, par exemple les droits à la liberté d'expression ou à la liberté de religion, le droit à la vie, le droit à la sécurité ou le droit à l'égalité. Elle a même le pouvoir d'invalider les lois de l'État qui violeraient ces droits, comme ce fut le cas de la loi canadienne qui interdisait aux gais et lesbiennes de se marier.

Cette protection juridique de la minorité contre les abus de la majorité est toutefois relative. Les cours de justice ne tranchent pas toujours en faveur des minorités et *la Cour suprême elle-même est assujettie à la tyrannie de la majorité* : c'est en effet le vote *majoritaire* des juges qui tranche lorsqu'il y a désaccord entre les juges, ce qui est fréquent dans le cas des questions très controversées. De plus, la Cour suprême n'est pas un produit direct de la démocratie, puisque les juges qui en font partie ne sont pas nommés par le peuple, mais par les gouvernements. Ils n'ont de comptes à rendre à personne, et le «peuple» ne peut les déloger une fois qu'ils ont été nommés, même s'il est en total désaccord avec leurs décisions.

LE BIEN COMMUN INTROUVABLE

Nous venons de voir que la DR n'était pas fidèle aux trois principes de liberté, d'égalité et de souveraineté. Tournons-nous maintenant vers le dernier des quatre fondements de la démocratie, l'idée de *bien commun*. Rappelons le sens de ce principe : la démocratie serait le régime le plus bénéfique pour l'ensemble de la population, celui qui servirait le mieux les intérêts de l'ensemble des citoyens. Nous avons repris la définition de bien commun proposée par Rousseau, à savoir *ce qui sert les intérêts de tous plutôt que des intérêts particuliers*. Cette notion de bien commun occupe une place de choix dans les discours contemporains sur la DR. Mais les difficultés que posait la notion de «peuple» resurgissent avec la notion de «bien commun». D'entrée de jeu, on peut douter que l'idée de bien commun soit moins *fictive* et *abstraite* que celle de peuple. N'existe-t-il en réalité que des intérêts individuels, particuliers, multiples et diversifiés? Ne peut-on dire à propos de chaque loi ou décision gouvernementale qu'elle sert toujours certains individus ou certains groupes au détriment des autres? C'est ce que nous allons maintenant examiner.

> [...] il n'existe aucune entité consistant dans un bien commun uniquement déterminé sur lequel tous les hommes puissent tomber d'accord ou puissent être mis d'accord par la force convaincante d'arguments rationnels.
> **J.A. Schumpeter**[24].

24. J.A. Schumpeter, *Capitalisme, socialisme et démocratie*, trad. par Gaël Fain, Paris, Payot, 1979, p. 343.

Morcellement des intérêts et inégalités de pouvoir

Pour voir si cette thèse du bien commun tient la route, il nous faut quitter la sphère théorique et examiner la réalité empirique de la vie démocratique des sociétés d'aujourd'hui. Un des traits caractéristiques des États démocratiques contemporains est l'extension des sphères d'intervention de l'État dans les divers secteurs de la vie sociale ainsi qu'une multiplication sans précédent des groupes de pression adressant à l'État des revendications particulières. Cela va des pressions exercées par les entreprises et les syndicats, en passant par les associations de consommateurs, les mouvements voués à la défense des droits et des intérêts des femmes, des pères, des gais et lesbiennes, des agriculteurs, des aînés, des artistes, des étudiants, des populations des régions, des handicapés, des parents d'enfants autistes, etc. La liste exhaustive de tous ces groupes couvrirait sans doute des dizaines de pages. Cette prolifération donne une impression générale de morcellement extrême des intérêts. On voit mal, d'un point de vue rationnel, comment un tel éparpillement d'intérêts divers et souvent conflictuels pourrait permettre l'établissement d'un « bien commun ».

Bien sûr, nous pourrions dire que tout ce qui contribue à l'enrichissement collectif et qui assure la sécurité, l'éducation, la protection de l'environnement ou la santé pour l'ensemble de la société contribue au bien collectif. Nous pourrions affirmer aussi que ce qui sert les intérêts de segments importants de la population, comme les enfants, les aînés ou les familles, correspondrait également au bien commun. Ce sont des groupes auxquels tous les membres de la société sont appelés à appartenir un jour ou l'autre. Mais l'affaire n'est pas si simple. Ce qui sert les vieux peut très bien desservir les jeunes. Ce qui est investi dans la santé n'est pas consacré à l'éducation. Bref, les grands objectifs que nous venons de mentionner sont multiples et hétérogènes, et entrent inévitablement en conflit les uns avec les autres, de sorte que la détermination du bien commun reste une affaire très ardue. À partir de quel principe rationnel devrait-on fixer l'ordre de priorité des diverses missions de l'État ? La sécurité publique est-elle une mission moins importante que l'entretien du réseau routier ? À quel point faut-il limiter le développement économique pour protéger l'environnement ?

D'autre part, à peu près toutes les décisions que prend l'État dans la poursuite de ces objectifs touchent toujours de façon inégale les intérêts des individus et des groupes qui composent la société. Si le gouvernement limite l'exploitation forestière pour protéger la forêt, ce sont les entreprises et les travailleurs de cette industrie qui écoperont. S'il verse des subventions spéciales à des entreprises pour qu'elles acceptent de s'installer dans les régions éloignées, ce sont seulement les travailleurs de ces régions qui en bénéficieront, alors que les subventions seront assumées par l'ensemble de la population, incluant celle des grands centres qui n'en tirera aucun profit direct. De même, la plupart des mesures fiscales favorisent certaines classes de citoyens aux dépens des autres. Par exemple, les pauvres ne payent pas d'impôts et les célibataires ne bénéficient pas des crédits alloués aux familles. À l'autre extrémité du spectre, on observe que les abris fiscaux les plus attrayants ne profitent qu'aux plus riches et que seuls ceux qui ont des revenus suffisants peuvent cotiser à un REER.

Bref, l'idée de bien « commun » présuppose une « communauté » de vues et d'intérêts des individus et des groupes qui demeure la plupart du temps une chimère.

L'inégalité du pouvoir d'influence

Un autre problème a trait à l'inégalité flagrante qui existe dans les moyens dont disposent les individus et les groupes pour défendre leurs intérêts auprès des instances gouvernementales. Rousseau avait entrevu ce problème et voyait un danger dans la multiplication des groupes de pression qu'il appelait des « sociétés partielles ». Les groupes les plus riches et les plus nombreux possèdent évidemment un pouvoir d'influence considérable. Les grandes entreprises ont les moyens d'embaucher des lobbyistes pour les représenter auprès des décideurs politiques. Elles peuvent exercer des pressions très fortes en menaçant par exemple de déménager leurs installations dans d'autres pays. Les employés du secteur public peuvent faire des grèves qui ont des répercussions majeures sur la vie sociale. Ce n'est pas le cas des travailleurs autonomes ou de petits groupes communautaires qui réclament un soutien financier accru. Il serait donc bien naïf de croire qu'il existe une égalité réelle entre les citoyens dans tous ces jeux d'influence.

POINTS À RETENIR

Les paradoxes de la démocratie représentative

1 L'idée de démocratie représentative pose d'énormes difficultés sur le plan théorique. Il y a d'abord le paradoxe du maître qui choisit son maître, qui met en cause l'idée que le peuple exercerait un quelconque pouvoir quand il élit ses dirigeants.

2 Il y a ensuite le paradoxe du pouvoir qui n'appartient à personne, qui fait du pouvoir politique un lieu vide que personne ne peut réellement s'approprier, étant donné qu'il fait l'objet d'une compétition indéfinie entre les partis politiques.

3 Le paradoxe du pouvoir comme soumission à la volonté d'autrui vient du fait que l'individu qui vote doit toujours finalement se soumettre à la volonté d'autrui, et, dans le pire des cas, à la tyrannie de la majorité.

4 Les concepts de peuple et de bien commun apparaissent, sous la loupe du nominalisme, comme des fictions sans réalité, la seule réalité derrière le peuple étant celle des individus et des groupes concrets, et la seule réalité derrière le bien commun étant celle d'une multitude d'intérêts particuliers.

LES DEUX CAMPS : RÉALISTES ET IDÉALISTES

Nous venons de brosser un portrait plutôt sombre et critique de la DR. Nous avons montré que les principes qui fondent la démocratie paraissent bafoués à maints égards dans un régime de DR. Et pourtant, personne aujourd'hui ne conteste réellement la DR et personne ne voudrait s'en débarrasser, pour la simple et bonne raison que personne ne lui voit d'alternative crédible. Mais alors comment faut-il apprécier les graves faiblesses que nous venons de mettre à nu? Il est possible de distinguer grossièrement deux grands courants de pensée en cette matière, que nous désignerons par les dénominations de « réalisme » et d'« idéalisme » (tableau 5.3). Nous avons déjà employé ces termes dans un autre contexte. Ils prennent ici un sens différent, proprement politique.

Tableau 5.3

DEUX THÉORIES DE LA DÉMOCRATIE REPRÉSENTATIVE		
Théories	**Réalisme**	**Idéalisme**
Conception de la démocratie	Procédure de décision efficace	Idéal à atteindre
Type de participation des citoyens préconisée	Participation minimale	Participation maximale

Pour les *réalistes*, la DR est bourrée d'imperfections insurmontables, la plus importante étant que rien ne garantira jamais que le « peuple » fera preuve de sagesse. Le **réalisme** *ne considère pas la démocratie comme un idéal, mais simplement comme une procédure relativement efficace pour choisir un gouvernement.* Il faut accepter cet état de choses et il est inutile de vouloir améliorer la DR. Les réalistes sont partisans d'une démocratie que nous pourrions qualifier de *minimale* et d'une implication minimale des citoyens dans la vie politique.

L'**idéalisme** *voit au contraire la démocratie comme un idéal et un bien politique suprêmes. Cet idéal est que le gouvernement exprime réellement dans ses décisions la volonté du peuple et qu'il serve réellement ses intérêts.* Les idéalistes reconnaissent en général les lacunes que nous avons dévoilées. Ils les voient comme des menaces qui ne remettent pas en cause le bien-fondé de la DR, mais qui mettent en péril la stabilité politique de nos sociétés, et ils pensent qu'il est impératif que nous travaillions à les surmonter. Il faut donc à leurs yeux chercher à *maximiser* le caractère démocratique de nos mœurs politiques et le moyen principal pour contrebalancer les faiblesses de la DR est de favoriser une plus grande *participation* des citoyens à la vie politique.

Le réalisme : la démocratie minimale

Le camp des réalistes est représenté en particulier par des penseurs qui ont appliqué à la vie politique et au comportement des acteurs de la scène politique (citoyens, politiciens, fonctionnaires, etc.) des modèles d'analyse empruntés à la sphère économique, par exemple l'économiste J.A. Schumpeter ou les partisans de la « théorie du choix rationnel », comme James M. Buchanan que nous avons déjà mentionné. Le courant réaliste défend une conception de l'être humain analogue à celle des sophistes : chaque individu cherche en tout à satisfaire ses intérêts et choisit toujours en conséquence l'option d'action la plus utile pour lui, celle qui lui apportera un maximum de bénéfices au coût le plus bas possible. Dans cette optique, le choix le plus *rationnel* pour le citoyen individuel serait, selon ces auteurs, de réduire sa participation à la vie politique au minimum et de laisser aux élus le soin de diriger le pays à sa place selon leur bon jugement. La participation du citoyen se limiterait essentiellement à l'action de voter lors des élections. Voici l'analyse qui mène à cette conclusion.

> [...] la démocratie ne saurait être tenue pour un idéal suprême.
> **J.A. Schumpeter**[25]

25. *Ibid.*, p. 330.

Le paradoxe de l'égalité qui dissout le pouvoir

La tyrannie de la majorité n'est pas le seul problème que pose la procédure du vote majoritaire en démocratie. Le fait que le pouvoir soit divisé entre tous les citoyens assure l'égalité de tous, mais rend le vote individuel de chaque citoyen insignifiant. Si un groupe est composé de cinq personnes et qu'une décision est prise démocratiquement par les membres du groupe, il est justifié d'affirmer que chacun d'eux possède une part substantielle du pouvoir. Quand un groupe comprend des millions de personnes, comme c'est le cas dans les démocraties modernes, le poids de chaque vote est presque nul. Un vote individuel ne représentera aucune différence significative dans l'issue finale de la consultation. Comme le soulignait Rousseau, «plus l'État s'agrandit, plus la liberté diminue[26]». Le problème est qu'en divisant également le vote entre tous pour partager le pouvoir de façon *égale*, on en vient à retirer à chacun tout pouvoir *réel*. Le pouvoir de chaque individu est *égal* au pouvoir des autres, mais ça ne l'avance pas beaucoup, puisque ce pouvoir est dissous dans la masse. Nouveau *paradoxe* donc : l'égalité de pouvoir débouche sur l'absence de pouvoir. Dans le langage de la rationalité économique, nous parlerons d'un *bénéfice* nul.

L'homme le plus puissant de la planète, le président des États-Unis, exerçant son devoir de citoyen.

La beauté de la démocratie est que, quand le président vote, son vote n'a pas plus de poids que celui du citoyen ordinaire : il compte pour un.

Mais si l'on y songe bien, le poids de son vote est au mieux insignifiant, dans le cas où il a voté avec la majorité (un sur des millions), ou pire, parfaitement nul, dans le cas où il a voté avec la minorité. C'est l'effet paradoxal de l'égalité démocratique.

La rationalité de l'ignorance

Et qu'en *coûte*-t-il en contrepartie au citoyen qui veut participer activement au processus démocratique ? Il lui en coûte tout le temps et l'énergie nécessaires pour s'informer, suivre les débats publics, bien connaître les candidats et les programmes politiques de chaque parti, participer à des activités de consultation ou de représentation. Bref, il lui en coûte beaucoup trop pour le pouvoir quasiment nul que lui octroie le système démocratique. On en arrive ainsi à la conclusion que la stratégie la plus *rationnelle*, pour la plupart des citoyens, est de rester *ignorant* en matière de politique, et même de s'abstenir de voter et d'abandonner à ceux qui votent la responsabilité du fonctionnement de la démocratie. C'est ce que la théorie du choix rationnel appelle la «rationalité de l'ignorance». Il faut noter ici une autre faiblesse du fondement de la liberté : *la liberté du citoyen inclut celle de ne pas participer au processus démocratique et de s'en désintéresser complètement.*

Bien sûr, si tout le monde raisonne ainsi, personne n'ira voter et tout le système va s'effondrer. À la limite, si presque personne n'allait voter, le pouvoir pourrait tomber entre les mains de n'importe quel groupuscule. Cependant, dans la logique du choix rationnel, cela pourrait être une raison suffisante pour décider au moins un certain nombre de personnes de continuer à voter, ce qui permettrait d'éviter l'effondrement de la DR. Mais il est certain que le schéma proposé par les réalistes explique en partie le désintéressement d'une partie de la population pour le processus électoral. Le citoyen peut avoir l'impression que son vote n'a pas de poids et que son abstention ne changera rien.

---

26. Jean-Jacques Rousseau, *op. cit.*, p. 274.

L'expérience nous montre toutefois qu'il est peu probable que le désintéressement généralisé devienne la norme. D'une part, l'exercice du droit de vote fait partie maintenant de nos mœurs : beaucoup y voient un devoir fondamental de tout citoyen. De plus, cela permet à tout le moins aux citoyens *d'exprimer leur opinion*, leur accord ou leur refus, leur espoir ou leur indignation. Il est probable qu'un grand nombre restera toujours enclin à le faire malgré l'insignifiance du poids réel de leur vote individuel. Mais, même en admettant qu'il soit finalement plus rationnel pour le citoyen individuel de voter, il reste que cette unique participation à la vie démocratique, qui lui prend quelques minutes une fois tous les quatre ans, constitue vraiment une conception *minimaliste* de la démocratie.

S'en remettre aux experts

Un deuxième argument milite en faveur d'une participation réduite au seul vote : la trop grande complexité de la gestion des affaires publiques, qui empêche généralement le commun des mortels de porter un jugement éclairé sur les grands problèmes politiques. Les États modernes sont des monstres bureaucratiques qui interviennent dans une multitude de domaines en multipliant les lois, les règlements et les procédures administratives. Les décisions qu'ils doivent prendre mettent en jeu un grand nombre de facteurs et seuls des experts peuvent vraiment s'y retrouver, avoir une vue d'ensemble des problèmes et avancer des solutions valables. Cela est particulièrement vrai dans le domaine économique, où la logique populaire est souvent simpliste et irréaliste : avoir le maximum de services en payant le moins d'impôt possible ! Ne vaut-il pas mieux, pour le citoyen ordinaire, suivre le conseil d'Aristote et laisser les politiciens professionnels et les technocrates de la fonction publique décider à sa place de la meilleure manière de gérer les affaires de l'État ? Un tel système est avantageux pour lui, car il lui permet de profiter de tous les services de l'État, sans beaucoup d'efforts. Il lui suffit de faire sa déclaration de revenus une fois l'an et d'aller voter une fois tous les quatre ans. La procédure du vote ne porte alors que sur le *choix des personnes* et marginalement sur le *contenu* des politiques.

Si l'on y regarde bien, cette proposition rejoint en plusieurs points celle d'Aristote : elle prône le gouvernement d'une sorte d'aristocratie de sages intégrée à un cadre démocratique minimal où les citoyens conservent le droit d'élire leurs dirigeants. Rappelons qu'aux yeux d'Aristote, comme de beaucoup d'autres philosophes, l'élection de représentants était un procédé de type aristocratique, le procédé véritablement démocratique étant le tirage au sort. Le peuple laisse les dirigeants gouverner à leur guise, tout en gardant le droit de punir les abus et l'incompétence flagrante en les limogeant. Pendant ce temps, il se consacre à ce qui est essentiel pour lui : ses affaires privées et la recherche de son bien-être et de celui de sa famille. La prérogative de contrôler l'accès au pouvoir, de défaire un gouvernement et de le remplacer par un autre est la seule dont dispose la population, et elle permet au moins d'empêcher les dérives et les abus de la part des gouvernants. C'est, pour les *réalistes*, le mieux qu'on puisse attendre de la DR.

L'idéalisme : la démocratie maximale

On se doute bien que la démocratie minimale mise de l'avant par les réalistes est loin de faire l'unanimité. Elle a beaucoup d'adversaires, que l'on peut grossièrement réunir dans le camp opposé des *idéalistes*. Il regroupe des partisans de ce que l'on appelle, dans la terminologie actuelle, la « démocratie participative ». Tout en reconnaissant certaines des failles importantes de la DR que nous avons dévoilées, ceux-ci croient possible d'y remédier partiellement en favorisant au maximum la *participation active* des citoyens à la vie politique. On y retrouve des philosophes d'orientations diverses, tels que le Canadien C.B. Macpherson et l'Allemand Jürgen Habermas. En prônant une participation active des citoyens, le camp idéaliste vise à remédier à plusieurs défauts de la DR. Il cherche à :

- suppléer aux déficiences du processus électoral qui ne permet pas l'expression des opinions et des revendications politiques des citoyens ;
- obliger le parti au pouvoir à gouverner en tenant compte des opinions des citoyens sur des questions très précises ;
- lutter contre l'apathie, le désengagement ou le désenchantement de la population à l'égard de la vie politique et des dirigeants politiques ;
- faire contrepoids au pouvoir exorbitant des partis politiques, des politiciens professionnels et des technocrates en permettant aux citoyens ordinaires de faire entendre leur voix.

Considérons maintenant les pièces principales de l'argumentation des idéalistes face aux thèses des réalistes.

La vie démocratique *entre les élections* : l'espace public

Une faiblesse de l'argumentation réaliste est qu'elle restreint le cadre d'analyse du pouvoir du citoyen à la seule procédure du vote. Les réalistes font ainsi l'impasse

Le pouvoir de la rue : une des formes du pouvoir du peuple... entre les élections.

Mais est-ce bien le « peuple » qui est dans la rue ?

sur l'ensemble des activités de débat, de consultation et d'action politique qui ont lieu *entre les élections*. Si l'on regarde bien la manière dont les choses se passent aujourd'hui, on constate que, tout au long de son mandat, le parti au pouvoir est talonné par une multitude de groupes de pression soucieux de défendre les intérêts de leurs membres ainsi que par les médias qui scrutent à la loupe la moindre de ses initiatives. Les projets de loi mis de l'avant par le gouvernement provoquent régulièrement des débats publics. Les groupes opposés à ses décisions tiennent des mouvements de protestation et cherchent à soulever l'opinion populaire contre lui. Le gouvernement est lui-même souvent tenu par la loi de mener des consultations publiques qui permettent à des groupes divers d'exprimer leur avis sur ses projets de loi ou sur ses réformes administratives. Les sondages d'opinion sur la popularité du gouvernement ou sur certaines de ses politiques donnent également des indications sur la perception qu'a la population de sa gestion, et nous savons combien les gouvernements y sont sensibles. L'ensemble de ces pratiques qui se déroulent dans ce que Habermas appelle l'« **espace public** », et qui est un *espace de débats et de libre discussion sur les enjeux politiques*, permet à la population de faire pression sur les gouvernants et d'exercer entre les élections un *pouvoir d'influence réel*.

Le rôle des médias et de l'éducation

Les médias jouent un rôle fondamental dans tout cela. Ce sont eux, le plus souvent, qui mettent certains problèmes à l'ordre du jour ou qui stimulent l'opinion publique. Ils contribuent, dans les meilleurs cas, à informer la population, à l'éduquer et à lui permettre de porter un jugement plus éclairé sur les problèmes politiques importants. Ils alimentent les débats publics en permettant l'expression d'une variété d'opinions. De plus, les partis politiques s'inspirent beaucoup des idées qui circulent dans l'espace public pour bâtir leur programme politique. Le système d'éducation joue également un rôle important dans tout cela. Des études montrent en effet qu'un des facteurs les plus importants de la participation active à la vie démocratique est le niveau d'éducation des citoyens : plus ils sont éduqués, mieux ils sont informés, plus ils sont motivés à s'engager personnellement dans les activités politiques.

Les dangers de l'ignorance

Les idéalistes disposent en plus d'un autre argument de taille contre la position minimaliste des réalistes. Comment un citoyen peut-il porter un jugement valable sur la performance d'un gouvernement et sur les différentes options proposées par les partis au moment des élections s'il s'est complètement désintéressé de la vie politique ? L'apathie politique généralisée ne conduit-elle pas à aggraver l'incompétence et l'ignorance des citoyens au point d'enlever tout sens à leur vote ? La perte d'intérêt pour la chose politique n'ouvre-t-elle pas la porte aux pires abus des gouvernants qui peuvent alors berner et manipuler facilement une population ignorante ? On l'observe malheureusement dans certains pays pauvres, soi-disant démocratiques, où une population peu éduquée et mal informée devient souvent une proie facile pour les démagogues et les tyrans charismatiques.

Même s'il est vrai qu'il est impossible pour chaque citoyen de connaître à fond tous les enjeux des grands débats politiques et de prendre la mesure de leur complexité, leur intérêt pour ceux qui les touchent de plus près est bénéfique, car il oblige les gouvernants à présenter des solutions valables sur les dossiers précis qu'ils doivent traiter. En surveillant étroitement les dirigeants dans chacune de leurs interventions, les groupes d'intérêts permettent que soient évités les pires abus ou erreurs et ils peuvent contribuer de manière significative à améliorer la performance des gouvernements.

LE PROBLÈME DU BIEN COMMUN

Bien sûr, tout cela ne résout pas le problème de la détermination du bien commun, qui est peut-être le plus difficile de tous. Les groupes de pression dont nous venons de parler représentent des intérêts particuliers et, même s'ils prétendent ainsi défendre l'intérêt général, ils sont souvent en désaccord entre eux. Leur vision du bien commun fait rarement l'unanimité. La petite ville menacée de voir une usine fermer ses portes sur son territoire ne verra sûrement pas d'objection à ce que l'État accorde une généreuse subvention à l'entreprise qui l'exploite. Personne, semble-t-il, ne veut avoir un dépotoir, une porcherie ou un sentier de motoneige dans sa cour. On peut regarder cela d'un autre angle et conclure que la multiplication des groupes de pression nous éloigne du bien commun et favorise surtout les conflits, les disputes, les querelles de clocher et la défense des intérêts locaux.

Toute la question du bon gouvernement dans une démocratie représentative revient au bout du compte à celle-ci : *Dans quelle mesure le jeu de la compétition pour le pouvoir, qui réserve aux citoyens le dernier mot dans la décision de désigner leurs représentants, est-il compatible avec une gestion des affaires publiques véritablement orientée vers le bien commun ?* Dans quelle mesure nos dirigeants sont-ils capables de s'élever au-dessus des intérêts partisans et de gouverner avec sagesse et vertu ? Il ne semble pas y avoir de garantie claire à cet égard dans le système actuel.

Des conflits insurmontables ?

Un courant d'idées minoritaire mais intéressant, appelé « pluralisme radical », apporte un autre éclairage sur toute cette question. Il rallie des penseurs comme Claude Lefort et Chantal Mouffe. Le terme **pluralisme** désigne la *coexistence de courants d'opinion divergents au sein de la société*. Le **pluralisme radical** est la *doctrine politique selon laquelle le pluralisme qui règne dans les sociétés démocratiques modernes fait en sorte que les groupes d'intérêts se trouvent constamment en conflit et que le bien commun devient un idéal inaccessible*. Mais les partisans du pluralisme radical mettent en lumière *le côté positif des incessants conflits qui opposent les groupes d'intérêts*, qui est de morceler le pouvoir d'influence, d'empêcher qu'il soit monopolisé par un groupe particulier. Selon la formule de Lefort, le pouvoir est un « lieu vide » dans une DR et il doit rester vide, au sens où il ne doit devenir la propriété de personne. Dès lors, écrit Chantal Mouffe, « la question centrale que doit résoudre la démocratisation devient celle de savoir comment des intérêts antagonistes peuvent être contrôlés de telle manière qu'aucune concentration d'intérêts ne parvienne à exercer un monopole économique ou politique et à dominer le processus de décision[27] ». La vie démocratique de nos sociétés serait donc condamnée à être agitée

---

27. Chantal Mouffe, *La politique et ses enjeux. Pour une démocratie plurielle*, Paris, La Découverte, 1994, p. 62-63.

et à donner lieu à d'incessants affrontements tant entre les partis politiques qu'entre les groupes de pression.

Faute de pouvoir déterminer ce qui serait «l'intérêt de tous», la DR se rabattrait ainsi sur une ligne directrice moins ambitieuse qui consiste à s'assurer que tous les intérêts soient considérés par les gouvernants et qu'aucun intérêt important ne soit jamais laissé pour compte, en particulier ceux des groupes minoritaires et défavorisés qui ont moins voix au chapitre. Considérée sous cet angle, la visée de la DR ne serait pas du tout de favoriser la paix et l'harmonie dans la société ; elle serait plutôt et essentiellement *un système de gestion des conflits*. La grande unité rêvée par Platon serait un rêve à reléguer aux oubliettes.

LA TENTATION DE LA DÉMOCRATIE DIRECTE : RÉFÉRENDUMS ET CYBERDÉMOCRATIE

Nous l'avons souligné dans notre analyse des fondements de la démocratie : l'idéal de la démocratie directe reste toujours présent comme l'horizon indépassable de la réflexion sur la démocratie. Dans les démocraties modernes, un procédé de consultation populaire s'apparente à la démocratie directe : il s'agit du référendum. Le référendum permet aux citoyens de se prononcer directement sur une question d'intérêt public au lieu de se contenter d'élire un groupe de représentants qui prendra la décision à leur place. Chez nous, l'exemple le plus connu est le référendum sur la souveraineté politique du Québec. Dans le monde actuel, les champions de la démocratie directe sont la Suisse et les États américains de l'Oregon et de la Californie.

La démocratie directe peut paraître alléchante à ceux qui déplorent les ratés de la DR, et certains groupes militent aujourd'hui en faveur de la multiplication des référendums. Leur argument est que l'on restituerait ainsi aux citoyens au moins une parcelle du pouvoir *réel* que la démocratie est censée leur accorder. Mais les objections à l'extension des pratiques de démocratie directe sont très fortes. Elles s'inspirent du principe aristotélicien voulant que «le pouvoir soit exercé par les plus sages et les plus vertueux», ainsi que de l'argumentation que nous avons développée plus haut : le peuple élit des représentants parce qu'il est incapable de se gouverner lui-même.

Certains référendums récents tenus en Californie illustrent les dangers de la démocratie directe : il peut arriver que la population vote sous le coup de l'émotion, à partir d'une vision superficielle des problèmes ou qu'elle soit incapable de saisir la complexité des enjeux. Ainsi, les Californiens ont voté en 1994 une loi anti-récidive, dite loi des «trois prises» (une analogie avec le «three strikes, you're out» du baseball), suivant laquelle toute personne reconnue coupable pour une troisième fois d'un délit dit «majeur» (mais ce peut être la possession de quelques grammes de marijuana ou un vol insignifiant) est condamnée à une peine allant jusqu'à vingt-cinq ans d'emprisonnement et même jusqu'à l'emprisonnement à vie.

Un aspect important du problème est de déterminer qui a le pouvoir de déclencher un référendum et de formuler les questions qui seront posées au peuple : le gouvernement ou les citoyens ? On parle dans ce dernier cas de «référendums d'initiative populaire». Par exemple, on pourrait fixer un nombre minimal de signatures de citoyens pour qu'une question fasse l'objet d'un référendum. Certains partisans québécois des référendums ont suggéré le chiffre de 250 000.

La cyberdémocratie

Une deuxième tendance récente qui va dans le sens de la démocratie directe vient d'Internet et est désignée par le vocable «cyberdémocratie». La cyberdémocratie repose sur différentes possibilités créées par Internet. L'une d'elles est de faciliter la communication entre les citoyens et les gouvernements. Une autre est de multiplier les forums de discussion sur les questions d'intérêt public, de mettre gratuitement des documents à la disposition des citoyens et ainsi de favoriser l'implication et la participation de l'ensemble de la population. Ceci va, au fond, dans le sens de la démocratie participative. Mais une troisième possibilité, plus radicale, est celle du «vote électronique» qui, jumelé avec la pratique du référendum, ouvrirait la voie à une participation directe régulière des citoyens aux décisions politiques importantes. La facilité d'utilisation d'Internet permettrait en effet aux citoyens de voter directement sur une variété de sujets. Les défis techniques d'un tel procédé restent encore énormes. Ils concernent notamment l'accessibilité de la technologie, la confidentialité de l'information et les risques de fraude. Mais les implications politiques le sont encore plus. Il sera intéressant de suivre l'évolution de ce dossier dans les années à venir.

Ces propositions de transformations de nos institutions ou de nos coutumes démocratiques nous ramènent à une idée très importante qui pourrait être la conclusion générale de notre étude de la démocratie. Il ne faut peut-être pas voir dans la démocratie une *Forme immuable*, un aboutissement ultime ou un modèle intouchable dont les paramètres importants seraient fixés pour toujours. L'histoire la fait plutôt apparaître comme un système en constante évolution, comme un objet d'expérimentation, qui est tout simplement ce que nous avons imaginé de mieux jusqu'ici et qui continuera sans doute de se transformer sous nos yeux dans l'avenir.

POINTS À RETENIR

Les solutions au problème de la démocratie représentative

1 Deux camps principaux s'affrontent dans le débat sur la démocratie représentative, les réalistes et les idéalistes. On note aussi l'émergence d'un troisième courant d'idées, celui du pluralisme radical, et de différentes avenues rendues possibles par la technologie.

2 Les réalistes ne voient rien de plus, dans la démocratie représentative, qu'une procédure efficace pour choisir un gouvernement. Ils considèrent que les citoyens devraient se contenter d'une participation minimale à la vie démocratique, réduite en définitive au seul vote. Ils estiment que le principe d'égalité du droit de vote enlève tout poids réel au vote individuel et incite le citoyen, pour des raisons rationnelles, à ne pas participer à la vie démocratique, en s'abstenant de voter ou en restant ignorant des affaires politiques. Celui-ci s'en remet aux experts. La démocratie représentative leur apparaît être en réalité un gouvernement de type aristocratique.

3 À l'opposé, les idéalistes voient dans la démocratie un idéal et croient que les difficultés qui minent la notion de démocratie représentative peuvent être surmontées en favorisant une participation maximale des citoyens. De plus, ils croient que les citoyens exercent un réel pouvoir entre les élections par les activités de discussion et de revendication qui ont lieu dans l'espace public et dans lequel les médias jouent un rôle très important. Ils estiment finalement que le citoyen qui ignore les débats publics court le risque d'être incapable de faire un choix éclairé au moment des élections et de devenir une proie facile pour les démagogues.

4 Un troisième courant d'idées, celui du pluralisme radical, pense qu'il sera à jamais impossible de s'entendre, dans nos sociétés, sur une définition du bien commun et que la démocratie représentative devrait être considérée comme un système de gestion des conflits, visant à s'assurer que tous les intérêts soient considérés par les gouvernants et qu'aucun intérêt important ne soit jamais laissé pour compte.

5 D'autres solutions aux problèmes de la démocratie représentative prônent un retour à des formes de démocratie directe. Ce sont le recours aux référendums et la cyberdémocratie.

Exercices

1. Expliquez en vos mots la signification du schéma de la page 212 qui représente le paradoxe du maître qui choisit son maître.

2. L'analyse qui précède nous a amenés à considérer quatre détenteurs possibles du pouvoir politique dans la démocratie représentative : le peuple, les individus, les différents groupes d'intérêts qui composent la société et les gouvernants.

    a) À votre avis, qui parmi les quatre détient le plus de pouvoir politique dans une démocratie représentative comme la nôtre ?

    b) De quel courant d'idées votre réponse se rapproche-t-elle le plus : le réalisme, l'idéalisme ou le pluralisme radical ?

3. Départager ce qui relève du bien commun et ce qui relève de l'intérêt particulier est un exercice difficile. La question, telle que formulée par Rousseau, est de savoir si un intérêt donné peut être considéré comme « l'intérêt de tous ». Voici un cas typique.

Il existe au Québec un régime d'assurance-médicaments pour tous les citoyens qui n'ont pas la chance d'avoir une assurance-maladie privée. Ce régime défraie les coûts de leurs médicaments en retour d'une cotisation raisonnable de quelques centaines de dollars. Or, ce régime fonctionne sur la base d'une liste de médicaments admissibles. Parmi les médicaments non admissibles, on trouve parfois des médicaments nouveaux, qui touchent des maladies rares ou graves et dont le coût est exorbitant (jusqu'à des milliers de dollars par mois). La logique de cette politique est évidemment que les cotisants au régime d'assurance-médicaments ont des revenus limités et que la cotisation qu'ils défraient doit impérativement rester « raisonnable », puisque c'est *l'ensemble des cotisants* au régime qui doit en assumer le coût total. Il y a souvent des protestations adressées au gouvernement par des citoyens qui réclament qu'un médicament particulier et très cher dont ils ont besoin soit couvert par le régime public.

Imaginez que vous êtes un de ces citoyens. Quels arguments pourriez-vous invoquer pour défendre votre point de vue et démontrer que, dans ce cas, *votre intérêt particulier devrait être considéré comme « l'intérêt de tous »* ?

Vous pouvez faire le même exercice avec un autre exemple de votre cru. Mais en voici un deuxième. C'est le cas d'une compagnie théâtrale qui reçoit annuellement de l'État une subvention essentielle à son fonctionnement. Imaginons qu'un contexte économique difficile incite le ministère de la Culture à diminuer substantiellement cette subvention. Encore une fois : quels arguments la direction de la compagnie théâtrale pourrait-elle invoquer pour défendre l'idée que, dans ce cas également, *son intérêt particulier devrait être considéré comme « l'intérêt de tous »* ?

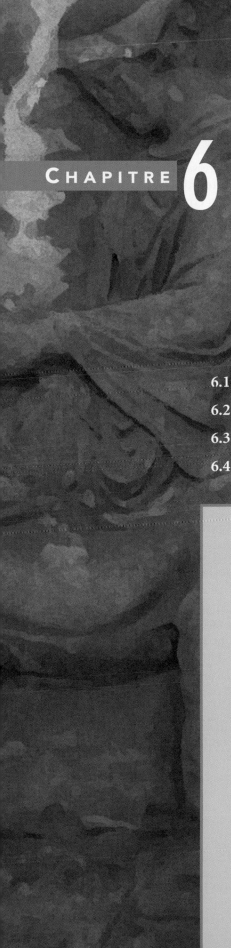

L'éthique est un des plus importants domaines de la philosophie. Son objet d'étude fondamental est la notion de bien et son rôle dans la vie humaine. Avec le temps, la notion de bien a fait l'objet d'une distinction importante en philosophie qui a mené à une division du domaine de l'éthique en deux champs d'étude distincts.

Le premier champ d'étude considère la notion de bien dans son sens proprement *moral*, et donc dans son opposition à l'idée de mal, et s'intéresse essentiellement aux principes de la morale. Le deuxième champ d'étude envisage le bien sous l'angle du *bonheur* dans son opposition au malheur.

C'est à ce deuxième champ d'étude que nous allons nous intéresser dans ce chapitre. Nous poursuivrons ainsi l'enquête que nous avions amorcée avec Socrate et que nous avions temporairement laissée en plan : Qu'est-ce réellement que le bonheur ? Qu'est-ce que cet état de sérénité intérieure auquel Socrate associait le bonheur ?

Après avoir analysé le concept même d'art de vivre, nous étudierons successivement trois grandes éthiques du bonheur issues de la philosophie ancienne : le cynisme, l'épicurisme et le stoïcisme. Chacune de ces éthiques nous propose un chemin vers le bonheur, un art de vivre.

L'IDÉE D'ART DE VIVRE

L'éthique est le domaine de la philosophie qui s'intéresse aux critères d'évaluation auxquels les humains ont recours quand ils portent des jugements sur leurs actions et sur leur manière de vivre. Ces critères peuvent être ramenés aux notions essentielles de *bien* et de *mal*. Comme nous venons de l'indiquer, les notions de bien et de mal peuvent cependant être prises en deux sens principaux. On peut leur conférer une signification proprement *morale*, comme dans le précepte « il faut faire le bien et éviter le mal ». On peut aussi les rattacher à la sphère du *bien-être*, ou du *bonheur*, en distinguant « ce qui nous fait du bien et ce qui nous fait du mal », « ce qui nous rend heureux et ce qui nous rend malheureux ».

La culture morale moderne a beaucoup accentué l'opposition entre égoïsme et altruisme, et défend l'idée que la poursuite du *bien moral* implique souvent le sacrifice de notre *bien-être* personnel. On ne trouve pas cette idée dans la philosophie éthique ancienne. Ainsi, pour Socrate, la conduite vertueuse ou morale apportait le bonheur, tandis que l'immoralité était une maladie de l'âme qui rendait malheureux celui qui en souffrait. Aristote dit pour sa part que « les actions conformes à la vertu [...] sont des plaisirs à la fois pour ceux qui les accomplissent et en elles-mêmes[1] ». L'éthique des philosophes de l'Antiquité était essentiellement tournée vers la question du bonheur et s'insérait dans la recherche plus large du meilleur « art de vivre ». C'est cette notion d'un art de vivre que nous allons d'abord tenter d'éclairer.

LES DIFFICULTÉS DE L'IDÉE D'ART DE VIVRE

Il y a toutes sortes de manières de vivre. Il nous apparaît souvent qu'il existe des manières de vivre qui ont plus de valeur et qui conduisent au bonheur, alors que d'autres conduisent au malheur. Quels sont les règles ou les principes d'une bonne manière de vivre ? Comment puis-je acquérir une maîtrise sur l'ensemble de ma vie et en faire une « œuvre » dont je puisse être satisfait ? Voilà une question qui a grandement intéressé les philosophes de l'Antiquité, au point de devenir, à partir du IIIe siècle av. J.-C., le domaine de la philosophie le plus populaire et le plus florissant.

Principes et nature

Il y a cependant un *paradoxe* dans l'idée même d'un art du bonheur. Si, comme l'a affirmé Socrate, la poursuite du bonheur et la recherche de ce qui est le mieux pour soi-même sont *naturelles* à l'être humain, pourquoi aurions-nous besoin de nous donner des *principes* de vie et pourquoi aurions-nous besoin de nous poser tant de questions pour savoir comment être heureux ? Ne suffit-il pas de suivre cette

---

1. Aristote, *Éthique à Nicomaque*, trad. par J. Tricot, Paris, Vrin, 1990, p. 66.

tendance *naturelle* qui nous pousse à éviter le malheur et à rechercher le bonheur ? La réponse à cette question est simple : *bien que la nature ait inscrit l'aspiration au bonheur au plus profond de l'être humain, elle ne lui a manifestement pas fourni les outils appropriés pour garantir le succès de sa quête*. La comparaison avec l'animal est éclairante à cet égard, car l'animal semble bien posséder l'arsenal de dispositions naturelles nécessaires et suffisantes pour assouvir ses besoins essentiels, qui sont évidemment bien plus simples et limités que ceux de l'humain.

Il est évident que le bonheur n'est pas facile à atteindre pour l'être humain. Beaucoup de choses, dans sa constitution, semblent l'éloigner du bonheur, à commencer par ses tendances à l'*irrationalité* qu'ignore l'animal. Il est fréquent de voir des humains échouer complètement dans leur quête du bonheur. La dépression et le suicide ne sont pas des aboutissements rares de cette quête. Il reste que beaucoup de suicides nous paraissent incompréhensibles lorsque nous les considérons de l'extérieur. Nous avons parfois du mal nous-mêmes à comprendre ce qui peut rendre un humain heureux ou malheureux. La quête du bonheur est certainement une affaire complexe. Mais malgré ce que suggérait le paradoxe de départ, il semble que *les efforts que fait l'être humain pour être heureux aient un sens*. Il est sensé, par exemple, de s'imposer à soi-même des règles de vie, de chercher à améliorer son caractère, de s'appliquer à développer de saines habitudes ou de fortifier sa volonté en s'imposant des épreuves. C'est précisément ce qui justifie de parler d'un art de vivre ou d'une éthique de vie.

La relativité de la notion de bonheur

Cependant, l'idée de « principe du bonheur » peut paraître problématique pour une deuxième raison, qui a trait à son insurmontable *relativité*. Y a-t-il quelque chose de plus subjectif et de plus relatif qu'une définition du bonheur ? Le philosophe Emmanuel Kant n'hésitait pas à affirmer que « le bonheur est tel qu'il exclut proprement tout principe déterminé[2] ». Le projet de définir des règles générales dans un tel domaine peut sembler de prime abord insensé. C'est le genre de proposition dont les sophistes auraient sûrement fait leurs choux gras.

Il est vrai qu'il existe une multitude de trajectoires de vie différentes et qu'elles ont parfois très peu de choses en commun. On peut penser qu'un enfant né dans un milieu défavorisé, maltraité par ses parents et condamné à une vie de délinquance n'aura pas la même facilité à trouver le bonheur qu'un autre devenu vedette de sport professionnel, à qui tout sourit, qui nage dans la richesse et la célébrité. Et pourtant, nous sommes tous des humains, nous partageons tous une même condition, nous devons affronter les mêmes problèmes de base dans nos rapports avec nous-mêmes et avec les autres, face aux grandes épreuves de la vie et à travers les grands stades successifs de la vie, de l'enfance à l'adolescence et à la vieillesse. Nous connaissons tous la vie de famille, l'amitié, l'amour, le besoin d'exprimer nos talents ou d'être reconnus à notre juste valeur. Surtout, nous sommes tous

---

2. Emmanuel Kant, *Théorie et pratique*, trad. par J.-M. Muglioni, Paris, Hatier, 1990, p. 62.

intéressés par cette question du «comment vivre». Nous cherchons des réponses à nos interrogations en cette matière. Nous nous intéressons à la vie des autres, nous comparons notre style de vie au leur, nous nous en inspirons parfois, y trouvant des éléments dans lesquels nous nous reconnaissons au moins partiellement.

Des principes généraux

On ne formulera certes pas de vérités *absolues et universelles* dans l'éthique de l'art de vivre, mais il est permis d'espérer dégager certains principes *généraux* qu'il nous restera toujours à adapter à notre personnalité et à notre condition de vie. Par exemple, le principe voulant qu'il faut s'efforcer de toujours bien faire son travail peut être reconnu comme un principe de vie généralement valable, sans pour autant qu'il soit indiqué d'en faire un principe primordial pour soi, si l'on est un perfectionniste maladif, toujours insatisfait de ses réalisations!

À quoi peut bien ressembler un principe de vie? On peut distinguer trois types de composantes:

- *des attitudes générales à développer*,
  par exemple, avoir confiance en la vie, ne pas être rancunier, ne pas se laisser abattre par un échec mais essayer plutôt d'en tirer une leçon pour l'avenir;
- *des valeurs à privilégier*,
  par exemple, l'amitié, la vie de famille, la générosité (comme le répètent ceux qui font du bénévolat: donner et se dévouer pour les autres rend heureux);
- *des règles de vie à adopter*,
  par exemple, de saines habitudes, une discipline en matière de santé, de consommation, de train de vie et d'organisation de vie (équilibre travail/loisirs ou travail/famille/couple).

Nous examinerons ces concepts d'attitudes, de valeurs et de règles de vie dans notre étude du cynisme, de l'épicurisme et du stoïcisme.

BONHEUR ET PLAISIR

Une des problématiques importantes, dans l'éthique du bonheur, est la question de la relation entre *plaisir* et *bonheur*. Il y a deux positions principales sur cette question. L'une pose une équivalence entre plaisir et bonheur, alors que l'autre les sépare nettement. Cette deuxième position rassemble une variété de philosophies, tandis que la première est associée à une éthique bien précise appelée «hédonisme». C'est celle-ci que nous allons étudier en premier lieu.

L'hédonisme des cyrénaïques

L'**hédonisme** (du grec *hêdonê* qui signifie «plaisir») est une *éthique qui fait du plaisir le bien suprême et qui pose une équivalence entre bonheur et plaisir*. Dans l'Antiquité, l'hédonisme est principalement associé à Épicure, dont nous reparlerons abondamment plus loin, ainsi qu'à un groupe de philosophes appelés les «cyrénaïques», du nom de leur maître, Aristippe de Cyrène (IVe siècle av. J.-C.), qui aurait été un disciple de Socrate. Les cyrénaïques observaient d'abord que l'humain cherche naturellement à avoir du plaisir et à éviter la douleur. C'est en quoi le plaisir est une *vertu*: il nous fait du bien. Ils disaient ensuite que les plaisirs sont toujours «particuliers», distincts les uns des autres, et enfin que «le plaisir particulier doit être choisi pour lui-même, tandis que le bonheur ne l'est pas pour lui-même, mais à cause des plaisirs particuliers[3] ». Les trois points fondamentaux de l'éthique des cyrénaïques sont les suivants :

1. *Le plaisir est bon en lui-même* ; tous les plaisirs sont également bons et *le bonheur n'est rien d'autre qu'une accumulation de plaisirs particuliers.*

2. Le plaisir qui compte vraiment est celui que nous éprouvons dans l'instant présent. *Il faut donc vivre chaque moment de notre vie le plus intensément possible en cherchant constamment le plaisir en tout.*

3. *Les plaisirs et les souffrances de nature corporelle sont plus intenses que les plaisirs et les souffrances de l'âme* (d'ordre psychologique ou moral).

Les cyrénaïques admettent cependant que certaines souffrances sont inévitables, comme celles découlant de blessures ou de maladies, et que certains plaisirs qui s'accompagnent de douleurs importantes doivent être évités, par exemple s'empiffrer d'aliments sucrés quand on est diabétique. Enfin, la richesse est éminemment souhaitable à leurs yeux, car elle permet de goûter davantage de plaisirs.

Le bonheur irréductible au plaisir

Contre cette conception hédoniste, beaucoup d'autres penseurs, comme Aristote ou les penseurs cyniques et stoïciens, croient que le bonheur n'est pas réductible au plaisir. Un trait distinctif crucial du plaisir et du bonheur est précisément le côté *partiel, superficiel et passager* du premier, auquel s'oppose le caractère *global, profond et durable* du second. Il y a deux manières de voir cet aspect *globalisant* du bonheur. Comme émotion, le bonheur enveloppe la *totalité* de la personne ; il la remplit, il la comble. Les moments de bonheur sont des moments de satisfaction non seulement intenses mais complets, dans lesquels la personne se sent comblée au-delà de ses espérances, comme lorsqu'on tombe en amour, lorsque l'on réalise enfin un grand rêve comme celui d'avoir un enfant ou de remporter une grande victoire.

Le paradoxe du bonheur inconscient

Mais le sentiment d'être heureux relève également d'un *jugement réfléchi* et d'un regard distancié sur une période de notre vie ou même sur l'ensemble de notre vie. Nous disons souvent des choses comme « j'ai vraiment été heureux avec cette personne » ou « ce fut la période la plus heureuse de ma vie ». Cependant, hormis quelques moments exceptionnels où il se traduit par une émotion puissante, le bonheur est plus généralement un état *diffus* qui reste à l'arrière-plan de notre expérience. Il faut parfois quelques instants de réflexion avant de répondre à la question : Es-tu heureux ? Et c'est un des *paradoxes* du bonheur : *alors qu'il est impossible de ressentir du plaisir sans en être conscient, il est tout à fait possible d'être heureux sans en prendre conscience.* C'est le bonheur tranquille des gens qui mènent une vie

3. Diogène Laërce, *Vie, doctrines et sentences des philosophes illustres*, trad. sous la direction de M.-O. Goulet-Cazé, Paris, Librairie générale française, coll. « La Pochotèque », 1999, p. 295.

simple et sans histoire ou au contraire des gens dont la vie est si active et trépidante qu'ils n'ont même pas le temps de se poser la question: «Suis-je heureux?»

La conception d'Aristote

La position d'Aristote sur toute cette problématique est particulièrement intéressante. D'abord, Aristote refuse de réduire le bonheur au plaisir: «Qu'ainsi donc le plaisir ne soit pas le bien, ni que tout plaisir soit désirable, c'est là une chose, semble-t-il, bien évidente […][4].» Ensuite, il dit qu'il est naturel que nous cherchions le plaisir, mais que le plaisir ne doit pas être pour autant le but fondamental que nous poursuivons. Ce qui doit être au centre de notre vie, ce sont des activités signifiantes et enrichissantes. Le plaisir est simplement alors «un accompagnement de l'acte[5]», c'est-à-dire qu'il accompagne naturellement toute activité humaine réussie. Quand quelqu'un se lance à fond dans une tâche, il ne pense pas au plaisir qu'il ressent dans ce qu'il fait. Il se concentre essentiellement sur l'accomplissement de sa tâche, mais une fois qu'il l'a achevée, il va naturellement ressentir du contentement. Le plaisir est donc comme un bénéfice supplémentaire qui s'ajoute à la satisfaction qu'a procurée l'engagement dans l'action, comme un bonus que la nature nous verse gracieusement. Voici l'explication d'Aristote:

> La vie est une certaine activité, et chaque homme exerce son activité dans le domaine et avec les facultés qui ont pour lui le plus d'attrait: par exemple, le musicien exerce son activité, au moyen de l'ouïe, sur les mélodies, l'homme d'étude, au moyen de la pensée, sur les spéculations de la science, et ainsi de suite dans chaque cas. Et le plaisir vient parachever les activités, et par suite la vie à laquelle on aspire. Il est donc normal que les hommes tendent aussi au plaisir, puisque pour chacun d'eux le plaisir achève la vie, qui est une chose désirable[6].

Le **bonheur**: le sentiment d'être totalement comblé par quelque chose qui donne une valeur ou un sens à notre vie, mais ne nous apportera pas seulement des plaisirs.

Nous n'entreprenons pas d'élever une famille ou de pratiquer un métier ou de faire des études universitaires simplement pour les expériences de plaisir que nous espérons en tirer, mais parce qu'elles nous paraissent dotées d'une valeur intrinsèque. Nous savons d'avance que ces entreprises nous apporteront leur

---

4. Aristote, *op. cit.*, p. 489.

5. *Ibid.*, p. 497.

6. *Ibid.*, p. 497-498.

lot de stress, d'épreuves et de déceptions, mais nous nous y engageons néanmoins parce qu'il s'agit de projets à long terme susceptibles de donner un sens et une valeur *à l'ensemble* de notre vie et parce que nous y voyons une possibilité d'accomplissement *profond*.

Le fait de centrer sa vie sur la recherche de plaisirs immédiats est souvent vu comme une marque d'immaturité. Il s'agit d'une caractéristique de l'enfance et de l'adolescence qui doit normalement être surmontée pour faire place à des formes de réalisation de soi plus significatives. Les plaisirs sont des instants agréables, mais ce sont aussi des expériences éphémères qui ne sauraient à elles seules donner un sens à une vie et combler profondément une personne.

INTRODUCTION
AUX ÉTHIQUES ANCIENNES

Les philosophes de l'Antiquité ont produit plusieurs théories différentes qu'on peut caractériser comme des éthiques de vie. Nous avons déjà mentionné celle des cyrénaïques. Mais les plus importantes sont le cynisme, l'épicurisme et le stoïcisme. La paternité de ces trois théories revient à des penseurs grecs, mais elles ont également eu une postérité importante dans le monde romain. La suite de ce chapitre sera consacrée à l'étude de ces trois éthiques qui proposent toutes une manière d'atteindre le bonheur. Il y a bien entendu des divergences importantes entre les trois, mais elles présentent également plusieurs points communs que voici.

Le **plaisir**: une jouissance intense, mais passagère, qui assouvit un besoin particulier, mais qui ne saurait suffire à nous apporter le bonheur.

1. D'abord, à l'instar de Socrate, elles entendent toutes le bonheur comme un état essentiellement *intérieur* et elles conçoivent toutes trois cet état d'esprit comme empreint de *sérénité*, de tranquillité, d'harmonie et de paix (*ataraxia* en grec: «absence de troubles»). Cela signifie que ce ne sont pas les biens extérieurs et matériels, comme la richesse, ou les accidents extérieurs, comme les mauvais coups du sort et les malchances, qui sont les facteurs clés du bonheur. L'objectif fondamental de ces éthiques est d'*éliminer tout ce qui peut troubler l'âme, tout ce qui peut être source d'angoisse ou d'insécurité*. Elles s'opposent toutes aux cyrénaïques qui voyaient le bien suprême dans des expériences de jouissance intenses. Mais il y a quand même des divergences entre elles sur la nature et la source de cet état de sérénité.

2. Toutes trois endossent la critique qu'a faite Socrate de ce que nous avons appelé les *fausses valeurs*, comme la richesse, la renommée et le pouvoir, qui sont justement des biens extérieurs et non intérieurs. Cependant, nous le verrons plus loin, le stoïcisme est plus réservé que les deux autres éthiques sur cette question.

3. Un troisième point commun concerne le rôle important qui est attribué à la *raison* dans la recherche du bonheur. La contribution de la raison est de nous indiquer la voie de la sagesse et d'assurer un contrôle des passions et des émotions, c'est-à-dire une maîtrise des tendances qui menacent de nous faire sombrer dans l'irrationalité et le malheur. Ici, c'est le cynisme qui se distingue en insistant moins sur ce rôle de la raison.

4. Les trois éthiques associent l'atteinte du bonheur au respect de certaines lois naturelles ou à la conformité de la conduite avec l'*ordre naturel* des choses. Mais encore là, il y a des divergences importantes dans la manière dont elles interprètent ce précepte.

5. Toutes trois insistent sur le fait que *les humains n'ont rien à craindre des dieux*, mais pas nécessairement pour les mêmes raisons. Ce point paraîtra moins significatif à nos esprits modernes, mais il s'explique par la culture religieuse de l'époque que les philosophes essayaient de réformer et de rationaliser.

6. Enfin, elles valorisent toutes l'*indépendance* de l'individu. Moins nous dépendons des autres ou de ce qui nous est extérieur, plus nous nous suffisons à nous-mêmes, plus nous avons une maîtrise de notre vie, plus nous sommes à même d'assurer notre bonheur. Ce dernier point a des accents très modernes.

POINTS À RETENIR

L'idée d'art de vivre

❶ L'idée d'art de vivre prend son sens dans le fait que les humains ne sont pas naturellement dotés des outils nécessaires pour atteindre le bonheur et que, même si le choix d'un chemin vers le bonheur peut sembler quelque chose de très relatif, il paraît néanmoins possible de formuler des principes généraux qui touchent des aspects fondamentaux de la condition humaine. Un art de vivre peut comprendre des attitudes, des valeurs ou des règles de vie.

❷ Les philosophes anciens appelés «cyrénaïques» défendaient une éthique hédoniste selon laquelle le bonheur n'est rien d'autre qu'une accumulation de plaisirs particuliers. On peut voir au contraire une différence de nature entre le bonheur, global, profond et durable, et le plaisir, partiel, superficiel et passager.

❸ Aristote pensait que, même si le plaisir accompagne naturellement toute activité humaine réussie, on n'atteint pas le bonheur en cherchant le plaisir pour lui-même, mais en s'investissant dans des activités signifiantes et enrichissantes.

❹ Les trois grandes éthiques de l'Antiquité, le cynisme, l'épicurisme et le stoïcisme, présentent, au-delà des divergences de vues qui les opposent, des points communs sur la conception du bonheur comme état de sérénité, la critique des fausses valeurs, le rôle attribué à la raison dans la maîtrise de soi, l'importance de suivre les voies de la nature, l'absence de crainte des dieux et la valorisation de l'indépendance.

Exercices

1. Nous avons donné plus haut les exemples suivants de principes de vie : des *attitudes*, comme avoir confiance en la vie, des *valeurs*, comme la générosité, ou des *règles de vie*, comme la capacité de se discipliner en matière de consommation et de train de vie.

   a) Donnez au moins *deux* autres exemples de principes de vie dans chacune de ces trois catégories : attitudes, valeurs et règles de vie.

   b) Demandez-vous si vos exemples ont une valeur *universelle* (pour tous et en toutes circonstances) ou une valeur seulement *générale* (dans les circonstances usuelles, courantes) ou franchement *relative* (selon les types de personnalité, les styles de vie, les priorités personnelles). Une manière de répondre à cette question est d'essayer d'imaginer un contexte où l'élément mentionné ne conviendrait pas à quelqu'un.

   c) Dans les cas où vous avez trouvé une situation dans laquelle le principe ne s'applique pas, indiquez quel autre principe pourrait être plus approprié.

2. Nous avons vu la position d'Aristote sur le rapport entre plaisir et bonheur. Pour Aristote, le plaisir ne doit pas être le but fondamental que nous poursuivons, mais doit accompagner naturellement les activités signifiantes que nous accomplissons. Cependant, il est clair que les humains font quand même beaucoup de choses dans leur vie essentiellement et simplement pour le plaisir.

Cherchez des exemples d'expériences ou d'activités axées essentiellement sur le plaisir qui occupent une place importante dans la vie de beaucoup de personnes. Demandez-vous si ces expériences ou activités peuvent occuper une place importante dans l'atteinte du bonheur et la réalisation d'une vie heureuse.

3. Sociologues et psychologues font de plus en plus d'enquêtes sur le bonheur. Un des points les plus intéressants de leurs résultats concerne l'importance de la richesse matérielle dans le bonheur. Faut-il inclure la richesse parmi les ingrédients de base du bonheur ? La plupart des philosophes anciens ont répondu négativement à cette question. Aristote a résumé ce que l'on peut considérer comme la position du sens commun lorsqu'il déclara : « [...] la richesse n'est évidemment pas le bien que nous cherchons : c'est seulement une chose utile, un moyen en vue d'une autre chose[7]. » Mais nous connaissons bien la réplique courante à cette thèse : « Oui, mais sans un minimum de richesse, on ne peut être heureux. » Ou la phrase plus insidieuse : « Ce n'est pas essentiel, mais ça ne fait pas de tort d'en avoir et je ne cracherais sûrement pas sur le gros lot de la loterie ! »

Considérons la position suivante : même en admettant que la richesse n'est pas *suffisante* pour être heureux, doit-on affirmer qu'elle est quand même *nécessaire* ? Essayez de formuler une position argumentée sur cette question.

Voici quelques questions susceptibles d'alimenter votre réflexion sur le sujet.

- Les citoyens de l'Amérique du Nord ont vu leur richesse matérielle tripler dans la deuxième moitié du XXe siècle. À votre avis, cela les a-t-il rendus trois fois plus heureux ?

- Est-ce que les habitants des pays pauvres sont de façon générale moins heureux que ceux des pays riches ?

- Est-ce que les gagnants d'un gros lot à la loterie ont généralement une vie plus heureuse après leur gain ?

---

7. *Ibid.*, p. 45.

6.2

LE CYNISME

L es cyniques sont les *anarchistes* et les *anticonformistes* de l'Antiquité. Ils se livrèrent à une critique radicale des conventions sociales, des tabous et de l'ensemble du mode de vie qui prévalaient à leur époque. La philosophie qu'ils pratiquaient n'avait rien de théorique. Comme celle de Socrate, elle avait essentiellement une portée *critique*. Ils remettaient en cause tout ce que la civilisation grecque pouvait considérer comme ses plus hautes réalisations : la richesse, la politique, le mariage, la religion, les classes sociales, les sciences et les techniques. Leur idée était que *la civilisation rend les humains malheureux*. Elle les amollit, elle multiplie leurs désirs et leurs envies, et fait d'eux d'éternels insatisfaits en les rendant fragiles, dépendants, vulnérables aux coups du sort.

> Je m'efforce de faire dans ma vie le contraire de tout le monde.
> **Diogène**[8]

Ils prônaient donc de se détacher des fruits de la civilisation et de revenir à un mode de vie proche de la nature et même de l'animal. Les cyniques ont d'ailleurs établi une hiérarchie des êtres en fonction de leurs aptitudes au bonheur : au sommet trônent les dieux, dont le bonheur est parfait puisqu'ils n'ont aucun besoin ; ensuite viennent les animaux, qui ont très peu de besoins et qui les satisfont de façon naturelle ; au bas de l'échelle se trouvent les humains, qui sont les êtres qui ont le plus de difficulté à être heureux en raison de leurs désirs insatiables (tableau 6.1).

Tableau 6.1

L'ÉCHELLE DES APTITUDES AU BONHEUR		
Êtres	**Besoins**	**Aptitudes au bonheur**
Dieux	Aucun	Parfaites
Animaux	Peu	Grandes
Humains	Trop	Faibles

Deux grands noms sont à l'origine de l'éthique cynique : Antisthène (445-360 av. J.-C.) et surtout Diogène de Sinope (413-327 av. J.-C.). Tous deux vécurent à Athènes. Antisthène reçut l'enseignement de Socrate, et Diogène aurait été l'élève d'Antisthène. Le terme « cynique » vient des mots grecs *kunikos* et *kuôn* qui signifient « du chien » et « chien ». Pour convaincre les Grecs de se joindre à eux, les cyniques

8. Diogène Laërce, *Vie, doctrines et sentences des philosophes illustres*, tome II, trad. par R. Genaille, Paris, GF Flammarion, 1965, p. 30. Les phrases, aphorismes et bons mots de Diogène, qui émaillent le texte qui suit, sont tirés soit de cette édition de l'ouvrage, soit du suivant : *Les Cyniques grecs. Fragments et témoignages*, trad. par L. Paquet, Paris, Librairie générale française, coll. « Le livre de poche », 1992.

vivaient dans la rue, comme des « chiens », sans logis, dormant par terre, satisfaisant leurs besoins en public (manger, uriner et même se masturber). Ils se comparaient eux-mêmes à des chiens : comme les chiens, ils aboyaient, c'est-à-dire qu'ils exprimaient leur mécontentement face à la société.

Diogène de Sinope

Diogène fut le plus grand des cyniques et jouit d'une grande célébrité. Il menait une vie frugale et misérable et vivait dans un tonneau. Il avait pour toutes possessions un bâton, un sac et un manteau, appelé *tribôn*, que Socrate avait aussi porté et que lui-même portait hiver comme été et qui lui servait de couverture la nuit. Il marchait pieds nus, avait la barbe longue et les cheveux sales. Platon aurait dit de lui : « C'est un Socrate devenu fou. » Comme Socrate, il était un philosophe des rues. Il provoquait les gens et répondait par des sarcasmes à ceux qui lui lançaient des insultes. Célèbre, il n'avait lui-même que du mépris pour la célébrité. Même Alexandre le Grand, l'homme le plus puissant de la terre, voulut le rencontrer. Lorsqu'il l'approcha, Alexandre lui aurait dit : « Demande-moi ce que tu veux. » Diogène, qui se prélassait au soleil, lui aurait répondu, peu impressionné : « Ôte-toi de mon soleil ! »

Diogène aurait écrit un livre, *La République*, dans lequel il proposait que les armes soient abolies et que la monnaie soit remplacée par de petits osselets ramassés n'importe où. Il remettait en question toutes les traditions et toutes les conventions, comme le fait de vivre dans une maison ou de manger à des heures régulières. Il entrait au théâtre par la porte de sortie. Il marchait parfois à reculons. Il se promenait en plein jour avec une lanterne en répétant : « Je cherche un homme. » Il osait même s'attaquer à la tradition de la sépulture, qui était sacrée pour les Grecs anciens, faisant le vœu qu'après sa mort on abandonne son corps aux oiseaux de proie et aux chiens errants. Il aurait même essayé de manger de la viande crue, comme les animaux, mais sans succès, car il la vomit.

Diogène et Alexandre, tableau (1780) de Matvei Ivanovitch Putchinov (1716-1797) représentant Diogène dans son tonneau, face à l'homme le plus puissant de la terre : Alexandre le Grand.

Puissance et célébrité n'impressionnaient pas le moins du monde Diogène. Il se contenta de jeter à Alexandre : « Ôte-toi de mon soleil ! »

Une philosophie pratique et populiste

Diogène était très sérieux dans son engagement, et les privations qu'il s'imposait en témoignaient. Il était également sérieux dans la mission qu'il s'était donnée et qui consistait, comme pour Socrate, à éduquer les citoyens et à les amener à remettre en cause les fondements mêmes d'un système de valeurs et d'un mode de vie qui les éloignaient du vrai bonheur. Cependant, sa méthode n'était pas basée sur la discussion dialectique et l'argumentation, comme Socrate. Il prêchait d'abord par ses actes et par son comportement extravagant et sans pudeur. Il disait : « Je m'efforce de faire dans ma vie le contraire de tout le monde. » Il utilisait l'humour, le sarcasme et le paradoxe comme instruments d'éducation.

Diogène a beaucoup voyagé et fut un jour fait prisonnier en Crète. Vendu comme esclave, il répondit à celui qui lui demandait ce qu'il savait faire : « Commander ! Qui veut acheter un maître ! » L'autre aima sa réponse, l'acheta, l'amena avec lui à Corinthe et en fit pour un temps le précepteur de ses enfants. Diogène dit encore à un jeune homme qui méprisait son père : « N'as-tu pas honte de mépriser celui grâce à qui tu as le pouvoir de mépriser ? » Au fils d'une prostituée qui jetait des pierres à la foule, il recommanda : « Prends garde de ne pas blesser ton père. » Il entra une fois dans un banquet et, pour se moquer de lui, on lui jeta des os. Il urina dessus et expliqua : « Comme on me traite comme un chien, j'agis comme un chien. » Il vit un archer s'exercer et manquer la cible sans arrêt. Il alla se mettre à côté de la cible en disant que c'est là qu'il serait le plus en sécurité. On le vit demander l'aumône à une statue. Il expliqua son geste en déclarant : « Je m'habitue au refus ! »

La philosophie cynique n'a, on le voit bien, rien de théorique et d'abstrait. Elle est essentiellement *pratique* et prend un caractère résolument *populiste* et *anti-intellectualiste*. Les cyniques rejetaient les sciences et la philosophie en tant que savoirs théoriques. Ils étaient généralement d'origine sociale modeste et ont connu du succès auprès des gens ordinaires et des défavorisés de la société. Ils se moquaient des philosophes, qui élaboraient de grandes théories et qui parlaient un langage compliqué, en particulier ceux qui, comme Platon, accordaient plus d'importance aux *idées* qu'à la réalité matérielle. On trouve d'ailleurs chez les cyniques l'amorce d'une critique *nominaliste* de l'idéalisme platonicien. Ils affirmaient, comme les nominalistes du Moyen-Âge, que les concepts contenant l'essence d'une chose ne correspondaient à rien dans la réalité et que seules existaient les choses concrètes singulières et particulières. Par exemple, à propos de l'idée de tasse et de l'idée de table, Diogène aurait dit à Platon : « Pour moi Platon, je vois bien la tasse et la table, mais je ne vois pas du tout l'idée de table ni l'idée de tasse », indiquant par là que la *Forme* pure de la tasse ou de la table en tant qu'essence et idée générale n'avait aucune *réalité*.

LA CLÉ DU BONHEUR : LIBERTÉ ET INDÉPENDANCE

La grande idée du cynisme est résumée dans cette inscription qui figurait sur une statue de bronze érigée en l'honneur de Diogène :

> Le temps ronge le bronze, mais
> Ta gloire, Diogène, sera éternelle,
> Car seul tu as montré aux hommes à se suffire à eux-mêmes,
> Et tu as indiqué le plus court chemin du bonheur[9].

Le secret du bonheur est de se rendre invulnérable au malheur, et il faut pour cela se suffire à soi-même, se libérer de toutes les dépendances inutiles auxquelles

---

9. *Ibid.*, p. 35.

la société civilisée nous a enchaînés. *Le bonheur réside dans les valeurs de liberté et d'indépendance*, et ces valeurs requièrent l'autosuffisance. Pour être libre, il ne faut pas dépendre des choses extérieures comme la richesse, l'opinion d'autrui et les conventions sociales. *Il ne faut être l'esclave de rien ni de personne.* Le programme proposé par les cyniques pour atteindre cet objectif est révolutionnaire et radical.

Le retour à une vie simple et naturelle sur le modèle de l'animal

Les cyniques proposent de prendre pour modèle l'animal et de tenter de se rapprocher de son mode de fonctionnement. Il faut pour cela se débarrasser de tous les désirs inutiles que la civilisation nous a amenés à croire essentiels. Il s'agit donc de satisfaire ses besoins naturels de la manière la plus simple et la plus directe possible. Par exemple, Diogène jeta le bol avec lequel il prenait de l'eau à la fontaine après avoir vu un enfant boire avec sa main. Pourquoi s'embarrasser d'objets dont on n'a pas réellement besoin ? Le plus simple et le plus naturel est toujours le mieux. La pauvreté simplifie les choses et est, pour cette raison, libératrice. On mange ce qu'on a sous la main, quand on en a envie. On quête quand on n'a rien. Le cynique n'a aucune honte de mendier lorsque c'est le seul moyen d'assurer sa subsistance. On dort où l'on peut ou dans un tonneau. Plus besoin de maison. On se soulage de ses besoins naturels le plus simplement du monde.

Satisfaire ses besoins naturels

Il faut souligner ici la position des cyniques au sujet du plaisir. Pour eux, le plaisir n'est pas une fin en soi, comme c'est le cas pour les cyrénaïques dont nous avons parlé précédemment. Ils ne prônent pas du tout d'orienter la vie vers la quête du plaisir. Cependant, ils reconnaissent l'existence des besoins naturels et leur caractère pressant, et ils se donnent comme *règle de vie* de les satisfaire le plus simplement du monde. Il est à leurs yeux inutile de lutter contre ces besoins, car cela trouble notre esprit et nous éloigne de la liberté et de la sérénité intérieure. C'est ce qui explique, par exemple, l'attitude de Diogène à l'égard de la sexualité. Il se masturbe et il va au bordel quand il en a envie. C'est pour lui le meilleur moyen de retrouver la tranquillité d'esprit et de ne pas être esclave de ses désirs sexuels. Et il n'y a de toute manière aucune raison d'avoir honte de faire quelque chose qui est parfaitement naturel.

L'idéal du cynique : une vie simple et naturelle sur le modèle de l'animal.

« Ayant vu un jour une souris qui courait sans se soucier de trouver un gîte, sans crainte de l'obscurité, et sans aucun désir de tout ce qui rend la vie agréable, [Diogène] la prit pour modèle et trouva le remède à son dénuement. »

Diogène Laërce[10]

Endurance et résistance face à la souffrance physique et morale

Mais la civilisation exploite notre tendance à éviter la douleur et à chercher le confort. C'est pourquoi il faut porter un cran plus haut la recherche d'indépendance et de liberté. Les cyniques croyaient que l'être humain devait se rendre endurant et

---

10. *Ibid.*, p. 14.

résistant à la souffrance physique et aux coups du sort. C'est ici en particulier que la *raison* intervient dans leur art de vivre, puisqu'elle leur permet de s'imposer une discipline de vie. L'homme doit en effet apprendre à surmonter sa peur de la souffrance et son penchant spontané à l'éviter. À cet effet, les cyniques se sont donné une autre *règle de vie*, celle de s'imposer à eux-mêmes des privations et des épreuves physiques et morales pour s'endurcir et se débarrasser de la mollesse héritée d'un mode de vie axé sur le luxe et le confort.

Ils se livraient à des exercices systématiques à cette fin, comme se laver à l'eau froide, marcher pieds nus dans la neige, se rouler dans le sable brûlant l'été et étreindre les statues enneigées l'hiver. À quoi s'ajoutaient des épreuves morales, comme provoquer volontairement les railleries des gens pour apprendre à y rester insensible. Les cyniques se montraient souvent durs avec les autres, mais ils étaient d'abord durs avec eux-mêmes. Ils cultivaient la maîtrise de soi et la force de volonté. Leur ambition était de devenir si coriaces que rien ne puisse leur dérober leur joie de vivre.

Le rejet de la vie sociale, politique et religieuse

Le rejet cynique de la civilisation englobe tous les volets de la vie sociale. Les cyniques étaient des individualistes invétérés. Leur vie sociale se limitait à l'amitié. Ils rejetaient le mariage et la famille, puisqu'ils prônaient une liberté sexuelle totale. Dans son ouvrage *La République*, Diogène aurait prôné une sorte de société naturelle communiste fondée sur l'amour libre et le partage communautaire des soins des enfants. Sur le plan religieux, les cyniques ne niaient pas l'existence des dieux, mais ils étaient très critiques à l'égard des croyances et des pratiques religieuses. Comme Épicure, ils ne croyaient pas que les dieux nourrissent quelque intérêt que ce soit pour la vie des humains et qu'ils y interviennent. Ils se moquaient d'autre part des superstitions religieuses et des pratiques de dévotion comme les prières et les sacrifices.

Le cosmopolitisme

Les cyniques rejetaient aussi les systèmes et les institutions politiques qui ne pouvaient être que des conventions inutiles dans le mode de vie naturel et primaire qu'ils prônaient. Ils remettaient même en cause les idées de cité et de patrie. Le cynique se considérait sans maison, sans famille et sans patrie. Diogène affirmait : « Je suis citoyen du monde. » Et Cratès, un autre cynique célèbre, écrivit :

> Ma patrie n'est pas faite d'une muraille ni d'un toit,
> Mais la terre entière est la cité et la maison
> Mise à notre portée pour y habiter à demeure[11].

Le mot grec *kosmopolitês* signifie « citoyen du monde ». On rattache les cyniques au courant d'idées appelé **cosmopolitisme**, *qui affirme l'appartenance de tous les humains à une communauté unique fondamentale qui dépasse les frontières nationales, politiques et sociales.* Les cyniques adressaient d'ailleurs leur enseignement à tous les individus sans distinction de sexe, de classe et de condition sociale. Ils se sentaient chez eux partout, car *les lois de la nature, contrairement aux lois sociales et politiques, sont les mêmes partout.*

---

11. *Les Cyniques grecs, op. cit.*, p. 142.

Le bonheur comme sérénité joyeuse

Voici donc la définition cynique du bonheur : *un état intérieur de sérénité et de tranquillité qui résulte d'une liberté et d'une indépendance acquises au moyen d'un retour à un mode de vie simple et naturel sur le modèle de celui de l'animal.* Ce bonheur repose également sur la volonté et sur l'endurance, qui rendent le cynique confiant de pouvoir affronter sans broncher les pires privations et souffrances. Le cynique est coriace et il développe un sentiment d'invulnérabilité en se confrontant résolument à tout ce qui peut entraver sa sérénité. Ces qualités forment l'essentiel de la *vertu*, c'est-à-dire des dispositions nécessaires pour bien vivre, et c'est en ce sens qu'il peut affirmer, à l'instar de Socrate, que *la vertu suffit au bonheur* et que le bonheur ne réside nullement dans les biens et les succès extérieurs (richesse, gloire et pouvoir). Mais la sérénité cynique a une tonalité très précise, et c'est ici que nous touchons l'*attitude* générale du cynique face à la vie que l'on peut résumer en deux mots : légèreté et joie. Le cynique est un être frondeur, impertinent. Il se moque des autres et de lui-même. Plutarque dit que Cratès, « avec sa besace et son petit manteau, passe sa vie à plaisanter et à rire, comme s'il était à une fête ». C'est le paradoxe du cynique : sa joie de vivre va de pair avec son dénuement.

LA POSTÉRITÉ DU CYNISME

Le cynisme a eu beaucoup de succès dans l'Antiquité, en particulier sous l'Empire romain. Les cyniques recrutaient principalement leurs disciples parmi les classes sociales défavorisées, chez les pauvres et les esclaves. Mais des charlatans se sont glissés dans le mouvement et l'ont transformé en une mode superficielle. Ils omirent l'essentiel de l'éthique cynique, qui est la recherche d'une maîtrise de soi à travers les épreuves et les privations. Bien des faux cyniques ne furent autre chose que des parasites qui se croyaient tout permis (comme de ne pas rembourser leurs emprunts !) et qui mendiaient en insultant et en provoquant les gens sans aucun but éducatif. Comme nous le verrons dans ce qui va suivre, le cynisme partage certains points communs avec les deux prochaines éthiques que nous étudierons, l'épicurisme et le stoïcisme. Mais il est plus directement lié au stoïcisme. Le fondateur du stoïcisme, Zénon, fut en effet un disciple du cynique Cratès. Les stoïciens voueront aux cyniques un grand respect, tout en étant un peu embarrassés par leurs outrances.

Le cynisme aujourd'hui

Y a-t-il des cyniques aujourd'hui ? Le cynisme n'est pas aujourd'hui un courant philosophique important, bien que certains philosophes s'en soient récemment inspirés, comme André Compte-Sponville, dans *Valeur et vérité*, ou qu'ils aient défendu ses mérites, comme Michel Onfray, dans *Cynismes – Portrait du philosophe en chien*, et Peter Sloterdijk, dans *Critique de la raison cynique*. On retrouve plusieurs des grands thèmes de l'éthique cynique dans certains courants culturels du XXᵉ siècle tels que le mouvement *hippie* (retour à la nature, cosmopolitisme, communes, amour libre), le courant *anarchiste*, qui prône l'abolition de l'État au profit d'une liberté individuelle sans entraves, le courant culturel « punk », lui aussi anarchiste et surtout provocateur à l'extrême.

On peut également voir des émules des cyniques dans certains activistes actuels qui utilisent la provocation et la dérision pour dénoncer et tourner en ridicule les institutions et les symboles les plus sacrés. On peut penser aux «entartistes» qui ciblent les riches et les puissants de notre monde, aux partis politiques québécois comme le Parti rhinocéros ou le Parti éléphant blanc, qui présentent des candidats aux élections avec des programmes et des slogans politiques farfelus et sarcastiques comme : «Nous promettons de ne pas tenir nos promesses.» Le Québécois François Gourd, anarchiste, «entartiste» et ex-candidat pour le Parti rhinocéros, incarne bien ce rôle, lui qui se décrit selon son humeur comme un V.I.P. (véritable idiot professionnel), un «gourd-ou» ou encore un «foulosophe».

POINTS À RETENIR

Le cynisme

1. Le cynisme est une éthique anarchiste, anticonformiste, populiste et anti-intellectualiste qui rejette totalement la civilisation humaine.

2. Le cynisme voit dans la liberté et l'indépendance la clé du bonheur. Il prône le retour à une vie simple et naturelle inspirée de la vie animale et le recours à des épreuves pour développer sa résistance à la souffrance.

3. Il rejette de manière générale les institutions sociales, politiques et religieuses.

4. Il définit le bonheur comme un état intérieur de sérénité joyeuse.

Exercices

1. Nommez au moins une valeur, une attitude et une règle de vie qui appartiennent à l'éthique cynique.

2. Que pensez-vous de l'idée de se soumettre à des privations et à des épreuves pour raffermir sa force de caractère et sa capacité d'affronter les difficultés? Est-ce une bonne idée de manière générale?

Si vous aviez vous-même à vous imposer une privation pour vous endurcir, quelle serait-elle?

Et si vous aviez à vous soumettre à une épreuve pour renforcer votre caractère, que choisiriez-vous?

3. Y a-t-il des incohérences ou des contradictions dans l'éthique cynique? Certains le pensent. Essayez de les trouver et de les expliquer. Voyez ensuite si l'incohérence en question est réelle ou si elle peut être dénouée et expliquée. Voici trois pistes à explorer.

a) Le cynisme nous conseille d'une part de satisfaire librement nos besoins naturels et d'autre part de nous imposer des privations et des épreuves pour nous endurcir.

b) Le cynisme propose de prendre l'animal pour modèle et de suivre en tout la voie de la nature. Mais n'y a-t-il pas des points du programme cynique qui s'écartent de ces principes?

c) Le cynisme soutient que la clé du bonheur est d'avoir le plus d'indépendance et de liberté possible. Mais le mode de vie du cynique le rend-il vraiment indépendant et libre?

4. Quels éléments de l'éthique cynique trouvez-vous particulièrement valables? Expliquez pourquoi.

5. Quels sont les éléments du cynisme avec lesquels vous êtes le plus en désaccord? Expliquez pourquoi.

6.3

L'ÉPICURISME

É picure (341-270 av. J.-C.) est né à Athènes, mais fut élevé à Samos, une ville de l'Ionie. Il ouvrit d'abord une école à Mytilène, puis revint ensuite s'installer à Athènes en 306 av. J.-C. où il fonda sa fameuse « École du Jardin ». Épicure jouissait d'une célébrité sans précédent en tant que philosophe. On venait de partout pour recevoir son enseignement. Le Jardin, où il enseignait, était un lieu de calme et de beauté. Épicure y accueillait des gens de diverses classes sociales et même des femmes et des esclaves, ce qui était inhabituel à l'époque.

> Il n'est pas possible de vivre avec plaisir sans vivre sagement, honnêtement, justement, ni de vivre sagement, honnêtement, justement, sans vivre avec plaisir.
>
> **Épicure**[12]

Tous les participants de cette école formaient une véritable communauté de vie, basée sur l'entraide et l'amitié, qui avait un peu l'allure d'une secte dirigée par un gourou.

Épicure est surtout connu pour sa philosophie éthique. Mais il a également conçu une métaphysique dont nous allons dire quelques mots parce qu'elle a une incidence directe sur son art de vivre.

LA MÉTAPHYSIQUE D'ÉPICURE : MATÉRIALISME ET DIEUX

Épicure était un philosophe *matérialiste*. Comme nous l'avons déjà mentionné, en philosophie, le matérialisme est une théorie métaphysique qui affirme que *tout ce qui existe est matériel*, y compris ce qu'on peut appeler pensée, âme ou esprit. Elle s'oppose aux métaphysiques *dualistes*, comme celle de Platon, selon lesquelles il existerait deux ordres de réalité, matériel et immatériel. Pour Épicure, il n'y a rien en dehors de la réalité matérielle et sensible. Cela signifie que ce qu'on peut appeler « âme », qui est le principe de vie qui anime les corps des êtres vivants, est aussi une chose matérielle. Par conséquent, l'âme ne saurait être immortelle. Elle se dissout et disparaît avec le corps

Buste d'Épicure (341-270 av. J.-C.).

au moment de la mort. Rien ne survit après la mort. Cette doctrine a une incidence directe sur l'éthique épicurienne, car elle place une *valeur* fondamentale au cœur de la question du bonheur, qui est que *la seule chose qui ait une importance pour l'être humain dans sa quête de bonheur est sa vie matérielle terrestre*.

Des dieux sans importance

L'autre partie de la métaphysique d'Épicure qui nous intéresse est sa conception des dieux, dont nous avons déjà donné un aperçu dans un chapitre antérieur.

---

12. Épicure, *Maximes capitales*, trad. par G. Leroux, dans C. Boisinot, M. Godin et I. Rivard (dir.), *L'art de vivre. Les stoïciens et Épicure*, Anjou (Qc), Les Éditions CEC, 1998, p. 179.

L'essentiel de sa doctrine en cette matière est l'idée suivante: «[...] il ne faut attribuer à la divinité aucune intervention dans le monde[13].» Un peu comme les cyniques, Épicure ne nie pas l'existence des dieux, mais il soutient que les dieux vivent dans un monde à part, qu'ils sont indifférents au sort des humains et qu'ils n'interviennent pas dans leur vie. Ils ne sont donc pas responsables des malheurs qui nous arrivent. L'*attitude* générale préconisée par Épicure face à la religion est donc que *les dieux n'ont pas d'importance pour les humains, que nous ne devons pas nous en soucier et que nous ne devons pas les craindre.* La religion n'est pas importante pour Épicure. Par ailleurs, celui-ci admet l'existence du *hasard*, mais pas du Destin ou de la Fortune, qui hantait l'esprit des Grecs anciens. La retombée éthique de cette philosophie est l'*attitude* suivante: il est vain de demander aux dieux ce qu'on peut se procurer soi-même. Notre bonheur ou notre malheur dépend avant tout de nous-mêmes. Il est entre nos mains. Nous en sommes responsables. *C'est à nous de prendre en main notre vie et de construire notre bonheur.*

L'HÉDONISME

L'éthique d'Épicure est *naturaliste* et *hédoniste*. Elle est naturaliste dans le sens suivant: la *nature* nous fournit un guide essentiel pour savoir ce qui est bien et ce qui est mal, et ce sont les sensations de plaisir et de douleur. L'aptitude à ressentir ces sensations est présente en nous dès la naissance: «On voit dès leur naissance les êtres vivants rechercher le plaisir et fuir la douleur, par une inclination naturelle, et sans l'intervention d'aucun raisonnement[14].» C'est ainsi qu'Épicure croit, à l'encontre d'Aristote, que la *valeur* éthique fondamentale est le plaisir et que le bonheur qui est notre but suprême ne peut résider que dans le plaisir. L'éthique d'Épicure est donc «hédoniste». Mais nous verrons plus loin que c'est un hédonisme différent de celui des cyrénaïques que nous avons présenté plus haut.

L'idée d'Épicure est que le guide que nous donne la nature est *fiable*: nous devons nous laisser guider par nos sensations de plaisir et de douleur. Un des grands principes de vie qu'il tire de ces postulats hédonistes concerne l'attitude que nous devrions avoir à l'égard de la mort.

La mort n'est pas à craindre

Comme nous l'avons dit, Épicure ne croit pas à l'immortalité de l'âme. Pour lui, il n'y a rien après la mort. Partant de sa philosophie hédoniste, il a construit l'argumentation suivante au sujet de l'*attitude* à avoir face à la mort:

(1) Le bien et le mal sont des sensations de plaisir et de douleur.
(2) Quand nous sommes morts, nous n'avons plus de sensations.
(3) La mort n'est donc ni bonne ni mauvaise pour nous.
(C) La mort devrait donc nous être indifférente.

Il serait *irrationnel* de craindre la mort aux yeux d'Épicure. Surtout, le souci de la mort nous éloigne de ce qui devrait être notre seule préoccupation: jouir de notre vie terrestre pendant qu'elle dure.

---

13. Diogène Laërce, *op. cit.*, p. 249.
14. *Ibid.*, p. 264.

Le rôle de la raison

Au premier abord, l'éthique hédoniste peut paraître exagérément simpliste : pour être heureux, il n'y aurait qu'à s'abandonner au plaisir et à fuir la douleur. N'est-ce pas ce que nous faisons de toute manière ? Nous avons déjà évoqué à propos de la notion d'art de vivre le *paradoxe* qui consiste à *prescrire* quelque chose qui nous est de toute façon *naturel*. Mais, justement, Épicure ne pense pas que les choses soient si simples. L'être humain est un être *sensible* (il ressent des «sensations»), mais il est également un être *rationnel*, et sa raison lui dit qu'il ne faut pas se précipiter dans n'importe quel plaisir de façon aveugle et irréfléchie. De plus, les problèmes viennent de ce que la société a malheureusement tendance à pervertir nos tendances hédonistes naturelles en substituant de *faux* plaisirs aux *vrais* plaisirs.

Épicure attribue à la raison un rôle très important dans ce que nous pourrions appeler la «gestion des plaisirs». Contrairement à ce que pourrait laisser croire une vision superficielle de l'hédonisme, *tout plaisir n'est pas nécessairement bon et toute souffrance n'est pas nécessairement mauvaise*. Il faut être, si l'on peut dire, un jouisseur intelligent, c'est-à-dire chercher le plaisir en usant de sa raison. Or, une analyse rationnelle nous amène souvent à la conclusion qu'il y a des plaisirs auxquels il vaut mieux renoncer parce qu'ils entraînent trop de désagréments, de risques ou d'effets négatifs. Ce pourrait être par exemple de consommer des drogues susceptibles de créer une dépendance, de commettre des excès de gourmandise ou des excès de vitesse au volant. Notre raison nous fait aussi comprendre qu'il y a des souffrances qu'il faut accepter pour accéder à un plaisir important, comme une visite chez le dentiste ou un entraînement physique que nous aurions tendance à reporter indéfiniment. Bref, la raison a un rôle capital à jouer dans l'évaluation des effets plaisants et déplaisants de nos actions et elle a l'avantage d'ouvrir cette évaluation à l'horizon du long terme.

Les trois types de désirs

Mais il est également essentiel que nous puissions faire la différence entre les *vrais* et les *faux* plaisirs. Épicure a proposé à cette fin une classification des désirs en trois catégories, auxquelles il associe des *règles de conduite* précises : «Parmi les désirs, dit-il, les uns sont naturels et nécessaires, les autres naturels et non nécessaires, et les autres ni naturels ni nécessaires, mais l'effet d'opinions creuses[15].»

1. Il y a donc d'abord les *désirs naturels et nécessaires*, que nous pourrions appeler «besoins vitaux». Ce sont la faim, la soif, l'évitement de la douleur, le désir sexuel, la protection contre la chaleur ou le froid excessif et donc le besoin de vêtements, d'une habitation, etc.

   Règle à suivre : Il faut satisfaire les désirs naturels et nécessaires, car on ne peut se faire de mal en le faisant.

2. Il y a ensuite les *désirs naturels et non nécessaires* : ce sont à l'origine des désirs naturels qui sont transformés en désirs non nécessaires par les coutumes sociales

---

15. *Ibid.*, p. 268.

ou par notre tendance à l'excès. Par exemple, la faim peut conduire aux raffinements de la gastronomie et à la gourmandise ; la recherche naturelle d'un certain confort physique peut dégénérer en un goût immodéré du luxe. Épicure mentionne également la musique comme plaisir naturel non nécessaire. C'est ici que l'on peut mettre en cause une certaine image caricaturale de l'épicurisme, répandue par ses adversaires, qui le présente comme une célébration effrénée de la jouissance. Cette prétention est tout à fait fausse. Épicure prêche la *modération* dans la satisfaction des besoins naturels, car dès que nos désirs s'attachent à des choses qui ne sont pas nécessaires, nous nous exposons à devenir frustrés et insatisfaits. Épicure vivait de façon austère. Il était heureux d'un repas simple composé de pain, d'eau, de fromage et d'un verre de vin occasionnel.

Règle à suivre : Il faut satisfaire les désirs naturels et non nécessaires avec modération. Rien n'interdit cependant de se permettre quelques libertés occasionnelles.

3. Il y a enfin les *désirs non naturels et non nécessaires* : ce sont des désirs comme la célébrité, la richesse, le pouvoir et l'amour, caractérisé comme passion amoureuse exclusive entre deux êtres. Le problème de ces désirs est qu'ils n'ont pas de fondement *naturel*, qu'ils sont des inventions artificielles de l'esprit et surtout qu'ils sont *impossibles à combler*. Épicure les appelle également « désirs vides », et l'on remarquera ici la correspondance entre ces désirs et les *fausses valeurs* dénoncées par Socrate. Ces désirs sont *illimités*, ce sont des gouffres sans fond. On n'a jamais assez de richesse, de pouvoir, de renommée. L'être aimé n'a jamais la perfection dont on rêve, et l'amour s'accompagne toujours de souffrances, de déceptions et de jalousies. *Ce qui fait la beauté des désirs naturels est qu'ils contiennent une limite naturelle qui rend possible leur satisfaction complète.* Quand j'ai assez bu, je n'ai plus soif. Quand j'ai froid, je me réchauffe jusqu'à ce que je me sente confortable. Quand j'ai assez dormi, je me réveille et je me lève. Il n'existe aucune limite naturelle semblable pour les désirs vides, aucun mécanisme régulateur naturel qui indique à celui qui a soif de pouvoir, de renommée ou de richesse qu'il en possède assez.

Règle à suivre : Il faut fuir les désirs non naturels et non nécessaires.

On pourrait donc résumer la pensée d'Épicure en disant que *le bonheur réside dans la satisfaction modérée de nos désirs naturels*. Épicure privilégie les plaisirs qui sont simples et faciles à obtenir. Il nous invite à nous contenter de peu.

Quelques ambiguïtés de l'épicurisme

La typologie d'Épicure est assez simple à comprendre, mais son application peut poser problème. La frontière entre le nécessaire et le superflu n'est pas facile à tracer chez l'humain, car il y a toujours chez lui des éléments *culturels* qui s'ajoutent aux besoins *naturels*. La façon dont il est amené à utiliser ses capacités intellectuelles et son imagination dans une recherche constante d'efficacité ou de perfectionnement pour combler des besoins aussi simples que se vêtir, boire, manger ou s'abriter le montre bien. Est-il nécessaire de boire du vin quand on peut se contenter d'eau et d'ajouter des épices aux aliments que l'on mange ?

Cette difficulté affleure par exemple dans la position d'Épicure sur la sexualité qui reste ambiguë. Au départ, le désir sexuel paraît *naturel*, car il dépend de mécanismes physiologiques et il est nécessaire à la survie de l'espèce. Mais, en même temps, il n'est pas *nécessaire* à la vie au même titre que boire et manger. Des individus peuvent très bien vivre sans satisfaire leurs désirs sexuels. Certains font même vœu de chasteté. D'autre part, il y a un lien fort entre la sexualité et l'amour, et l'amour est clairement à ranger parmi les désirs *non naturels* à éviter. Cela expliquerait qu'Épicure conseille parfois de se tenir loin des plaisirs du sexe, peut-être parce qu'ils ne sont pas strictement nécessaires ou encore parce qu'ils risquent de faire naître une passion exclusive pour un être aimé, passion condamnée à l'inassouvissement.

Amour, tableau (1895, détail) de Gustav Klimt (1862-1918).

Lucrèce, poète latin, exposa la doctrine épicurienne dans son livre *De la nature*. Dans cet extrait, il compare les besoins naturels à l'amour-passion qui condamne les amants à des tourments sans fin :

« [...] quand le désir concentré dans les veines a fait irruption, un court moment d'apaisement succède à l'ardeur violente ; puis c'est un nouvel accès de rage, une nouvelle frénésie. [...] Car l'amour espère que l'ardeur peut être éteinte par le corps qui l'a allumée : il n'en est rien, la nature s'y oppose. Voilà en effet le seul cas où plus nous possédons, plus notre cœur brûle de désirs furieux. Nourriture, boisson, s'incorporent à notre organisme, ils y prennent leur place déterminée, ils satisfont aisément le désir de boire et manger. Mais un beau visage, un teint éclatant, ne livrent aux joies du corps que de vains simulacres, et le vent emporte bientôt l'espoir des malheureux[16]. »

LES PHASES ET LES TYPES DE PLAISIR

Nous n'avons pas encore donné une définition précise du concept central de l'hédonisme, le plaisir. Il convient de le faire, car le plaisir est un processus complexe dont l'analyse soulève certains problèmes que les philosophes anciens ont su déceler. Le processus du plaisir peut être divisé grossièrement en trois grandes phases (figure 6.1, p. 250) :

1. une phase d'*accumulation de tension*, qui a tendance à croître et qui peut mener à un seuil ou à un plateau critique (faim, froid, désir sexuel) ;

2. une phase d'*abaissement de la tension accumulée* par une action ou une réaction appropriée (repas, réchauffement, acte sexuel) ;

16. Lucrèce, *De la nature*, trad. par H. Clouard, Paris, GF Flammarion, 1964, p. 145-146.

3. une phase de *relaxation* ou de détente consécutive à la chute de tension ; cette phase ramène l'organisme à un état d'équilibre et de repos.

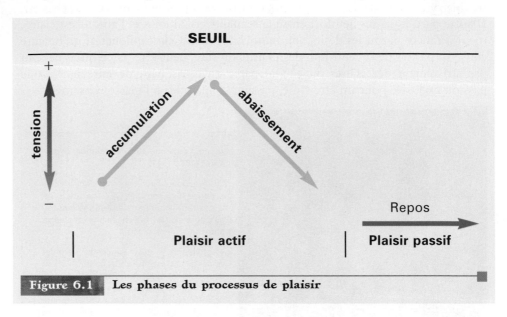

SEUIL

tension

accumulation

abaissement

Repos

Plaisir actif   **Plaisir passif**

Figure 6.1 **Les phases du processus de plaisir**

On peut voir que le plaisir se loge potentiellement dans chacune des trois phases, mais sous des formes différentes. L'accumulation de tension peut être plus ou moins plaisante ou déplaisante. Dans les meilleurs cas, elle correspond à une excitation agréable qui peut même être volontairement stimulée, comme dans le désir sexuel, mais dans bien des cas la tension initiale peut devenir carrément déplaisante passé un certain seuil (par exemple, une soif ou un froid extrêmes). Elle peut également être carrément négative lorsqu'elle provient d'une douleur quelconque que l'on cherche à apaiser. Mais les deux stades suivants, l'abaissement de tension, et l'expérience de détente qui la suit, semblent intrinsèquement plaisants. On parlera cependant dans le premier cas d'un **plaisir actif**, c'est-à-dire d'un *plaisir qui réside dans le mouvement de montée et d'abaissement de la tension produit par une action*, et dans le second, d'un **plaisir passif**, c'est-à-dire d'un *plaisir qui réside dans un état de repos ou de relaxation associé à l'absence de tension*. Les auteurs anciens utilisaient dans le même sens les expressions de « plaisir en mouvement » et de « plaisir en repos ».

Épicuriens contre cyrénaïques

Cette distinction a donné lieu à un important débat entre les deux grandes éthiques hédonistes de l'Antiquité, l'épicurisme et l'éthique des cyrénaïques. Pour les cyrénaïques, le plaisir le plus important et le plus satisfaisant est le plaisir actif, qui correspond véritablement à ce que nous entendons généralement par le mot « jouissance », et ils associent le plaisir aux tensions qui relèvent de l'excitation et non de la douleur. Épicure a, au contraire, une vision plutôt négative du plaisir. Il admet bien sûr l'existence du plaisir actif, « en mouvement », mais il croit que *le plaisir le plus important se trouve dans la troisième phase de relaxation et de repos*. Le plaisir (et le bonheur qui en découle) se trouverait dans cette tranquillité et cet équilibre internes qui correspondent à l'absence de toute tension, peu importe qu'il s'agisse d'excitation ou de douleur. *Ce serait là le but ultime que recherche vraiment notre organisme : l'absence de tension interne, le repos.*

La conception d'Épicure rejoint les autres éthiques anciennes dans l'idée que le bonheur réside essentiellement dans un état de *sérénité* et de calme intérieur. La satisfaction des désirs naturels et la poursuite d'une vie simple et austère procurent cette absence de tensions et de souffrances. Cependant, pour les cyrénaïques, *l'absence de douleur n'est pas plus un plaisir que l'absence de plaisir n'est une douleur.* Le plaisir en repos évoquait pour eux le sommeil ou même la mort, et il est donc loin d'être aussi désirable que le plaisir actif.

Plaisirs du corps et de l'âme

Deux autres interprétations du plaisir divisent les cyrénaïques et les épicuriens. Pour les premiers, nous l'avons déjà dit, les plaisirs les plus forts sont les plaisirs physiques, alors que, pour les épicuriens, ce sont les plaisirs de l'âme ou de l'esprit. C'est le critère du temps qui explique cette opposition. Pour les cyrénaïques, seuls comptent les plaisirs physiques, car ils sont toujours vécus dans le moment *présent*, alors qu'Épicure croyait qu'il fallait également prendre en compte les plaisirs et les déplaisirs passés et futurs. Les plaisirs passés dont on garde la mémoire et les plaisirs futurs que l'on envisage avec agrément comptent beaucoup dans l'expérience humaine, tout comme les souffrances liées à de mauvais souvenirs ou à la crainte d'événements à venir. Même si tous les plaisirs et toutes les souffrances sont à la base d'ordre corporel, leur évocation mentale produit également selon Épicure de réelles expériences plaisantes ou déplaisantes qui peuvent être aussi fortes, sinon plus fortes, que les expériences strictement physiques. Aux dires d'Épicure : « La douleur qui affecte la chair n'est jamais continuelle, la plus vive dure le moins longtemps, et celle qui efface simplement le plaisir dans la chair ne dure pas de nombreux jours[17]. » Bref, les douleurs physiques finissent toujours par s'estomper, et les plus intenses ne durent généralement pas longtemps.

Épicure fut très malade et connut d'atroces souffrances dans les derniers moments de sa vie. On raconte qu'il trouva un soulagement dans la réminiscence des jours heureux passés. Pour lui, un souvenir est quelque chose de *réel* qui procure des sensations de plaisir *réelles*. Les cyrénaïques pensaient plutôt que rien n'égale l'expérience concrète du moment présent et que c'est à cela qu'il faut consacrer son attention par-dessus tout au lieu de vivre dans le passé ou dans le futur.

LA DIMENSION SOCIALE DE L'ÉPICURISME

Les épicuriens vivaient dans une communauté d'amitié. Mais ils constituaient une secte fermée et ne participaient pas activement à la vie de la cité. On peut dire qu'ils avaient une *attitude* négative envers toute la dimension sociale de l'existence. L'épicurisme semble avoir vu d'un mauvais œil toute forme d'implication importante dans la vie sociale et politique. Il conseillait d'obéir aux lois pour éviter de se mettre dans l'embarras, sans plus. Il ne semblait pas accorder un grand crédit non plus au mariage et à la famille, mais il reste quelques incertitudes à ce sujet. Il paraît clair,

---

17. Diogène Laërce, *op. cit.*, p. 265.

toutefois, que la vie de famille, avec ses inévitables turbulences, ne correspondait pas à l'idéal épicurien d'une vie calme, exempte de perturbations et de troubles.

Les épicuriens étaient clairement des *individualistes*. La seule *valeur* de nature sociale vraiment importante dans l'art de vivre épicurien est l'amitié. Mais les textes sur ce sujet n'abondent pas, et il n'est pas facile d'en comprendre la justification dans le cadre d'une éthique strictement hédoniste. Les amis ne sont-ils importants que dans la mesure où ils seraient une source de plaisir?

LA POSTÉRITÉ DE L'ÉPICURISME

La popularité de l'épicurisme s'est perpétuée, comme pour le cynisme, jusque sous l'Empire romain. Le poète latin Lucrèce fut son principal propagandiste, avec son ouvrage *De la nature*. Par ailleurs, l'idée que le principe de plaisir constitue le principe fondamental de la conduite humaine a été reprise par plusieurs penseurs modernes et contemporains. Mentionnons, parmi ceux qui sont plus près de nous, le courant de pensée utilitariste moderne dont le père, Jeremy Bentham, s'est ouvertement inspiré d'Épicure en affirmant que le bien et le mal au sens *moral* n'étaient pas autre chose que le plaisir et la souffrance. Mais il a étendu ce principe à la prise en compte des plaisirs et des souffrances de tous les êtres dotés d'une sensibilité, ce qui l'a d'ailleurs amené à inclure dans nos obligations morales le souci du bien-être des animaux. Sigmund Freud, le père de la psychanalyse, que nous avons déjà mentionné dans notre chapitre sur Platon, a lui aussi placé au centre de sa théorie du psychisme humain le principe de plaisir d'Épicure, lui empruntant même sa vision négative du plaisir en tant qu'état de repos et d'absence de douleur.

Plusieurs des principes épicuriens trouvent un écho dans la culture moderne. Il y a d'abord l'attitude de base qui consiste à dire que notre bonheur dépend d'abord de nous-mêmes et non des dieux, que c'est à nous d'organiser notre bonheur. Ses forts accents individualistes collent bien à notre époque. Par ailleurs, la critique des plaisirs artificiels, l'idée d'un retour à une vie simple et naturelle, rejoint les critiques actuelles de la surconsommation et du gaspillage des ressources. Elle trouve un écho dans le mouvement de la «simplicité volontaire», qui appelle l'individu d'aujourd'hui à s'aménager une vie à la mesure de ses moyens, en s'habituant à vivre avec moins de richesses. Les adeptes de cette philosophie reconnaissent dans l'épicurisme une de leurs grandes sources d'inspiration, même si elle s'en démarque par ses accents communautaires et politiques.

POINTS À RETENIR

L'épicurisme

1 Sur le plan métaphysique, l'épicurisme affirme que les dieux et la Fortune ne jouent aucun rôle dans la vie humaine et nie l'existence d'une vie de l'âme après la mort.

2 L'épicurisme est une éthique hédoniste, car il définit le bien et le mal par les sensations de plaisir et de douleur. Il affirme en conséquence qu'il n'y a aucune raison de craindre la mort qui est absence de sensations.

▼

3 L'épicurisme attribue un rôle important à la raison quand vient le moment de décider si un plaisir est à éviter ou si une souffrance doit être tolérée.

4 Épicure distingue trois types de désirs : les désirs naturels et nécessaires, qu'il faut satisfaire pleinement, les désirs naturels et non nécessaires, qu'il faut satisfaire avec modération, et les désirs non naturels et non nécessaires, qu'il faut fuir.

5 L'épicurisme s'oppose à l'hédonisme des cyrénaïques par sa conception passive du plaisir comme état de repos et par l'importance qu'il accorde aux plaisirs d'ordre psychologique ou moral.

6 La seule valeur d'ordre social qu'endosse l'épicurisme est l'amitié. Pour le reste, il conseille de se désengager des formes habituelles de la vie sociale et politique.

Exercices

1. Nommez au moins une valeur, une attitude et une règle de vie qui appartiennent à l'éthique épicurienne.

2. Épicure soutient que la crainte de la mort est *irrationnelle*, c'est-à-dire que nous n'avons pas de *bonnes raisons* de craindre la mort. Cependant, plusieurs philosophes ne sont pas d'accord avec lui. Réfléchissez à cette question : y a-t-il malgré tout de bonnes raisons de craindre la mort ?

3. Épicure classe *l'amour* dans la catégorie des désirs non naturels et non nécessaires, c'est-à-dire dans la catégorie des désirs inassouvissables qu'il faut à tout prix éviter. L'amour-passion, aussi appelé « amour romantique », qui est un amour exclusif entre deux êtres, est pourtant considéré par beaucoup aujourd'hui comme un besoin *naturel* de l'être humain. Qu'en pensez-vous ?

4. Qui a raison, à votre avis, dans le débat entre épicuriens et cyrénaïques : les plaisirs et les souffrances les plus intenses sont-ils d'ordre physique ou d'ordre psychologique ou moral ?

5. Faites une évaluation globale de l'éthique d'Épicure. Avec quels points êtes-vous le plus d'accord ? Avec quels points êtes-vous le plus en désaccord ?

6. Comparez l'éthique cynique et l'éthique épicurienne sur les thèmes suivants en cherchant leurs points d'accord et de désaccord.

- L'attitude envers les dieux et la religion.
- L'attitude envers le plaisir et la souffrance.
- La conception d'un mode de vie simple et naturel.
- La conception de l'état de sérénité intérieure.
- La dimension sociale de leur art de vivre.

7. Trouvez, dans le texte d'Épicure suivant intitulé *Lettre à Ménécée*, les passages qui correspondent aux points de l'éthique épicurienne énumérés ci-dessous. Résumez-les et citez une phrase pertinente du texte pour chacun des points :

Note : Chacun des points peut être abordé à plus qu'un endroit du texte.

a) Sa conception des dieux et du destin et de l'attitude que nous devons avoir à cet égard.

b) L'idée que nous ne devons pas craindre la mort.

c) Les trois types de désirs.

d) L'idée que la règle de base est de satisfaire nos désirs naturels avec modération.

e) Le principe fondamental voulant que le bien soit le plaisir.

f) Le rôle de la raison dans la gestion des plaisirs et des souffrances.

g) La conception négative du plaisir et du bonheur comme plaisir passif et « en repos » plutôt que comme plaisir actif et « en mouvement ».

h) L'idée que notre bonheur dépend de nous.

LETTRE À MÉNÉCÉE[18]
(ÉPICURE)

Épicure à Ménécée, salut.

Quand on est jeune il ne faut pas hésiter à philosopher, et quand on est vieux il ne faut pas se lasser de philosopher. Car jamais il n'est trop tôt ou trop tard pour travailler à la santé de l'âme. Or celui qui dit que l'heure de philosopher n'est pas encore arrivée ou est passée pour lui, ressemble à un homme qui dirait que l'heure d'être heureux n'est pas encore venue pour lui ou qu'elle n'est plus. Le jeune homme et le vieillard doivent donc philosopher l'un et l'autre, celui-ci pour rajeunir au contact du bien, en se remémorant les jours agréables du passé; celui-là afin d'être, quoique jeune, tranquille comme un ancien en face de l'avenir. Par conséquent il faut méditer sur les causes qui peuvent produire le bonheur puisque, lorsqu'il est à nous, nous avons tout, et que, quand il nous manque, nous faisons tout pour l'avoir.

Attache-toi donc aux enseignements que je n'ai cessé de te donner et que je vais te répéter; mets-les en pratique et médite-les, convaincu que ce sont là les principes nécessaires pour bien vivre. Commence par te persuader qu'un dieu est un vivant immortel et bienheureux, ce qu'indique déjà la façon ordinaire de le concevoir. N'attribue jamais à un dieu rien qui soit en opposition avec l'immortalité ni en désaccord avec la béatitude; mais regarde-le toujours comme possédant tout ce que tu trouveras capable d'assurer son immortalité et sa béatitude. Car les dieux existent, attendu que la connaissance qu'on en a est évidente.

Mais, quant à leur nature, ils ne sont pas tels que la foule le croit. Et l'impie n'est pas celui qui rejette les dieux de la foule: c'est celui qui attribue aux dieux ce que leur prêtent les opinions de la foule. Car les affirmations de la foule sur les dieux ne reposent pas sur des notions évidentes, mais sur des présomptions fausses. Et ces présomptions fausses font que les dieux sont censés être pour les méchants la source des plus grands maux comme, d'autre part, pour les bons la source des plus grands biens. Mais la multitude, incapable de se déprendre de ce qui est chez elle et à ses yeux le propre de la vertu, n'accepte que des dieux conformes à cet idéal et regarde comme absurde tout ce qui s'en écarte.

Prends l'habitude de penser que la mort n'est rien pour nous. Car tout bien et tout mal résident dans la sensation: or la mort est privation de toute sensibilité. Par conséquent, la connaissance de cette vérité que la mort n'est rien pour nous, nous rend capables de jouir de cette vie mortelle, non pas en y ajoutant la perspective d'une durée infinie, mais en nous enlevant le désir de l'immortalité. Car il ne reste plus rien à redouter dans la vie, pour qui a vraiment compris que hors de la vie il n'y a rien de redoutable. On prononce donc de vaines paroles quand on soutient que la mort est à craindre, non pas parce qu'elle sera douloureuse étant réalisée, mais parce qu'il est douloureux de l'attendre. Ce serait en effet une crainte vaine et sans objet que celle qui serait produite par l'attente d'une chose qui ne cause aucun trouble par sa présence.

Ainsi celui de tous les maux qui nous donne le plus d'horreur, la mort, n'est rien pour nous, puisque, tant que nous existons nous-mêmes, la mort n'est pas, et que, quand la mort existe, nous ne sommes plus. Donc la mort n'existe ni pour les vivants ni pour les morts, puisqu'elle n'a rien à faire avec les premiers, et que les seconds ne sont plus. Mais la multitude tantôt fuit la mort comme le pire des maux, tantôt l'appelle comme le terme des maux de la vie. Le sage, au contraire, ne fait pas fi de la vie et il n'a pas peur non plus de ne plus vivre: car la vie ne lui est pas à charge, et il n'estime pas non plus qu'il y ait le moindre mal à ne plus vivre. De même que ce n'est pas toujours la nourriture la plus abondante que nous préférons, mais parfois la plus agréable, pareillement ce n'est pas toujours la plus longue durée qu'on veut recueillir, mais la plus agréable. Quant à ceux qui conseillent aux jeunes gens de bien vivre et aux vieillards de bien finir, leur conseil est dépourvu de sens, non seulement parce que la vie a du bon même pour le vieillard, mais parce que le soin de bien vivre et celui de bien mourir ne font qu'un. On fait pis encore quand on dit qu'il est bien de ne pas naître, ou, «une fois né, de franchir au plus vite les portes de l'Hadès». Car si l'homme qui tient ce langage est convaincu, comment ne sort-il pas de la vie? C'est là en effet une chose qui est toujours à sa portée, s'il veut sa mort d'une volonté ferme. Que si cet homme plaisante, il montre de la légèreté en un sujet qui n'en comporte pas. Rappelle-toi que l'avenir n'est ni à nous ni pourtant tout à fait hors de nos prises, de telle sorte que nous ne devons ni compter sur lui comme s'il devait sûrement arriver, ni nous interdire toute espérance, comme s'il était sûr qu'il dût ne pas être.

---

18. Épicure, *Lettres et maximes*, trad. par O. Hamelin et J. Salem, Paris, EJL, 2003, p. 11-17. La traduction a été légèrement retouchée à partir de celle de Maurice Solovine (Épicure, *Doctrines et maximes*, Paris, Hermann, 1965, p. 97-104).

Il faut se rendre compte que parmi nos désirs les uns sont naturels, les autres vains, et que, parmi les désirs naturels, les uns sont nécessaires et les autres naturels seulement. Parmi les désirs nécessaires, les uns sont nécessaires pour le bonheur, les autres pour la tranquillité du corps, les autres pour la vie même. Et en effet une théorie non erronée des désirs doit rapporter tout choix et toute aversion à la santé du corps et à la tranquillité de l'âme, puisque c'est là la perfection même de la vie heureuse. Car nous faisons tout afin d'éviter la douleur physique et le trouble de l'âme. Lorsqu'une fois nous y avons réussi, toute l'agitation de l'âme tombe, l'être vivant n'ayant plus à s'acheminer vers quelque chose qui lui manque, ni à chercher autre chose pour parfaire le bien-être de l'âme et celui du corps. Nous n'avons en effet besoin du plaisir que quand, par suite de son absence, nous éprouvons de la douleur ; et quand nous n'éprouvons pas de douleur nous n'avons plus besoin du plaisir.

C'est pourquoi nous disons que le plaisir est le commencement et la fin de la vie heureuse. En effet, d'une part, le plaisir est reconnu par nous comme le bien primitif et conforme à notre nature, et c'est de lui que nous partons pour déterminer ce qu'il faut choisir et ce qu'il faut éviter ; d'autre part, c'est toujours à lui que nous aboutissons, puisque nous nous servons de la sensation comme d'une règle pour mesurer et apprécier tout bien quelconque si complexe qu'il soit. Mais, précisément parce que le plaisir est le bien primitif et conforme à notre nature, nous ne recherchons pas tout plaisir, et il y a des cas où nous passons par-dessus beaucoup de plaisirs, savoir lorsqu'ils doivent avoir pour suite des peines qui les surpassent ; et, d'autre part, il y a des douleurs que nous estimons valoir mieux que des plaisirs, savoir lorsque, après avoir longtemps supporté les douleurs, il doit résulter de là pour nous un plaisir qui les surpasse. Tout plaisir, pris en lui-même et dans sa nature propre, est donc un bien, et cependant tout plaisir n'est pas à rechercher ; pareillement, toute douleur est un mal, et pourtant toute douleur ne doit pas être évitée. En tout cas, chaque plaisir et chaque douleur doivent être appréciés par une comparaison des avantages et des inconvénients à attendre. Car le plaisir est toujours le bien, et la douleur le mal ; seulement il y a des cas où nous traitons le bien comme un mal, et le mal, à son tour, comme un bien.

C'est un grand bien à notre avis que de se suffire à soi-même, non qu'il faille toujours vivre de peu, mais afin que si l'abondance nous manque, nous sachions nous contenter du peu que nous aurons, bien persuadés que ceux-là jouissent le plus vivement de l'opulence qui ont le moins besoin d'elle, et que tout ce qui est naturel est aisé à se procurer, tandis que ce qui ne répond pas à un désir naturel est malaisé à se procurer. En effet, des mets simples donnent un plaisir égal à celui d'un régime somptueux si toute la douleur causée par le besoin est supprimée, et, d'autre part, du pain d'orge et de l'eau procurent le plus vif plaisir à celui qui les porte à sa bouche après en avoir senti la privation. L'habitude d'une nourriture simple et non pas celle d'une nourriture luxueuse, convient donc pour donner la pleine santé, pour laisser à l'homme toute liberté de se consacrer aux devoirs nécessaires de la vie, pour nous disposer à mieux goûter les repas luxueux, lorsque nous les faisons après des intervalles de vie frugale, enfin pour nous mettre en état de ne pas craindre la mauvaise fortune.

Quand donc nous disons que le plaisir est le but de la vie, nous ne parlons pas des plaisirs des débauchés, ni de ceux qui consistent dans les jouissances déréglées, ainsi que l'écrivent des gens qui ignorent notre doctrine, ou qui la combattent et la prennent dans un mauvais sens. Le plaisir dont nous parlons est celui qui consiste, pour le corps, à ne pas souffrir et, pour l'âme, à être sans trouble. Car ce n'est pas une suite ininterrompue de jours passés à boire et à manger, ce n'est pas la jouissance des jeunes garçons et des femmes, ce n'est pas la saveur des poissons et des autres mets que porte une table somptueuse, ce n'est pas tout cela qui engendre la vie heureuse, mais c'est le raisonnement vigilant, capable de trouver en toute circonstance les motifs de ce qu'il faut choisir et de ce qu'il faut éviter, et de rejeter les vaines opinions d'où provient le plus grand trouble des âmes. Or, le principe de tout cela et par conséquent le plus grand des biens, c'est la sagesse. Il faut donc la mettre au-dessus de la philosophie même, puisqu'elle est faite pour être la source de toutes les vertus, en nous enseignant qu'il n'y a pas moyen de vivre agréablement si l'on ne vit pas avec sagesse, honnêteté et justice, et qu'il est impossible de vivre avec sagesse, honnêteté et justice si l'on ne vit pas agréablement. Les vertus en effet, ne sont que des suites naturelles et nécessaires de la vie agréable et, à son tour, la vie agréable ne saurait se réaliser en elle-même et à part des vertus.

Et maintenant y a-t-il quelqu'un que tu mettes au-dessus du sage ? Il s'est fait sur les dieux des opinions pieuses ; il est constamment sans crainte en face de la mort; il a su comprendre quel est le but de la nature; il s'est rendu compte que ce souverain bien est facile à atteindre et à réaliser dans son intégrité, qu'en revanche le mal le plus extrême est étroitement limité quant à la durée ou quant à l'intensité; il se moque du destin, dont certains font le maître absolu des choses; et certes mieux vaudrait s'incliner devant toutes les opinions mythiques sur les dieux que de se faire les esclaves du destin des physiciens, car la mythologie nous promet que les dieux se laisseront fléchir par les honneurs qui leur seront rendus, tandis que le destin, dans son cours nécessaire, est inflexible; il n'admet pas, avec la foule, que la fortune soit une divinité – car un dieu ne fait jamais d'actes sans règles –, ni qu'elle soit une cause inefficace: il ne croit pas, en effet, que la fortune distribue aux hommes le bien et le mal, suffisant ainsi à faire leur bonheur et leur malheur, il croit seulement qu'elle leur fournit l'occasion et les éléments de grands biens et de grands maux; enfin il pense qu'il vaut mieux échouer par mauvaise fortune, après avoir bien raisonné, que réussir par heureuse fortune, après avoir mal raisonné – ce qui peut nous arriver de plus heureux dans nos actions étant d'obtenir le succès par le concours de la fortune lorsque nous avons agi en vertu de jugements sains.

Médite donc tous ces enseignements et tous ceux qui s'y rattachent, médite-les jour et nuit, à part toi et aussi en commun avec ton semblable. Si tu le fais, jamais tu n'éprouveras le moindre trouble en songe ou éveillé, et tu vivras comme un dieu parmi les hommes. Car un homme qui vit au milieu de biens impérissables ne ressemble en rien à un être mortel.

6.4

LE STOÏCISME

La dernière éthique du bonheur que nous allons étudier est le stoïcisme. L'école stoïcienne fut fondée en 300 av. J.-C. par Zénon de Citium (env. 334-262 av. J.-C.). Celui-ci enseignait dans un « portique ». On le surnomma pour cela « l'homme du portique ». Portique se dit *stoa* en grec, et c'est de là que vient le mot « stoïcien ». D'autres grands noms du stoïcisme grec furent Cléanthe d'Assos (env. 331-230 av. J.-C.) et Chrysippe de Soles (env. 280-208 av. J.-C.). Le stoïcisme fut sans doute l'école éthique la plus influente de l'Antiquité. Comme le cynisme et l'épicurisme, il eut également beaucoup de succès dans le monde romain. Plusieurs empereurs romains ont été stoïciens ou ont affiché une attitude favorable au stoïcisme. Les auteurs latins nous sont d'ailleurs mieux connus que leurs devanciers grecs parce que leurs œuvres ont été mieux conservées. C'est pourquoi notre étude sera surtout concentrée sur le stoïcisme romain dont les trois grands représentants sont Sénèque, Marc Aurèle et surtout Épictète.

> Pour quelle fin avons-nous reçu la raison de la nature? Pour user de nos représentations comme il se doit.
> **Épictète**[19]

---

19. Épictète, *Entretiens I,* dans *Les Stoïciens,* trad. par É. Bréhier, Paris, Gallimard, 1962, p. 855.

Les stoïciens romains

Sénèque (4 av. J.-C.-65).

Avocat, écrivain et philosophe, Sénèque eut une grande carrière politique. Il fut un temps précepteur de l'empereur Néron et rédigea à l'intention de ce dernier plusieurs traités philosophiques inspirés de l'éthique stoïcienne, dont *De la constance du sage* et *De la tranquillité de l'âme*. Néron lui ordonna de se suicider après l'avoir accusé de conspiration.

Épictète (50-125)

Né de parents esclaves, Épictète fut amené à Rome par son maître, lui-même un ancien esclave affranchi par l'empereur Néron. Affranchi à son tour, Épictète devint philosophe. Chassé de Rome par l'empereur Domitien qui en avait banni tous les intellectuels, il s'installa dans la cité grecque de Nicopolis. Il n'a rien écrit, comme Socrate. Le *Manuel* et les *Entretiens*, qui nous sont restés de lui, sont des recueils de notes rédigés par un de ses élèves, Arrien, qui fut lui-même historien et philosophe.

Marc Aurèle (121-180)

Marc Aurèle a gouverné l'Empire romain de 161 à 180. Il fut un bon empereur, soucieux de justice. L'ouvrage intitulé *Pensées* dans lequel est exposée sa philosophie stoïcienne est une sorte de journal intime dans lequel il consignait ses réflexions pendant ses nombreuses campagnes militaires. Son fils Commode fut en revanche une sorte de fou sanguinaire qui se prenait pour un dieu. L'histoire de Marc Aurèle et de son fils a inspiré le film populaire *Gladiateur*, du réalisateur Ridley Scott.

LA MÉTAPHYSIQUE STOÏCIENNE

Comme pour l'épicurisme, il apparaît important de commencer notre étude du stoïcisme par un examen de la métaphysique des penseurs stoïciens. En voici les principaux éléments.

Buste de Marc Aurèle (121-180).

1. Le cosmos est gouverné en sa totalité par une volonté divine, intelligente et bonne, une « divine providence ». C'est pourquoi il règne un ordre rationnel dans toute la nature. « Toutes les choses sont unies les unes aux autres[20] », dit Épictète. Plus que cela, l'univers a une unité et une cohésion internes *parfaites*. Il n'y a pas de vide, pas de hasard, pas de défaut : « *il n'y a pas de mal naturel dans le monde[21]* ».

2. Les stoïciens professent une sorte de *monothéisme* cosmique. Il n'y a en vérité pour eux qu'une seule divinité (les divers noms des dieux ne servant qu'à désigner des aspects d'un dieu unique), et tout ce qui existe est une manifestation de cette divinité : « [...] le monde est un être vivant raisonnable,

---

20. *Ibid.*, p. 842.
21. Épictète, *Manuel*, dans *Les Stoïciens*, *op. cit.*, p. 1120.

animé et intelligible[22]. » On qualifie également leur conception religieuse de « panthéisme ». Le mot grec *pan* signifiait « tout ». Le panthéisme affirme donc que « le dieu est tout ». On retrouve une conception semblable dans certaines religions orientales, comme l'hindouisme.

3. Les stoïciens croient donc au *destin* : « Tout est soumis au destin[23]. » Ils épousent l'idée que tout ce qui arrive devait arriver, car le dieu l'a voulu ainsi. Il est pour cela vain de se révolter contre le mauvais sort. Ce qui apparaît à l'homme comme un désordre, une injustice ou un non-sens cache une intention inconnue de lui qui relève d'un ordre de choses supérieur. Sénèque écrit : « Nos destins nous mènent, et la première heure de notre naissance a réglé tout le temps qui nous reste. Une cause dépend d'une cause ; un ordre de choses éternel détermine la vie privée et la vie publique. C'est pourquoi il faut tout supporter avec courage ; c'est que rien ne vient par hasard, comme nous le croyons […][24]. »

4. Cependant, l'être humain occupe une place spéciale dans la nature. À lui seul, le dieu a fait cadeau de la *raison* et de la *liberté*. Ce faisant, il lui a laissé le contrôle sur quelque chose qui lui appartient en propre, ses pensées, ses jugements, ses croyances. C'est cet espace de liberté, octroyé à la raison, qui sera déterminant pour le bonheur et le malheur de l'homme. Notre sort dépend finalement des *pensées* sur lesquelles nous appuyons notre conduite et nos choix de vie.

LES PRINCIPES ÉTHIQUES STOÏCIENS : VERTU ET INDIFFÉRENCE

Si le cours des événements est totalement contrôlé par un dieu bienveillant, il ne sert à rien de vouloir y faire obstacle ou de s'en plaindre, et l'homme n'a d'autre choix que de faire confiance à la divine providence. L'homme ne peut avoir d'autre but que de vivre en conformité avec l'ordre rationnel du monde que les stoïciens qualifient aussi d'ordre « naturel ». Un des principes du stoïcisme est en effet que *l'homme doit vivre en accord avec la nature*, qu'il doit suivre les voies de la nature. « […] c'est à la nature que je donne mon assentiment ; ne pas s'égarer loin d'elle, se conformer à sa loi et à son modèle, c'est là que réside la sagesse[25] », écrit Sénèque.

Mais la nature *humaine* a, nous venons de le voir, cette particularité de comprendre un espace mental, un monde intérieur, occupé par la pensée. Parallèlement à la vie extérieure à travers laquelle ils s'occupent de satisfaire leurs besoins et leurs penchants naturels, les humains ont une vie intérieure sur laquelle la raison peut exercer son contrôle, de sorte que « vivre selon la nature devient pour [les stoïciens] vivre selon la raison[26] ».

---

22. Diogène Laërce, *op. cit.*, p. 98.
23. *Ibid.*, p. 100.
24. Sénèque, *De la providence*, dans *Les Stoïciens*, *op. cit.*, p. 770.
25. Sénèque, *De la vie heureuse*, dans *Les Stoïciens*, *op. cit.*, p. 726.
26. Diogène Laërce, *op. cit.*, p. 80.

En quoi consiste ce bonheur? Sénèque répond: «Le souverain bien, c'est l'âme qui dédaigne les événements fortuits et trouve son contentement dans la vertu[27].» Cette phrase contient les deux principes fondamentaux de l'éthique stoïcienne:

1. Le bonheur est dans la vertu.

2. Le bonheur est dans l'indifférence à la fortune, c'est-à-dire l'indifférence au cours des événements extérieurs, aux circonstances de la vie sur lesquels nous n'avons pas de contrôle.

Le bonheur est dans la vertu

Le stoïcisme insiste donc sur le fait que l'être humain doit jouer le rôle que lui assigne la nature, mais il affirme en même temps que cette nature comprend son aptitude à distinguer le bien et le mal. Nous possédons un sens moral naturel qui nous indique où résident le bien et le mal, sens moral que la société et ses fausses valeurs peuvent malheureusement pervertir. On peut voir ici une filiation directe entre le stoïcisme et l'éthique socratique. Les stoïciens affirment avec Socrate que le bonheur est un état intérieur de l'âme et ils vont peut-être même plus loin que lui en soutenant que *la vertu est la condition nécessaire et suffisante du bonheur*. Il est *nécessaire* et il *suffit* d'être vertueux pour être heureux, c'est-à-dire d'être juste, généreux, modéré, courageux, sage, honnête, patient, «indulgent et affable envers [ses] ennemis[28]», etc. L'homme vertueux est en parfait accord avec lui-même, car sa raison lui indique qu'il a bien agi. Il a l'âme en paix et se sent en harmonie avec la nature quand il fait le bien.

Le bonheur est dans l'indifférence à la fortune

Nous avons déjà discuté des difficultés de la thèse socratique. Nous avons pris connaissance des critiques, par exemple Aristote, qui reprochaient à Socrate le manque de réalisme d'une conception du bonheur ignorant tout le poids des facteurs extérieurs, comme les conditions de vie et le cours des événements. Personne, pas même le juste, n'est à l'abri des terribles malheurs que la vie nous inflige parfois, la maladie, les revers de fortune, la perte d'un être cher. En réduisant le bonheur à la vertu, le stoïcisme prête évidemment le flanc à cette critique, mais contrairement à Socrate, Épictète y répond directement en proposant une solution qui constitue une des pierres angulaires de son éthique:

> Parmi les choses, les unes sont bonnes, les autres mauvaises, les autres indifférentes. Sont bonnes les vertus et tout ce qui y participe; sont mauvais les vices et tout ce qui a part aux vices; sont indifférentes les choses intermédiaires: la richesse, la santé, la vie, la mort, le plaisir et la peine[29].

Par «indifférentes», Épictète entend ici: qui n'a pas de rapport avec notre bonheur ou notre malheur. Le message des philosophes stoïciens est donc à première vue très *paradoxal*. D'une part, ils nous disent de mener une vie extérieure

---

27. Sénèque, *De la vie heureuse*, dans *Les Stoïciens*, *op. cit.*, p. 726.

28. *Ibid.*, p. 742.

29. Épictète, *Entretiens II*, dans *Les Stoïciens*, *op. cit.*, p. 934.

normale, c'est-à-dire de travailler pour assurer notre subsistance, de participer à la vie sociale, politique et économique, de nous marier et de fonder des familles, d'avoir des amis, bref, d'avoir une vie très ordinaire, car cela correspond à la *nature* humaine. Ils ajoutent même que c'est notre devoir de toujours chercher à bien faire ce que nous avons à faire et de ne jamais être négligents ou insouciants dans nos entreprises, donc d'être un bon parent, un bon citoyen ou un bon ami. Ils admettent qu'il est naturel et rationnel de préférer la santé à la maladie, la beauté à la laideur, la richesse à la pauvreté et la vie à la mort. Mais d'autre part, ils nous disent que tout cela est réellement «indifférent», que cela fait simplement l'objet de «préférences» et n'est pas vraiment constitutif de notre bonheur ou de notre malheur.

Épictète reconnaît le problème: «Il est difficile d'unir et de joindre à l'attention de l'homme qui s'attache aux choses le calme de celui qui y reste indifférent [...] mais ce n'est pas impossible; si l'on n'y arrive pas, on ne peut atteindre le bonheur[30].» Les stoïciens, et particulièrement les stoïciens romains, ont accordé une grande importance à cette attitude et ils ont proposé des stratégies pour l'atteindre.

Deux attitudes: détachement et acceptation

Nous avons vu les cyniques tenter de rendre l'homme libre et indépendant des circonstances extérieures de la vie et de la fortune en développant son endurance et sa ténacité au moyen d'un régime de vie austère et de rudes épreuves. Les stoïciens, tout en se reconnaissant une parenté avec le cynisme, n'adoptent pas leur stratégie de confrontation agressive avec l'adversité et optent plutôt pour un mouvement de retrait intérieur. Ils insistent sur le fait que le sage doit cultiver une *attitude* d'impassibilité et d'insensibilité à l'égard de tout ce qui peut venir troubler sa sérénité intérieure. Dans la langue d'aujourd'hui, être «stoïque» signifie rester «imperturbable» face aux événements, même les plus dérangeants, et cela rejoint tout à fait l'inspiration des stoïciens.

Ceux-ci ont employé, pour suggérer cette idée, la métaphore de la «citadelle intérieure», qui suggère que la tranquillité d'esprit doit être protégée contre tous les dérangements possibles comme par une muraille. Il faut ériger dans notre esprit une sorte de mur de protection psychique et développer une force mentale faite d'une *attitude* de confiance tranquille en soi-même et en la vie, pour que rien ne puisse venir nous dérober la paix intérieure que nous assure déjà notre vie vertueuse. Face à l'adversité, le stoïcien se retire dans sa citadelle intérieure et il laisse les perturbations extérieures glisser sur lui comme l'eau sur le dos d'un canard.

Il y a deux *attitudes* fondamentales que nous devons développer pour atteindre cette invulnérabilité, soit le *détachement* à l'égard de tout ce qui peut venir troubler notre paix intérieure et l'*acceptation* de la place que la vie nous a assignée, des coups du sort, des événements malencontreux, des épreuves que nous devons traverser.

Pour caractériser le détachement, Épictète donne le conseil suivant:

À propos de chacune des choses qui t'enchantent, te rendent service ou te sont chères, n'oublie pas de formuler quelle elle est, en commençant par les plus petites;

---

30. *Ibid.*, p. 891.

si tu aimes une marmite, dis : «J'aime une marmite»; ainsi, si elle se casse, tu ne seras pas troublé; si tu embrasses ton petit enfant ou ta femme, dis-toi que tu embrasses un être humain; ainsi, s'il meurt, tu ne seras pas troublé[31].

En ce qui concerne l'acceptation, il note qu'il ne s'agit pas de recevoir passivement, de baisser les bras, mais plutôt de *vouloir pleinement ce que la vie nous réserve*, en nous disant que ce qui est arrivé est arrivé pour une bonne raison, que c'est la volonté divine et qu'il est inutile de se plaindre : «N'essaie pas que ce qui arrive arrive comme tu veux, mais veux ce qui arrive comme il arrive, et tu couleras des jours heureux[32].»

Ce qui dépend de nous : nos pensées

Pour atteindre et raffermir ces attitudes, les stoïciens proposent l'adoption des deux *règles de vie* suivantes :

1. *Il y a des choses qui dépendent de nous et d'autres qui ne dépendent pas de nous. Il faut se concentrer sur ce qui dépend de nous et ne pas s'en faire avec tout ce qui ne dépend pas de nous et que nous ne pouvons contrôler.*

Parmi les choses importantes qui ne dépendent pas de nous, il y a, par exemple, les événements extérieurs, l'opinion et la conduite des autres, les parents et la position sociale et économique que le destin nous a donnés, la vieillesse et la mort qui sont inéluctables, et de manière générale les besoins et les limites de notre corps (sa beauté ou sa laideur, la santé ou la maladie, l'obligation de satisfaire nos besoins vitaux). Tout cela doit nous être fondamentalement *indifférent*. Dans une perspective stoïcienne, même un esclave peut être heureux, car son bonheur dépend seulement de son attitude intérieure, nullement de sa position sociale et de sa situation extérieure. On peut faire ici le lien avec les fausses valeurs décriées par Socrate, la richesse, le prestige et le pouvoir, car ce sont tous des choses extérieures sur lesquelles nous avons un contrôle limité et que la vie peut nous enlever n'importe quand.

2. *Ce que nous pouvons réellement contrôler et ce que nous devons travailler à contrôler, ce sont nos pensées et nos opinions face aux choses.*

Voici une des grandes idées du stoïcisme : «Ce qui trouble les hommes, ce ne sont pas les choses, mais les jugements relatifs aux choses[33].» Il n'en tient qu'à nous de voir le verre à moitié vide ou à moitié plein. C'est nous qui décidons que la mauvaise opinion qu'a un autre sur nous a ou non de l'importance : «[…] nul ne te nuira si tu n'y consens; le moment où l'on te nuira, c'est quand tu admettras qu'on te nuit[34].» C'est nous qui décidons de voir un événement malheureux comme un simple accident ou comme une catastrophe épouvantable. *Bref, la seule personne qui puisse vraiment nous rendre malheureux et nous faire du mal, c'est nous-mêmes* : «Lors donc que nous sommes contrariés, troublés ou affligés, n'en incriminons jamais autrui, mais nous-mêmes, c'est-à-dire nos propres jugements[35].»

---

31. Épictète, *Manuel, op. cit.*, p. 1112.
32. *Ibid.*, p. 1114.
33. *Ibid.*, p. 1113.
34. *Ibid.*, p. 1122.
35. *Ibid.*, p. 1113.

Portrait de Sénèque (4 av. J.-C.-65), tableau (1614) de Pierre Paul Rubens (1577-1640).

Cette œuvre exprime bien le tragique du personnage et de sa vie mouvementée. Issu de la haute aristocratie romaine, affligé d'une santé fragile, Sénèque connut la richesse et vécut une bonne partie de sa vie dans les hautes sphères du pouvoir politique romain. Assigné au rôle de précepteur de l'empereur Néron par la mère de ce dernier, Agrippine, il fut longtemps un de ses conseillers les plus influents, mais eut le malheur de voir Néron se transformer en un tyran paranoïaque qui fit assassiner sa propre mère. Accusé de conspiration et sommé par Néron de choisir entre l'exil et la mort, il s'ouvrit les veines après avoir vainement tenté de s'empoisonner.

Comme le suggèrent certains passages de ses écrits, Sénèque semble avoir eu du mal à rester fidèle aux principes de détachement et d'indifférence du stoïcisme.

Épictète fait par exemple remarquer comment nous adoptons spontanément ce point de vue détaché, rationnel et sage lorsque nous essayons d'aider nos proches à surmonter une épreuve. Nous leur dirons des choses comme « Ce sont des choses qui arrivent », « Tu t'en remettras, tout n'est pas fini », « Ça va s'arranger, aie confiance ». Son conseil, fort intéressant, est le suivant : quand tu es plongé toi-même dans le malheur, répète-toi les mêmes phrases que tu dirais aux autres s'ils étaient à ta place !

LES DIFFICULTÉS DES PRÉCEPTES STOÏCIENS

Une difficulté du stoïcisme est qu'il nous demande de tracer une ligne de démarcation très nette entre ce qui dépend de nous et qui est véritablement important pour notre bonheur et ce qui ne dépend pas de nous et qui ne l'est pas. Mais, à partir du moment où nous nous engageons activement dans des projets et des activités sociales, il devient extrêmement difficile de tracer cette frontière. L'opinion et la conduite des autres ne dépendent-elles pas en partie de ma propre conduite ? Ma santé ne dépend-elle pas en partie de mes habitudes de vie ? Mes actions volontaires n'ont-elles pas une incidence importante sur ma situation économique ou professionnelle ? Ne dépend-il pas au moins en partie de moi d'éviter la mort ? Quand dois-je baisser les bras et accepter mon sort et quand dois-je lutter et travailler à l'améliorer ? Dois-je accepter le père violent et injuste que la vie m'a donné, comme le suggère Épictète ? Rien n'est moins évident.

Les conseils des stoïciens sont eux-mêmes ambivalents. Parfois, ils affirment que le sage doit rester indifférent à la richesse et à la pauvreté, parfois ils conseillent d'éviter la richesse ou de s'y attacher le moins possible pour prévenir les occasions de douleur et de déception. Mais alors, cela signifie que des choses qu'ils rangent dans la sphère de ce qui ne dépend pas de nous en dépendent au moins un peu. Sénèque, par exemple, a vécu la plus grande partie de sa vie dans la richesse et le luxe. Sa position sur cette question dans ses écrits ne cesse d'osciller. Parfois, il affirme que la richesse est indifférente au bonheur ; parfois il soutient que la richesse « est la plus grande source des misères de l'homme[36] » ; et parfois aussi il écrit que le sage « n'aime pas les richesses, mais il les préfère[37] », au sens où le sage ne refuse pas la richesse si la fortune la lui alloue.

Une attitude d'arrière-plan

Il faut sans doute comprendre la perspective du stoïcisme comme une *attitude* d'arrière-plan dont nous devons rester imprégnés tout en vaquant aux affaires courantes de notre vie. Tout ce que nous possédons et tout ce à quoi nous sommes attachés, que ce soit un emploi, une famille, notre santé ou la richesse, nous pouvons le perdre à tout moment. Il faut cultiver une disposition d'esprit telle que nous soyons capables d'accepter une telle perte sans pour autant être ébranlés au plus profond de nous-mêmes, sans perdre cette confiance en la vie, qui est notre seul vrai gage de bonheur.

Voici deux belles images dans lesquelles les philosophes stoïciens ont cristallisé cette idée.

1. La première est l'idée que *tout ce que nous possédons nous est seulement prêté par la vie*. La vie nous prête et nous reprend des choses. Il faut à la fois lui être reconnaissant de tout ce dont elle nous gratifie et accepter qu'elle nous le reprenne à son gré. Écoutons Sénèque :

   > [Le sage] vit comme si on lui avait prêté sa propre existence et comme s'il devait rendre ce prêt sans mécontentement dès qu'on le lui redemandera. Mais s'il sait qu'il ne s'appartient pas à lui-même, cela ne le conduit point à faire peu de cas de lui ; il agira en tout avec autant de soin et de scrupule qu'un homme intègre et probe conserve un dépôt. Quand il recevra l'ordre de le restituer, il ne se plaindra pas de la Fortune, mais il lui dira : « À vrai dire, c'est avec grand profit que j'ai cultivé tes biens ; mais puisque tu le commandes, je te les rends, je te les abandonne d'un cœur reconnaissant et de plein gré […][38]. »

2. La deuxième image est une métaphore qui établit une analogie entre le cours d'une vie et une pièce de théâtre. *La vie est une pièce de théâtre dont le metteur en scène est le dieu.* Chacun de nous a un destin particulier qui correspond à un rôle dans cette pièce de théâtre. Nous ne choisissons pas notre rôle, mais nous avons la responsabilité de le jouer de notre mieux. Épictète dit :

   > Souviens-toi que tu es acteur d'un drame que l'auteur veut tel : court, s'il le veut court ; long, s'il le veut long, si c'est un rôle de mendiant qu'il veut pour toi, même celui-là joue-le avec talent ; de même si c'est un rôle de boiteux, de magistrat, de simple particulier. Car ton affaire, c'est de jouer correctement le personnage qui t'a été confié ; quant à le choisir, c'est celle d'un autre[39].

En même temps, cette métaphore nous dit que la vie est un *jeu*. Le comédien de théâtre s'engage à fond dans son jeu, il s'efforce de fournir la meilleure performance

---

36. Sénèque, *De la tranquillité de l'âme*, dans *Les Stoïciens, op. cit.*, p. 673.

37. Sénèque, *De la vie heureuse*, dans *Les Stoïciens, op. cit.*, p. 743.

38. Sénèque, *De la tranquillité de l'âme*, dans *Les Stoïciens, op. cit.*, p. 679.

39. Épictète, *Manuel, op. cit.*, p. 1116.

possible. Mais il sait qu'il s'agit d'un jeu sur lequel il n'a pas réellement de contrôle, car ce n'est pas lui qui écrit la pièce ou qui l'a mise en scène. C'est la même chose pour nous dans le cours de nos vies. Il faut vivre sa vie dans tous ses éléments extérieurs avec engagement, responsabilité, sérieux et intégrité, mais il faut aussi garder en soi un détachement serein à l'égard de tout ce qui peut y advenir et qui ne dépend pas de nous.

NEUTRALISER LES ÉMOTIONS

L'homme a donc la liberté de ses attitudes et de ses réactions face aux événements extérieurs. Mais ce contrôle met en cause les émotions intérieures que suscitent ces événements. L'attitude de détachement stoïcienne doit donc s'étendre au monde de nos émotions et la position des stoïciens sur cette question est particulièrement controversée.

Pour Zénon, une émotion («passion» dans le langage des Anciens) «est un mouvement de l'âme irraisonné et contraire à la nature, ou encore, un emportement excessif[40]». Les émotions sont essentiellement vues par les stoïciens comme des *perturbations* qui viennent troubler notre tranquillité d'esprit, et il est clair qu'ils visent à les neutraliser le plus possible. Les émotions sont des mouvements de l'âme, des impulsions. Mais l'homme étant fondamentalement un être conscient et rationnel, tout mouvement de l'âme s'accompagne chez lui de pensées ou de croyances. C'est sur la présence, dans les émotions, de ces éléments proprement intellectuels ou «cognitifs» que les stoïciens s'appuient pour soutenir que les émotions ne sont que des égarements de la raison et qu'elles peuvent être contrôlées et même neutralisées par celle-ci. C'est que les émotions découlent de pensées ou de croyances *irrationnelles* (excessives, négatives ou erronées); il suffit de remplacer ces croyances par des pensées rationnelles (justes, positives ou vraies) pour redonner à la raison toute sa maîtrise sur la conduite et pour faire retrouver au sujet le calme intérieur que ses émotions risquaient de lui dérober.

Le contrôle de la raison

Le côté positif de cette stratégie est qu'au lieu de voir les émotions comme des forces incontrôlables dont nous serions les victimes passives, les stoïciens nous invitent à en prendre la responsabilité. Je suis en colère parce qu'on m'a insulté. Si je pense que celui qui m'a insulté n'a fait qu'exprimer ses propres frustrations, ma colère va perdre sa raison d'être. Si je suis affligé par la perte d'une chose ou d'un être, je puis dissoudre ma peine en remerciant la vie de m'en avoir permis d'en jouir pendant un temps donné. Il n'y a pas réellement de lutte entre raison et passions dans tout cela, aux yeux des stoïciens, car ils pensent comme Socrate que notre vie intérieure est unifiée par le centre de contrôle qu'est la raison. Quand la raison exerce son rôle correctement, les émotions se calment et s'effacent tout naturellement. Les stoïciens visent particulièrement ici des émotions comme la colère, la haine, le ressentiment, la jalousie, l'envie, la tristesse, l'orgueil, l'amour-passion, etc., qui causent tant de tourments aux humains.

---

40. Diogène Laërce, *op. cit.*, p. 87-88.

Deux objections à la conception stoïcienne des émotions

La difficulté de cette théorie des émotions est double.

Les émotions positives

D'abord, *certaines émotions paraissent positives en leur essence même*, et il est difficile d'y voir quelque chose de mauvais pour nous. Pensons ici à des émotions comme l'affection, la joie, la compassion, la gratitude. Ensuite, il est manifestement « naturel » d'éprouver des émotions : cela nous arrive continuellement, et nos émotions primaires semblent bien appartenir à l'ordre naturel des choses, si l'on se fie à leur ressemblance avec celles des animaux (peur, agressivité, excitation, curiosité). Ceci place les stoïciens en mauvaise posture, car ils ne cessent de nous enjoindre de suivre nos tendances naturelles.

Les stoïciens ont divergé entre eux sur cette question des émotions et ils ont eu du mal à rester fidèles à la position de départ tranchée que nous venons de présenter. D'abord, ils ont été forcés de reconnaître l'existence d'états affectifs positifs chez l'humain (« états affectifs » désignant un état moins excessif et violent que l'émotion). Ils en comptaient trois principales : d'abord, la *joie*, qui est une émotion que le stoïcisme accueille favorablement et que l'on peut même qualifier d'émotion stoïcienne par excellence ; ensuite, la *prudence*, qui n'est pas la peur mais une conscience *rationnelle* de l'éventualité d'un danger ; enfin, le *souhait* raisonnable (qui est si l'on veut l'anticipation réaliste et raisonnable de la réalisation d'un désir). Et plusieurs d'entre eux finissent même par ajouter à cette liste plusieurs autres états affectifs : la bienveillance, le calme, la douceur, l'affection, la pudeur, la bonne humeur. Mais il reste que pour eux toute émotion *intense* découle de pensées irrationnelles qui doivent être corrigées et remplacées par des pensées rationnelles bien fondées.

L'excès d'intellectualisme

On peut également cerner une autre difficulté qui concerne *la conception intellectualiste de l'émotion* des stoïciens. Comme Socrate, ceux-ci sont portés à nier aux émotions une force motivationnelle propre, indépendante du contenu intellectuel des pensées, qui relèverait de la seule raison. Nous avons analysé ce problème à fond à l'occasion de notre étude de la « faiblesse de la volonté ». Et la position des stoïciens est ici encore une copie conforme de celle de Socrate.

Mais, étrangement, les stoïciens eux-mêmes semblent souvent admettre que les émotions résistent aux ordres de la raison. Ils conseillent de ne pas les laisser croître en nous sous peine de tomber complètement sous leur emprise. Ils suggèrent de tenter de surmonter cette résistance en s'imposant des *règles de vie*, en développant des routines, comme de prendre l'habitude de réagir dès qu'une émotion nuisible fait surface ou de répéter mentalement certaines formules pour se calmer. Épictète dit par exemple qu'il faut faire des exercices répétés pour se débarrasser d'un tempérament colérique. Il estime qu'on peut se considérer comme guéri si l'on a passé trente jours sans se mettre en colère ! Il dit aussi qu'il faut toujours rester vigilant, car les mauvaises habitudes peuvent refaire surface insidieusement. Associant l'émotion à une imagination débordante, il écrit : « Quelle tempête est plus redoutable que celle

Victimes d'un incendie en banlieue de Calgary.

Que dirait un stoïcien qui subirait un tel malheur ?

– Cet incendie est arrivé pour une bonne raison. Je l'accepte et je fais confiance à la providence.

– Je remercie la vie pour toutes les joies que j'ai connues dans cette maison.

– Ce n'est qu'une maison : du bois et de la brique. Rien de cela ne peut troubler ma sérénité intérieure.

– Cette perte ne va m'affliger que si j'y consens. Je suis maître de mes pensées.

qui vient d'une imagination forte et capable d'abattre la raison ? » Si la raison pouvait réellement dominer notre conduite par la seule force intellectuelle d'une représentation correcte des choses, elle n'aurait pas à recourir à de telles stratégies. Elle n'aurait pas à mener un tel combat.

LES ASPECTS SOCIAUX ET MATÉRIELS DE L'EXISTENCE

Les stoïciens avaient également développé des positions sur les facteurs extérieurs du bonheur touchant la vie sociale et matérielle qui étaient cohérentes avec les principes de base de leur éthique.

La sociabilité naturelle de l'humain

« La partie importante dans la constitution de l'homme, c'est la faculté sociable[41] », écrit Marc Aurèle. À partir du principe que l'être humain doit vivre selon la nature, les stoïciens déduisirent qu'il est approprié pour lui de satisfaire ses tendances naturelles à la sociabilité qui l'amènent à rechercher l'amitié ou à désirer se marier et fonder une famille. Ils arguent d'ailleurs contre l'épicurisme que la généralisation du célibat amènerait l'extinction de l'espèce humaine. En ce qui concerne la vie sociale, les stoïciens ont donc une position plus conformiste que le cynisme et l'épicurisme. Ils ne voient pas de raisons non plus de décourager la participation à la vie politique. Après tout, Marc Aurèle fut empereur, et Sénèque, conseiller d'un empereur !

La richesse

Les stoïciens avaient également une position beaucoup plus modérée que les cyniques et les épicuriens au sujet de la richesse matérielle. Ils insistaient tant sur le fait que le bonheur relève essentiellement d'une attitude *intérieure* qu'ils minimisaient l'importance des conditions de vie matérielles et de la résistance du corps à la souffrance. Même s'ils suggéraient à l'occasion de s'adonner à des exercices de privation pour apprendre à surmonter sa dépendance à l'égard des biens et des plaisirs extérieurs, ils ne poussaient pas cette exigence aussi loin que les cyniques. Alors que le cynique cherche à se changer intérieurement en changeant ses conditions de vie extérieures, le stoïcien s'occupe peu de ces conditions extérieures et concentre davantage son attention sur ses attitudes intérieures.

Le plaisir

Le stoïcisme n'attribue pas non plus de rôle important au plaisir, ce qui est un point de divergence important avec l'épicurisme. Il considère que la tendance naturelle primaire de l'être humain n'est pas la recherche du plaisir, mais l'instinct de

---

41. Marc Aurèle, *Pensées*, dans *Les Stoïciens, op. cit.*, p. 1197.

conservation et la recherche de l'accomplissement de ses tendances naturelles. Or, ces tendances n'excluent nullement la souffrance et l'effort. Le plaisir accompagne certes certaines de nos expériences, mais il n'est pas le but et le principe général de nos actions. On mange d'abord parce qu'on en a besoin pour vivre, pas pour le plaisir qu'on en retire et qui reste secondaire. De plus, certains plaisirs sont vicieux et laids. Ce n'est pas là que se trouvent véritablement le bien et le mal. L'âme vertueuse est heureuse, contente d'elle-même, mais elle ne cherche pas le plaisir. La sérénité intérieure que lui procure la vertu est un état stable, durable et global, alors que le plaisir ne donne qu'un contentement passager et superficiel.

On peut donc dire qu'il n'y a au fond qu'une seule véritable *valeur* pour les stoïciens : la paix intérieure.

LE COSMOPOLITISME

Il existe en revanche une forte parenté entre le stoïcisme et le cynisme qui tient au fait que les stoïciens adhèrent eux aussi au *cosmopolitisme*. Ils partagent avec les cyniques la vision d'une humanité constituant une « grande famille » et ils pensent que les humains sont destinés à s'entraider les uns les autres par-delà les frontières des pays ou des classes sociales. Et cette ouverture s'étend aux esclaves qui ne sont pas inférieurs en humanité aux hommes libres. Sénèque écrit à ce propos à son ami Lucilius : « Veux-tu bien réfléchir à ceci : celui que tu appelles ton esclave, et né de la même semence, jouit du même ciel que toi, respire comme toi, vit comme toi, meurt comme toi[42]. » Et il poursuit avec le précepte suivant : « Vis avec ton inférieur comme tu voudrais que ton supérieur vive avec toi[43]. » Précisons que, malgré ces propos empreints de bienveillance, les stoïciens n'ont jamais remis en question l'*institution* de l'esclavage, pas plus Épictète, qui est né esclave, que les autres.

DEUX CONTRADICTIONS ENTRE ÉTHIQUE ET MÉTAPHYSIQUE

L'éthique stoïcienne n'est pas sans problèmes. Nous en avons déjà soulevé quelques-uns. D'autres critiques très sérieuses ont porté sur des contradictions apparentes entre son éthique et sa métaphysique.

Destin et liberté

Un des grands problèmes du stoïcisme est *de concilier l'idée de destin avec celle de liberté*. D'une part, il affirme que tout ce qui existe dans le monde est voulu et agencé par le dieu, de sorte que l'homme n'a pas de contrôle réel sur sa destinée. Mais, d'autre part, il insiste aussi sur le fait que nous avons le contrôle sur nos pensées, que celles-ci dépendent de nous et que nous avons la liberté de modifier notre mode de vie et notre attitude face à la vie. Faut-il en conclure qu'une partie de notre existence échappe à la volonté divine ?

Le problème est que la distinction entre ce qui relève de la liberté humaine et ce qui relève du cours des événements reste confuse. Si je n'accepte pas la mort de mon épouse ou de mon époux, je vais peut-être sombrer dans une dépression,

---

42. Sénèque, *Lettres à Lucilius*, trad. par P. Miscevic, Paris, Presses Pocket, 1990, p. 47.
43. *Ibid.*, p. 48.

perdre mon travail ou me suicider, alors que si je l'accepte, je vais peut-être me remarier. Si je me laisse envahir par un sentiment de vengeance, je vais peut-être faire du mal à mon agresseur et par là bouleverser sa vie et celle de ses proches, mais si je m'en abstiens, il va peut-être agresser d'autres personnes. Toutes les réactions des humains impliquent des pensées, mais ces pensées se répercutent ensuite sur leur conduite, et par là sur le cours des choses qui, en principe, est censé échapper à leur volonté. Qu'est-ce qui revient au destin et qu'est-ce qui revient à la liberté humaine dans tout cela? Il n'est pas aisé de le déterminer.

Le paradoxe du mal dans un monde réputé parfait

Le deuxième problème est parallèle au premier, car il est lui aussi d'ordre métaphysique. C'est le suivant: d'un côté, les stoïciens nous disent *qu'il n'y a pas de mal dans le monde* et que tout ce qui existe et arrive est voulu par le dieu et sert un but positif; de l'autre, ils constatent que souvent nous employons mal cette liberté qui nous a été donnée par les dieux. Les stoïciens reprochaient à leurs concitoyens de mal vivre, de commettre des erreurs de jugement, et ils voyaient dans certaines de nos émotions des choses *mauvaises* dont nous devrions chercher à nous débarrasser. Bref, il semble que les humains introduisent du mal dans ce monde où aucun mal ne devrait en principe exister. Nous touchons à nouveau au *paradoxe* classique que soulève l'idée d'un dieu parfaitement bon auquel on abandonne la responsabilité de tout ce qui arrive dans le monde.

L'ACTUALITÉ DU STOÏCISME

Le stoïcisme a eu une influence durable. Plusieurs grands penseurs s'en sont inspirés, tout en lui imprimant une orientation personnelle, tels que Descartes, Montaigne (1533-1592) et Spinoza. Il ne convient peut-être pas au stoïcisme d'être une éthique qui s'applique à toutes les dimensions et à tous les contextes de la vie. Mais il semble particulièrement pertinent dans les situations difficiles, les coups durs, les grandes épreuves de la vie, ainsi que dans les manifestations d'irrationalité évidentes.

On trouve, dans les sciences et la philosophie contemporaines, certains courants d'idées qui rejoignent la philosophie stoïcienne. Tout le courant de pensée actuel appelé «cognitivisme» rejoint le stoïcisme dans son insistance sur la composante cognitive ou intellectuelle des émotions et dans son idée qu'il y a des jugements et des croyances modifiables et contrôlables à la base de toute émotion. Cette conception inspire également plusieurs approches dans le domaine des thérapies psychologiques. On peut d'ailleurs considérer que les philosophes stoïciens pratiquaient eux-mêmes une forme de thérapie de l'âme. Épictète disait: «Une école philosophique […] est un cabinet de médecin[44].» La thérapie émotivo-rationnelle d'Albert Ellis ou la thérapie cognitive d'Aaront T. Beck sont deux exemples d'approches populaires récentes qui visent à redonner au sujet la responsabilité de ses émotions en travaillant sur ses représentations et ses croyances mentales irréalistes, infondées ou erronées. Ces thérapies sont particulièrement efficaces dans le traitement de troubles comme les phobies, l'anxiété ou la dépression qui sont précisément liées à des idées irrationnelles, négatives ou à des perceptions déformantes de la réalité.

---

44. Épictète, *Entretiens III*, dans *Les Stoïciens, op. cit.*, p. 1018.

Le stoïcisme

POINTS À RETENIR

1 La métaphysique stoïcienne place l'univers entier sous le contrôle d'une divine providence, ce qui entraîne l'impossibilité du mal et du hasard et l'idée que tout ce qui arrive dans le monde relève du destin. L'être humain occupe néanmoins une place inestimable dans cet arrangement, car la divinité lui a fait don de la raison et de la liberté.

2 Les deux principes fondamentaux du stoïcisme sont l'idée que la vertu est suffisante au bonheur et que, pour le reste, le bonheur réside dans l'indifférence à la fortune, que l'on acquiert en cultivant des attitudes de détachement et d'acceptation.

3 Cela est possible du fait que nous avons un réel contrôle sur nos pensées et que nos réactions aux événements dépendent essentiellement de nos pensées.

4 Le stoïcisme présente certaines difficultés d'application. D'abord, il n'est pas facile, en pratique, de distinguer ce qui dépend de nous et ce qui ne dépend pas de nous. Ensuite, le stoïcisme conseille de mener une vie normale en s'attachant à des êtres et à des choses, tout en recommandant de rester intérieurement détaché de tout.

5 Une difficulté particulière du stoïcisme se trouve dans sa vision exagérément négative des émotions dans lesquelles il voit des sources de perturbation intérieure que la raison doit neutraliser à tout prix. Cela paraît exagéré, si l'on considère que certaines émotions sont positives. Cela manifeste une conception intellectualiste de l'être humain analogue à celle de Socrate.

6 Comme il considère que le bonheur relève avant tout d'une attitude intérieure, le stoïcisme a une position plutôt conventionnelle à l'égard de la vie sociale, de la vie politique et de la richesse.

7 Le stoïcisme n'accorde pas d'importance au plaisir et épouse le cosmopolitisme.

8 L'éthique et la métaphysique du stoïcisme semblent entrer en contradiction par l'opposition entre les idées de destin et de liberté et par le paradoxe du mal dans un monde réputé parfait.

Exercices

1. Nommez au moins une valeur, une attitude et une règle de vie qui appartiennent à l'éthique stoïcienne.

2. Une des propositions les plus désarmantes du stoïcisme, surtout pour une culture comme la nôtre que certains n'hésitent pas à qualifier de « culture de la plainte », est celle qui dit précisément que « l'on n'a jamais raison de se plaindre ». Voici une pensée de Marc Aurèle qui développe cette idée et qui aboutit à une conclusion surprenante, mais tout à fait logique.

Si un fait extérieur t'afflige, ce n'est pas lui qui te gêne mais ton jugement à son propos. Il dépend de toi de l'effacer sur le champ. Si ce qui t'afflige vient de ta propre disposition, qui t'empêche de corriger ton opinion ? De même, si tu t'affliges de ne pas accomplir ce qui te paraît sain, pourquoi ne pas t'y efforcer au lieu de t'en affliger ? – Mais c'est plus fort que moi ! – Alors, ne t'en afflige pas, ce n'est pas de ta faute ! – Mais la vie ne vaut rien si je ne peux pas faire cela ! – Alors quitte la vie avec bienveillance, comme celui qui a fait ce qu'il voulait meurt plein d'indulgence envers ce qui l'a entravé[45] !

45. Marc Aurèle, *Pensées pour moi-même*, trad. par Frédérique Vervliet, Paris, Arlea, 1992, p. 123.

a) Reconstruisez l'argumentation de Marc Aurèle en vos propres mots.

b) Indiquez ensuite si vous êtes d'accord ou non avec chacune des étapes de son raisonnement et expliquez pourquoi. Si vous n'êtes pas d'accord, comment le réfuteriez-vous?

3. Une des grandes difficultés du stoïcisme est, nous l'avons vu, de concilier les attitudes en apparence opposées d'*attachement* et de *détachement*. Comment puis-je à la fois m'engager sérieusement dans des entreprises extérieures et des relations avec autrui tout en restant intérieurement détaché à l'égard de tout ce qui peut survenir.

Est-ce possible à votre avis et est-ce souhaitable?

4. Une des difficultés de la théorie stoïcienne des émotions est qu'elle semble trouver mauvais quelque chose qui est manifestement naturel chez l'humain, ce qui est contradictoire avec la thèse que tout ce qui est naturel est bon. En même temps, il faut reconnaître que nos émotions causent parfois notre malheur. Toute cette question des émotions est vaste et complexe. Voici deux questions limitées mais intéressantes sur le sujet:

a) Exprimer ses émotions est-il en soi une bonne chose?

b) Y a-t-il des émotions que l'on peut considérer comme *intrinsèquement* et *absolument* mauvaises? Lesquelles et pourquoi?

5. Comparez l'éthique *stoïcienne* et l'éthique *épicurienne* sur les thèmes suivants en cherchant leurs points d'accord et de désaccord.

- La métaphysique.
- La dimension sociale et politique.
- Le rapport entre plaisir et bonheur.
- L'attitude envers la richesse.
- La conception de l'état de sérénité intérieure.

6. Comparez l'éthique *stoïcienne* et l'éthique *cynique* sur les thèmes suivants en cherchant leurs points d'accord et de désaccord.

- La stratégie pour se rendre indépendant et invulnérable.
- L'attitude envers la richesse.
- La conception de l'état de sérénité intérieure.

- La dimension sociale et politique.
- La signification du précepte «il faut suivre les voies de la nature».

7. Lisez le texte suivant intitulé «Le sage et l'amitié», tiré des *Lettres à Lucilius* de Sénèque. Répondez ensuite aux questions suivantes.

a) Sénèque exprime bien dans ce texte le principe central du stoïcisme qui est que le bonheur ne dépend pas des choses ou des événements extérieurs. Citez deux passages du texte qui en font foi.

b) On trouve aussi dans le texte l'idée qu'il faut satisfaire ses tendances ou besoins naturels, même si le bonheur véritable n'en dépend pas. Citez un passage où cette idée est clairement formulée.

c) Sénèque distingue dans ce texte deux conceptions opposées de l'amitié, la sienne et une autre qu'il attribue à Épicure et à d'autres philosophes. Expliquez ce qui les différencie.

d) Résumez la position de Sénèque sur la question qui est au cœur de ce texte: le sage a-t-il besoin d'amis pour être heureux?

e) Nous avons mentionné plus haut certaines ambivalences caractéristiques du stoïcisme. L'une d'elles est qu'il faut rester détaché des choses auxquelles notre nature nous amène pourtant à nous attacher. Montrez que cette ambivalence se retrouve dans les propos de Sénèque sur l'amitié.

f) Faites un commentaire critique personnel de la conception de l'amitié de Sénèque (voir le texte ci-dessous) en la comparant à la vôtre.

LE SAGE ET L'AMITIÉ
(EXTRAIT DES *LETTRES À LUCILIUS*[46] DE SÉNÈQUE)

Épicure a-t-il raison de blâmer, dans l'une de ses lettres, ceux qui prétendent que le sage se suffit à lui-même, et donc n'a pas besoin d'amis? Voilà ce que tu désires savoir. Ce reproche est adressé par Épicure à Stilpon et à ceux qui considèrent une âme impassible comme le souverain bien. On rend inévitablement de manière ambiguë le mot

---

46. Sénèque, *Lettres à Lucilius*, op. cit., p. 39-44.

« apatheia », si on veut le traduire par un seul mot pour être plus concis, celui d'« impassibilité ». On risque alors d'arriver au contraire de ce que l'on veut exprimer. Celui dont je parle, moi, c'est l'homme qui rejette toute sensation de douleur ; or on pourrait comprendre que je désigne un homme qui ne peut supporter aucune douleur. N'est-il pas, selon toi, préférable de dire « une âme invulnérable » ou encore « une âme placée hors d'atteinte de toute souffrance » ?

Voici la différence entre ces philosophes et les nôtres : notre sage triomphe de tout désagrément mais le ressent néanmoins ; le leur ne le ressent même pas. Nous avons pourtant ce principe en commun : le sage se suffit à lui-même, tout en souhaitant avoir un ami, un voisin, un compagnon. Vois jusqu'où peut aller cette indépendance, lorsqu'il lui arrive de se contenter d'une partie de lui-même ! Si la maladie ou la guerre lui fait perdre une main, si un accident le rend borgne ou aveugle, ce qui lui reste de son corps le satisfait avec son corps diminué et amputé, il sera aussi heureux que s'il l'eût gardé intact. Il ne regrette pas ce qui lui manque, même s'il eût préféré le conserver. Ainsi donc, le sage se suffit à lui-même ; je ne veux pas dire par là qu'il souhaite, mais qu'il peut se passer d'ami. Quand je dis « il peut », j'entends par là qu'il supporte cette perte avec constance. D'ailleurs, il ne sera jamais sans ami : il est en son pouvoir d'en retrouver un autre aussitôt. Si Phidias a perdu une statue, il en fera aussitôt une autre : ainsi notre sculpteur d'amitiés remplacera-t-il celle qu'il a perdue. Comment se fera-t-il si vite un nouvel ami ? Je vais te le dire, si tu m'accordes de te payer dès à présent ce que je te dois et, pour cette lettre-ci, de me tenir quitte.

Hécaton dit ceci : « Je vais te montrer un philtre d'amour qui ne nécessite aucune préparation savante, ni herbes, ni la moindre incantation magique. Le voici : Si tu veux être aimé, aime ! » On trouve un grand plaisir à entretenir une amitié ancienne et fidèle, mais aussi à poser les fondations d'une amitié nouvelle. Entre le paysan qui sème et celui qui récolte, on trouve la même différence qu'entre celui qui s'est fait autrefois un ami et celui qui en trouve un aujourd'hui.

Le philosophe Attalus disait quant à lui : « Il est plus doux de se faire un ami que de l'avoir déjà, comme il est plus doux pour un artiste de peindre un tableau que de l'avoir déjà peint. » Absorbé par son travail, il trouve dans les soucis même qui y sont liés un grand plaisir. Le peintre qui s'éloigne d'une œuvre achevée n'a plus la même joie désormais, il jouit du fruit de son art, alors qu'en peignant il jouissait de cet art même. Regarde l'enfant devenu adolescent : il a certes des capacités plus grandes, mais il nous inspirait plus de tendresse naguère.

Mais revenons à notre propos. Le sage, même s'il se suffit, aime pourtant avoir un ami, ne serait-ce que pour mettre l'amitié en pratique et ne pas laisser une si belle vertu inemployée. Il ne s'agit pas pour lui, comme le prétend Épicure dans cette même lettre, d'avoir quelqu'un qui puisse veiller sur lui en cas de maladie et le secourir s'il est prisonnier ou dans le besoin, mais au contraire de veiller lui-même sur son ami si celui-ci est malade ou de le tirer de la prison où il aura été jeté par l'ennemi. L'égoïste qui contracte une amitié dans une telle perspective se trompe. Cette amitié-là finira comme elle a commencé. Si on prend un ami pour être tiré de ses chaînes, on le verra, au premier cliquetis, prendre la fuite. Ce sont des amitiés « de circonstance », comme on dit. L'ami choisi par intérêt ne plaira que tant qu'il sera utile. Aussi les hommes prospères sont-ils assiégés par une foule d'amis ; mais après un revers de fortune, autour d'eux, ce n'est plus que le désert : les amis s'enfuient quand ils sont mis à l'épreuve. Que d'exemples malheureux de gens qui s'éloignent par peur ou qui trahissent par peur. Il est fatal que ces amitiés se terminent comme elles ont commencé : quand on choisit un ami pour ce qu'il peut nous apporter, on doit un jour sacrifier l'amitié à un avantage qu'on a mis au-dessus de l'amitié elle-même.

Quel est mon but, quand je m'engage dans une amitié ? Avoir un être pour qui donner ma vie, un être que je suivrai jusqu'en exil, que je défendrai de toutes mes forces contre la mort. La relation que tu me décris, c'est du commerce, et non une amitié ; on n'y cherche que son avantage, on n'y voit que le gain qu'on en retirera. Sans aucun doute, l'amour n'est pas sans ressemblance avec l'amitié : on pourrait dire que c'est une amitié prise de folie. Or, aime-t-on par appât du gain ? par ambition ? par désir de gloire ? L'amour se suffit à lui-même et ne s'occupe de rien d'autre. C'est ainsi qu'il enflamme les âmes du désir de la beauté, mû par l'espoir d'une affection réciproque. Comment accepter que d'un principe plus noble naisse un sentiment vil ? « Il ne s'agit pas, me diras-tu, de savoir si l'amitié doit être recherchée pour elle-même ou pour une autre raison. » Bien au contraire, c'est ce point qu'il faut avant tout établir si c'est pour elle-même qu'il faut la rechercher, l'homme qui trouve en soi sa satisfaction peut y tendre. « Et comment donc ? » Comme vers la chose la plus belle, sans souci du profit, ni effroi devant les revers de fortune. On retire à l'amitié sa grandeur, quand on y voit un moyen de gagner quelque chose.

Le sage se suffit à lui-même : cet adage, mon cher Lucilius, on l'interprète le plus souvent de travers. Ce sage, on le repousse de partout et on le force à se réfugier dans sa coquille. Il faut bien distinguer le sens et les limites de cette pensée : le sage se suffit à lui-même pour vivre heureux, non pour vivre tout court ! Pour vivre en effet, il a besoin de bien des choses; pour vivre heureux, il ne lui faut qu'une âme sensée, droite, et pleine de mépris pour les caprices de la Fortune. Je veux aussi te signaler la distinction établie par Chrysippe: «Le sage ne manque de rien, déclare-t-il, et pourtant, il a beaucoup de besoins; le sot, au contraire, n'a besoin de rien, parce qu'il ne sait se servir de rien; en fait, il manque de tout.» Le sage a besoin de mains, d'yeux, de tout ce qui est nécessaire au quotidien; il ne manque de rien, car manquer ressortit à la nécessité; or rien n'est nécessaire pour le sage. Par conséquent, même s'il se suffit à lui-même, il a besoin d'amis. Il veut en avoir le plus possible, mais non pour vivre heureux, car il vivra heureux même sans amis. Le souverain bien ne cherche pas ses ressources à l'extérieur: c'est intérieurement qu'il se cultive; il dépend tout entier de lui-même. Il se met à dépendre de la Fortune dès qu'il cherche au dehors un élément pour se constituer. Quelle sera alors la vie du sage s'il est jeté en prison, seul et sans amis, ou abandonné dans un pays étranger, ou retenu longtemps en mer, ou bien encore échoué sur un rivage désert? Celle de Jupiter après la dissolution du monde et la réunion de tous les dieux en un seul, quand la nature arrête sa marche pour un petit moment: le dieu se repose dans la solitude et se livre à ses réflexions.

C'est en quelque sorte ce que fait le sage: il se replie en lui-même, il reste seul avec lui-même. Aussi longtemps qu'il peut organiser sa vie à son gré, il se suffit. Il se suffit et se marie; il se suffit et a des enfants. Il se suffit et pourtant, il ne vivrait pas s'il devait vivre sans compagnie humaine. Ce qui le porte à l'amitié, ce n'est pas son intérêt, mais l'instinct. La même douceur naturelle que nous trouvons en certains autres sentiments nous porte à rechercher l'amitié et la compagnie d'autrui. L'homme déteste la solitude et par nature va vers son prochain; il y a aussi en lui un aiguillon qui le pousse à rechercher l'amitié.

Néanmoins, bien qu'il soit extrêmement attaché à ses amis et qu'il leur accorde souvent la préférence lorsqu'il se compare à eux, il limitera à sa propre personne le territoire du bien; ainsi, il reprendra les propos de Stilpon, qu'Épicure harcèle de ses reproches dans l'une de ses lettres. Sa patrie avait été envahie, ses enfants et sa femme étaient morts, et après l'incendie de la ville il restait seul, et pourtant heureux. Démétrius alors, qu'on surnommait Poliorcète

du fait qu'il détruisait les cités, lui demanda s'il avait perdu quelque chose. «Tous mes biens, répondit-il, sont avec moi.» Voilà un homme courageux et fort! Il a vaincu jusqu'à la victoire de son ennemi. «Non, dit-il, je n'ai rien perdu.» Il a forcé Démétrius à douter de sa propre victoire. «TOUT ce que j'ai est avec moi»: justice, vertu, sagesse et cette certitude même que rien de ce qu'on peut m'arracher ne constitue un bien. Nous admirons certains animaux qui traversent les flammes sans dommages: combien plus admirable est l'homme qui a traversé les batailles, les ruines et les brasiers, et en sortit sans blessures ni souffrances! Tu vois qu'il est bien plus facile de l'emporter sur une nation tout entière que sur un seul homme. En disant cela, Stilpon parle comme le sage stoïcien: lui aussi emporte tous ses biens intacts à travers les villes réduites en cendres; il se suffit à lui-même et c'est ainsi qu'il définit son bonheur.

Ne va pas croire que nous soyons seuls à proclamer de nobles pensées; Épicure lui-même, qui adresse un blâme à Stilpon, est l'auteur d'une maxime qui aurait pu appartenir à ce dernier. Je l'offre à ta réflexion, même si pour aujourd'hui je suis déjà en règle avec toi: «Celui qui n'est pas satisfait de ce qu'il a, fût-il maître du monde entier, est un malheureux.» Peut-être préféreras-tu cette autre formulation (car ce n'est pas aux mots qu'il faut s'attacher, mais au sens): «Malheureux celui qui ne se juge pas le plus heureux des hommes, fût-il maître de l'univers.» La preuve qu'il s'agit d'une vérité générale, dictée sans nul doute par la nature, c'est qu'on la trouve chez un poète comique:

«N'est pas heureux qui ne croit pas l'être.»

Qu'importe en effet ta condition, si elle est mauvaise à tes yeux? «Eh quoi? vas-tu me dire; cet homme dont la richesse est d'origine inavouable, qui est maître d'une foule d'esclaves, mais esclave de plus de maîtres encore, se dira heureux, et cette autoproclamation suffira à faire de lui un homme effectivement heureux?» Non; ce qui importe, ce n'est pas ce qu'il dit, mais ce qu'il ressent; et non ce qu'il éprouve un seul jour, mais chaque jour. Il n'est pas à craindre qu'un bien aussi précieux ne tombe entre les mains d'un homme qui n'en est pas digne. Seul le sage est heureux de ce qu'il possède: la sottise est toujours malheureuse et dégoûtée d'elle-même. Adieu.

TEXTES ARGUMENTATIFS: DISSERTATIONS ET DIALOGUE

Nous présentons dans cet appendice trois modèles de texte argumentatif. Les deux premiers sont des dissertations. Le troisième est un dialogue. Les sujets proposés pour ces textes argumentatifs sont tous tirés de la matière étudiée dans cet ouvrage. Nous en avons dressé une liste pour chacun des chapitres du livre. On trouvera cette liste à la fin de cet appendice.

PREMIÈRE DISSERTATION

Ce premier texte devrait avoir une longueur d'environ 350 à 400 mots.

Le texte que vous devez produire est de nature *argumentative*, ce qui signifie que c'est un texte dans lequel vous allez défendre une position sur une question controversée. Toute argumentation implique une confrontation entre des points de vue divergents. Un texte argumentatif doit donc contenir *au moins deux argumentations opposées*. L'auteur du texte argumentatif doit défendre une position et son texte présente une défense de cette position.

Une argumentation est constituée d'un ou plusieurs raisonnements, et nous dirons que les prémisses de ces raisonnements constituent des « arguments » en faveur de l'un ou l'autre des points de vue.

Voici les consignes à suivre pour le premier modèle de texte:

- Vous devrez respecter une structure très simple qui consiste à enchaîner une *argumentation* et sa *réfutation*. Le mot « réfutation » signifie contrer un raisonnement, démontrer sa fausseté.
- Vous devez d'abord commencer par présenter un raisonnement qui défend une opinion *contraire à la vôtre*. Puis vous enchaînez avec la réfutation dans laquelle vous développez un raisonnement qui contredit cette opinion et *affirme la vôtre*. L'auteur du texte a ainsi le dernier mot. La réfutation ne doit pas simplement développer une argumentation différente de la première. Il est important qu'elle attaque l'argumentation précédente, qu'elle en dévoile une faiblesse ou une limite.
- Chacun des deux raisonnements doit comprendre au moins *deux prémisses et une conclusion*. Vous avez la liberté de formuler ces éléments d'une manière personnelle. Assurez-vous cependant que le lecteur puisse clairement repérer la conclusion et les prémisses de chacun des raisonnements.
- Faites *un paragraphe pour chaque raisonnement*.

- Donnez un ou deux *exemples* concrets pour illustrer ou appuyer votre raisonnement. Si nécessaire, faites une petite recherche pour vous assurer de la qualité de vos exemples.
- Si vous utilisez des *concepts* importants pour vos argumentations, donnez-en au moins une courte définition ou précisez l'aspect du concept que vous exploitez (par exemple, précisez que « rationalité » implique « ordre et méthode »).
- Vous devez de plus présenter ce texte sous la forme d'une *dissertation* en le divisant en trois parties : une introduction, un développement et une conclusion. Pour ce premier texte, suivez les indications suivantes.

Introduction :   – Une entrée en matière qui conduit au sujet du travail.
                    – Le sujet du travail (la question à débattre) et la position que vous allez défendre (sans commencer l'argumentation*)*.

Normalement l'introduction comprend une troisième partie où sont précisées les grandes divisions du développement. Comme ce texte est très court, vous pouvez omettre cette partie.

Développement : – L'argumentation de départ.
                  – Sa réfutation.

Insérez une phrase de *transition* entre l'argumentation de départ et la réfutation, soit à la fin de l'argument, soit au début de la réfutation, ou les deux.

Conclusion :   – Une brève synthèse du développement.
                   – Une réflexion complémentaire sur le problème traité (ouverture, prolongement, nouvelle question, réflexion plus générale, etc.).

La difficulté principale de cette structure est qu'elle demande de *commencer la discussion en présentant la position opposée à la vôtre.* Voyez-y un exercice d'objectivité en ce sens qu'elle exige de présenter ce point de vue avec honnêteté et avec des arguments crédibles, même si vous ne le partagez pas. Ce sera à vous, par votre réfutation, de mettre en évidence une faille dans le raisonnement de départ.

Vous pouvez vous inspirer de la matière étudiée pour trouver vos idées, mais vous pouvez également ajouter une touche personnelle, soit sur le plan des arguments, soit sur celui des exemples concrets. Vous devez cependant prendre soin, dans votre travail, d'*utiliser les concepts philosophiques avec rigueur* en respectant les définitions qui en ont été données et en montrant que vous les comprenez bien.

Faites attention de ne pas commettre de *sophismes* dans vos argumentations !

Voici un exemple de texte construit selon les consignes qui précèdent.

Introduction Entrée en matière Sujet et position	Le déclin de la pratique religieuse est un phénomène répandu dans la plupart des sociétés modernes industrialisées. Il a souvent été suggéré que ce déclin était causé par l'importance qu'a prise la pensée scientifique dans ces mêmes sociétés. Cela nous amène à poser la question suivante : l'essor irrésistible de la science moderne met-il la survie de la religion en péril ? Dans ce texte, nous tenterons de démontrer qu'il n'en est rien.

Argumentation de départ Transition →	Ceux qui soutiennent que l'essor de la science constitue un danger pour la survie de la religion voient une incompatibilité entre la pensée scientifique et la pensée religieuse. En effet, les sciences expliquent les choses par des causes naturelles et leurs explications sont basées sur des preuves vérifiables, alors que les croyances religieuses expliquent les choses par l'intervention d'êtres surnaturels ou divins dont l'existence ne peut jamais être démontrée par des preuves tangibles. Or, la pensée scientifique imprègne aujourd'hui tous les aspects de notre vie quotidienne. Il est donc tout à fait normal que nous en soyons venus à délaisser le mode de pensée religieux, comme l'atteste clairement le déclin actuel de la pratique religieuse. Le déclin de la religion serait, pour ces raisons, inévitable. Cependant, nous ne sommes pas d'accord avec cette thèse.
Réfutation Transition →	Il est vrai qu'il y a une opposition entre la pensée scientifique et la pensée religieuse, mais cela ne signifie pas qu'elles soient incompatibles. On peut très bien concevoir que la pensée scientifique et la pensée religieuse s'appliquent chacune à certaines choses et pas à d'autres. Il y a des questions fondamentales auxquelles la science n'a toujours pas apporté de réponses définitives, par exemple les questions du sens de la vie et de la mort, de l'existence du bien et du mal, de la place de l'homme dans l'univers. C'est un type de questions qui convient à la religion et pas à la science. Enfin, il ne faut pas confondre la baisse de la *pratique* religieuse avec le déclin de l'*esprit* religieux ou la disparition du besoin de *spiritualité*. Il n'y a donc aucune raison de croire que le progrès de la pensée scientifique va entraîner la disparition de la religion.
Conclusion Synthèse Réflexion complémentaire	Nous avons tenté, dans ce texte, de montrer que le progrès de la science ne met pas vraiment la religion en péril. L'essor de la science peut même être bénéfique pour la religion, car, en éliminant des éléments comme les superstitions irrationnelles, il l'amène à se concentrer sur les valeurs profondes d'ordre spirituel qui lui donnent son vrai sens.

Voici une représentation schématique des deux argumentations du texte. Vous pouvez faire de tels schémas *avant* d'écrire votre texte, pour vous aider à clarifier et à structurer vos argumentations.

Schéma de l'argumentation de départ :
(1) La pensée scientifique et la pensée religieuse sont incompatibles, car la première explique les choses par des causes naturelles vérifiables, et la deuxième, par des forces surnaturelles invérifiables.
(2) La pensée scientifique imprègne aujourd'hui tous les aspects de la vie quotidienne, ce qui ne peut qu'entraîner une désaffection pour la religion.
(C) Le déclin de la religion est donc inévitable.

Schéma de la réfutation :
(1) Il y a certes une opposition entre pensée scientifique et pensée religieuse, mais pas nécessairement une incompatibilité.
(2) Il y a des questions fondamentales qui sont au cœur de la religion et auxquelles la science n'apporte pas de réponses.
(3) La baisse de la *pratique* religieuse ne signifie pas nécessairement le déclin de l'*esprit* religieux.
(C) Il n'est donc pas justifié d'affirmer que le progrès scientifique va entraîner la fin de la religion.

DEUXIÈME DISSERTATION

Ce deuxième modèle de dissertation devrait donner un texte d'une longueur d'environ 500 à 550 mots.

- Dans ce deuxième texte argumentatif, vous devez adopter une structure d'argumentation comprenant *trois* parties : une argumentation de départ, une objection et une réfutation.
  1. Dans l'*argumentation de départ*, vous élaborez un raisonnement en faveur de la thèse que vous voulez défendre sur la question posée.
  2. Dans l'*objection,* vous présentez un raisonnement qui défend un point de vue opposé au vôtre et qui attaque votre argumentation de départ.
  3. Dans la *réfutation*, vous élaborez un raisonnement qui réfute l'objection et qui réaffirme la justesse de votre position.
- L'argumentation de départ, l'objection et la réfutation devraient contenir chacune *au moins deux prémisses différentes,* c'est-à-dire deux énoncés ayant un contenu différent. Assurez-vous encore une fois que le lecteur puisse clairement repérer la conclusion et les prémisses de chacun des raisonnements.
- Faites un *paragraphe* pour chacune des trois parties.
- Donnez un ou deux *exemples* concrets pour illustrer ou même démontrer vos raisonnements.
- *Définissez* brièvement les concepts importants.
- Présentez encore une fois ce texte sous la forme d'une *dissertation,* c'est-à-dire avec une division en trois parties : introduction, développement, conclusion. Voici ce que doit contenir chacune de ces trois sections.

Introduction :
1. Une entrée en matière qui conduit au sujet du travail.
2. Le sujet du travail (la question à débattre) et la position que vous allez défendre (sans argumentation).
3. Les divisions du développement (trois parties). Élément ajouté aux consignes du premier texte.

Développement :
1. L'argumentation de départ.
2. L'objection.
3. La réfutation de l'objection.

Insérez des phrases de *transition* entre l'argument et l'objection et entre l'objection et la réfutation.

Conclusion :
1. Une brève synthèse du développement.
2. Une réflexion complémentaire sur le problème traité.

La difficulté principale de ce deuxième schéma de dissertation se trouve dans la *construction de la réfutation*. Il y a un aspect stratégique à considérer ici. Vous devez défendre votre position avec une première argumentation, mais vous devrez ensuite répondre à une objection contre cette argumentation de départ. Vous devez donc garder en réserve certains arguments, sans doute les plus décisifs, pour avoir le dernier mot. L'important ici est qu'il y ait vraiment un mouvement *dialectique* dans votre texte, c'est-à-dire que la discussion doit faire avancer les choses, et il doit y avoir une progression de la discussion à travers les trois parties du développement.

La chose à éviter est qu'il n'y ait pas de rapport clair entre les trois parties et qu'elles portent sur des aspects du problème trop différents. Pour éviter cela, assurez-vous qu'il y ait un lien entre les parties successives du développement. L'idéal est que l'objection porte directement sur un élément de l'argumentation de départ, puis que la réfutation porte sur un élément de l'objection. Le piège à éviter à tout prix est que *la réfutation ne soit qu'une simple répétition de l'argumentation de départ formulée en termes différents*. Il est crucial que le raisonnement de la réfutation soit distinct de celui de l'argument de départ et qu'il introduise des idées nouvelles, sinon vous ne ferez que répéter ce que vous avez déjà affirmé et votre argumentation tournera en rond.

DIALOGUE ARGUMENTATIF

Il est difficile de préciser la longueur du dialogue en raison de sa structure plus lâche. Mais elle pourrait se situer entre 400 et 600 mots. Le dialogue se prête bien à un travail en équipe.

L'idée ici est d'écrire un *dialogue* à la manière de Platon dans le *Ménon* ou le *Criton*, c'est-à-dire une discussion animée sur un sujet philosophique qui épouse la forme *dialectique* d'un jeu serré de questions et de réponses.

- Le dialogue peut mettre en scène deux à quatre personnages.
- Commencez les répliques par le nom du personnage qui parle et laissez une ligne vide entre les répliques.
- Donnez un rythme à votre dialogue. Introduisez des astuces, des ruses, des pièges dans les arguments. Pour cela, gardez les répliques assez courtes. Évitez les longs discours.
- À votre gré, vous pouvez clore le dialogue sur la victoire d'un des interlocuteurs ou sur un match nul ou encore sur la confusion générale (à la manière de Socrate).
- Accordez une attention spéciale à votre point de chute ; cherchez un dénouement qui ait un peu de punch.

Ce type de texte, tout en étant un exercice d'argumentation, ouvre la porte à un travail proprement *littéraire* qui peut se déployer sur plusieurs plans : inventer une petite histoire, une mise en situation, des événements qui alimentent les échanges, donner des personnalités distinctes et contrastées aux personnages, produire des effets dramatiques, mettre une touche d'humour, etc.

La difficulté est de donner une unité et une continuité à l'ensemble du dialogue, en évitant les trous, le coq-à-l'âne et les bifurcations injustifiées.

Il n'y a pas de recette toute faite pour la construction d'un dialogue de ce genre, mais le point de départ est très important. Il ne faut pas s'engager au départ dans une voie sans issue ou une ligne de discussion trop étroite. Il ne faut pas non plus aller trop vite au point culminant de la discussion. Il faut donc se garder des éléments de relance en réserve, ce qui implique que *vous aurez déblayé le terrain avant de commencer à composer le dialogue*, en déterminant différentes lignes d'argumentation, différents aspects du problème que vous pourriez exploiter, sinon vous risquez de terminer la discussion trop tôt et d'être condamnés à vous répéter. Bien sûr, une fois bien imprégnés de votre sujet, vous pouvez y aller de manière intuitive et laisser votre imagination dicter le déroulement des échanges, mais il est impératif que vous révisiez le résultat pour voir si l'ensemble se tient.

LISTE DE SUJETS

Voici une liste de sujets pour les dissertations ou les dialogues. Tous les sujets sont abordés dans le manuel. Nous les disposons ici suivant l'ordre des chapitres. Ils sont formulés comme des questions. Vous devez toujours imaginer que deux personnes pourraient répondre positivement et négativement à chacune des questions et défendre leur position à l'aide d'arguments. Vous devez déterminer quelle position sera la vôtre.

De manière générale, les sujets des premiers chapitres sont plus simples et conviennent mieux à la dissertation courte. Les sujets des deux derniers chapitres, éthique et politique, conviennent particulièrement bien à la formule du dialogue.

Tous ces sujets se prêtent également à des *débats* en classe, particulièrement ceux des deux derniers chapitres.

Note: Ne reformulez pas les questions et assurez-vous de *traiter le sujet tel qu'il est posé*.

Chapitre 1 : La rationalité

- Les animaux sont-ils capables de rationalité?
- Est-il possible d'être trop rationnel?
- La pensée intuitive et la pensée rationnelle sont-elles opposées ou complémentaires?
- La publicité commerciale devrait-elle s'adresser à notre raison plutôt qu'à nos émotions?
- Croire à une superstition est-il nécessairement *irrationnel*?
- Peut-on dire des enfants qu'ils sont *irrationnels*?
- Une connaissance peut-elle être solide même si elle ne repose pas sur des raisonnements?
- Est-il possible de se mentir à soi-même?

Chapitre 2 : Religion, philosophie et sciences

- Y a-t-il des questions auxquelles les sciences ne pourront jamais répondre?
- La croyance religieuse en un être divin peut-elle être soutenue par des arguments rationnels?
- La présence d'éléments irrationnels dans une religion est-elle une bonne raison de ne pas y croire?

- Peut-il y avoir de bonnes raisons de croire en l'existence de phénomènes para-normaux en l'absence de preuves scientifiques?

Chapitre 3 : Socrate

- Les sophistes avaient-ils raison d'affirmer qu'il est possible de défendre des positions opposées avec des arguments crédibles sur n'importe quelle question?
- Est-il juste d'affirmer que l'être humain est un égoïste rationnel qui agit toujours en fonction de ce qui sera le plus utile ou avantageux pour lui?
- Existe-t-il des vérités absolues et universelles dans le domaine moral?
- Socrate a-t-il utilisé une bonne méthode pour éduquer les Athéniens dans l'art de bien se servir de leur raison?
- Socrate a-t-il raison d'affirmer qu'il est impossible pour un humain de se faire volontairement du mal à lui-même et donc d'être irrationnel sur le plan pratique?
- Socrate a-t-il raison de dire qu'il est impossible d'être à la fois bon et malheureux?
- Socrate a-t-il raison de dire qu'il est impossible d'être à la fois méchant et heureux?
- Est-il raisonnable de demander aux humains de se conformer aux exigences de la morale même si cela va contre leurs intérêts personnels?
- La vengeance est-elle toujours moralement condamnable?
- La punition est-elle un bon moyen de guérir le méchant de ses mauvaises tendances et de l'améliorer sur le plan moral?
- Faut-il toujours obéir aux lois?

Chapitre 4 : Platon

- Est-il justifié de dire avec les nominalistes que ce qu'on appelle «la société» n'existe pas dans la réalité?
- Platon avait-il raison de penser que ce qui est beau est bien?
- Platon avait-il raison d'affirmer que le principe même de la démocratie, qui est de confier le pouvoir au peuple, est irrationnel?
- La propriété privée est-elle une tendance naturelle de l'humain comme le croyait Aristote?
- Être élevé dans une famille est-il un besoin naturel de l'être humain et un système communiste sans familles privées pourrait-il être viable pour les enfants?
- Peut-il être justifié pour un gouvernement de mentir à la population?

Chapitre 5 : La philosophie politique : la question de la démocratie

- La démocratie représentative n'est-elle qu'une aristocratie déguisée?
- Vaut-il la peine d'aller voter?
- La démocratie représentative est-elle vraiment le «pouvoir du peuple»?
- Qu'est-ce qui vaut mieux : que les citoyens participent activement à la vie politique ou qu'ils se contentent de voter et de laisser aux élus et aux technocrates le soin de gouverner?
- Le «bien commun» existe-t-il ou n'y a-t-il que des intérêts particuliers disparates et potentiellement en conflit?
- La démocratie représentative est-elle le meilleur régime politique ou n'est-elle, comme l'ont dit beaucoup de penseurs, que «le moins mauvais» des régimes politiques?

- Le vrai pouvoir politique des citoyens s'exerce-t-il davantage entre les élections qu'aux élections ?
- Qui défend la meilleure position entre les réalistes, les idéalistes et les partisans du pluralisme radical ?
- L'idée de favoriser la démocratie directe en facilitant les référendums est-elle une bonne idée ?
- La cyberdémocratie peut-elle améliorer de façon significative la vie démocratique dans notre société ou faut-il y voir au contraire une menace pour la démocratie ?

Note: Il pourrait être intéressant, pour les deux dernières questions, d'étoffer le débat en faisant une petite recherche documentaire.

Chapitre 6 : L'éthique du bonheur : la recherche d'un art de vivre

Note: Les lettres « X » et « Y » désignent dans les questions suivantes une éthique au choix parmi celles que nous avons étudiées (hédonisme des cyrénaïques, cynisme, épicurisme et stoïcisme).

- L'éthique « X » est-elle apte à nous conduire au bonheur ?
- Quelle éthique parmi les deux suivantes, « X » et « Y », vous paraît proposer le meilleur art de vivre ?
- Les éthiques anciennes définissent généralement le bonheur comme un état intérieur de *sérénité*, de paix ou de tranquillité. Êtes-vous d'accord avec cette définition du bonheur ?
- Les éthiques anciennes affirment que le secret du bonheur est l'*indépendance* de l'individu, c'est-à-dire le fait de ne dépendre de rien d'autre que de soi-même. Êtes-vous d'accord avec ce principe ?
- Est-il justifié de dire que le *bonheur* est autre chose qu'une addition de *plaisirs* ?
- Les éthiques anciennes affirment toutes, mais pour des motifs divers, que le bonheur ne se trouve pas dans la *richesse* matérielle. Êtes-vous d'accord avec cela ?

GLOSSAIRE

ABSOLU Qui est ce qu'il est, en lui-même et par lui-même, indépendamment de toute relation à autre chose. *Voir aussi* Relatif. (p. 100)

ABSTRACTION *Voir* Processus d'abstraction.

ÂME ARDENTE Dans la théorie de l'âme de Platon, partie de l'âme qui représente une force morale intérieure positive. (p. 171)

ÂME DÉSIRANTE Dans la théorie de l'âme de Platon, partie de l'âme qui correspond aux besoins et appétits naturels du corps. (p. 170)

ÂME RAISONNANTE Dans la théorie de l'âme de Platon, partie de l'âme qui est le siège de la raison et qui est orientée vers la recherche du bien et de la vérité. (p. 171)

APORIE Difficulté insurmontable de la pensée. (p. 28)

ASSEMBLÉE DU PEUPLE Lieu où les citoyens libres se réunissent, expriment leurs opinions, discutent et votent les lois. (p. 202)

AUTORÉFÉRENCE DE LA PENSÉE Le fait, pour la pensée, de renvoyer à elle-même. (p. 34)

AXIOME Jugement indémontrable mais considéré comme évident ou admis par tout le monde sans discussion. (p. 27)

BIEN COMMUN Le bien de tous les individus réunis. (p. 202)

CONCEPT Idée générale. (p. 2)

CONCEPTUALISATION Opération de forger des concepts et de les ordonner d'une manière systématique. (p. 2)

CONCLUSION Jugement que l'on vise à soutenir ou à démontrer dans un raisonnement. *Voir aussi* Raisonnement. (p. 19)

CONNAISSANCE INTELLIGIBLE Dans la théorie de la connaissance de Platon, mode de connaissance intellectuel qui a pour objet des concepts. *Voir aussi* Connaissance sensible. (p. 149)

CONNAISSANCE SENSIBLE Dans la théorie de la connaissance de Platon, mode de connaissance qui passe par les cinq sens et qui donne une connaissance des choses particulières existant dans le monde matériel. *Voir aussi* Connaissance intelligible. (p. 149)

CONTENU DU RAISONNEMENT Idées qui forment la matière des jugements et qui renvoient à des choses déterminées. *Voir aussi* Forme du raisonnement. (p. 19)

COSMOPOLITISME Courant d'idées qui affirme l'appartenance de tous les humains à une communauté unique fondamentale qui dépasse les frontières nationales, politiques et sociales. (p. 242)

COURAGE Vertu qui réside dans la force intérieure qui nous fait rester ferme devant le danger ou la souffrance. (p. 171)

DÉDUCTION (raisonnement déductif) Raisonnement dans lequel le lien d'inférence liant les prémisses à la conclusion repose sur des règles purement logiques. *Voir aussi* Raisonnement non déductif. (p. 20)

DÉMOCRATIE DIRECTE Forme de démocratie dans laquelle les citoyens exercent directement le pouvoir. *Voir aussi* Démocratie indirecte ou représentative. (p. 204)

DÉMOCRATIE INDIRECTE OU REPRÉSENTATIVE Forme de démocratie dans laquelle les citoyens élisent des «représentants» qui exercent le pouvoir en leur nom. *Voir aussi* Démocratie directe. (p. 204)

DIALECTIQUE *Voir* Dialogue dialectique.

DIALOGUE DIALECTIQUE Discussion qui procède par un enchaînement de questions et de réponses. (p. 113)

DOGMATISME Marque d'un esprit qui croit en des dogmes. *Voir aussi* Dogme. (p. 55)

DOGME Croyance considérée comme une vérité absolue et incontestable. (p. 55)

DUALISME Doctrine philosophique qui divise les choses en deux principes ou en deux réalités irréductibles, comme l'esprit et la matière, l'âme et le corps, le matériel et l'immatériel. *Voir aussi* Monisme. (p. 161)

ÉGALITÉ ABSOLUE Forme d'égalité qui attribue des prérogatives identiques à tous les individus, sans égard au mérite ou à tout autre critère. *Voir aussi* Égalité proportionnelle. (p. 194)

ÉGALITÉ PROPORTIONNELLE Forme d'égalité qui prend en compte les qualités des personnes et qui donne à chacun les prérogatives qui lui reviennent en fonction de ses mérites. *Voir aussi* Égalité absolue. (p. 194)

ÉGOÏSME RATIONNEL Principe de vie selon lequel l'individu doit agir en déterminant rationnellement ce qui servira au mieux ses intérêts. (p. 103)

EMPIRIQUE Qui est relatif à l'expérience ou qui prend sa source dans l'expérience. (p. 72)

ESPACE PUBLIC Espace de débats publics et de libre discussion sur les enjeux politiques. (p. 223)

EXPÉRIMENTATION SCIENTIFIQUE Procédé qui consiste à contrôler et à faire varier les conditions d'apparition ou de déroulement d'un phénomène de façon à déterminer leur influence sur ce dernier et donc à confirmer ou à infirmer un lien de cause à effet entre divers facteurs ou variables. (p. 79)

FAIBLESSE DE LA VOLONTÉ   Le fait d'agir parfois à l'encontre de notre meilleur intérêt parce que nous manquons de la volonté nécessaire pour résister à certains désirs ou émotions. (p. 125)

FORME DU RAISONNEMENT   Aspect purement logique des liens entre les jugements qui composent un raisonnement. *Voir aussi* Contenu du raisonnement. (p. 19)

FORME   Dans la philosophie de Platon, essence intellectuelle pure d'une chose, universelle et immuable, contenue dans sa définition. (p. 149)

HÉDONISME (du grec *hêdonê*, «plaisir»)   Éthique qui fait du plaisir le bien suprême et qui pose une équivalence entre bonheur et plaisir. (p. 232)

IDÉALISME   Courant de pensée caractérisé par la priorité et la supériorité qu'il accorde à la pensée et aux «idées» par rapport à la réalité matérielle. *Voir aussi* Matérialisme. (p. 161)

IDÉALISME (dans la philosophie de la démocratie)   Courant d'idées qui voit la démocratie comme un idéal et un bien politique suprêmes, cet idéal étant que le gouvernement exprime réellement dans ses décisions la volonté du peuple et qu'il serve réellement ses intérêts. *Voir aussi* Réalisme (dans la philosophie de la démocratie). (p. 219)

INFÉRER   Tirer une conclusion à partir d'autres jugements. *Voir aussi* Raisonnement, Lien d'inférence. (p. 19)

INTELLIGIBLE   *Voir* Connaissance intelligible.

INTUITION   Pensée qui surgit dans l'esprit de façon immédiate et spontanée. (p. 13)

IRRATIONALITÉ   Pensée qui implique une infraction aux règles de la rationalité, une violation de ses critères. (p. 13)

JUGEMENT   Acte intellectuel d'affirmer ou de nier quelque chose à propos de quelque chose. (p. 18)

JUSTICE   Selon la conception de Platon, vertu qui est atteinte lorsque chaque partie d'un tout remplit parfaitement la fonction qui lui est assignée en se coordonnant adéquatement aux autres parties. (p. 172)

LIBERTÉ AUTONOME   Le droit de prendre soi-même les décisions pour ce qui nous concerne. (p. 201)

LIEN D'INFÉRENCE   Lien que l'on établit entre les prémisses et la conclusion d'un raisonnement. *Voir aussi* Raisonnement. (p. 19)

MATÉRIALISME   Doctrine philosophique qui soutient que tout ce qui existe est matériel. *Voir aussi* Idéalisme. (p. 161)

MODÉRATION   Vertu qui réside dans la capacité de se contrôler soi-même, de modérer ses désirs, de les satisfaire avec mesure. (p. 170)

MONISME (du grec *monos*, «seul», «unique»)   Doctrine qui pose un principe unique pour la réalité entière. *Voir aussi* Dualisme. (p. 161)

MYTHES   Récits racontant des événements fabuleux qui se passent dans un temps immémorial ou légendaire et qui mettent en scène des dieux et des héros humains. (p. 52)

MYTHOLOGIE   Ensemble des mythes propres à une civilisation ou à une religion. (p. 52)

NOMINALISME   Doctrine selon laquelle les concepts n'ont aucune réalité, car seuls les objets concrets, singuliers et particuliers existent réellement. *Voir aussi* Réalisme. (p. 166)

OPINION (selon Socrate)   Croyance toute faite, idée reçue, qui n'a pas fait l'objet d'un examen critique de la raison, et qui, même si elle peut contenir une parcelle de vérité, ne contient pas la vérité entière. *Voir aussi* Science (selon Socrate). (p. 111)

PARADOXE   Idée qui paraît sensée au départ mais dont le développement conduit à un non-sens, à une contradiction ou à une absurdité. (p. 30)

PARALOGISME   Erreur de raisonnement faite de bonne foi. (p. 37)

PHILOSOPHIE   Réflexion rationnelle, théorique et critique, sur les questions les plus générales et les plus fondamentales que se pose l'être humain dans son effort de compréhension de la réalité. (p. 91)

PLAISIR ACTIF   Plaisir qui réside dans le mouvement de montée et d'abaissement de la tension produit par une action. *Voir aussi* Plaisir passif. (p. 250)

PLAISIR PASSIF   Plaisir qui réside dans un état de repos ou de relaxation associé à l'absence de tension. *Voir aussi* Plaisir actif. (p. 250)

PLURALISME   Coexistence de courants d'opinion divergents au sein de la société. (p. 224)

PLURALISME RADICAL   Doctrine politique selon laquelle le pluralisme qui règne dans les sociétés démocratiques modernes fait en sorte que les groupes d'intérêts se trouvent constamment en conflit et que le bien commun devient un idéal inaccessible. (p. 224)

PRÉMISSES   Dans un raisonnement, jugements sur lesquels on s'appuie pour soutenir la conclusion. *Voir aussi* Raisonnement. (p. 19)

PRINCIPE DE NON-CONTRADICTION   Principe logique qui interdit d'affirmer et de nier en même temps la même chose. (p. 22)

PROBLÉMATIQUE   Ensemble de problèmes connexes. (p. 3)

PROBLÉMATISATION   Action de soulever des problèmes. (p. 3)

PROCESSUS D'ABSTRACTION   Processus intellectuel qui consiste à isoler les traits communs qu'une chose partage avec d'autres choses particulières, traits qui forment le contenu de l'idée générale (ou concept) sous laquelle ils peuvent être rangés. (p. 155)

RAISON   1. Motif, cause, qui permet d'expliquer ou de justifier une croyance ou une décision. 2. Faculté de penser d'une manière rationnelle. (p. 12)

RAISONNABLE Mesuré, modéré, acceptable, ou qui correspond à une exigence de rationalité limitée. (p. 12)

RAISONNEMENT Opération intellectuelle qui consiste à lier des jugements d'une manière ordonnée en utilisant un ou plusieurs jugements pour en soutenir un autre. (p. 18)

RAISONNEMENT NON DÉDUCTIF Raisonnement dans lequel le lien d'inférence ne fait que soutenir ou confirmer la conclusion avec une force plus ou moins grande. *Voir aussi* Déduction. (p. 24)

RATIONALITÉ Caractéristique d'une pensée qui enchaîne ses idées d'une manière consciente, ordonnée et contrôlée pour atteindre un but déterminé, en s'appuyant sur de bonnes raisons. (p. 11)

RATIONALITÉ INSTRUMENTALE Aspect de la rationalité pratique qui concerne le choix des moyens ou des «instruments» les plus efficaces ou les plus utiles pour atteindre un but. *Voir aussi* Rationalité pratique. (p. 16)

RATIONALITÉ PRATIQUE Aspect de l'activité rationnelle qui vise à contrôler et à ordonner consciemment nos actions en les appuyant sur de bonnes raisons. (p. 16)

RATIONALITÉ THÉORIQUE Ensemble des activités de pensée qui visent à contrôler et à ordonner nos connaissances en les appuyant sur de bonnes raisons. (p. 15)

RÉALISME Doctrine selon laquelle les concepts ont une réalité propre ou existent effectivement dans la réalité. *Voir aussi* Nominalisme. (p. 166)

RÉALISME (dans la philosophie de la démocratie) Courant d'idées qui ne considère pas la démocratie comme un idéal, mais simplement comme une procédure relativement efficace pour choisir un gouvernement. *Voir aussi* Idéalisme (dans la philosophie de la démocratie). (p. 219)

RÉFUTER Contrer un raisonnement, démontrer sa fausseté. (p. 113)

RELATIF Qui dépend d'autre chose que lui-même ou qui n'est ce qu'il est que par rapport à autre chose. *Voir aussi* Absolu. (p. 99)

RELATIVISME Doctrine philosophique qui affirme la relativité de toutes les connaissances ou croyances humaines. (p. 100)

RITES Cérémonies par lesquelles s'effectuent des échanges et des communications entre les humains et les dieux (prières, sacrifices, processions, messes, etc.). (p. 52)

SAGESSE Vertu qui réside dans la capacité d'avoir une vision juste des choses, en raison d'une réflexion et d'une connaissance approfondies. (p. 172)

SCIENCE (selon Socrate) Connaissance vraie et complète qui a fait l'objet d'un examen critique et qui est justifiée par de bonnes raisons. *Voir aussi* Opinion (selon Socrate). (p. 111)

SCIENTISME Courant de pensée qui attribue à la science une supériorité absolue dans tous les domaines. (p. 84)

SENSIBLE *Voir* Connaissance sensible.

SOPHISME Mauvais raisonnement. (p. 36)

SOUVERAIN Personne ou groupe qui détient l'autorité politique suprême. (p. 202)

SOUVERAINETÉ Autorité politique suprême dans un État. (p. 202)

UNIVERSALISME Doctrine philosophique affirmant l'existence de vérités ou de principes universels. (p. 101)

UNIVERSEL Qui s'étend ou s'applique à tous les éléments d'un ensemble. (p. 101)

VERTU Disposition à faire le bien ou connaissance et recherche du bien véritable. (p. 110)

SOURCES
DES IMAGES

Introduction

Page 6: Graham Yuile/iStockphoto; *page 7*: © Rune Hellestad/CORBIS.

Chapitre 1

Page 14: © Richard T. Nowitz/CORBIS; *page 20*: Carnival (Films & Theatre) Limited; *page 24*: Michel Métayer; *page 25*: © Bettmann/CORBIS; *page 28*: Christopher Zacharow/© Images.com/Corbis; *page 31*: © Images.com/Corbis; *page 34*: M.C. Escher's *Drawing Hands*, © 2006 The M.C. Escher Company-Holland, tous droits réservés, www.mcescher.com; *page 40*: Bizuayehu Tesfaye/AP Photo/CPimages.

Chapitre 2

Page 50: © Image Source/SuperStock; *page 54*: akg-images; *page 57*: © Christie's Images/SuperStock; *page 65*: © Alinari Archives/CORBIS; *page 70*: © Image Source/SuperStock; *page 74*: akg-images; *page 78*: Orsi Battaglini/akg-images; *page 79*: © Bettmann/CORBIS; *page 80* (en haut): © Bettmann/CORBIS; *page 80* (en bas): © David Lees/CORBIS; *page 86* (à gauche): ESA; *page 86* (à droite): © Pete Saloutos/CORBIS.

Chapitre 3

Page 99: Jacques Boissinot/AP Photo/CPimages; *page 106*: © Gianni Dagli Orti/CORBIS; *page 110*: © Christie's Images/SuperStock; *page 126*: akg-images; *page 129*: © Federal Police-Handout/Reuters/Corbis; *page 136*: © Eliseo Fernandez/Reuters/Corbis; *page 146*: © Francis G. Mayer/CORBIS.

Chapitre 4

Page 148: akg-images; *page 155*: Reproduction autorisée par Les Publications du Québec; *page 158* (à gauche): © Royalty-Free/Corbis; *page 158* (à droite): © Royalty-Free/Corbis; *page 160* (photo 1): © Diana Ong/SuperStock; *page 160* (photo 2): © Images.com/Corbis; *page 160* (photo 3): © Images.com/Corbis; *page 160* (photo 4): akg-images; *page 168*: © Wally McNamee/CORBIS; *page 170*: Lyse-Anne Roy; *page 177*: akg-images; *page 182*: Erich Lessing/Art Resource, NY.

Chapitre 5

Page 189: akg-images; *page 194*: Françoise Lemoyne/Nuance Photo; *page 205*: © The Art Archive/Corbis; *page 206*: akg-images; *page 208*: akg-images; *page 211*: Charles Dharapak/AP Photo/CPimages; *page 220*: Eric Gay/AP Photo/CPimages; *page 222*: Hubert Simard/Intern@utica.

Chapitre 6

Page 234: © A. Inden/zefa/Corbis; *page 235*: © Randy Faris/Corbis; *page 239*: akg-images; *page 241*: © David Aubrey/CORBIS; *page 245*: © Araldo de Luca/CORBIS; *page 249*: Erich Lessing/Art Resource, NY; *page 257*: © The Art Archive/Corbis; *page 262*: Erich Lessing/Art Resource, NY; *page 266*: Colleen Kidd/AP Photo/CPimages.

INDEX